U0001674

Sao Yang Hong

企業、產業與戰爭動員

現代臺灣經濟體系的建立（1910-1950）

洪紹洋 著

ENTERPRISES, INDUSTRY, AND WAR MOBILIZATION

The Establishment of Economic System in Modern Taiwan (1910-1950)

目錄

第三篇　戰後經濟的調整與轉換

CONTENTS

推薦序　另闢蹊徑成篇章

　　我認識紹洋教授幾已二十年，從他學生時代在政治大學經濟系師從黃紹恆教授就讀碩士、博士課程，展開臺灣經濟史研究的時期，就開始觀察其一路竭誠辛勤努力迄今。承紹恆兄不棄，我這個半路出家，跟臺灣經濟（產業、企業）史研究稍稍沾到一點邊的歷史學門徒，有幸參與紹洋教授的學思成長歷程，曾忝列座師，實際上是從他們師徒身上學習獲益更多。

　　許多經濟學出身的經濟史學者，傾向於建立理論架構解釋經濟發展的歷程，我們學歷史的人則往往視發展宏大敘事的學說理論以解釋歷史為畏途。依我的理解，紹洋教授的研究風格有幾個基本特點，一是在研究資料的使用與研究方法上較偏向歷史學的研究取徑，因此重視原始資料的廣度與周密性，不輕易下斷語；二為以產業甚至個別企業的發展例證做為研究經濟發展的論述基礎，見微知著，用他自己的話說，「如何將微觀的實證研究成果，放置在宏觀的（歷史）脈絡位置」；三是重視歷史的縱深觀察，兼顧個案研究與長期經濟延續發展的整體角度來說明經濟的發展史與變遷歷程。其研究成果往往是在舊議題上展現新創見，一方面以實際例證解釋日治時期的殖民統治遺產對戰後臺灣經濟發展的正面意義與限制，另一方面也說明歷史有不容輕忽的內在延續性。

　　本書主要探討日治時期到 1950 年前後，也就是二十世紀後半頁開始臺灣經濟朝向高度成長前的「初始狀態」如何形成及其真實樣態，此一議題的釐清對於解釋後來的臺灣社會經濟發展具有

重要意義，對此過去已不乏名家論述，紹洋教授此書最大價值之一，在於告訴我們什麼是「差之毫釐，謬以千里」；當然，一如他過往的研究風格，儘可能依據大量原始資料、細密耙梳歸納分析，參照比對前人的重要研究成果與觀點，才提出自己的結論與看法，在本書各篇章中仍充分呈現。

我過去曾經涉及少許跟紹洋教授關心的企業、產業與臺灣經濟發展史議題相類似的研究，幾年來多讀了他越來越豐碩的成果，相信江山代有人才出，在這個領域，以類似研究取徑，應少有人能比他作的更深入更完好，因此自己主要研究領域早已改換跑道，但仍欣幸經常有機會比別人更早獲讀他的新成果，也期待他的繼續產出，促成臺灣經濟發展史領域研究的更大進展。

謝國興
序於南港臺史所
2022 年仲夏

第一章

緒論

一、戰前臺灣經濟史研究成果

　　1972 年 3 月涂照彥在東京大學經濟學部完成的博士論文〈台湾植民地経済の構造と変容〉（中譯：臺灣殖民地經濟的構造和轉變），經改寫後，於 1975 年 6 月由東京大學出版會出版，書名為《日本帝国主義下の台湾》（中譯：日本帝國主義下的臺灣）。[1]此書的重要性在於，在當時以馬克思經濟學為主導氛圍的日本經濟學界，涂照彥以馬克思經濟學為分析方法，對戰前的臺灣經濟分期，堪成為戰前臺灣經濟史研究的重要里程碑。同時期的臺灣在威權體制下，從事戰前臺灣史的研究者為相對少數，部分研究置於中國區域研究的框架下討論，或以民間雜誌《臺灣風物》為中心，進行歷史調查與研究。[2]伴隨 1980 年代臺灣民主化的推進，涂照彥的著作在 1999 年翻譯成中文，成為研究戰前臺灣史重要的閱讀文本之一。[3]

　　1990 年代後，學界陸續就戰前臺灣經濟的特定時期進行考察。舉例來說，林繼文著重戰爭末期的臺灣，如何運用各方資源進行動員。[4]高淑媛則針對戰時的工業生產擴充政策，進行整體性的討論，藉此窺見當時整體性的政策構想和各個產業的初步發展面貌，而且關注臺灣人參與新式事業的情形。[5]やまだあつし則就日治末期臺灣整體的工業化結構進行探討，提出戰爭末期以民需為主的事業出現部分進展。[6]張靜宜則就戰爭時期，黃麻、苧麻和蓖麻作物的栽培，還有探討臺灣拓殖株式會社扮演增產的角色。[7]

近期黃仁姿的論著則以戰爭時期的農業體系與政策進行討論，並延續到戰後初期的轉變。[8]

除了著重政策歷史的討論外，臺灣與日本學界有許多論著是從產業部門著手分析。黃紹恆就日本治臺初期，機械製糖如何在臺灣生根，以及逐漸成長的過程進行考察；[9] 久保文克則分析帶有國策色彩的臺灣製糖株式會社，其草創與建立過程，還加以考察糖業聯合會在產業內扮演的協調角色。[10] 平井健介除了論述臺灣糖業與帝國間的緊密關係外，還探討甘蔗栽培與製糖技術。[11]

陳慈玉曾就茶葉、煤礦、鋁業、燒鹼等產業，進行綿密的實證性研究。[12] 柯志明則重新考察「米糖相剋」議題，並且關注生產者——農家部門，說明其曾在一段時間，成為糖業積累的障礙。[13] 李力庸則關注米穀生產，而且闡述與當地社會間的連結關係。[14] 李為楨與張怡敏針對金融部門中的信用組合和銀行進行制度面與事例研究，說明金融機構在各個經濟階段發揮的功能。[15] 近期，郭婷玉的博士論文以信用組合為例，探討其經營史和社會連結。[16] 在流通部門上，谷ヶ城秀吉則就戰前時期，臺灣商人與日本商社如何在日本和中國大陸進行物資運送與買賣的過程進行考察。[17]

在資本積累方面，黃紹恆探討日治初期，在臺日本人和臺灣人的資本積累情形。[18] 謝國興則就臺南在地資本興南客運為例，對其營運進行具體討論。[19] 陳家豪則以人力輕鐵與汽車運輸業為中心，探討本地人的投資情形與不同資本間的整合情形。[20]

綜觀殖民地經濟開發的過程中，提供完善的基礎工程建設也是重要的前提條件。透過電力、水利、航空和鐵公路等基礎工程的研究成果，亦能瞭解其中的資金參與者、官廳扮演的角色與技術人員的參與情形。[21]

除了研究者主動針對感興趣的議題進行研究之外，史料檔案的數位化與公開，也是吸引研究者願意群體投入該項研究議題的原因。最顯著的是，1936 年成立的臺灣拓殖株式會社是由政府主動設立的國策會社。該會社檔案的數位化與公開，一度吸引諸多學者投入此會社的研究，探討在臺灣島內的地域性經營，或是對

南中國和南洋的經濟活動。[22]

透過上述簡要介紹可以知悉，近 30 年臺灣的戰前經濟史研究成果，能夠透過對各部門史實的掌握，刻畫出各部門近代化的軌跡。戰前以臺灣經濟史為中心的研究，除了要瞭解戰前日本經濟史的研究觀點，還可以從臺灣內部結構與對外關係的演變，掌握每個時期臺灣經濟具備之特質。若要進行這樣的瞭解，需以微觀的事例進行討論，才能掌握臺灣經濟史的特徵。

二、日本經濟史學界的啟發

日本從十九世紀後半起，從國外引進自由主義、保護主義、社會政策學派和馬克思等不同流派的經濟學。其中，二十世紀馬克思經濟學在日本的經濟學界曾發揮極大的影響力。最初，馬克思預言的「社會主義革命將在發達的資本主義國家出現」並未發生，反倒是，馬克思主義對資本主義周邊的俄國和日本等發展中國家產生相當大的影響。[23]

馬克思經濟學在日本經濟學界的影響力逐漸提昇的原因，除了攸關二十世紀初期，日本國內前資本主義社會有關的龐大農業部門逐漸消失外，尚與 1920 至 1930 年代，日本經濟面臨農村蕭條、財富集中在財閥手中，兩個並存現象有密切關係。這樣的現象正好符合馬克思經濟學批判之新古典派不符合樂觀的自由經濟景象。基於上述觀察，日本的經濟學者對資本主義化產生質疑，而且依據日本的情形發展出日本的馬克思經濟學分析方法，進而提出不同觀點的爭論。[24]

從戰前到戰後一段時期，日本有許多經濟學者運用馬克思經濟學作為分析工具。從事日本經濟史研究的學者，即以此方法研究與解釋 1945 年以前的日本經濟。1963 年東京大學社會科學研究所的大石嘉一郎教授，帶領當時的年輕學者考察日本的產業革命階段，並於 1975 年出版研究成果。[25] 爾後，大石氏在 1979 年組織日本帝國主義史研究會，就第一次世界大戰期、兩次大戰期

間、第二次世界大戰期進行各個面向的研究，成果並在 1985 年以後陸續出版。[26] 這系列的著作由每位研究者針對本身的專長進行分析，得以從馬克思經濟學的視點掌握日本經濟的整體樣貌與各階段的特徵。

石井寬治教授將產業史研究定置於日本資本主義的運行構造中討論，並以戰前的蠶絲與金融業作為討論案例。石井氏以理論與實證兼具的研究技法，並將家族和產業史的個體研究，回歸到大框架的資本主義發展史進行討論。[27] 石井氏撰寫的《日本經濟史》教科書，具體陳述以馬克思經濟學分析日本經濟史的框架。[28]

另一方面，原朗和武田晴人教授分別組成研究會，關注日本經濟如何從戰時經濟跨越到戰後復興與高度成長的階段，這兩個研究群進行一系列實證性的討論，並提出新的研究觀點。

原朗組織的研究團隊，除了刻畫出整體的動員體系，注重戰爭時期的企業與產業動員外，還探討價格、貿易管制制度的實施，而且進一步從配給機構的整編與執行進行詳細的實證討論。至於戰後方面，除了從政策、產業、地域活動、農村和人口移動的層面剖析，還注重日本與亞洲各國之間的貿易與投資關係。[29] 透過原朗研究團隊的研究成果，得以從諸多面向瞭解日本經濟從戰時的管制經濟邁向戰後的高度成長。

武田晴人的團隊則以戰後作為考察起點，一方面強調政策和市場供需，而且以企業和產業作為事例研究，顯現出每個階段的經濟構造。其中，武田氏關注經濟構造從一個階段過渡到下一階段的市場與特徵，並指陳，該階段所面臨的限制條件。[30]

從研究縱深來看，原朗從戰時日本經濟統制為出發點，進而關心到戰後日本的經濟成長。武田氏的關注，則以戰後日本經濟為出發點，而且關注戰時到戰後的經濟基礎，乃至邁向高度經濟成長階段。兩個研究群的的實證研究，同樣關注制度與市場對經濟體系運作的影響。

值得注意的是，日本從戰時走向戰後的過程，曾有「連續說」與「斷絕說」兩種爭論。提出連續說的大內力認為，1930 年代日

本脫離金本位制度和建立起管理通貨制度，即是資本主義的重要特徵，並被戰後繼承，呈現出連續性的現象。[31]

提出斷絕說的山田盛太郎指出，戰前日本資本主義具有軍事性格和殖民地統治的特徵，伴隨日本敗戰而告消失；再者，戰後土地改革導致地主制解體。又，日本歷經戰後改革，在經濟體系上與戰前出現斷絕性，故戰後經濟是以戰後改革作為起點。[32]

另外，橋本壽朗以大量生產體制與勞資關係為基礎提出的「二十世紀體系」論，說明戰後日本經濟得以持續成長的原因，並克服馬克思經濟學對戰後經濟成長不具解釋力的缺陷。橋本氏認為，現代資本主義體系有別於古典帝國主義時代的經濟構造，以耐久型消費財的機械工業為基礎，並以「福特主義」的大量生產型態展現產業結構的變化。從生產組織來看，大量生產組織具備高度的分工與協力發展基礎，促進勞動階級有機會享受更豐富的生活水準。[33]

大致上，近現代日本經濟史研究以產業革命為起點，就各個階段進行高度水準的實證性研究。2000 年代，由石井寬治、原朗、武田晴人共同編輯與陸續出版的六冊《日本經濟史》，針對幕府末年到戰後高度成長期進行討論，並說明日本經濟史學界的研究方法與資料運用，這套論著收錄了戰後以東京大學經濟學部接受馬克思經濟學訓練學者的研究精華。[34]

必須指出的是，日本經濟史學界社群的研究重心多放置於日本國內，對殖民地與占領地的研究成果並不多。以研究日本經濟史對外關係見長的金子文夫其多篇論著，針對不同階段，日本國內的資本向殖民地與占領地的投資，進行數量的觀察，並就企業活動進行概括性的討論。[35]然而，金子文夫對日本資本對外輸出的關心範疇，是以日本國內為中心進行考察，而且偏重對中國、南洋、朝鮮、滿洲的討論，較少留意到臺灣的情況。[36]

除了馬克思經濟學的研究方法之外，青木昌彥以新古典經濟學出發提出的比較經濟制度分析，為日本經濟史研究者帶來新的刺激。稍詳言之，1993 年岡崎哲二和奧野正寬提出的「戰時源流

論」，即以此概念提出戰後日本經濟的原型，是源於第二次世界大戰時期的統制經濟。戰時資源有限下進行總動員的總力戰體制，由企劃院擬定的「物資動員計劃」之計劃性資源分配，提供執行機關的企業合理利潤。當時，政府以價格變數提供廠商生產的誘因，加上融資制度的建立與工廠人員的管理制度，型態相當類似市場經濟。這種人為性製作的體系，成為戰後日本經濟體系的原型。[37] 此外，岡崎哲二依循比較制度分析的觀點，針對日本的鋼鐵業進行討論。[38]

日本經濟史學者除了考察日本國內外，如堀和生與杉原薰等學者，還關注亞洲間各地的經濟聯繫關係，考察戰前以殖民地為中心的區塊貿易與對外關係；兩人就區域間的貿易往來與產業發展提出不同見解。堀和生提倡的東亞資本主義，經由整理與分析日本、臺灣、朝鮮的生產與貿易等統計數字，提出各戰前殖民地如何與日本國內的分工與聯繫，帶動自生性的工業化。[39] 杉原薰提出的亞洲間貿易論認為，亞洲的發展除了對歐美的出口擴大之外，還存在著亞洲區域內的進口，其「最終需求關連之效果」則源於亞洲內部。換言之，亞洲雖然被納入世界經濟中，但也創造出亞洲內部的「國際分工體制」，顯現在生產、流通、消費等不同部門。但杉原薰著重的是戰前日本國內與亞洲各地之間的關連，並未將殖民地臺灣的討論納入其中。[40]

日本從歐洲引進的馬克思經濟學歷經修正和體系化後，對當時的現狀分析與日本經濟史研究，一度具有高度的影響力。但伴隨西方經濟學的影響力漸增，以及 1980 年代以後東亞等後進國的經濟成長、以蘇聯為首的社會主義東歐國家相繼解體。也就是說，馬克思一開始所言的「資本主義最終會走向帝國主義化」的論述並未出現，而且無法解釋戰後日本經濟的高度成長現象，故該學派在日本學界的影響呈現衰退。雖言當前馬克思經濟學呈現凋零之狀，學者提出過去方法論上的修正觀點，希望能對戰後經濟提出解釋。[41]

若要研究臺灣經濟史，過去日本經濟史學界的研究方法與經

驗，究竟存在怎樣的差異或啟發？

　　眾所皆知，過去臺灣在不同階段曾歷經不同政權的統治，除了依附於外在的統治政權，還要關注到本地經濟於各個階段存在的限制與機會。過去，曹永和曾提出「臺灣島史」的概念，述說不同時期島嶼上曾有不同的民族居住。[42] 但就經濟史的討論方面，不僅要留意到每個階段，臺灣在地經濟與統治臺灣政權結構的聯繫關係所衍生出的型態，還要注意到本地經濟存在的限制與利基。

　　綜觀近代日本經濟，是透過對外擴張的過程而茁壯，1895 年起臺灣成為日本的殖民地後，發展型態與日本國內相較呈現出迥異的路徑。但在 1945 年以前的臺灣經濟，包攝在日本經濟體系中運行，除了要釐清以日本國內為本位的發展限制外，還應關注殖民地臺灣，如何運用各方資源與尋求市場所創造出發展機會。

　　從方法上而論，日本學界以日本經濟為史實所建構的馬克思經濟學體系，未必適用於臺灣經濟史的研究。同樣的，過去許多左派論點對解釋戰後臺灣經濟高度成長不具解釋能力。但馬克思經濟學對日本經濟史研究的發展歷程來看，研究上對於史料的解讀與分析能力，還有就戰前日本經濟進行的階段性分期，仍可作為戰前臺灣經濟史研究的借鏡。後起的研究者未必要接收該學派的論點，但應學習其掌握整體經濟構造的能力、對經濟體系中各產業部門的分析方式，還有對第一手資料的解讀能力。

　　以新古典經濟學的市場均衡作為出發的比較制度分析論，未必能充分解釋歷史的動態過程。但對日本從戰時走向戰後經濟高度成長提出的觀點，仍能提供臺灣經濟從戰前邁向戰後的借鏡。

　　堀和生與杉原薰探討戰前日本的對外關係，對於戰前臺灣經濟史所給予的啟發在於，需注重同時期臺灣對日本以外的各地區之物資和商貿交流關係。也就是說，除了需關注臺灣對日本經濟圈的往來，也應進一步留意與非日本經濟圈的互動。

　　以理論為出發的研究，不論是從早期馬克思經濟學的分析架構，或新古典經濟學出發的比較歷史制度分析等，後人進行研究時，為配合理論解釋，亦可能產生以選擇性的實證成果進行理論

修正與解釋的疑慮。另外，近期研究者對於理論的運用，有朝向關注範圍較小的議題進行理論論證與對話的趨勢。究竟如何對大歷史進行研究，並且恰到好處的拿捏理論與實證間的討論，是一個需要省思的問題。伴隨檔案公開與數位化的社會進展，過去歷史研究或社會科學研究學者用以解釋經濟史的諸多理論與論點，也不斷受到新研究成果的質疑與挑戰。

況且，站在臺灣近代化的過程中，若僅討論斷代的戰前經濟史，將很難對戰後的經濟成長進行解釋。近年來影響力升高的全球史觀點便指出，應留意各地間的互動與關連性；但跨越政權交替的臺灣經濟，該從怎樣的層面來探討對外關係呢？

我們需要怎樣的經濟史研究，才能提昇高度與射程，而且能透過事例的研究瞭解當時臺灣所處的階段，掌握不同時期臺灣的經濟構造與特徵？亦即，應思考的是如何將微觀的實證研究成果，放置在宏觀的脈絡位置上，並具備說明經濟活動的出現成因、運行實態與限制條件的能力。

三、我們需要怎樣的經濟史？

第一手文獻資料的解讀，固然能讓我們瞭解過去的歷史事實與現象描述。透過整理統計資料與操作計量方法，能讓我們瞭解各個變數間的因果關係。這類型的討論固然存在相當大的學術貢獻，但若透過取得容易資料的優勢開展、書寫眾多類似的文章，將可能陷入零碎化或習題化的危機。在此之下，應思索如何透過各種事例的討論，並將之放在整個臺灣經濟構造或戰前日本經濟的運行，或進一步放眼東亞或全球的背景下加以理解，才能得到「見樹又見林」的景象。

受到馬克思經濟學影響的涂照彥，勾勒出戰前臺灣經濟的支配結構與資本積累的樣態。涂照彥曾揭示戰前臺灣經濟可分成兩條脈絡：一條為深具殖民主義的日本在臺灣的殖民地經營，另一

條為臺灣傳統的社會經濟歷史性特徵。對於前者，涂氏強調國家權力推動以日本資本為中心的機械製糖業，以及 1930 年代推動軍需產業為主的工業化；對於後者，則陳述本地資本在殖民地糖業近代化後，影響力呈現衰退的現象。就產業經營層面來看，可說多數的近代化事業多由日本人經營，本地具規模的資本投資多從屬於臺灣總督府或日本資本。另外，受到世界大恐慌影響，以米糖為首的農產品價格下跌，亦對地主階層帶來打擊。[43]

以戰前臺灣經濟史研究為出發點的涂照彥，於其著作的最終章提點出，戰後國民政府將日本資本經營的事業由政府收歸為公營事業經營，米糖的生產型態也在戰後被繼承。另一方面，土地改革改變了本地地主式的資本積累，促使本地資本轉型為依賴外資的商人型態。[44]涂照彥關注的是戰前臺灣經濟的研究，對戰後經濟僅留下伏筆。

劉進慶的著作探討臺灣經濟從戰前過度到戰後時，強調國民政府將戰前的獨佔資本主義轉換為國家資本主義，並陳述公營事業的獨佔體制與國民黨官僚資本的結合。另外，劉氏還說明公營事業多為獨佔性事業，民營事業原本依存在公營事業中，爾後影響力逐漸擴大。[45]

大致上，當時涂照彥提出的研究框架，受到臺灣史研究資料的公開和議題研究細緻化的影響，在臺灣資本積累問題上，已有不同於 1970 年代的見解。[46]劉進慶對戰後初期臺灣繼承戰前經濟基礎的討論，同樣因政府檔案公開而有更多層面的新論點提出。

筆者認為，要瞭解臺灣經濟的近代化過程，不僅要釐清戰前的臺灣經濟，還要進一步考察戰後的轉換。探究其因在於，臺灣的經濟體系不論戰前或戰後初期，臺灣經濟均不具備自主性。戰前臺灣經濟依附於日本經濟圈而運行，戰後的對外經濟關係，則與中國大陸在原料供應和市場銷售方面有著緊密聯繫。直到 1949 年底中華民國政府撤退來臺後，臺灣經濟有別於戰前與戰後初期依附在大型經濟體，開始成為獨立的經濟個體；爾後臺灣接受美國援助，與日本經貿重新開通，逐步走向戰後經濟的高度成長階

段。也就是說，對於臺灣經濟史的認識，不能如同日本經濟史，僅關注戰後的連續和斷絕說，還要進一步關注 1949 年底中華民國政府撤臺所帶來的體制變化與調整。

基於上述說明，本文將就戰前與戰後初期臺灣經濟走向近代化的摸索過程進行討論。以往涂照彥的討論著重於日治初期糖業資本的近代化與戰時工業化，忽略一次大戰榮景下，資本家為掌握市場機會進行的新興產業投資，對戰時工業化也有擴大評價之嫌。

關於涂照彥對戰前臺灣本地資本呈現貧弱體質的說法，後來的研究提出許多論點與實證研究，說明了本地資本的柔軟性與積累動力。堀和生指出了殖民地自生化的概念，強調戰前本地資本的角色。堀內義隆以戰前中小零細資本進行考察，並觀察臺灣人資本的動向，說明這些資本成為主導戰後臺灣經濟的中小企業源流。[47] 此外，前述如陳家豪[48]和謝國興[49]的研究亦以產業、企業和資本家為例，針對本地戰前與戰後的資本積累進行討論。近年，基於本地資本積累已有相當程度的研究積累上，本書將著重於戰前日本人所建立的事業，以產業和企業為例進行考察，藉以說明以日本資本為主的大工業與中小事業之孕育過程與發展限制，並就戰後的接收與復員進行討論。

本書強調的戰前臺灣經濟史，或能以前述回顧的研究成果為基礎，進一步放在四個認識下進行深度討論。第一為殖民地的特殊性，以及與母國間的經濟聯繫與依附。第二，需關注當時世界經濟與局勢對臺灣的影響。第三，要留意戰時經濟的脆弱性與產業對外擴張的過程。第四，要掌握戰前殖民地工業與戰時經濟的遺產對戰後經濟起始帶來的影響，還有戰後政府撤退來臺存在的過渡階段。

（一）殖民地臺灣經濟的特殊性：有別於日本國內的發展型態

回顧工業革命的先進國家，多以蒸汽機使用為發軔，並以具

備廣大民生市場的棉紡織作為產業發展的起點；在此同時，也發展作為資本財重要原料的鋼鐵業。十九世紀作為亞洲後進國的日本發展機械業時，即在從兵器、造船、炭礦和紡織機械的生產出發之際，也尋求各項零件的生產；鋼鐵業相較於歐美則較晚，至1910年左右才告奠定基礎。[50] 至於日本的紡織業，則如同英國等歐美先進國家，是從棉紡織出發。[51]

　　作為殖民地的臺灣，發展經濟時固然與日本國內相繫，產業發展的型態與日本國內常呈現互補性，但亦有伴隨本地市場需求衍生出的近代化工業，這是常被忽略的一點。這類事業在規模和型態上均與日本國內有別，能顯現出殖民地產業發展的特殊性。

　　臺灣在戰前於臺灣總督府扶植下，建立以供應日本國內市場的機械製糖業，取代舊式的小規模糖廍。對於這段時期臺灣糖業的研究相當豐盛，但可進一步關注，伴隨殖民地機械製糖興起衍生出的糖業機械修繕與製造事業，成為戰前臺灣機械工業的發展起源。再者，臺灣在米糖經濟興盛的背景下，對裝載稻米和砂糖的黃麻布袋需求增加，進而設置近代化以機械製造的黃麻紡織工廠。

　　由圖1和圖2[52] 可以瞭解到，戰前臺灣各項產業的產值以食品工業為主；由圖2可見，1930年代以後，化學和金屬業的成長較為明顯，原因或為1934年，日月潭發電所竣工後提供了廉價的電力供應，加上當時臺灣總督府為發展軍需工業，在政策上予以支持，致使上述兩項產業的產值能於短期內成長。[53]

　　但就本書關注的機械業而言，在1912年左右約僅佔工業產值1.5%，其後至1930年代才逐漸成長至2%左右，到1940年代戰爭末期則約接近5%。至於紡織業的產值，在1920年左右約佔工業部門總產值的2%，之後僅佔總產值的1%。

　　雖言戰前臺灣的機械與紡織業佔整體工業的產值比例並不高，但均圍繞著殖民地栽培作物興盛所衍生出的連鎖事業。透過企業與產業的案例考察，將能體現出殖民地產業近代化的摸索過程。

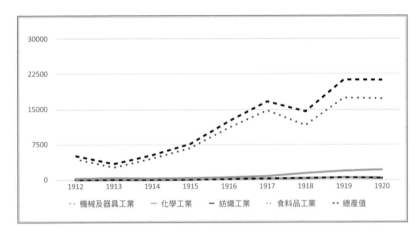

圖 1 1921-1920 年各工業部門產值（單位：萬圓）

資料來源：臺灣總督府殖產局商工課，《臺灣商工統計（歷年）》（臺北：臺灣總督府殖產局商工課）。

說明：本圖例僅舉列機械及器具、紡織、化學、食料品工業和總產值。

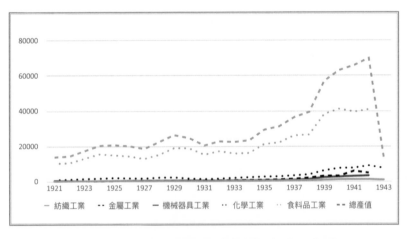

圖 2 1921-1943 年工業部門之產業產值（單位：萬圓）

資料來源：臺灣總督府殖產局商工課，《臺灣商工統計（歷年）》（臺北：臺灣總督府殖產局商工課）。善後救濟總署臺灣分署經濟技正室編印，《臺灣省主要經濟統計》（臺北：善後救濟總署臺灣分署經濟技正室，1946），頁 26。（1943 年為估計值）

說明：本圖例僅舉列機械及器具、紡織、化學、金屬、食料品工業和總產值。

（二）世界經濟的框架：第一次世界大戰與臺灣經濟

　　除了關注「殖民地─母國」間的經濟聯繫與依附，尚可放眼於當時世界經濟的框架下，理解殖民地產業和企業出現的背景。以往對臺灣糖業的興起與 1930 年代戰時工業化的討論，多強調政府透過產業政策促成特定產業萌芽與企業創設，較少關注因第一次世界大戰的景氣熱潮，促使企業家在殖民地臺灣自發性的從事各項投資。

　　1914-1918 年的第一次世界大戰時期，伴隨歐美各國相繼參戰而忙於生產軍需品，進而降低對亞洲市場的經營。日本從明治維新以來推動殖產興業時，工業製品即面對品質精良與價格較低的舶來品威脅。值得關注的是，這段期間日本企業在市場銷售上因欠缺舶來品競爭而獲利，轉而將資金轉往殖民地投資。但大戰結束後，因歐美資本回到亞洲，加上 1920 年日本因大戰出現的泡沫經濟破裂，這些戰時設置於殖民地的事業營運出現了程度不一的困難。[54]

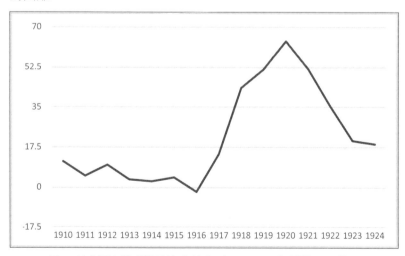

圖 3 日本國內對臺灣的資本輸出（1910-1924）單位：百萬圓

資料來源：山澤逸平、山本有造，《貿易と国際収支》（東京：東洋経済新報社，1979），頁 240-242。

如圖 3 所示，在 1910-1914 年大戰爆發前流入臺灣的資金為 3,260 萬圓，進入大戰期，流入的資金呈現顯著性成長，並於 1920 年的 6,390 萬圓達到高峰，之後因戰時景氣的結束，使得抵臺資金逐漸減緩。在日本資金進入臺灣的過程中，即包含日本資本家在一次大戰的熱潮間來臺創辦的各項事業。

如表 1 所示，臺灣自 1915 年起至 1920 年間，新設會社的數目從 15 間成長至 126 間，新設會社的資本額並在 1919 年，達到頂點的 1 億 3,711 萬 6,000 圓。但自 1920 年起，新設會社數與資本額開始下跌，除了 1925 年稍有好轉外，均不若一次大戰時期的企業創立熱潮。

表 1 臺灣會社資本變化（1912-1930）單位：圓

年份	新設會社數目	資本額	實收資本
1912	44	25,736,300	7,160,000
1913	35	14,756,500	5,611,975
1914	24	1,791,250	816,250
1915	15	3,681,900	1,651,900
<u>1916</u>	<u>29</u>	<u>9,849,625</u>	<u>4,399,375</u>
<u>1917</u>	<u>46</u>	<u>8,916,800</u>	<u>3,960,800</u>
<u>1918</u>	<u>53</u>	<u>25,407,000</u>	<u>10,255,800</u>
<u>1919</u>	<u>145</u>	<u>137,116,000</u>	<u>51,060,300</u>
<u>1920</u>	<u>126</u>	<u>71,007,325</u>	<u>18,904,825</u>
1921	73	33,292,500	12,666,250
1922	110	28,398,400	11,431,400
1923	113	20,410,142	12,623,642
1924	125	7,192,685	3,890,435
1925	136	17,854,746	10,200,746
1926	107	7,672,160	3,573,410
1927	123	14,595,820	8,274,960
1928	128	8,144,320	5,093,070
1929	117	7,430,350	3,174,350
1930	115	9,573,450	4,978,780

資料來源：1912 年至 1926 年數據，引用自臺灣總督府殖產局商工課，《臺灣商工統計（昭和元年）》（臺北：臺灣總督府殖產局商工課，1927），頁 6。1927-1930 年資料，引自臺灣總督府殖產局，《第十四次臺灣商工統計》（臺北：臺灣總督府殖產局，1936），頁 82。

經由表 2 的資料可知，1914 年的第一次世界大戰爆發年與 1920 年戰時景氣告終的前一年（1919），臺灣主要的工業部門產值與工廠數目均呈現上升趨勢。從整體工業產值來看，從 1914 年的 5,263 萬 7,678 圓成長到 2 億 1,293 萬 5,467 圓。這些著眼於戰時景氣下臺灣市場的投資，設立規模也不一。這段期間的臺灣，除了大規模事業的創辦外，固然也有更多規模較小的零細事業由本地的臺灣人和日本人興辦。[55]

表 2　一次大戰景氣熱潮臺灣工業部門產值與廠商數之變化（1914、1919 年）

部門	產值（單位：圓）		工廠數目（間）	
	1914	1919	1914	1919
機械及器具	756,515（100）	4,522,186（598）	23	100
紡織	245,827（100）	4,845,098（1971）	23	61
化學	3,283,978（100）	18,936,626（577）	270	574
食品	45,423,372（100）	174,527,561（384）	819	1,361
雜	2,927,986（100）	8,646,878（295）	155	281
特種	-	1,437,118	14	47
工業產值	52,637,678（100）	212,935,467（405）	1,309	2,424

資料來源：臺灣總督府殖產局商工課，《第二次臺灣商工統計》（臺北：臺灣總督府殖產局商工課，1923），頁 31-35。
說明：1914 年各產值中的括號為 100，係為與 1919 年的產值進行比較。

殖民地臺灣受到一次大戰的榮景所賜，因為日本國內的資金流入，加上日本國內無力供應臺灣之需求，臺灣本地出現企業設立的熱潮。一戰景氣下的臺灣，有基於實際需求和市場投資等因素成立的大型會社，包含造船、機械、紡織等類別。戰前臺灣機械業規模最大的臺灣鐵工所，即是在一戰景氣下，著眼於本地市場需求，以糖業資本為中心來投資設立。其次，以大阪為中心的

紡織企業，在臺灣創辦臺灣紡織株式會社，籌劃以棉花和苧麻紡織的生產，但不久後，公司併入以上海為中心的日華紡織株式會社，調整為專注於苧麻絲的生產。

另一方面，部分事業從原料調度到市場銷售，除了臺灣本地之外，尚涵蓋日本領有地和亞洲各國。這段時期，作為殖民地臺灣與日本帝國的聯繫固然密切，事業個體亦與周邊地區存在著原料和最終財的的交易關係。

（三）戰時經濟：新興工業與產業南進

從 1931 年九一八事變爆發起，至 1945 年日本敗戰為止，日本逐步邁入戰爭的白熱化階段。臺灣在殖民地政府權力的扶植下，逐步往工業化移行。在向工業化發展的過程中，出現許多「新興產業」；這些產業有的由新興財閥出資成立，另一部分則由在臺灣的日本企業家與臺灣總督府下屬相關單位共同出資成立。

這段時期的動員基礎，最早可追溯自 1918 年 3 月，日本政府制訂的《軍需工業動員法》，以此作為戰爭時期，政府能針對各項有助於軍事行動的資材進行徵用。1937 年 7 月中日戰爭爆發後，同年 9 月，第七二帝國議會先後通過《輸出入品等臨時措置法》和《臨時資金調整法》，戰時經濟統制也隨之展開。其後，帝國議會再依據《軍需工業動員法》制訂「工場事業場管理令」，授與軍部管理民間工場的權限。[56]

1938 年 5 月，日本政府頒布《國家總動員法》後，不僅由法制面確立總動員體制，取代《軍需工業動員法》的角色。作為日本殖民地的臺灣，也伴隨《國家總動員法》的實施，正式納入日本帝國的戰時動員體制。[57]

值得注意的是，1937 年公布的《臨時資金調整法》中，規定新設立企業或企業增資、發行公司債、長期借款及長期資金調度，都必須事先經政府許可；同時也明訂，有利於軍需和基礎物資生產的產業應優先發展，使得紡織、製紙等民需型的產業受到

抑制。[58] 依據《臨時資金調整法》規定，資本額 50 萬圓以上的公司設立前、金融機關提供企業 10 萬圓以上的設備資金放款，須先經過政府同意。其後於 1939 年 4 月公布的「會社利益配當及資金融通令」中，明訂資本額 20 萬以上的會社決定發放股利前，需先經政府許可；為配合此項政策的實施，臺灣總督府也於同年 5 月，設立臺灣會社利益配當審查委員會，負責股息分配的審查。[59] 1941 年底太平洋戰爭爆發後，臺灣總督府旋於 1942 年 6 月頒布「企業整備令」，針對臺灣內部的中小商工業者進行整合，希望藉由轉業、廢業政策的推動，集中技術者和生產物資，進一步提升產能。[60]

大致上，1930 年代後期臺灣各項產業的設立及擴張，都是在臺灣總督府的認可後實施，新設立會社的生產品目朝向汽車、造船、通信與電氣器材等組裝工業。

進入 1940 年代後，臺灣總督府走向重化工業推動鋼鐵與硫酸錏事業所需的資材，多採用日本國內的舊有設備，而且在建廠過程中，採行各地閒置器材的拼裝方式。如此工業化型態有別於日治前期，向歐美購入全新資材的設備投資。此外，伴隨戰局日趨激烈，還出現民間設施向軍需生產轉用的現象。

戰爭時期，政府由上而下對產業乃至企業的控制，體現於統制會的設立上。臺灣受限於殖民地工業的條件，相較於日本國內幼稚，並未仿照日本國內，是依據業種成立各種統制會，而是籠統的設立臺灣鐵工業統制會作為產業與官廳之間的聯繫，並共同承擔新廠房的設置。

綜觀這段時間的臺灣經濟足見，政府對經濟部門的控制愈深。過往對這段時期的討論，常將新興工業視為軍需工業，但對於與軍事需求連結方面，理解仍相當有限。且伴隨著戰爭後期，美軍對航行於海上的日本船舶採行封鎖政策，臺灣不易取得日本國內提供的民需用品，因而在臺灣興起了民需工業——棉紡織。

至於這段時期臺灣的對外關係，既有成果多強調人流的移動，較少著墨於臺灣的產業發展如何擴散與影響至其他地域。[61] 倘若將臺灣產業資本與日本的對外擴張相結合，則不難發現，中日戰爭

和太平洋戰爭相繼爆發後，在南中國與南洋等地，均可見臺灣資本的蹤跡。

固然日本帝國前進南洋，受限於統治時間過短，較難評價其資源開發的成效。臺灣在南進脈絡下的位置，或可從產業資本參與南進的視野著手，探索臺灣在帝國農林資源區位的特殊性；在此框架下，透過對政策立案者、產業技術者的討論，能理解臺灣在產業南進的過程中，政策折衝與執行的實態。

（四）走向戰後：臺灣經濟的調整與轉換

1945 年 8 月日本敗戰後，國民政府接收戰前日本人在臺灣經營的事業和資產。就工礦事業而論，先由經濟部臺灣區特派員辦公處監理，資源委員會再挑選較具規模的事業，並依據特性將其整併與接收，創設了中國石油、臺灣鋁業、臺灣銅礦、臺灣電力、臺灣肥料、臺灣製鹼、臺灣機械造船、臺灣紙業、臺灣糖業、臺灣水泥等 10 所公司。[62] 接著，臺灣省行政長官公署將資源委員會篩選後剩餘的工礦業進行整編，然後成立臺灣工礦公司；此外，就農林加工、交通、保險、醫藥、專賣、營造、書店、銀行、其他金融機構、貿易等 11 類，成立各類型的省營事業。[63]

戰前，伴隨著製糖機械的興起，位於高雄的臺灣鐵工所，戰後經接收後成立臺灣機械公司。至於興起於戰爭時期的組裝性事業、處於萌芽期的鋼鐵和硫酸錏業、棉紡織業等，則併入臺灣省經營的臺灣工礦公司。究竟，這些戰前的基礎事業與戰時新興工業，延伸到戰後初期的接收與整合，該如何從戰前、戰後臺灣經濟構造的視點進行討論？

首先，資源委員會接收戰前較具規模的企業，因獲得相對豐沛的資源而得以持續成長。其次，處於萌芽期的機械、鋼鐵、硫酸錏業，還有規模不大的紡織業，則交由臺灣工礦公司經營；這些生產單位在戰爭時期，因存在軍事或本地的需求而成長；戰後初期在軍需景氣消失之際，併入資金與資源較拮据的臺灣省政府，

使其營運受到侷限。

　　除了企業的生產與營運外，戰時成立的統制會於戰後改組為同業公會，作為企業之間聯繫與政府溝通對口的單位。值得注意的是，1949 年年底政府撤退來臺後不久，因面臨中共可能攻臺，再次仿效日治時期的戰時動員體制，展開軍需用品的生產。此時，政府和臺灣省工業會邀集戰前曾參與動員的事業和戰後新設立的工廠，協助生產軍事用品。這樣的討論將能顯現出，戰時和戰後的臺灣處於面對戰爭或瀕臨戰爭邊緣，如何整合在地企業生產軍需品。從戰前、戰後臺灣經濟史的觀點出發，除了既有關注的組織其連續與斷裂外，尚能進一步考察日治時期的戰時動員經驗，如何在政府撤臺初期被沿用。

　　以往對於戰後這些工礦事業的歷史考察，除了戰後的接收工作[64]或強調資源委員會接收者的領導能力，也應關注轉換期，人力資源銜接所扮演的角色。除了來自中國大陸的資源委員會成員，促使臺灣大型生產事業得以持續運作的觀點外，應可進一步以具體案例探討銜接期留用的日本人參與復舊工程，與戰前培育的本地技術人員扮演的角色。這些技術群體在轉換期進行的技術傳承，以往常在討論時被忽略或得到過低的評價。

　　戰後中國大陸日本籍人員的留用方面，有具體以中國東北的鞍山鋼鐵廠和上海的中國紡織機械製造公司為例，說明留用的日本籍技術人員如何將生產事業的技術與知識傳授給中國技術者的研究。[65]對於資源委員會的討論，偏重強調這些成員多具備顯赫的學歷與管理能力，部分並成為往後政府體系的經建官僚。[66]但政權交替時，應可討論不同群體的技術者他們的互動與扮演的角色，並探討被留用的日本人，如何看待戰後臺灣的經濟復興。

　　戰後初期臺灣生產事業的技術人員，可分為來自中國大陸的外省人、國民政府留用的日本籍人員、戰前接受過實業教育的臺灣人。迄今為止的戰後臺灣史研究中，對日籍人員的留用仍停留在政策討論，[67]較少以具體案例說明。[68]在剖析作為接收者的資源委員會技術者時，或可從兩岸產業差別的觀點瞭解其接收臺灣廠

礦的情形。

從制度面來看，戰後公營事業在組織上，均仿效中國大陸公營企業的組織架構。參與各生產單位接收的外省籍技術人員，為臺灣帶進中國式的管理與營運經驗，對戰後臺灣公營體系影響深遠。但中國經驗的背後，仍存在兩岸產業發展經驗與規模的差異性。如表 3 所示，資源委員會接收臺灣日產企業後設立十大公司的臺灣水泥、臺灣紙業、臺灣肥料、臺灣碱業、臺灣糖業公司等五間化學類公司，均由下屬酒精工廠接收。探究此一接收布局的緣由，係為資源委員會未直接經營相關事業。

表 3 資源委員會戰前及戰後所屬工礦企業

產業部門	戰前名稱	復員名稱
冶煉	雲南鋼鐵廠	臺灣鋁業公司籌備處
化工	重慶酒精廠	臺灣製碱股份有限公司
	北泉酒精廠	臺灣肥料股份有限公司
	內江酒精廠	臺灣糖業股份有限公司
	廣漢酒精廠	臺灣紙業股份有限公司
	簡陽酒精廠	臺灣水泥股份有限公司
電力	全國水力發電工程處	臺灣電力股份有限公司

資料來源：《資源委員會公報》第 11 卷第 1 期（1946 年 7 月），頁 58-64。

由於中國糖業的發展不如臺灣興盛，熟悉糖業的人材也相形欠缺。[69] 加上過去中國大陸的水泥、製碱、肥料等化學工業主要集中在民間部門；資源委員會投資的化學工業，主要為生產燃料的酒精工廠。[70] 在上述背景下，以資源委員會派遣的技術者集團是否能即刻熟悉接收的生產實務，仍有待商榷。但不可否認的是，戰前即進入廠礦服務，具備豐富生產經驗的臺灣籍員工，承擔起多數事業的現場復工與生產。

作為近代化事業能夠開展的基礎電力事業，在 1945 年以前，於臺灣與中國大陸均有相當程度的發展。戰後，來自中國大陸負責接收臺灣電力株式會社的單位為全國水力發電工程處，故兩岸

間電力產業發展的落差程度應該較小。若對 1946 年 12 月，戰後改組設立的臺灣電力公司的總管理處高階幹部之人事安排進行分析，僅有朱江淮一人為本省籍。但分散於各地的九個發電廠廠長中，則有三名由臺灣人擔任，8 個變電所主任有六名由臺灣人擔任。[71] 這樣的人事分布或能顯現出，電力事業的實務面仍高度仰賴臺灣人技術者的角色。

近期的研究成果提出，這段時期電力系統的傳承存在技術層次的差別。戰前，日月潭水力發電廠的高階技術人員幾乎全由日本人擔任；戰後初期，發電廠在臺灣人與日本人的兩相合作下進行修繕。接著，日本人陸續退出第一線，轉任顧問工作。至於戰前的小規模發電所除了主管為日本人外，其他員工多為臺灣人；戰後日本籍技術人員除了維持運轉外，尚為臺灣人技術者提供指導和養成。至於在變電所的運作上，戰前除了大型變電所由日本人擔任，其餘變電業務多由職務較低的臺灣人負責，戰後在技術傳承方面，比發電所來的容易。[72]

這些戰前進入上述公營事業的前身服務、戰後初期仍留任的臺灣籍技術人員，或可視為戰時經濟體制下的延續。此一原因係為 1938 年，日本政府以《國家總動員法》為基礎頒布的「學校卒業者使用制限令」，限制大學、專門學校、實業學校等理工科系出身的應屆畢業生其就業範圍；為此，臺南高等工業學校、臺北工業學校等臺灣人畢業生，得以投入較具規模的生產單位。[73] 又，關於戰時所需的勞動者，1939 年依據《國家總動員法》頒布「工場技能者養成令」，要求一定規模以上的金屬工業、機械器具工業、化學工業、鑛業等必須義務性地訓練勞動者，臺灣則於 1940 年 9 月開始實施。[74]

臺灣在戰時動員體制下，促使部分較具規模的生產單位有機會收納充沛的臺灣籍技術者和勞動者。戰後這些生產單位由資源委員會接收後，在來自中國大陸的技術人員未必熟稔現場的狀況下，留任原單位服務的臺灣籍技術者憑藉較豐富的從業經驗，成為現場復工的中堅力量。日本籍留用者的角色，可說在過渡時期

參與戰後廠房的復舊，並將部分智識傳播給在地的工作人員。

作為本書關注的機械、紡織、鋼鐵和硫酸錏事業，未必每個單位都有留用者，而且都能找到留用者的活動實態。[75] 經由耙梳與解讀臺灣工礦公司各分公司留用日本籍技術人員的歷史資料，我們能進一步瞭解，戰後初期日本人技術者對臺灣戰後經濟復興的構想，還有技術傳承的過程。這樣的討論將有別於以往接收者的復員觀點，進一步探究不同體系的技術者交錯時的活動，還有對戰後初期臺灣經濟的想法。

臺灣從戰前進行近代化事業的興辦，除了關注戰前到戰後的延續與斷裂外，還應關注 1949 年從中國大陸撤退來臺攜帶來的資本與設備。從戰後經濟史的角度來看，這段時期從中國大陸前來的經濟官僚，固然掌握了臺灣經濟的支配權，他們透過推動各項政策，促使戰後新興產業的萌芽。來自上海的紡織資本，也成為臺灣棉紡織產業中紡紗部門的主力。在外部的資源層面上，美國以韓戰為契機，提供物資、資金等援助，作為臺灣發展經濟的重要資源之一。但臺灣從戰後初期的接收與復舊階段過渡到政府撤臺階段的改變，仍有許多問題尚待釐清。

在政府撤臺初期、美援尚未抵臺前，主政者面對臺灣的資源環境，嘗試運用戰前的事業與動員體制進行增產。除了來自上海的棉紡織事業設備外，還要關注撤退來臺的政府與軍方資材進行生產與設備的轉用。1950 年前後，政府政策的構想與企業創設，與戰時臺灣總督府推動的種種作為均顯現出，資源欠缺下的動員可說存在著諸多相似性。透過日治到戰後的轉換，還有政府撤臺時的整合性討論，將有助於理解臺灣經濟近代化的摸索與調整過程。另一方面，也能瞭解戰後臺灣作為獨立經濟體，走向經濟高度成長的初始狀態。

作為島嶼且欠缺資源的臺灣，發展經濟時有賴與外界的連結，才能順利獲得資源，並將商品銷售至其他地域。就臺灣經濟的主體性而言，二十世紀前半與後半可說呈現出不同的樣貌。前半，臺灣依附在日本與中國大陸經濟體之上，本身的經濟體系不具自

主性，因而呈現出殖民地與地方省份的發展型態。到了後半則成為獨立的經濟個體，雖言對外的經濟關係依附於美國與日本，但政府多數時間能提出各種自主性的經濟構想。二十世紀前半葉臺灣經濟的經驗與成就，又作為後半葉走向獨立經濟體初始點的重要基礎與資源。曹永和曾提出「臺灣島史」的概念，本書則進一步提出臺灣為「島嶼經濟」的論點，以具體事例探討二十世紀前半葉，臺灣經濟在未具自立性的情況下，企業與產業的摸索過程。

四、既有討論與章節安排

以往對機械業的討論，陳政宏曾以技術史的角度，就戰前的臺灣鐵工所和戰後接收成立的臺灣機械公司進行討論，說明鐵工所創立初期，以修造製糖機械為主要業務，並就工場設備、廠房擴充與教習所的培訓進行考察。至於在戰後初期改組為臺灣機械公司的過程，則就其組織沿革、股權管理與業務範圍等進行初步說明。[76] 從戰前臺灣機械業的產業發展脈絡來看，可再以企業經營史的觀點，就臺灣鐵工所如何以糖業機械為出發點，轉向對其他製品的生產過程進行研究，並且分析其財務面的資產分配與收支等；關於戰後初期的討論，還能關注人事變遷、技術傳承、市場轉變等課題。

除了就規模較大的事業進行討論外，堀內義隆以戰前臺灣機械市場的形成與零細生產者進行討論，並將工廠數目、員工人數和技術者來源予以整理，進而說明，當時的機械仍仰賴日本國內提供，本地工場停留在零建製造與修理的階段。[77] 然我們可以堀內氏的研究為基礎，進一步就 1930 年代，因應戰時成立的中小型機械業者進行討論，並說明當時的鋼鐵業如何在以健全機械業為前提的情況下，於戰爭背景下，運用日本國內舊有的資材創辦。

關於戰前臺灣紡織業的研究論著，偏重以纖維栽培的農業部門為中心，較少涉及工業部門的紡織事業。舉例來說，張靜宜曾以黃麻、棉花、苧麻和蓖麻等作物為中心，討論其如何在戰時動

員下，透過國策支持而增產。[78]林玉茹則從東部開發的觀點，討論1930年代中期以後，臺灣棉花株式會社在臺東的事業經營。[79]上述兩篇論著均從戰時經濟的視野出發，探討臺灣如何支援經濟作物的原料栽培，較少著墨至生產部門的實況。郭立媛的碩士論文係就臺灣製麻株式會社耙梳其企業史，但欠缺從整體的製麻產業出發進行討論，有見樹不見林之憾。[80]日本學者平井健介的研究，從物資流通的角度關注從中國引進的草袋，其如何作為麻袋的替代品；但因作者的關心點聚集在以砂糖為中心的包裝袋，以致對臺灣製麻業的討論，僅以生產規模不大帶過，未就其生產進行較深入的論述。[81]

　　至於以往對臺灣肥料的討論，陳金滿、李力庸和平井健介的論著多關照肥料配銷的層面。[82]在肥料生產的相關研究論著中，黃俊夫曾從科技與社會的觀點出版以介紹史料為主之圖文的政府出版品，探討戰後高雄硫酸錏公司的設立與發展。[83]林蘭芳[84]和湊照宏[85]則在電力事業開發的能源史脈絡下，說明日月潭水力發電從規劃興建初始，即籌劃運用多餘的電力來發展硫酸錏事業。堀和生考察戰時日本的化學工業時曾提到，日本窒素株式會社在臺投資臺灣窒素會社，但並未就戰前臺灣硫酸錏事業的設立活動進行討論。[86]基本上，學界對臺灣硫酸錏事業的研究成果，多集中在戰前日月潭水力發電計畫為中心的紙上談兵計畫，或肥料流通與分配，僅有黃俊夫考察戰後硫酸錏工廠的設置。

　　本書將以企業與產業為考察焦點，圍繞在機械製糖業與稻作興起衍生的機械業與纖維業，以此理解戰前臺灣繼機械製糖之後出現的第二波產業近代化，並挑選較具規模的企業進行經營史的考察，並且梳理企業經營如何受到經濟局勢影響。接著，將觀察戰爭時期，兩項產業如何配合軍事需求進行調整，探討臺灣在戰時工業化時期，欲嘗試朝向重化工業、機械業的上游鋼鐵業進行整合，而且以臺灣本地與南支南洋為市場，設置硫酸錏工廠。

　　第一篇所關注再以機械業為首的各種新興事業，先介紹由糖業資本集資創辦的臺灣鐵工所，探討其收入如何受到糖廠的營運

影響，並且考察 1930 年代，朝向農業機械、船舶、鐵道車輛生產之過程。（第二章）又，戰時創辦的組裝性事業，受限於臺灣工業基礎工業薄弱，仰賴日本國內提供原料進行組裝，呈現出與軍事需求高度連結之貌。（第三章）除了前述事業的發展外，戰時設立的臺灣鐵工業統制會，透過產官學界的合作，協助戰時大型工業設施的興築。再者，1941 年 10 月由臺灣總督長谷川清召開「臨時臺灣經濟審議會」後，決議臺灣朝向重化工業生產的方向發展，並在臺創設鋼鐵與硫酸錏工廠。這兩項事業均採用日本國內的舊有器材生產，顯現出戰爭後期，因為資材不足而採行拼裝式的工業設施。（第四章）

　　第二篇的紡織業，先簡述臺灣在米糖盛產的背景下興設黃麻紡織工廠，生產裝載稻米和砂糖所用的黃麻布袋；接著，在第一次世界大戰的榮景下，出現以苧麻為原料的近代化紡織工廠。這兩所工廠原本規劃以本地的黃麻和苧麻為原料，但因農民多選擇收益較高的稻米，轉而由印度和中國進口。（第五章）麻紡織進入戰時經濟階段後，黃麻和苧麻紡織被納入軍需用品的一環，而且開始將原本適合寒帶生長的亞麻在臺栽培、籌備，以供應軍方的亞麻紡織事業。又，臺灣原本仰賴日本國內供應的棉紡織製品，但因連外日漸中斷，為求自給自足，所以將日本的閒置器材運送來臺，成為臺灣棉紡織事業的發端，促成了戰時經濟民需產業的成長。（第六章）

　　第三篇討論前述這些事業戰後的發展情況。戰前，臺灣機械業規模最大的臺灣鐵工所，戰後改組為臺灣機械公司。戰後初期，因臺灣與中國大陸兩地產業發展的差異性，在糖業機械、鐵道車輛、造船生產方面，有些技術傳承自戰前臺灣籍員工的生產經驗，有些仰賴來自中國大陸的技術者，而且公司將中國大陸作為新興的潛在市場。（第七章）另外，處於萌芽期的組裝性事業、鋼鐵業、硫酸錏業和紡織業則交由臺灣工礦公司經營；這些生產單位大多伴隨著戰爭時期，軍事或本地的需求而出現；戰後初期，在軍需景氣消失之際，併入資金與資源較拮据的臺灣省政府，使其營運

受到侷限。（第八章）

　　1940 年代末，伴隨國共內戰的白熱化，政府撤退來臺前後，臺灣除了面對中共可能來襲的狀況，還思索著如何提昇糧食產量、解決因大量人口移入而出現的糧食問題。在此情況之下，臺灣省政府邀集各工廠，仿照戰前的動員體系生產軍用品，體現出戰時的生產動員體制於戰後再次被運用。再者，政府將從中國大陸撤退來臺專司生產火藥的兵工廠，提供部分量能，生產島內增產稻米所需的硫酸銨肥料。此一討論顯現出 1950 年前後，臺灣邁向獨立個體初期的脆弱性，以及島嶼經濟面臨資源不足，透過軍事部門提供民需部門的靈活對應。另一方面，1940 年代末期，資源委員會在臺規劃成立一貫性的鋼鐵廠；國共內戰敗北之際，則將原本從國外訂購至中國大陸各鋼鐵廠的機器轉運來臺，成立臺灣鋼廠，生產規模也因局勢而大幅限縮，改以生產製造罐頭所需的馬口鐵為主力產品。（第九章）

　　本書將透過企業和產業的實證研究，瞭解臺灣在戰前和戰後初期，欠缺經濟自立性的各階段其運作過程，以展現臺灣本身的利基與限制條件。在具體論述上，先關注戰前經濟研究中，較少關注之依附、衍生於米糖經濟的事業，而且探究一戰景氣對臺灣產業的影響。接著，再將視線從戰時延伸到戰後，評價戰時工業化出現的多項新興工業其興衰過程。

　　另外，1949 年臺灣成為獨立經濟個體初期，主政者除了以來自上海的資材推動棉紡織外，還沿用戰前的動員體制生產軍需品，而且運用中國大陸撤退來臺的軍事資材生產硫酸銨肥料。戰後，臺灣經濟歷經兩次變動、面臨調整，將能體現出島嶼經濟的特質，亦能超越戰前經濟史研究，在探討戰時工業化推展各項事業的高峰後即結束課題，因而無法知悉推展時存在的界線。在此前提下，本書將從內部結構與對外關係兩個層面，針對未具自立性的臺灣經濟進行實證研究，克服以往戰前研究的界線與戰後初期，經濟歷史認識的既有盲點，作為瞭解長期臺灣史研究中，經濟部門於轉換期尚未解決的問題。站在臺灣戰後經濟史的研究上，亦能超

越過往持經濟發展觀點，多將戰前發展以「殖民地遺產」帶過的討論，或單方面強調，來自中國大陸之經驗人才的單向考察。透過本書案例的討論，也將就以往的各家論點進行對話與修正，亦提出二十世紀前半臺灣經濟生產部門的特徵，還有二十世紀後半臺灣經濟朝向高度成長邁進的初始狀態。

註釋

1 涂照彥，《環日本海研究》（東京：福村出版株式会社，2009），頁 458、476。

2 許雪姬，〈台灣史研究三部曲：由鮮學經顯學到險學〉，《思想》第 16 期（2010 年 7 月），頁 71-100。

3 涂照彥著，李明峻譯，《日本帝國主義下的臺灣》（臺北：人間出版社，1999），頁 55。

4 林繼文，《日本據台末期（1930-1945）戰爭動員體係之研究》（臺北：稻鄉出版社，1996）。

5 高淑媛，〈臺灣近代產業的建立：日治時期臺灣工業與政策分析〉，（臺南：國立成功大學歷史學系博士論文，2003）。高淑媛，〈臺灣戰時生產擴充政策之實施成效：以工業為中心之分析〉，《國立成功大學歷史學報》第 29 期（2005 年 6 月），頁 165-213。高淑媛，《臺灣工業史》（臺北：五南出版社，2016）。

6 やまだあつし著、薛芸如譯，〈殖民地時代末期臺灣工業的結構〉，薛化元編，《發展與帝國邊陲：日治臺灣經濟史研究文集》（臺北：國立臺灣大學出版中心，2012），頁 355-384。

7 張靜宜，《戰時體制下臺灣特用作物增產政策之研究》（高雄：復文書局，2007）。

8 黃仁姿，《戰爭、糧食與土地改革：戰時戰後的臺灣農政（1930s-1950s）》（臺北：稻鄉出版社，2020）。

9 黃紹恆，《砂糖之島：日治初期的臺灣糖業史 1895-1911》（新竹：交通大學出版社，2019）。

10 久保文克，《植民地企業経営史論：「準国策会社」の実証的研究》（東京：日本経済評論社，1997）。久保文克，《近代製糖業の発展と糖業連合会：競争を基調とした協調の模索》（東京：日本経済評論社，2009）。

11 平井健介，《砂糖の帝国―日本植民地とアジア市場》（東京：東京大学出版会，2017）。

12 陳慈玉，《近代台湾における貿易と産業―連続と断絶》（東京：御茶の水書房，2014）。陳慈玉，〈斷裂與連續：戰時到戰後初期臺灣重要軍需工業的變遷〉，《兩岸發展史研究》第 7 期（2009 年 6 月），頁 155-199。

13 柯志明，《米糖相剋：日本殖民主義下臺灣的發展與從屬》（臺北：群學出版有限公司，2003）。

14 李力庸，《日治時期臺中地區的農會與米作（1902-1945）》（臺北：稻鄉出版社，2004）；李力庸，《米穀流通與臺灣社會（1895-1945）》（臺北：稻鄉出版社，2009）。

15 張怡敏，〈臺灣貯蓄銀行之設立及其發展（1899-1912 年）：兼論臺灣史上首宗銀行合併案〉，《臺灣史研究》第 23 卷第 1 期（2016 年 3 月），頁 35-74。李為楨，〈日治初期臺灣地方金融組織法制化之前奏（1900-1912）：以信用組合為中心〉，《臺灣史學雜誌》第 18 期（2015 年 6 月），頁 3-38；張怡敏，〈戰爭與金融：株式會社臺灣商工銀行之經營（1937-1945）〉，《臺灣史研究》第 29 卷第 1 期（2022 年 3 月），頁 89-158。

16 郭婷玉，〈日本時代臺灣地方信用組合的運作與發展：以高雄中洲、興業信用組合為例〉（臺北：國立臺灣大學歷史學系博士論文，2021）。

17 谷ヶ城秀吉，《帝国日本の流通ネットワーク―流通機構の変容と市場の形成》（東京：日本経済評論社，2012）。

18 黃紹恆，〈從對糖業之投資論日俄戰爭前後台灣人資本的動向〉，《台灣社會研究季刊》第 23 期（1996 年 9 月），頁 83-146；黃紹恆，〈日治初期在台日資的生成及積累〉，《台

灣社會研究季刊》第 32 期（1998 年 12 月），頁 165-214。

19 謝國興，〈1940 年代的興南客運：日治後期到戰後初期的轉折〉，《臺南文獻》創刊號（2012 年 7 月），頁 55-80。

20 陳家豪，《近代台灣人資本與企業經營：以交通業為探討中心（1895-1954）》（臺北：政大出版社，2018）。

21 北波道子，《後發工業国の経済発展と電力事業》（京都：晃洋書房，2003）；湊照宏，《近代台湾の電力産業─植民地工業化と資本市場》（東京：御茶の水書房，2010）；林蘭芳，《工業化的推手：日治時期臺灣的電力事業》（臺北：國立政治大學歷史學系，2011）；陳鴻圖，《活水利生：臺灣水利與區域環境的互動》（臺北：文英堂，2005）；清水美里，《帝国日本の「開発」と植民地台湾─台湾の嘉南大圳と日月潭發電所》（東京：有志舍，2015）；曾令毅，〈戰時臺灣的航空事業與軍需產業：以產業位階及供給統制為中心，1930s-1940s〉，《國史館館刊》第 63 期（2020 年 3 月），頁 35-86。

22 林玉茹，《國策會社與殖民地邊區的改造：臺灣拓植株式會社在東臺灣的經營（1937-1945）》（臺北：中央研究院臺灣史研究所，2011）；國史館臺灣文獻館編，《臺灣拓殖株式會社檔案論文集》（南投：國史館臺灣文獻館，2008）；湊照宏、齊藤直、谷ヶ城秀吉，《国策会社の経営史─台湾拓殖から見る日本の植民地経営》（東京：岩波書店，2021）。

23 テッサ・モートスー鈴木著，藤井隆至譯，《日本の経済思想─江戸期から現代まで》（東京：岩波書店，2010），頁 119-120。

24 テッサ・モートスー鈴木著，藤井隆至譯，《日本の経済思想─江戸期から現代まで》，頁 120、133、182。

25 大石嘉一郎編，《日本産業革命の研究上─確立期日本資本主義の再生産構造》（東京：東京大学出版会，1975）；大石嘉一郎編，《日本産業革命の研究下─確立期日本資本主義の再生産構造》（東京：東京大学出版会，1975）；加藤幸三郎，〈産業革命研究会から日本帝国主義史研究会へ〉，大石先生追悼文集刊行会，《日本近代史研究の軌跡─大石嘉一郎の人と学問》（東京：日本経済評論社，2007），頁 131-132。

26 大石嘉一郎編，《日本帝国主義史 1：第一次大戦期》（東京：東京大学出版会，1985）；大石嘉一郎編，《日本帝国主義史 2─世界大恐慌期》（東京：東京大学出版会，1988）；大石嘉一郎編，《日本帝国主義史 3─第二次大戦期》（東京：東京大学出版会，1994）；金子文夫，〈日帝史研と大石先生〉，大石先生追悼文集刊行会，《日本近代史研究の軌跡─大石嘉一郎の人と学問》（東京：日本経済評論社，2007），頁 146。

27 石井寛治，《日本蚕糸業史分析─日本産業革命研究序論》（東京，東京大学出版会，1972）；石井寛治，《近代日本金融史序説》（東京：東京大学出版会，1999）。

28 石井寛治，《日本経済史（第二版）》（東京：東京大学出版会，1991）。

29 原朗，《日本の戦時経済─計画と市場》（東京：東京大学出版会，1995）。原朗，《復興期の日本経済》（東京：東京大学出版会，2002）。原朗，《戦時日本経済の再編成》（東京：日本経済評論社，2006 年）；原朗，《高度成長始動期の日本経済》（東京：日本経済評論社，2010）；原朗，《高度成長展開期の日本経済》，（東京：日本経済評論社，2012）。

30 武田晴人，《日本経済の戦後復興─未完の構造転換》（東京：有斐閣，2007）；武田晴人，《戦後復興期の企業行動立ちはだかった障害とその克服》（東京：有斐閣，2008）；武田晴人，《高度成長期の日本経済─高成長実現の条件は何か》（東京：有斐閣，2011）。

31 大内力，〈戦後改革と国家独占資本主義〉，東京大学社会科学研究所戦後改革研究会編，《戦後改革 1 課題と視角》（東京：東京大学社会科学研究所，1974），頁 19-22。

32 大石嘉一郎，〈戦後改革と日本資本主義の構造変化─その連続説と断絶説─〉，東京大

学社会科学研究所戦後改革研究会編，《戦後改革 1—課題と視角》，頁 76-79。

33 武田晴人，《日本経済史》（東京：有斐閣，2019），頁 295-296；橋本寿朗，《日本企業システムの戦後史》（東京：東京大学出版会，1996），頁 34-38。

34 石井寛治、原朗、武田晴人編，《日本経済史 1—幕末維新期》（東京：東京大学出版会，2000）；石井寛治、原朗、武田晴人編，《日本経済史 2—産業革命期》（東京：東京大学出版会，2000）；石井寛治、原朗、武田晴人編，《日本経済史 3：両大戦間期》（東京：東京大学出版会，2002）；石井寛治、原朗、武田晴人編，《日本経済史 4—戦時・戦後期》（東京：東京大学出版会，2007）；石井寛治、原朗、武田晴人編，《日本経済史 5—高度成長期》（東京：東京大学出版会，2010）；石井寛治、原朗、武田晴人編，《日本経済史 6—日本経済史研究入門》（東京：東京大学出版会，2010）。

35 金子文夫，〈資本輸出と植民地〉，大石嘉一郎編，《日本帝国主義史 1—第一次大戦期》，頁 351-390；金子文夫，〈資本輸出と植民地〉，大石嘉一郎編，《日本帝国主義史 2—世界大恐慌期》，頁 331-366；金子文夫，〈植民地・占領地支配〉，大石嘉一郎編，《日本帝国主義史 3—第二次大戦期》，頁 399-440。

36 金子文夫，〈植民地・占領地支配〉，石井寛治、原朗、武田晴人編，《日本経済史 4—戦時・戦後期》，頁 191-260。

37 奥野正寛、岡崎哲二，《現代日本経済システムの源流》（東京：日本経済新聞社，1993），頁 i-ii。

38 岡崎哲二，《日本の工業化と鉄鋼産業》（東京：東京大学出版会，1993）。

39 堀和生，《東アジア資本主義史論（1）形成・構造・展開》（京都：ミネルヴァ書房，2009）。

40 杉原薫，《アジア間貿易の形成と構造》（京都：ミネルヴァ書房，1996）。

41 石井寛治，《資本主義日本の歴史構造》（東京：東京大学出版会，2015），頁 297-353；武田晴人，〈日本経済史研究の現代的課題〉，武田晴人、石井晋、池元有一，《日本経済の構造と変遷》（東京：日本経済評論社，2018），頁 31-46。

42 曹永和，〈臺灣史研究的另一個途徑：「臺灣島史」概念〉，曹永和《臺灣早期歷史研究續集》（臺北，聯經出版事業股份有限公司，2000），頁 445-449。

43 涂照彥著，李明峻譯，《日本帝國主義下的臺灣》，頁 63、121、367-368、536-537。

44 涂照彥著，李明峻譯，《日本帝國主義下的臺灣》，頁 539-541。

45 劉進慶著，王宏仁、林繼文、李明峻譯，《臺灣戰後經濟分析》（臺北：人間出版社，1995），頁 8-10。

46 在林文凱的論文中，就戰前臺灣工業與產業史研究進行回顧，而且對理論的解釋面進行檢討。林文凱，〈晚近日治時期臺灣工業史研究的進展：從帝國主義論到殖民近代化論的轉變〉，《臺灣文獻》第 68 卷第 4 期（2017 年 12 月），頁 117-146。

47 堀內義隆，《緑の工業化—台湾経済の歴史的起源》（京都：京都大学学術出版会，2021）。

48 陳家豪，《近代台灣人資本與企業經營：以交通業為探討中心（1895-1954）》（臺北：政大出版社，2018）。

49 謝國興，〈1940 年代的興南客運：日治後期到戰後初期的轉折〉，頁 55-80。

50 鈴木淳，《明治の機械工業—その生成と展開—》（東京：ミネルヴァ書房，1996），頁 349-352。

51 武田晴人，《日本経済史》，頁 112-114、136-137。

52 依《臺灣商工統計》的產業分類項目來看，或能體現當時的統計項目是隨著產業變化進行調整，並逐漸細緻化。如圖 1 所示，在 1920 年以前，《臺灣商工統計》將工業劃分為機

械及器具、紡織、化學、食品、雜工業和特種工業等六類。1920 年後則如圖 2 所示，進一步細分為紡織、金屬、機械器具、窯業、化學、製材及木製品、印刷及製本、食品、其他工業等九類。但圖 1 和圖 2 僅舉列機械及器具、紡織、化學、金屬、食料品工業和總產值。

53 涂照彥著，李明竣譯，《日本帝國主義下的臺灣》，頁 143-145。

54 關於日本經濟在此一階段的討論，可參見武田晴人所撰〈景氣循環と經濟政策〉，收於石井寬治、原朗、武田晴人編，《日本經濟史 3—兩大戰期間》，頁 4-6、9-12。

55 關於這段時期創辦的零細事業，迄今為止未有具體的研究成果，但可依據臺灣總督府殖產局所編的《臺灣工場通覽（大正十四年現在）》中，瞭解一戰時期有諸多事業創辦的現象。臺灣總督府殖產局，《臺灣工場通覽（大正十四年現在）》（臺北：臺灣總督府殖產局，1926）。

56 原朗，〈經濟總動員〉，大石嘉一郎編，《日本帝國主義史 3—第二次大戰期》，頁 75-79。

57 原朗，〈經濟總動員〉，大石嘉一郎編，《日本帝國主義史 3—第二次大戰期》，頁 79-81。

58 中村隆英，〈概說 1937-1954 年〉，中村隆英編，《日本經濟史 7—「計画化」と「民主化」》（東京：岩波書店，1989），頁 8。

59 臺灣銀行史編纂室，《臺灣銀行史》（東京：臺灣銀行史編纂室，1964），頁 576-578；臺灣銀行調查部，《臺灣金融經濟月報》115 號（1939 年 5 月），（臺北：臺灣銀行，1939），頁 14。

60 臺灣銀行調查部，《臺灣金融經濟月報》152 號（1942 年 6 月），（臺北：臺灣銀行，1942），頁 11-12。

61 鍾淑敏，《日治時期在南洋的臺灣人》（臺北：中央研究院，2020）。

62 臺灣省政府建設廳，《臺灣建設行政概況》（臺北：臺灣省政府建設廳，1947），頁 2。

63 吳若予，《戰後臺灣公營事業之政經分析》（臺北：業強出版社，1992），頁 40。

64 陳慈玉，〈「計劃經濟」體制下的台灣鋁業〉，謝國興編，《改革與改造：冷戰初期兩岸的糧食、土地與工商業變革》（臺北：中央研究院近代史研究所，2010），頁 233-273；林蘭芳，〈戰後初期資源委員會對臺電之接收（1945~1952）：以技術與人才為中心〉，《中央研究院近代史研究所集刊》第 79 期（2013 年 3 月），頁 87-135。

65 松本俊郎，《「満洲国」から新中国へ鞍山鉄鋼業からみた中国東北の再編過程》（名古屋：名古屋大學出版会，2000）；王穎琳，《中国紡織機械製造業の基盤形成—技術移転と西川秋次—》（東京：學術出版会，2009）；富澤芳亞，〈在華紡技術の中国への移転〉，富澤芳亞，久保亨，萩原充編，《近代中国を生きた日系企業》（大阪：大阪大学出版会，2011），頁 65-92。

66 薛毅，《國民政府資源委員會研究》（北京：社會科學文獻出版社，2005），頁 380-385；瞿宛文，《台灣戰後經濟發展的源起：後進發展的為何與如何》（臺北：中央研究院、聯經出版公司，2017），頁 188-193。

67 歐素瑛，〈戰後初期在臺日人之遣返〉，《國史館學術集刊》第 3 期（2003 年 9 月），頁 201-227；吳文星，〈戰後初年在臺日本人留用政策初探〉，《臺灣師大歷史學報》第 33 期（2005 年 6 月），頁 269-285。

68 關於戰後日本人留用，歐素瑛曾以研發出蓬萊米的磯永吉，戰後的留用活動進行考察。歐素瑛，《臺北帝國大學與近代臺灣學術的奠定》（臺北：臺灣師範大學出版社，2020），頁 234-245。

69 陳兆偉，《國家經營下的臺灣糖業（1945-1953）》（臺北：稻鄉出版社，2003），頁 57。

70 陳歆文，《中國近代化學工業史（1860-1949）》（北京：化學工業出版社，2006），頁51-84。

71 〈臺灣電力公司報告〉（1946 年 12 月），中國第二歷史檔案館、海峽兩岸出版交流中心，《館藏民國臺灣檔案彙編（第 159 冊）》（北京：九州出版社，2007），頁 274-277。

72 洪紹洋，〈戰後電力人員的引揚與留用〉，《臺灣學通訊》第 113 期（2019 年 9 月），頁 28-29。

73 臺灣總督府殖產局編，《臺灣經濟法令實施要綱》（臺北：臺灣總督府殖產局，1939），頁 1-2；臺灣總督府殖產局編，《臺灣經濟法令集》（臺北：臺灣總督府殖產局，1939），頁 10-19。

74 臺灣經濟年報刊行會編，《臺灣經濟年報—昭和 17 年版》（臺北：臺灣經濟年報，1942），頁 150。

75 關於技術傳承或在地移轉的討論涉及到人員之間的交流，故如何找尋到資料進行討論，也成為能否順利完成研究的要因之一。這部分除了從檔案文書中尋找蛛絲馬跡外，尚可從個人文書和回憶錄等進行耙梳。值得注意的是，河原功編的《台湾引揚‧留用紀錄》的第九冊和第十冊，提供了諸多留用技術者撰寫的報告，當中不乏提出在移交時期的技術傳承。河原功監修、編集，《台湾協会所藏—台湾引揚‧留用記錄　第九卷》（東京：ゆまに書房，1998）；河原功監修、編集，《台湾協会所藏—台湾引揚‧留用記錄　第十卷》（東京：ゆまに書房，1998）。

76 陳政宏，《鏗鏘已遠：臺機公司獨特的一百年》（臺北：行政院文化建設基金會，2007）；陳政宏，《傳動世紀：臺灣機械股份有限公司：臺灣產業經濟檔案數位典藏專題選輯　印記七》（臺北：檔案管理局，2011）。

77 堀內義隆，《綠の工業化－台湾経済の歷史的起源》，頁 212-242。

78 張靜宜，《戰時體制下臺灣特用作物增產政策之研究》（高雄：復文書局，2007 年）；張靜宜，〈臺灣總督府農業試驗所之試驗事業：以麻系作物為例〉，收於李玉瑾編，《臺灣學研究國際學術研討會：殖民與近代化論文集》（臺北：國立中央圖書館臺灣分館，2009），頁 185-214。

79 林玉茹，《國策會社與殖民地邊區的改造：臺灣拓殖株式會社在東臺灣的經營（1937-1945）》（臺北：中央研究院臺灣史研究所，2011），頁 210-211。

80 郭立媛，〈由臺人土地資本到日本財閥資本：日治時期臺灣製麻株式會社之經營〉（臺北：國立臺灣師範大學臺灣史研究所碩士論文，2002）。

81 平井健介，《砂糖の帝国—日本植民地とアジア市場》，頁 203-229。

82 平井健介，〈1910-30 年代台湾における肥料市場の展開と取引メカニズム〉，《社会経済史学》第 76 卷第 3 期（2010），頁 443-461；陳金滿，《臺灣肥料政府管理與配銷（1945-1953）：國家與社會關係之一探討》（臺北：稻鄉出版社，2000）。

83 黃俊夫，《硫金歲月：臺灣產業經濟檔案數位藏專題選輯—高雄硫酸錏股份有限公司印記三》（臺北：檔案管理局，2009）。

84 林蘭芳，〈工業化的推手：日治時期臺灣的電力事業〉。

85 湊照宏，《近代台湾の電力産業—植民地工業化と資本市場》，頁 108-113。

86 堀和生，〈戰時体制期の化学工業〉，下谷政弘編，《戰時経済と日本企業》（東京：昭和堂，1990），頁 77-78。

PART. ONE

第一篇
新事業的孕育

第二章 | 大企業的創設：臺灣鐵工所

一、機械製糖與企業創辦

　　臺灣鐵工所的前身為臺灣製糖株式會社高雄鐵工所，成立背景與日治時代日本在臺灣推行新式糖廠的政策密切關連。1900 年以臺灣製糖株式會社為首的新式製糖工廠相繼成立，所需之建廠設備多由國外進口。[1] 糖廠竣工後，壓榨過程中使用的滾輾（Roller）及相關附屬設備，當時的日本國內和臺灣尚無能力製造。在此之際，各製糖會社的技術支援和維修需仰仗美國、德國的公司，或仰賴有許多日本移民、擁有日本人商業網絡的夏威夷在地的鐵工所提供服務。[2]

　　以當時臺灣的工業能力而言，姑且不論製糖機械製作，甚至連糖廠簡單的修理都需仰賴國外：製糖事業因機械故障而中斷，送往糖廠的甘蔗若受到延宕，將影響產糖的品質。臺灣糖業株式會社為解決糖廠修繕的問題，1909 年於橋頭工場興建鑄造工場，1915 年開始嘗試生產滾輾。在此同時，1916 年 6 月，灣裡工場亦決定鑄造滾輾，但卻因硬度不夠而無法順利生產。同年 8 月，橋頭工場鑄造滾輾時發現，以 25% 的軟鋼配合鋼屑能增加滾輾的硬度，因而開始量產。[3]

　　爾後在 1917 年 9 月，橋頭的鑄造工場或許受限於原本的廠房面積較小，於是將廠房搬遷至高雄，並開始生產鐵道貨車的車輛。依據記載，從開始生產滾輾至 1919 年底，共生產 115 支，其中的1918-1919 年，訂單來自大日本、東洋、明治、鹽水港、帝國製糖

等島內各製糖會社。值得注意的是，由於第一次世界大戰爆發，歐美各國的機械業多轉向生產軍需物資，加上日本國內的機械業者也十分繁忙；臺灣各製糖會社在不易從國外和日本國內購買製糖機械的情況下，體認到本地簡易的修理與鑄造工廠無法滿足島內所需，於是決議聯合出資，設立以生產製糖機械為主的鐵工所，並以臺灣製糖株式會社的鑄造工場為主體。[4]

在此同時，鈴木商店神戶製鋼位於臺灣分工廠的臺北鐵工所也預定在臺灣籌設大型造船鐵工所，並先於高雄購買約一萬坪的土地，作為廠房興建使用。另外，大阪田中機械製作所董事長田中岩吉亦計劃在臺灣進行類似投資。[5]

在多方均有投資計畫之際，最終達成合資設立以製造和修繕糖業機械為主之大型鐵工所的共識，並於 1919 年 11 月成立臺灣鐵工所，總公司設於高雄。在廠房建置上，初期先以鈴木商店所屬的臺北鐵工所為基礎，並且併購臺灣製糖株式會社附屬高雄鐵工所。臺北工場在 1919 年 12 月 1 日完成經營權轉讓，高雄工場則於 1920 年 1 月 1 日完成買收。[6]

二、資本額與董監事布局

創立初始，臺灣鐵工所的資本額為 200 萬圓，當時於每股 50 圓的面額下，共發行四萬股股票。如表 1 所示，臺灣鐵工所最初的發起人田中鐵工所和神戶製鋼所鈴木商店共計劃認領 15,000 股，其餘 19,000 股由臺灣各糖廠認股，剩餘的 6,000 股，計劃由日本國內和臺灣關係者認領。[7] 也就是說，就公司成立前的認股分配規劃，臺灣糖業界認領的股權，大約接近公司發行股份的一半。

1937 年中日戰爭爆發，臺灣鐵工所開始配合軍需工業及南進政策發展。由於事業擴張，需籌措更多的資金投入生產及建設。基於上述理由，1940 年 5 月，臺灣鐵工所向臺灣總督府提出增資計畫，並獲得增資 200 萬圓的許可。在新募集的 4 萬股股份中，臺灣各製糖會社、臺灣銀行及神戶製鋼所共認領約 19,080 股，接

近新募集股份的一半。[8]

表 1 臺灣鐵工所設立計畫募集股數

公司名稱	募集股數	公司名稱	募集股數
田中鐵工所、神戶製鋼所、鈴木商店	15,000	臺南製糖	1,000
臺灣製糖	4,000	新高製糖	1,000
鹽水港製糖	2,500	新興製糖	1,000
東洋製糖	2,500	林本源製糖	500
明治製糖	2,500	臺東製糖	500
大日本製糖	2,000	日本國內臺灣關係者	6,000
帝國製糖	1,500	總計	40,000

資料來源：〈臺灣鐵工所設立　鈴木と田中の共同〉，《臺灣日日新報》第二版（1919年 8 月 31 日）。

　　1944 年 4 月，臺灣鐵工所於臨時股東會議提出增資 600 萬圓的計畫並獲得通過。戰爭末期，臺灣鐵工所的資本額高達 1,000 萬圓，在增資的 12 萬股中，由神戶製鋼所、臺灣銀行及戰爭末期整併而成的四大製糖會社，共認購 61,645 股。[9] 然而，至 1945 年 8 月第二次世界大戰結束前，共有 40,050 的股份未繳納資金。在臺灣鐵工所的最後一次增資中，實收資本僅籌措到大約最初規劃的三分之二。[10]

　　鐵工所成立後，最初選出的董事為千葉平次郎[11]、田中岩吉[12]、草鹿砥祐吉[13]、平高寅太郎[14]、依岡省輔、田村藤四郎、三浦育三[15] 等七名。其中，董事長由田中岩吉擔任；監察人由數田輝太郎[16]、鈴木重臣[17]、羽鳥精一擔任。[18] 大致上，上述董監事成員多服務於臺灣各製糖會社，故鐵工所可視為因機械製糖興起所衍生的事業。

　　其後，隨著歷次股東會議的召開，董監事成員亦有異動。值得注意的是，在 1926 年間，臺灣鐵工所受到經濟不景氣影響，於成本考量下關閉臺北工場，造成約 16 萬圓的損失。在此同時，工

場主要幹部亦紛紛離職。最終，董事長田中岩吉等重要董監事幹部也宣布辭職，新任董事長由大阪田中製作所專門取締役泉量一轉任。泉量一上任後，開始建立鐵工所的營業方針，並展開各類機械的製造，促使公司利益開始好轉；公司虧損也因而逐漸降低。至 1928 年時，訂單高達 180 萬圓，純利潤高達 22 萬餘圓，同年上半期配息則高達 5%。[19]

1929 年泉量一的任期結束後，飯田耕一接任董事長。[20] 其後，飯田耕一於 1936 年死亡，勝又獎[21] 接任董事長。[22]1937 年 12 月，隨著勝又獎的請辭，泉量一回任董事長。[23] 然而，1943 年下半及 1944 年 4 月起，臺灣鐵工所東工場和西工場轉先後交付海軍管理，[24] 臺灣鐵工所亦於 1944 年 6 月，轉由海軍中將宮田義一[25] 繼任董事長，直到二次大戰結束。

在員工聘用人數方面，公司成立初期的 1920 年共聘用技術人員 10 名、事務員 10 名、職工 250 名。工場主任近藤正太郎[26] 原任職於臺北鐵道部汽罐部六年，其後轉任至臺灣製糖會社高雄鐵工場擔任主事；臺灣鐵工所成立後，近藤氏則擔任工場主任。[27] 至 1939 年上半年，會社共有職員 67 名，其中 35 名為技術員；還有工人共 448 名、臨時工 52 名、見習工 213 名、圖工 7 名、雇員 21 名及雜役 84 名。[28] 到 1944 年年底時，共有職員 807 名，工人 2,650 名，為日治時期聘用最多員工的全盛時期。[29]

臺灣鐵工所的員工來源，除了來自日本國內的技師外，亦包含臺灣自行培養的人才。例如：1931 年成立臺南高等工業學校，自 1934 年第一屆畢業生起，即有部分學生進入臺灣鐵工所服務。[30] 除了高等技術人員的補充外，鑄造工場中約有 50 人以上的見習工，經由三年的訓練，便能學得全部技術；但要經由五年，才能培養成為熟練工。[31]

透過戰前校方的名簿資料與出版品，可知悉臺南高等工業學校畢業生進入臺灣鐵工所服務的情形；之中，有第一屆機械工學科畢業生田村二郎、第二屆機械工學科畢業松原喜一郎和松尾繁成、第三屆機械工業科畢業生金井正弘、第四屆電氣工學科畢業

的洪坤鍠、第五屆機械工學科畢業的許玉堂、第七屆機械工學科的畢業生江虹麟進入該公司服務。畢業於臺南高工的臺灣人升遷情形，如 1938 年進入公司服務的許玉堂，至戰爭末期時，已經升任至造機課課長；1939 年入社的江虹麟，在戰爭末期升任至東工場機械工場職場長。[32] 從這些資訊能夠瞭解到，日治末期，臺灣人已有機會擔任至公司的中階技術主管。

另一方面，1940 年 1 月，臺灣鐵工所在高雄州知事的認可下提出自行培育技能者養成計畫，該計畫獲得臺灣總督府補助，促成臺灣鐵工所教習所的成立。[33] 臺灣鐵工所教習所自 1940 年開始招生，其招收高等科畢業學生，經由三年訓練後，升任鐵工所技術工。然而，1945 年因戰爭局勢相當激烈，教習所停止招生。[34] 另外，由於 1940 年代以後業務增加，鐵工所依據 1940 年 9 月臺灣總督府頒布的〈青少年雇入制限令〉，向高雄州提出雇用青少年擔任工人，以補充現場作業人員的不足。[35]

三、廠房擴充與組織演變

臺灣鐵工所的廠區擴充能夠分為兩個時期來討論。第一期為鐵工所成立初始，對既有的廠房進行擴充；第二期為 1930 年代後，配合戰爭時期的發展，陸續添購土地，進行廠房及部門的擴充。

臺灣鐵工所創業初期，先於高雄廠區新建第二機械工場及倉庫。1921 年 2 月第二機械工場竣工後，[36] 將第一工場內鍛冶工場的部分機械移轉至第二工場。[37] 然而，1930 年代初期面臨全球性的經濟恐慌，導致臺灣鐵工所在業務上受影響；當時，鐵工廠計劃將設備和人力集中在一處以降低營運成本，故第二工場再次向第一工場進行移轉，完成後，成本明顯降低。[38]

1930 年代臺灣總督府開始大舉朝向工業化發展，臺灣鐵工所為因應產業發展時設備需求的增加，1937 年始進行機械工場的改建，並增建生產鑄造時所需之洗砂工場。[39] 1938 年，除持續機械工場的改建外，尚向臺灣總督府借貸土地，設立製品及材料輸送線、

製品及鐵材堆積場。[40]

1939 年 4 月，臺灣鐵工所向總督府申請事業設備新設擴張工程，並於同年 6 月獲得認可；這項工程在高雄市戲獅甲約 25,000 坪的土地進行第一期計畫的工場建設。[41] 建設內容除了新設的鑄鋼工場、變電室、精密機械工場之外，還就原有的鑄型工場進行擴建。上述工程興建，或能視為臺灣鐵工所在戰時體制的背景下，為達成臺灣島內機械設備自給自足而進行的整備。[42]

1940 年上半年，臺灣鐵工所除了新建製罐工場、研究室、木型倉庫、熔解工場之外，再度擴建既有的鑄鋼工場。此外，亦將事業擴展到鐵道車輛的生產上，因而增設鐵道車輛組裝工場。[43] 同年 2 月，鑄鋼工廠擴建完成，使得臺灣鐵工所開始具備鋼鐵鑄造的能力；同年 6 月，伴隨精密機械工場的竣工，作為臺灣機械業規模最大的臺灣鐵工所，開始具備生產精密機械的能力，對發展各項新興工業多所裨益。[44]

1940 年下半年，隨著臺灣鐵工所業務擴展導致產能擴大，又增建雜品倉庫、材料堆置場及變電室，更進一步擴建甫竣工的精密機械工場。[45] 上述各項擴建計畫，至 1942 年下半年才全數竣工。[46]

值得注意的是，臺灣鐵工所為配合國策事業的推動，積極擴展造船事業；首先於 1941 年 4 月 15 日舉行第一回新造鋼船的開工儀式，1942 年開始增建造船部門所屬事務所與倉庫。然而，造船事業的擴展卻因為所需資材不足而延遲。[47] 造船工場要至 1942 年下半年才順利完成；其擁有造船臺和造船架各兩座，以及船員宿舍、現圖工場、製材工場。[48] 1943 年上半年，鐵工所又開始興建船具工場，戲獅甲工場則設置了造船木工工場、艤裝工場、繫留船渠、事務所及設計室。[49] 在此同時，臺灣總督府為配合臺灣鐵工所的發展，將本社及宿舍附近一帶的商業區域變更為工業區域。[50] 除了造船事業外，1942 年臺灣鐵工所被臺灣總督府指定為生產小型鐵道車輛的專門工場，因此也積極擴充所需設備。[51]

1943 年下半，臺灣鐵工所增建東工場造機海岸作業場、鐵材倉庫、煤炭放置場，並增建鑄鋼工場。在此同時，東工場的鋼材

倉庫和造機事務所也相繼完成。[52] 1944 年，又向高雄州提出新設立焊接工場，並對工機工場進行大幅度變更，皆獲得許可。[53]

透過圖 1 的解讀可知悉，日治末期臺灣鐵工所的組織，是在社長下分別設立總務部、造機部、造船部、經理部；工場部分分為東工場、西工場、分工場三處。東工場除了總務和工事課外，下設造船和機械工場。西工場亦設有總務和工事課，並設有造機和鑄物工場。[54]

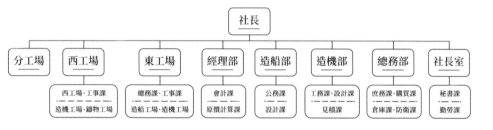

圖 1 日治末期臺灣鐵工所組織圖

資料來源：〈臺灣機械有限公司經營實況報告（1950 年 12 月 25 日）〉，《臺灣機械公司經營實況及章程組織規程》，資源委員會檔案，檔號：003-010304-0490，國史館典藏。

經由上述臺灣鐵工所的廠房組織發展，能夠明確瞭解到，鐵工所如何從以生產糖業為主的廠房設備，轉變成具備鑄鐵、鑄鋼等設備，其後還進一步伴隨廠房的擴充，轉向擴大生產船舶與鐵道車輛部門之設備。

四、生產設備與業務經營

臺灣鐵工所在生產各項鐵工器材的各項設備中，以熔鐵設備最為重要。原因在於，生產過程中必須先於鑄造工場以熔鐵爐將鐵礦熔解，才能塑造出所需的產品。1930 年代，臺灣鐵工所所屬的鑄物工場共有兩個熔解爐，每小時分別能夠熔解 3 噸和 5 噸；鑄造的品項製造方面，每小時能夠生產 15 噸商品。此外，於兩個

熔鐵爐邊，分別設有搬運製品的起重機（crane）。當時，臺灣鐵工所具有的熔鐵設備，可說是全臺灣最高級的，故日本國內的神戶製鋼所和川崎造船廠屢次前來參訪與交流。[55]

臺灣鐵工所生產的各項產品中，最引以為傲的是糖廠壓榨甘蔗時所用的滾輾。如前所述，滾輾於臺灣製糖株式會社高雄鐵工所時期即成功研發出來；臺灣鐵工所成立後，持續改良其材質。過去臺灣無法自行生產時，國外進口每支滾輾的進口價格近一萬圓，臺灣鐵工所開始製造後，每根的購入價格僅需進口價格的三分之一。一般而言，糖廠的滾輾使用壽命約四年，可視為糖廠設備的消耗品。[56]

戰前，臺灣整體的工業能力固然遠遠落後日本，但臺灣在發展糖業的背景下需求迫切，促使本地的機械業在整體條件有限的情況下，率先產製出糖廠的消耗設備。在日本殖民臺灣的過程中，日本各項工業仍不斷改良；透過這樣的討論可以體認到，殖民地臺灣因需求迫切而先於日本國內，仿製生產糖業的機械零件。從經營層面來看，臺灣鐵工所透過生產滾輾，能得到各糖廠的穩定訂單。

大致上，1924年大日本製糖株式會社擬擴充臺灣第一工場時，當時的資材來源已擺脫國外進口，全數由日本國內和臺灣島內供應；其中部分即由臺灣鐵工所生產。[57]其後，因耕地白糖[58]技術普及，臺灣各製糖會社開始更新生產設備，臺灣鐵工所因而擔負起這項改裝業務。[59]

若參照1936年製糖研究會出版的《臺灣各社製糖工場機械要覽》發現，之中記載當時新式糖廠所採用的設備，其中包含製糖設備的製造廠商。透過這樣的資料可約略瞭解，臺灣鐵工所除了電動機、發電機、發電機關、壓榨機關和少部分精密幫浦等無法生產外，已具備糖廠中階設備的製造能力。[60]也就是說，至1930年代中期時點，臺灣鐵工所糖業設備的製造能力，已到達較成熟的階段。

臺灣鐵工所除了生產糖廠所需的滾輾，也對農業機具與鐵路

車輛進行開發。首先，過去臺灣各糖廠所轄之農場，必須從國外進口的大型蒸汽犁（health plow），臺灣鐵工所仿照英國ジョーンハウ（John Howe）公司生產的 200 馬力、24 噸款式，並於 1940 年開發成功。[61]

在鐵道車輛上，1926 年臺灣鐵工所為承接鐵道部訂購的 30 輛貨車，於第一工場內鋪設鐵道，以方便車輛進入。[62] 1940 年上半年，臺灣鐵工所嘗試將生產主力擴展至鐵路機關車的組裝；先增設車輛組裝工場，爾後於 1942 年被臺灣總督府指定為生產小型鐵道車輛的專門工廠，開始生產當時日本帝國普遍使用的 D51 型蒸汽機關車。[63]

若依據 1939 年臺灣鐵工所第 35 期營業報告書所附的〈臺灣鐵工所經歷書〉可瞭解到，臺灣鐵工所的生產品項目共涵蓋下述九大類：（一）製糖用機械的設計製作及修繕；（二）化學工業機械設計製作及修繕；（三）蒸氣機、鍋爐、唧筒設計生產與修繕；（四）鐵路機關車、貨車、油槽車及相關附屬品的設計、生產和修理；（五）發電機、電動機、變壓器的修理；（六）工作機械的設計製作；（七）鐵骨建築、橋樑、鐵槽類的設計製造；（八）蒸氣鍬及其他農業用機械的設計製作與修繕；（九）其他一般機械的修繕。[64]

透過這樣的資料，展現出此時臺灣鐵工所的生產已從最初的糖業機械製造，邁向一般工廠需要的蒸氣機、鍋爐和唧筒的生產，以及化學機械、工作機械和農業機具的設計與製造。但就發電機、電動機、變壓器等電力設備資材來說，或許受限於設備與經營策略的目標，僅停留在修繕階段，未朝向電工產品的生產。但在朝向各式鐵道車輛的生產過程方面，無法得知車輛組配時的零件供應來源。

至於臺灣鐵工所的銷售客戶，可透過表 2 得知，包含政府機關、軍事單位，還有糖業、農業、水產業、工業等各企業。政府機關方面，有臺灣總督府交通局鐵道部、專賣局和殖產局等單位；軍事單位除了島內及澎湖的陸軍和海軍外，尚有來自東京海軍航

空本部和千葉海軍特殊航空兵學校的訂單；糖業部分，除了臺灣島內各製糖會社的訂單，亦承接沖繩糖廠的相關業務。其餘在工業、農業和水產業的客戶，包含臺灣電力株式會社、淺野水泥、三菱商事等較具規模的企業。總的來說，當時臺灣鐵工所的主要客戶雖以島內為主，並逐漸外銷至島外和日本本土，但無法得知，工業發展水準領先於臺灣的日本國內各機關，向臺灣購買機械的原因。[65]

另一方面，若以 1936 年臺灣高雄新報社出版的《新興臺灣の工場を視る－高雄篇》之中記載，高雄新報記者稻岡暹對臺灣鐵工所工場長的天野溫四進行的採訪，天野氏提出，臺灣鐵工所因與大倉商事株式會社合作，開始承接較多國外訂單。其中包含印度和暹羅的糖廠，要求對製糖機械提供估價與訂購商品，亦對滿州國出口耕作機具。[66]

表 2 臺灣鐵工所主要客戶來源（1939 年上半）

類別	客戶名稱
臺灣總督府	交通局鐵道部、交通局高雄築港出張所、交通局基隆築港出張所、專賣局各支局出張所、殖產局營林所嘉義出張所
糖業	臺灣製糖、明治製糖、鹽水港製糖、大日本製糖、帝國製糖、昭和製糖、新興製糖、臺東製糖、三五公司源成農場、南洋興發株式會社、新日本砂糖工業、沖繩製糖
軍事	屏東陸軍航空支場、嘉義陸軍航空分廠、馬公要港部、澎湖要塞司令部、佐世保海軍建築部馬公出張所、高雄要塞司令部、高雄海軍航空隊、高雄海軍通信隊、鳳山海軍無線電信隊、東京海軍航空本部、千葉海軍特殊航空兵學校
農業	臺灣合同鳳梨、臺灣パルプ（臺灣製紙）
水產	日本水產
工業	日本石油、三井物產、三菱商事、日本鋁、淺野水泥、日本食料品工業、臺南製麻、臺灣織布、臺灣製藥

資料來源：〈株式會社臺灣鐵工所經歷書（昭和 14 年上）〉。

日治末期臺灣鐵工所承接的業務，或許能運用戰後資源委員會接收臺灣鐵工所的設計圖樣清冊中註明的業主單位，進一步瞭解。大致上，戰爭末期臺灣鐵工所除了承接島內各項製糖業務，

還接辦廣東順德糖廠、南洋興發株式會社[67]和沖繩各製糖會社等島外業務，並出口製糖器材至這些糖廠。[68]此外，隨著精密機械工場竣工，還接獲南方水泥株式會社訂購的各類減速機、淺野水泥株式會社訂購各動力用聯動軸、淺野水泥株式會社訂購各動力用聯動軸等各項精密機械。至於軍方的訂單，則有海軍所訂購的幫浦等。[69]

太平洋戰爭爆發後，臺灣總督府提出木造船建造計畫，由臺灣造船資材株式會社從日本進口供應各造船所需資材；臺灣鐵工所一方面負責船舶建造，一方面亦遵循臺灣總督府的指派生產船舶主機，以提昇臺灣資材的生產能力。[70]自1940年起至1945年，臺灣鐵工所先後建造20至200噸的各式鐵殼船、木殼機帆船等各類型船舶；[71]製船機械方面，則接獲來自南日本汽船株式會社、物資營團、臺灣鐵工業統制會訂購20至200馬力的各式燒玉機關。[72]

值得注意的是，臺北帝國大學亦曾委託臺灣鐵工所製造分蜜機、排水唧筒、助晶機。臺北帝國大學工學部應用化學科的設立雖晚於1942年，但在此之前，農學部下的農產製造學設有製糖化學講座，因此有需要向其購買相關器材，作為教學研究之用。[73]至於其他訂單，則包含當時規模較大的日本鋁株式會社、臺灣拓殖株式會社、專賣局、海軍第六燃料廠、旭電化工業株式會社、日本石油株式會社等單位，亦向臺灣鐵工所訂購各項機械及各類油槽車等。[74]

總的來說，1937年中日戰爭爆發後，臺灣鐵工所的業務從原本以糖業機械為主，轉為逐漸具備精密機械的生產能力及船舶零件的生產。可以說，新市場的創造歸因於當時因戰爭而起的工業化政策，促使鐵工所的生產品目也得以增加；市場也從最初的糖廠擴展到多個產業類種、學術和軍事市場。

五、海外事業的設置

隨著中日戰爭爆發日本佔領廣東，糖業聯合會會同下屬各糖

廠，共同經營廣東東莞糖廠，臺灣鐵工所因而將經營事業的擴展地點設為中國廣東。糖業聯合會派遣臺灣製糖株式會社灣裡糖廠的工場長中島與市，前往東莞糖廠擔任工務部長並負責廠區復舊，也邀請 30 名臺灣鐵工所的職工前往廣東參與修復工作。由於臺灣鐵工所與糖業聯合會所屬各糖廠，向來在業務上保持合作關係，在糖業聯合會進入廣東後，鐵工所開始承接東莞及順德兩家糖廠的復舊工事。臺灣鐵工所希望以承接廣東糖廠的修繕業務為契機，於當地興建鑄造工場，故擔任取締役的天野溫四曾於 1939 年 6 月赴廣東考察。[75] 其後，隨著糖業聯合會在南支進出所成立南支糖業開發組合，1939 年 1 月，臺灣鐵工所亦於廣東設立出張所，負責順德糖廠的復舊工事。[76]

1942 年下半年，臺灣鐵工所廣東工場依據軍事命令移至馬尼拉；初期規劃執行農機具的修理，以協助菲律賓的產業開發。[77] 1943 年 8 月 1 日，臺灣鐵工所於菲律賓馬尼拉設立分公司，並由天野溫四擔任菲律賓支社社長。[78]

當時，臺灣鐵工所設於菲律賓的支店資本額為 300 萬圓，計畫年產值則為 400 萬圓。初期規劃設立兩個廠區，分別為 25,000 和 50,000 平方公尺，計畫生產木炭鐵、深鐵、銑鐵、電氣鑄鋼、木造機帆船及小型內燃機等。其中，深鐵製造工場乃利用日本國內的閒置設備建造，並運用鐵屑作為生產原料。[79] 然而，臺灣鐵工所位在馬尼拉的事業，卻於尚未竣工前即被美軍攻陷。

六、財務分析

在瞭解臺灣鐵工所的成立、組織演變、生產項目和對外投資後，這一節擬就臺灣鐵工所的資產配置和營收進行瞭解。臺灣鐵工所營業報告書共發行 45 期，起迄時間為公司成立時的 1919 年 11 月至 1944 年 6 月 30 日，但因無法尋獲第 5、8、9、18 期，無法得知這段時間的營運資料。再者，營業報告書每期涵蓋的時間亦有差別，由於臺灣鐵工所成立於 1919 年 11 月，第一期的結

算日至 1920 年 12 月 31 日止。其後的第二至第四期，營業報告書皆以年為單位，直到第五期後才以半年期為基準。

　　透過圖 2 可知悉，臺灣鐵工所的主要資產有土地建物、機械及器具、貯藏品三項。初期，土地建物約占總資產的 20%，其後隨著廠房增建，逐漸上升至 20% 至 30%；機械器具方面，約占總資產的 30% 左右，但 1937 年後，隨著土地資產增加，連帶使得機械器具的總資產占比逐漸降低。至於貯藏品代表的是生產機械時所需的原料存貨，初期約占總資產的 10%。

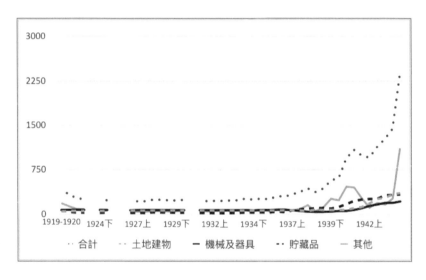

圖 2　臺灣鐵工所資產（1919 年 11 月至 1944 年 6 月）（單位：萬圓）

資料來源：〈株式會社臺灣鐵工所第 1-4、6-7、10-17、19-45 期營業報告書〉。

　　在土地建物資產方面，1930 年代中期以前的變化幅度並不大。但隨著 1937 年中日戰爭爆發後，臺灣鐵工所開始大舉擴展各項事業，進而向政府租賃或是自行購買土地作為廠房。如圖 3 所示，1938 年下半年和 1941 年上半年之後，土地建物資產逐漸呈現上升趨勢。這段期間，資產價值的增加除了來自土地的購買外，廠區建築竣工也是促使土地建物資產增加的另一項原因。

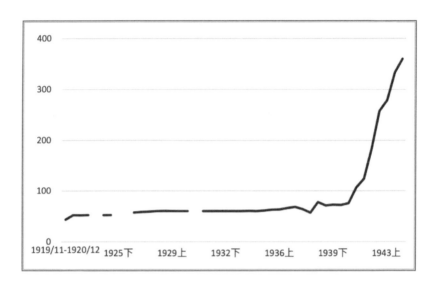

圖 3 臺灣鐵工所土地建物資產（1919 年 11 月至 1944 年 6 月）（單位：萬圓）
資料來源：〈株式會社臺灣鐵工所第 1-4、6-7、10-17、19-45 期營業報告書〉。

　　如圖 4 所示，1937 年以前，機械與器具資產呈現較穩定的趨勢，但 1937 年後呈下降趨勢，1938 年底則逐漸升高。1937 年機械器具資產價值下降的原因，或許因為 1937 和 1938 年間，臺灣鐵工所對機械工場進行改建，在機械汰舊換新之際，機械及器具資產降低。[80] 其後，因陸續添置各項新設備，鐵工所機械及器具的資產價值隨之逐漸回升。

　　就臺灣鐵工所的貯藏品而言，1936 年工場長天野溫四接受高雄新報記者稻岡暹訪問時指出，臺灣鐵工所的發展方面，最困擾的莫過於原物料採購問題。由於鐵工所生產所需的多數原料向日本國內採購，在無法快速取得的情況下，需大量儲存。大致上，倉庫材料的存貨約值 30 萬圓，約占總資產的 10%，需放置於巨大的倉庫。[81]

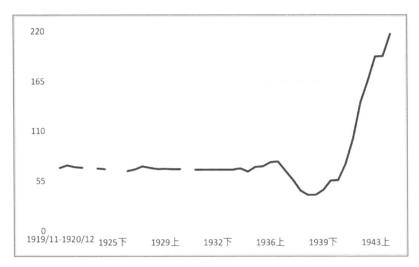

圖 4　臺灣鐵工所機械及器具（1919 年 11 月至 1944 年 6 月）（單位：萬圓）

資料來源：〈株式會社臺灣鐵工所第 1-4、6-7、10-17、19-45 期營業報告書〉。

　　1937 年中日戰爭爆發後，由於船舶不足和外匯管理的輸入統制，生產原料如銅、錫、鉛、亞鉛等物資供應逐漸出現困難。[82]1938 年上半年，除了對鋼鐵實施配給統制外，亦對非鐵金屬、皮革、橡膠、玻璃和燃料資材實施配給統制。同時，又因資金調整法的實施，對當時的生產事業帶來程度不一的影響。[83]然而，臺灣鐵工所在實施物資統制前，已經預先儲存生產用資材，這點使其在初期，生產糖業機器時沒有受到太大影響。[84]其後隨著太平洋戰爭爆發，臺灣鐵工所的存貨價值亦逐漸上升。值得注意的是，戰爭末期臺灣總督府依據 1941 年公布的重要產業統制令，在 1942 年成立臺灣鐵工業統制會，作為物資配給的主管單位。[85]臺灣鐵工所作為臺灣最大的機械工場，並提供其他生產單位資本財，其在戰爭末期的生產物資相較其他工場仍屬充足。從圖 5 便能看出，1937 年起臺灣鐵工所的貯藏品逐漸上升，約占總資產的 20%。其後的 1943 年，貯藏品高達總資產的 25%。此一現象或可解釋為，當時殖民地臺灣的工業發展，因本身欠缺發展機械業的基礎，因而在未臻成熟之際，需仰賴日本國內進口，這或許是作為殖民地，急

速工業化所具備的特色之一。

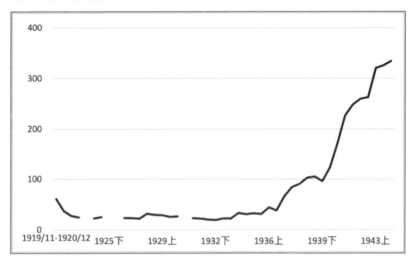

圖 5 臺灣鐵工所貯藏品（1919 年 11 月至 1944 年 6 月）（單位：萬圓）
資料來源：〈株式會社臺灣鐵工所第 1-4、6-7、10-17、19-45 期營業報告書〉。

　　臺灣鐵工所持有的有價證券方面，初期數量並不多。要到
1938 年中日戰爭爆發後，在臺灣總督府授意下，臺灣成立眾多物
資統制機構。其中，1938 年 5 月 20 日成立的臺灣鋼材配給株式會
社，因臺灣鐵工所申購 300 股股票，使得鐵工所持有的有價證券
逐漸升高。[86] 同年 10 月成立的臺灣故銅屑統制株式會社，臺灣鐵
工所亦申購 500 股。[87] 如圖 6 所示，1938 年起臺灣鐵工所持有的
有價證券資產自逐漸上升；除了 1940 年稍微降低外，大致呈上升
趨勢。另外，概覽戰後接交清冊則能瞭解，戰爭末期，臺灣鐵工
所共持有臺灣金屬回收統制株式會社、臺灣農機具製造統制株式
會社、臺灣鋼材販賣統制株式會社、臺灣鉸釘製造統制株式會社、臺
灣皮革統制株式會社、旭建築信用組合、高雄市農業會等多家股
票。[88] 關於臺灣鐵工所持有各統制株式會社的股份這點，或能解釋
為，當時為配合臺灣總督府的經濟統制政策，臺灣鐵工所藉由認
購股份，提供統制會社成立時所需的資金。

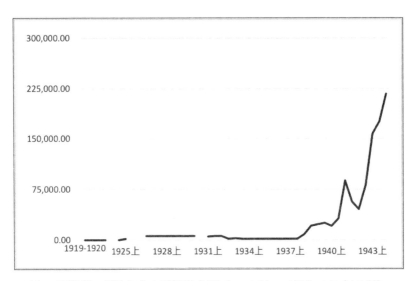

圖 6 臺灣鐵工所持有之有價證券金額（1919 年 11 月至 1944 年 6 月）

（單位：萬圓）

資料來源：〈株式會社臺灣鐵工所第 1-4、6-7、10-17、19-45 期營業報告書〉。

　　其次，在對鐵工所的收支進行探討前，我們有必要先交代列載於臺灣鐵工所營業報告書中的會計科目。臺灣鐵工所的會計科目定義，第一至第四期營業報告書以一年為一期，故提供的數據為年資料，因此前四年僅能由收入和支出兩項指標，初步瞭解公司的營收狀況。但第五期後的營業報告書，以半年期資料為單位，更加體現出臺灣鐵工所初期承接的業務，具備季節性業務的特殊性。因此，臺灣鐵工所的收支盈虧，擬將前四期和第五期後的資料分別探討。

　　臺灣鐵工所在成立初期至 1923 年，由於遇到第一次世界大戰後的全球性蕭條，新製訂單數目減少。此刻，鐵工所的生產量遠低於本身具備的產能。其中，1921 年 11 月後，由於接受的訂單全部製作完畢，竟出現無工可做的情形。加上經濟不景氣，臺灣鐵工所如同其他同業，採取降價求售的方式爭取業務，導致公司經營困難。臺灣鐵工所主要仰賴島內各製糖會社的訂單，才讓經營

得以持續下去。[89] 但1922年接獲的訂單僅為前一年的三分之二，而且集中在各製糖會社。為因應這樣的不景氣，只能以節約成本來因應；如圖7所示，1922年臺灣鐵工所的獲利比前一年低，僅約7,079圓。[90]1923年，由於經濟持續不景氣，加上關東大地震造成金融界的恐慌，島內並無新添購的機械訂單，僅有部分修理品作為業務項目。加上全年中的1、2、3、4、11、12月等六個月完全沒有承接業務；其他有承接業務的時間，僅限於製糖機械等業務；但當糖廠作業開始時，鐵工所卻呈現無業務可接的狀態。[91] 於此情況下，1923年臺灣鐵工所的收支首度出現虧損。

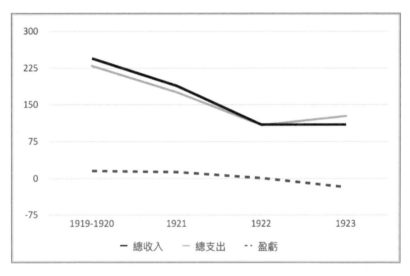

圖7 臺灣鐵工所收支狀況（1919年11月至1923年12月）（單位：萬圓）
資料來源：〈株式會社臺灣鐵工所第1-4、6-7、10-17、19-45期營業報告書〉。

其後，就1924年以後臺灣鐵工所的收入而言，可分為製品收入、材料販賣收入、雜益和其他收入三項。大致上，鐵工所的收入以製品收入為主，其次為材料販賣收入，再者為雜益和其他收入。製品收入主要以接受各糖廠訂購機械和零件等訂單為主。材料販賣方面，臺灣鐵工所除了販賣一般鐵材及鐵工用材料外，亦

代理販賣日本內地生產的工業製品。其代理的製品多為當時臺灣工業沒有能力製造的商品，例如：代理松下電動機株式會社生產的電動機、東京石川島造船所生產的鐵桁及各項機械等。[92]

　　1924 年以後臺灣鐵工所的收入則如圖 8 所示，1936 年以前，約略可以看出臺灣鐵工所的收入趨勢受到季節性影響。原因與糖廠的生產性週期關係密切；由於每年上半期糖廠沒有製糖，多安排修繕廠房設備；鐵工所上半年由於承接糖廠修繕業務，營收較高；但下半年因糖廠開工，鐵工所收益減少；這個現象要到臺灣鐵工所開始承接糖廠生產耕地白糖所的設備改裝，再加上配合戰時體制的生產，朝向製造多種產品後，才開始不再出現這種季節性的狀況。

圖 8　臺灣鐵工所收入（1924 年 1 月至 1944 年 6 月）（單位：萬圓）
資料來源：〈株式會社臺灣鐵工所第 1-4、6-7、10-17、19-45 期營業報告書〉。

　　就臺灣鐵工所的支出面而言，臺灣鐵工所的支出項目如表 9 所示，以製作費用的占比最高，其次為營業費用。大致上，支出趨勢亦隨著收入呈正向比例。

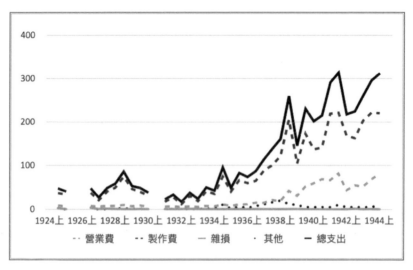

圖 9 臺灣鐵工所支出（1924 年 1 月至 1944 年 6 月）
資料來源：〈株式會社臺灣鐵工所第 1-4、6-7、10-17、19-45 期營業報告書〉。

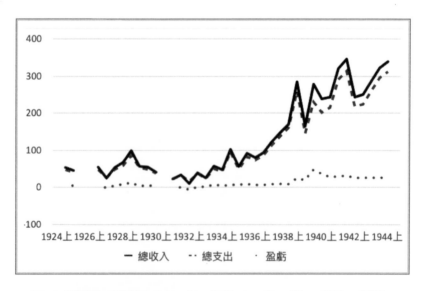

圖 10 臺灣鐵工所盈虧（1924 年 1 月至 1944 年 6 月）（單位：萬圓）
資料來源：〈株式會社臺灣鐵工所第 1-4、6-7、10-17、19-45 期營業報告書〉。

就臺灣鐵工所於 1924 年後的整體收益來看，若參照圖 10 可知，初期的獲利程度並不佳，甚至於 1927 年上半期及 1932 年上半期出現虧損。不過大致而言，往後鐵工所的獲利能力逐步改善。以下將針對 1924 年以後，臺灣鐵工所的收支狀況進行討論。

1924 年下半年，為因應甘蔗增產，各製糖工場開始提出各項設備的擴張計畫，讓臺灣鐵工所在訂單增加之際，逐漸脫離 1923 年的虧損。[93] 但 1927 年上半年，製糖業界糖價低落導致的不景氣，加上同年 4 月，鐵工所爆發勞動爭議事件，導致公司虧損。然而，隨著下半年到來，製糖事業的訂單進入，公司又再度轉虧為盈。[94] 1928 年上半年，公司獲利擺脫以往上半年皆為業務淡季的現象，主因在於，當時臺灣製糖株式會社新設立場，向其訂購了 1,200 噸壓榨機和分蜜機，為鐵工所帶來了相當的業務量。[95]

1929 年下半期，各製糖會社因應甘蔗增產，再度進行設備改良和增設，使得臺灣鐵工所業務增加；面對金解禁政策的實施、財金界的不景氣和同業競爭，臺灣鐵工所只有依靠節省經費和提高生產力來因應。[96] 1930 年由於經濟持續不景氣，加上同業競爭激烈，臺灣鐵工所除了降低生產費用外，亦採行薄利多銷的策略以增加工事。[97] 到了 1931 年，原先臺灣產業界預期，日月潭水力發電廠的工程實施將帶動鐵工業景氣復甦。但因為臺灣總督府削減預算，景氣復甦不如預期，導致臺灣鐵工所訂單也大幅下降。臺灣鐵工所為因應如此業務清淡的局面，採降低生產成本的策略，並規劃將第二工場移轉至第一工場。[98] 這波不景氣持續到 1932 年上半，過程中因糖廠產糖量增加導致的運轉時間增長，使得鐵工所的接單時程亦遭到拖延。此外，臺灣鐵工所又面臨同業競爭，以致當期出現了 58,305 圓的虧損。[99] 其後至 1932 年下半年，由於日圓貶值與通貨膨脹導致物價上揚，公司雖然擺脫虧損，但獲利依然相當有限。[100]

1933 年上半年，製糖工場為了和日本內地的精糖競爭，開始改植耕地白糖，並改換掉糖廠過去較為老舊的機械，使得臺灣鐵工所承接的訂單高達 61 萬 900 餘圓，加上前期未完成的 4 萬 6 千

餘圓訂單，共計65萬7,800餘圓，打破創社以來上半年的業績紀錄。再者，就當時的國際情勢而言，由於全球製糖國家協議減少砂糖產出，臺灣的糖業業者預期砂糖將因供給減少而大幅漲價，因預期未來營收將大幅上升下，紛紛更新生產設備。[101] 大致上，促使1933年下半年起臺灣鐵工所收入逐漸提高，[102] 直到1936年上半，因製糖工場修繕和白糖工場設備的增設計畫，以及產能增加，當期鐵工所承接的訂單為149萬6千餘圓，加上前期未完成的33萬8千餘圓訂單，共計183萬5千餘圓，再度創下公司紀錄。[103]

1937年中日戰爭爆發後，臺灣鐵工所在實施物資統制前，先儲存生產用資材，導致初期生產糖業機器時未受到太大影響。[104]

值得注意的是，1939年上半公司收入再次減少，可能肇因於中日戰爭爆發，物資生產管制及資材配給申請趨於嚴格，導致廠商添購設備的意願降低。然而，1939年下半年，鐵工所的盈餘卻是創社以來最高的一年，原因或可解釋為，當時臺灣鐵工所除了承接本島業務外，亦於廣東設立出張所，承接當地糖廠的修繕業務。此外，中日戰爭爆發之際，臺灣為了達到島內自給的目標，作為龍頭企業的臺灣鐵工所為配合新興工業發展，開始改善設施，也開始承接生產硫酸所需的精密設備。[105]

然而，1940年代後的臺灣鐵工所除了1942年收入較少外，其收入大致呈現持續成長。1942年業務較低的可能性受限於資料，但或可推論為當時工場營運受限於物資供應不順，導致承接的訂單無法於當期順利生產，僅能計入後期的收益。

大體而言，自中日戰爭爆發後，臺灣逐漸由過去以農產品為主的產業結構轉向工業為主。為迎接新興工業的來臨，臺灣鐵工所需邁向滿足島內自給的目標，因此開始整備工場設施，直到第二次世界大戰結束。[106]

七、小結

臺灣鐵工所的創辦，起因於臺灣總督府藉由國家力量扶植製

近代製糖事業衍生出的機械業；但過度依賴製糖業的經營型態，卻導致業務易於受到糖業市場興衰的影響。此外，臺灣鐵工所的貯藏品所占的資產份額，則體現出當時臺灣的機械業欠缺基礎零件的製造能力，亦能印證殖民地臺灣工業發展的跛行性。

不可諱言的是，臺灣鐵工所前身的臺灣製糖株式會社高雄工場首先研發出的滾輾，成功生產的時間早於日本國內，其後於鐵工所成立後亦陸續提升其生產品質。此一現象或可視為日本資本主義發展的歷程中，臺灣因為糖業發展的急切性，導致即使資源和技術有限，卻能領先日本國內，成功研發製糖機械。

1930 年代以後，臺灣鐵工所逐漸擴充廠房並生產多樣化商品之際，開始生產精密機械，以提供各業種工廠運作所需的機械。臺灣鐵工所在海外進出的過程中，除了將商品外銷至滿洲國與沖繩等地，也配合日本的南進政策，先後至廣東與菲律賓設廠。此外，1940 年代以後，造船與鐵道車輛組裝的發展，皆體現出臺灣鐵工所配合國策事業發展的特質。

本章以臺灣鐵工所為個案進行討論，下兩章將考察戰時組裝性事業的興起、發展與限制，並就戰爭時期，欲透過統制會建立不同規模工廠之連結關係進行介紹。

註釋

1 臺灣製糖株式會社，《臺灣製糖株式会社史》（東京：臺灣製糖株式会社，1939），頁122-123。

2 臺灣製糖株式會社，《臺灣製糖株式会社史》，頁170-171；原知章，〈ハワイにおける砂糖革命と多民族化 1850-1920〉，《人文論集》第63卷第2號（2013年1月），頁63-65。（全部59-81）

3 臺灣製糖株式會社，《臺灣製糖株式会社史》，頁170-171。

4 臺灣製糖株式會社，《臺灣製糖株式会社史》，頁171。

5 臺灣銀行調查課，《臺灣ニ於ケル新設事業会社》（臺北：臺灣銀行，1920），頁33。

6 臺灣鐵工所營業報告書，〈株式會社臺灣鐵工所第壹期報告書（自大正8年11月22日至大正9年12月31日）〉，頁3。

7 〈臺灣鐵工所設立─鈴木と田中の共同〉，《臺灣日日新報》第二版（1919年8月31日）。

8 〈株式會社臺灣鐵工所第參拾柒期營業報告書（昭和15年上半期）〉，頁3；〈株式會社臺灣鐵工所第參拾捌期營業報告書（昭和15年下半期），頁7。此次的增資神戶製鋼所認領2,500股，帝國製糖株式會社500股，鹽水港製糖株式會社認2,960股，臺灣製糖株式會社4,060股，大日本製糖株式會社3,900股，明治製糖株式會社2,200股，新興製糖株式會社300股，臺灣銀行株式會社2,670股，以上共計19,080股。

9 〈株式會社臺灣鐵工所第肆拾伍期營業報告書（昭和19年上半）〉，頁14-25。

10 〈株式會社臺灣鐵工所股東名冊〉，《臺灣機械造船公司臺灣鐵工所接收清冊》，資源委員會檔案，檔號：32-3 342 297 435，國史館。

11 千葉平次郎，生年不詳，卒於1928年，日本東京府人，曾任臺南製糖株式會社器械部技師長、明治製糖取締役、明治製菓專務取締役。臺南新報社，《南部臺灣紳士錄》（臺南：臺南新報社，1907），頁74；宮川次郎，《糖業禮讚》（臺北：臺灣糖業研究會，1928），頁172。

12 田中岩吉（1881-?），日本岡山縣人，1902年東京高等工業學校畢業後，曾服務於大阪鐵工所，擔任技師三年。其後來臺灣擔任鹽水港製糖會社工場長，1918年成立田中機械製作所，擔任社長。臺南新報社，《南部臺灣紳士錄》（臺南：臺南新報社，1907），頁119；臺灣大觀社編，《最近的南部臺灣》（臺南：臺灣大觀社，1923），頁40。

13 草鹿砥祐吉，生卒年不詳，日本愛知縣人，1901年畢業於東京帝國大學應用化學科，隔年進入臺灣製糖株式會社服務，曾擔任技師、工務部部長、橋頭鐵廠廠長、取締役，《新臺灣（御大典奉祝號）》（臺北：臺灣總督府情報部，1941），頁55；上村健堂編，《臺灣事業界と中心人物》（臺北：新高堂書局，1919），頁221。

14 平高寅太郎（1879-?），日本高知縣人，曾任合名會社鈴木商店臺灣出張所主任。臺灣雜誌社編，《臺灣實業家名鑑》，（臺北：臺灣雜誌社，1912），頁546。

15 三浦育三（1881-?），日本岡山縣人，大阪商工畢業，曾先後擔任鹽水港製糖株式會社的工務係長及取締役。臺灣總督府情報部，《新臺灣（御大典奉祝號）》（臺北：臺灣總督府情報部，1941），頁59。

16 數田輝太郎，生卒年不詳，曾於臺中經營雜貨屋，之後曾擔任鹽水港拓殖製糖株式會社取締役。上村健堂編，《臺灣事業界と中心人物》（臺北：新高堂書局，1919），頁201。

17 鈴木重臣，（1871-?），日本靜岡縣人，1896年慶應義塾大學理財科畢業，曾服務於王子製紙、美濃製紙株式會社。1909年進入大日本製糖會社服務，曾擔任大阪工場場長、大里工場場長兼任主事、臺灣工場理事、取締役等職務。內藤素生編，《南國之人士》（臺北：臺灣人物社，1922），頁267。

18 臺灣鐵工所營業報告書，〈株式會社臺灣鐵工所第壹期報告書（自大正8年11月22日至

大正 9 年 12 月 31 日）〉，頁 2。

19 泉量一，〈泉量一（大阪田中製作所專務取締役）十八日來臺〉《臺灣日日新報》（1924
年 9 月 19 日）；芝忠一，《新興の高雄》（高雄：臺南新報社高雄印刷所，1920），頁
107-108。

20 〈株式會社臺灣鐵工所營業報告書第貳拾陸期營業報告書（昭和 9 年下半期）〉，頁 2。

21 勝又獎（1883-?）日本宮城縣人，東京帝國大學工學部畢業，曾先後擔任旗山街協議會員、
鹽水港拓殖製糖株式會社旗尾工場長及重役、臺北製糖株式會社工場長及重役。內藤素生
編，《南國之人士》（臺北：臺灣人物社，1922），頁 320；林進發編，《臺灣官紳年鑑》
（臺北：民眾公論社，1933），頁 781。

22 〈株式會社臺灣鐵工所營業報告書第貳拾玖期營業報告書（昭和 11 年上半期）〉，頁 2。

23 〈株式會社臺灣鐵工所營業報告書第參拾貳期營業報告書（昭和 12 年下半期）〉，頁 2。

24 〈株式會社臺灣鐵工所營業報告書第肆拾肆期營業報告書（昭和 18 年下半期）〉，頁 5；
〈株式會社臺灣鐵工所營業報告書第肆拾伍期營業報告書（昭和 19 年上半期）〉，頁 3-4。

25 宮田義一（1889-1960），曾任橫濱賀警備戰隊司令官、第九及第十二戰隊司令官、砲術學
校校長、第二聯合特別陸戰隊司令官、第三根據地司令官，1939 年 11 月起升任海軍中將，
原本於 1940 年 3 月轉任預備役。但 1941 年 11 月再度充員召集，擔任橫濱砲術學校校長
至 1943 年 3 月止。1944 年 6 月起擔任臺灣鐵工所董事長。福川秀樹編，《日本海軍將官
辭典》（東京：芙蓉書房，2000），頁 366；〈臺灣機械造船股份有限公司高雄機器廠徵
用日籍技術人員眷屬名冊（1946 年）〉，中國第二歷史檔案館、海峽兩岸出版交流中心編，
《館藏民國臺灣檔案彙編 第 130 冊》（北京：九州出版社，2007），頁 266；〈株式會社
臺灣鐵工所第四拾五期營業報告書（昭和 19 年上半期）〉，頁 4。

26 近藤正太郎（1873-?），日本東京府橫濱市人，曾任職於鐵道技手、鐵道部出狗出張所勤務、
大日本鐵道會社、臺灣鐵工所取締役技師、總督府鐵道部、臺灣製糖會社。《南部臺灣紳
士錄》（臺南：臺南新報社，1907），頁 533；《最近の南部臺灣》（臺南：臺灣大觀社，
1923），頁 40。

27 臺灣銀行調查課，《臺灣ニ於ケル新設事業會社》（臺北：臺灣銀行，1920），頁 34。

28 〈株式會社臺灣鐵工所經歷書（昭和 14 年上）〉。

29 〈臺灣機械公司卅九年度工作檢討報告（1951 年元月 19 日）〉，《各事業 39 年度工作報
告》，臺灣區生產管理委員會檔案，檔號：49-01-02-002-027，中央研究院近代史研究所檔
案館。

30 臺灣總督府臺南高等工業學校編，《臺灣總督府臺南高等工業學校一覽（昭和 15 年）》（臺
南：臺南高等工業學校，1940），頁 128-145；臺南高等工業學校同窓會編，《鳳木會名簿》
（橫濱：臺南高等工業學校同窓會，1992）；〈株式會社臺灣鐵工所職員名冊〉，《臺灣
機械造船公司臺灣鐵工所接收清冊》，資源委員會檔案，檔號：297 435-1，國史館。

31 稻岡暹，《新興臺灣の工場を視る─高雄篇》（高雄：株式會社高雄新報社，1936），頁
22。

32 臺灣總督府臺南高等工業學校編，《臺灣總督府臺南高等工業學校一覽（昭和 15 年）》，
頁 128-145；臺南高等工業學校同窓會編，《鳳木會名簿》。〈株式會社臺灣鐵工所職員
名冊〉，《臺灣機械造船公司臺灣鐵工所接收清冊》，資源委員會檔案，檔號：297 435-
1，國史館。

33 〈株式會社臺灣鐵工所第拾玖期營業報告書（昭和 16 年上半期）〉，頁 2-3。

34 陳政宏，《鏗鏘已遠：臺機公司獨特的一百年》，頁 33。

35 〈株式會社臺灣鐵工所第參拾捌期營業報告書（昭和 15 年上半期）〉，頁 6；臺灣總督府，
〈青少年雇入制限令の施行に就て〉（臺北：臺灣總督府，1940）。

36 〈株式會社臺灣鐵工所營業報告書第壹期營業報告書（自大正 8 年 11 月 22 日至大正 9 年 12 月 31 日）〉，

頁 3。〈株式會社臺灣鐵工所第貳期營業報告書（自大正 10 年 1 月 1 日至大正 10 年 12 月 31 日）〉，頁 3。

37 〈株式會社臺灣鐵工所第參期營業報告書（自大正 11 年 1 月 1 日至大正 11 年 12 月 31 日）〉，頁 2-3。

38 〈株式會社臺灣鐵工所第貳拾壹期營業報告書（昭和 7 年上半期）〉，頁 4；〈株式會社臺灣鐵工所第貳拾四期營業報告書（昭和 8 年下半期）〉，頁 3。

39 〈株式會社臺灣鐵工所第參拾壹期營業報告書（昭和 12 年上半期）〉，頁 2。

40 〈株式會社臺灣鐵工所第參拾肆期營業報告書（昭和 13 年下半期）〉，頁 3。

41 〈株式會社臺灣鐵工所第參拾伍期營業報告書（昭和 14 年上半期）〉，頁 2-4。

42 〈株式會社臺灣鐵工所第參拾陸期營業報告書（昭和 14 年下半期）〉，頁 2、5。

43 〈株式會社臺灣鐵工所第參拾柒期營業報告書（昭和 15 年上半期）〉，頁 3。

44 〈株式會社臺灣鐵工所第參拾柒期營業報告書（昭和 15 年上半期）〉，頁 5-6。

45 〈株式會社臺灣鐵工所第參拾捌期營業報告書（昭和 15 年下半期）〉，頁 5。

46 〈株式會社臺灣鐵工所第肆拾貳期營業報告書（昭和 17 年下半期）〉，頁 3。

47 〈株式會社臺灣鐵工所第肆拾壹期營業報告書（昭和 17 年上半期）〉，頁 3-5。

48 〈株式會社臺灣鐵工所第肆拾貳期營業報告書（昭和 17 年下半期）〉，頁 3。

49 〈株式會社臺灣鐵工所第肆拾參期營業報告書（昭和 18 年上半期）〉，頁 3-4。

50 〈株式會社臺灣鐵工所第肆拾肆期營業報告書（昭和 18 年下半期）〉，頁 4。

51 〈株式會社臺灣鐵工所第肆拾壹期營業報告書（昭和 17 年上半期）〉，頁 3-5。

52 〈株式會社臺灣鐵工所第肆拾肆期營業報告書（昭和 18 年下半期）〉，頁 3-5。

53 〈株式會社臺灣鐵工所第肆拾伍期營業報告書（昭和 19 年上半期）〉，頁 4。

54 〈臺灣機械有限公司經營實況報告（39 年 12 月 25 日）〉，《臺灣機械公司經營實況及章程組織規程》，資源委員會檔案，檔號：003-010304-0490，國史館。

55 稻岡暹，《新興臺灣の工場を視る—高雄篇》，頁 22。

56 稻岡暹，《新興臺灣の工場を視る—高雄篇》，頁 16-19；〈株式會社臺灣鐵工所第拾參期營業報告書（自昭和 3 年 1 月 1 日至昭和 3 年 6 月 30 日）〉，頁 3。

57 〈日糖擴張と機械材料—全部內地及び本島にて購入〉，《臺灣日日新報》第三版（1924 年 10 月 2 日）。

58 耕地白糖為日治時期，鹽水港製糖株式會社於印尼爪哇研究而成；製糖過程操作簡單，生產的砂糖和品質亦較為佳，製糖率明顯高於粗糖張怡敏，〈耕地白糖〉，許雪姬編，《臺灣歷史辭典》（臺北：行政院文化建設委員會，2004），頁 673。

59 〈株式會社臺灣鐵工所第貳拾柒期營業報告書（自昭和 10 年上半期）〉，頁 3。

60 製糖研究會，《製糖研究會創立二十週年紀念出版（B）—臺灣各社製糖工場機械要覽》（屏東：製糖研究會，1936）。

61 〈農耕界に朗報　外國品に劣らぬヒースプラウ—臺灣鐵工所で製作に成功〉，《臺灣日日新報》第五版（1940 年 9 月 8 日）。

62 〈株式會社臺灣鐵工所第拾期（自大正 15 年 7 月 1 日至昭和元年 12 月 31 日）〉，頁 2-3。

63 〈株式會社臺灣鐵工所第參拾柒期營業報告書（昭和 15 年上半期）〉，頁 3；〈株式會社臺灣鐵工所第肆拾壹期營業報告書（昭和 17 年上半期）〉，頁 3-5；沢井実，《日本鉄道車輛工業史》（東京：日本経済評論社，1998），頁 270-273。

64 〈株式會社臺灣鐵工所經歷書（昭和 14 年上半期）〉。

65 〈株式會社臺灣鐵工所經歷書（昭和 14 年上半期）〉。

66 稻岡暹，《新興臺灣の工場を視る―高雄篇》，頁 16-19、24。

67 南洋興發株式會社前身為西村拓殖株式會社和南洋殖產株式會社共同成立的紅糖製造工場，但因事業不振，東洋拓殖株式會社經常對其積極救濟，其後在南洋廳援助下，1922 年1 月，以 300 萬圓創立南洋興發株式會社。其最初的事業為賽班島設立的分蜜糖工場，1929 年並於天寧島（Tinian）設立分蜜工場。其公司除了製糖事業，亦從事移民、鐵道搬運、牧畜、土地經營、農業等。1942 年與南洋貿易株式會社合併。河野信治，《日本糖業發達史（生產篇）》，（東京：糖業發達史編纂事務所，1930），附錄頁 14；〈南洋貿易を合併―南洋興發の總會で決定〉，《臺灣日日新報》（1942 年 5 月 19 日）。

68 〈株式會社臺灣鐵工所設計圖樣〉，《臺灣機械造船公司臺灣鐵工所接收清冊》，資源委員會檔案，檔號：297 435-1，國史館典藏。

69 〈株式會社臺灣鐵工所設計圖樣〉，《臺灣機械造船公司臺灣鐵工所接收清冊》，資源委員會檔案，檔號：297 435-1，國史館典藏。

70 〈戰ふ木造船〉，《臺灣時報》（1943 年 5 月），頁 52-53、57；〈附屬機械島產生產計畫造船への施策〉，《臺灣日日新報》第二版（1943 年 8 月 20 日）。關於此部分論述，可參見洪紹洋，〈日治時期臺灣造船業的發展與侷限〉，國史館臺灣文獻館編《第五屆臺灣總督府檔案學術研討會論文集》，（南投：國史館臺灣文獻館，2008），頁 317-344。

71 〈臺灣機械股份有限公司第一屆第十二次董監事會議記錄〉（1953 年 10 月 31 日），《機械公司第一屆董監聯席會議記錄》，經濟部國營事業司檔案，檔案：35-25-24 1，中央研究院近代史研究所檔案館。

72 〈株式會社臺灣鐵工所設計圖樣〉，《臺灣機械造船公司臺灣鐵工所接收清冊》，資源委員會檔案，檔號：297 435-1，國史館。

73 〈學內通報第 231 號（昭和 14 年 11 月 15 日）〉，臺北帝國大學；歐素瑛，《傳承與創新：戰後初期臺灣大學的再出發（1945-1950）》（臺北：臺灣古籍出版有限公司，2006），頁18。

74 〈株式會社臺灣鐵工所設計圖樣〉，《臺灣機械造船公司臺灣鐵工所接收清冊》，資源委員會檔案，檔號：297 435-1，國史館。

75 〈廣東の製糖工場を糖聯の手で經營―各社より幹部、從業員を選拔 六日勇躍赴任に決す〉，《臺灣日日新報》第二版（1939 年 3 月 5 日）；〈臺灣鐵工所が廣東に進出〉，《臺灣日日新報》第二版（1939 年 6 月 4 日）。當時日本佔領地下的東莞糖廠，總務部長由日糖理事永井清次擔任、農務部長由鹽水港製糖取締役兼任務務部長淺野武雄擔任、營業部長由明治製糖倉庫係長向山禎一擔任、工務部長由灣裡糖長工場長中島與市擔任，其管理人事可說多由臺灣調任，或可說是過去臺灣糖業人脈與臺灣鐵工所的緣故，使得臺灣鐵工所有機會承接廣東糖廠事業。

76 〈株式會社臺灣鐵工所第參拾五期營業報告書（昭和 14 年上半期）〉，頁 5；〈株式會社臺灣鐵工所第參拾六期營業報告書（昭和 14 年下半期）〉，頁 5。

77 〈臺灣鉄工所進出ニ関スル件〉，アジア歷史資料センター，檔號：C01000760700；〈株式會社臺灣鐵工所第肆拾貳期營業報告書（昭和 17 年下半期）〉，頁 3。

78 〈株式會社臺灣鐵工所第肆拾肆期營業報告書（昭和 18 年下半期）〉，頁 3；〈株式會社臺灣鐵工所董事及監察人名冊〉，《臺灣機械有限公司臺灣鐵工所清算案清算狀況報告書（1946 年 5 月）》，財政部國有財產局檔案，檔號，275 0293，國史館。

79 財團法人拓南工業協會，《財團法人拓南工業協會演講集：第四輯》，（臺北：財團法人拓南工業協會，1943），頁 51-52。

80 〈株式會社臺灣鐵工所第參拾參期營業報告書（自昭和 13 年上半期）〉，頁 3；〈株式會社臺灣鐵工所第參拾肆期營業報告書（自昭和 13 年下半期）〉，頁 3。

81 稻岡暹，《新興臺灣の工場を視る―高雄篇》（高雄：株式會社高雄新報社，1936），頁23。

82 〈株式會社臺灣鐵工所第參拾貳期營業報告書（自昭和 12 年下半期）〉，頁 4。

83 〈株式會社臺灣鐵工所第參拾參期營業報告書（自昭和 13 年上半期）〉，頁 4。

84 〈株式會社臺灣鐵工所第參拾肆期營業報告書（自昭和 13 年下半期）〉，頁 4。

85 不著撰人，〈臺灣鐵工業統制會の設立まで〉，《臺灣鐵工業統制會會報》第 1 卷第 1 期，頁 8。

86 〈株式會社臺灣鐵工所第參拾參期營業報告書（自昭和 13 年上半期）〉，頁 3。

87 〈株式會社臺灣鐵工所第參拾肆期營業報告書（自昭和 13 年下半期）〉，頁 3。

88 〈株式會社臺灣鐵工所有價證券清冊〉，資源委員會檔案，檔號：32-3 342 297 435，國史館。

89 〈株式會社臺灣鐵工所第貳期營業報告書（自大正 10 年 1 月 1 日至大正 10 年 12 月 31 日）〉，頁 4-5。

90 〈株式會社臺灣鐵工所第參期營業報告書（自大正 11 年 1 月 1 日至大正 11 年 12 月 31 日）〉，頁 3。

91 〈株式會社臺灣鐵工所第肆期營業報告書（自大正 12 年 1 月 1 日至大正 12 年 12 月 31 日）〉，頁 3-4。

92 〈株式會社臺灣鐵工所經歷書（昭和 14 年上半期）〉。

93 〈株式會社臺灣鐵工所陸期營業報告書（自大正 13 年 7 月 1 日至大正 13 年 12 月 31 日）〉，頁 3。

94 〈株式會社臺灣鐵工所第拾壹期營業報告書（自昭和 2 年 1 月 1 日至昭和 2 年 6 月 30 日）〉，頁 3-4。〈株式會社臺灣鐵工所第拾貳期營業報告書（自昭和 2 年 7 月 1 日至昭和 2 年 12 月 31 日）〉，頁 3-4。

95 〈株式會社臺灣鐵工所第拾參期營業報告書（自昭和 3 年 1 月 1 日至昭和 3 年 6 月 30 日）〉，頁 3。

96 〈株式會社臺灣鐵工所第拾陸期營業報告書（自昭和 4 年下半期）〉，頁 3-4。

97 〈株式會社臺灣鐵工所第拾柒期營業報告書（自昭和 5 年上半期）〉，頁 6。

98 〈株式會社臺灣鐵工所第貳拾期營業報告書（自昭和 6 年下半期）〉，頁 3-4。

99 〈株式會社臺灣鐵工所第貳拾壹期營業報告書（自昭和 7 年上半期）〉，頁 3-5。

100 〈株式會社臺灣鐵工所第貳拾貳期營業報告書（自昭和 7 年下半期）〉，頁 3-4。

101 〈株式會社臺灣鐵工所第貳拾參期營業報告書（自昭和 8 年上半期）〉，頁 3。

102 〈株式會社臺灣鐵工所第貳拾柒期營業報告書（自昭和 10 年上半期）〉，頁 3。

103 〈株式會社臺灣鐵工所第貳拾玖期營業報告書（自昭和 11 年上半期）〉，頁 4。

104 〈株式會社臺灣鐵工所第參拾肆期營業報告書（自昭和 13 年下半期）〉，頁 4。

105 〈株式會社臺灣鐵工所第參拾伍期營業報告書（自昭和 14 年上半期）〉，頁 4-5；〈株式會社臺灣鐵工所第參拾陸期營業報告書（自昭和 14 年下半期）〉，頁 4-5；〈株式會社臺灣鐵工所第參拾柒期營業報告書（自昭和 14 年上半期）〉，頁 6。

106 〈株式會社臺灣鐵工所第參拾陸期營業報告書（自昭和 14 年下半期）〉，頁 5。

第三章　戰時組裝性事業的發展

一、汽車事業的發端

　　以往對臺灣汽車製造的印象，多停留在戰後成立的裕隆汽車製造公司。[1] 實際上，1930 年代後期，臺灣曾創設臺灣國產自動車和日產自動車兩間株式會社；同時期，日本國內的トヨタ自動車工業和ヂーゼル自動車工業株式會社，則在臺灣設立出張所。

　　首先，1937 年以資本額 50 萬圓設立的臺灣國產自動車株式會社，是在臺灣軍的斡旋下，協調杉原產業和トヨタ（豐田）自動車株式會社共同創立。就組織而言，臺灣國產自動車株式會社的總公司設在臺北市，並在臺中、嘉義、臺南、臺南、高雄、廣東和廈門設立出張所。廈門和廣東出張所的設立，是為了配合日本軍佔領中國華南而設立的分支機構。除了汽車的製造、修繕及組裝外，臺灣國產自動車株式會社還銷售車輛所需的零件和潤滑油。其中，因汽車與航空機在零件上有共通性，該會社也兼營航空機的修繕業務。[2]

　　值得注意的是，作為臺灣國產自動車株式會社主要股東之一的杉原產業株式會社，最初以從事米穀製造和農產品栽培為主要業務，並兼營肥料、水泥、汽車零件的銷售。杉原產業株式會社投資汽車事業，堪稱從臺灣的農作物生產和流通業積累的農、商業資本，進一步跨足到工業部門。[3] 透過杉原產業株式會社創辦人杉原佐一自行出版的回憶錄《思い出の記－激動の七十年間を生きぬいた記録》，能進一步瞭解該會社參與汽車事業的經緯。

1920 年代，杉原產業以銷售肥料為主力商品，客戶多為各地重要人士，而且同時經營小型運送會社。杉原佐吉察覺到臺灣的汽車需求逐漸增加，於是在 1928 年，於高雄設立共榮自動車株式會社，作為臺灣南部的福特汽車代理商，並以卡車為主要銷售商品。[4]

1931 年九一八事變爆發後，杉原氏體認到國際局勢變化與日本對歐美關係的改變，認為進口美國汽車不具前景，於是在 1937 年，轉而成為豐田自動車株式會社的臺灣代理商。[5]

臺灣國產自動車株式會社之所以成立，是作為豐田汽車的臺灣代理商。創辦時期，原先規劃由臺灣拓殖株式會社、臺灣電力株式會社、臺灣銀行、杉原產業株式會社共同出資，但最終臺灣銀行並未認股，臺灣拓殖和臺灣電力株式會社各出資 10%，杉原產業株式會社出資的占比高達 80%。杉原佐吉指出，對於公司名稱無法使用豐田的名號，還要承擔居多的資本額，認為是軍方的不合理干涉所造成。[6]

臺灣國產自動車株式會社成立後，在臺北市的中崙購入 5,000 坪土地作為整備工場，竣工後開始生產巴士車身。另外，在臺中則設立小規模修理工場，嘉義和高雄則運用過去杉原產業株式會社的工場用地。杉原氏認為，國產自動車株式會社充分運用杉原產業既有的商業網絡銷售豐田車，算是成功的經營策略。[7]

中日戰爭爆發後，臺灣國產自動車株式會社將臺灣的約 100 臺卡車存貨運往上海。1938 年 10 月日本佔領廣東後，杉原氏奉軍方命令，成為第一批前往廣東的民間人士，考察會社如何提供軍方協助。爾後，杉原氏向軍方提出於廣東開設汽車整備工廠，並由杉原產業株式會社提供協助的建議。最終，國產自動車和杉原產業各派遣 30 名員工，以一個月的時間，將工具、機械、50 臺左右的卡車運往廣東，作為當地開設工廠所需的資材與產品。[8]

其次，1938 年以資本額 48 萬圓成立的臺灣日產自動車株式會社，主要業務為汽車的製造、組裝和修繕，並從事日產自動車、輪胎和其他零件的代理銷售。[9]臺灣日產自動車株式會社最大的股

東東亞商工公司，主要從事販賣機械和建築材料工業用品，也兼營棉布、紡織品、食品和雜貨的貿易。其中，東亞商工株式會社社長重田榮治同為 1932 年設立的菊元商行創始人，故臺灣日產自動車株式會社也是由商業資本轉化而成。[10]

　　在出張所的設立方面，ヂーゼル自動車工業株式會社在臺灣設立出張所的原因，與臺灣客運業的發展密切相關。1933 年，臺灣總督府交通局經營的環島客運開通後，全數採用自動車工業株式會社生產的いすゞ客運車。臺灣いすゞ客運車的維修，則委託ヂーゼル自動車工業株式會社前身——協同國產自動車株式會社負責。其後，協同國產自動車株式會社為了進一步開拓南中國和南洋地區的市場，於 1936 年 12 月，同樣於臺北市中崙籌建 500 坪的工場。1937 年和 1941 年，協同國產自動車株式會社歷經兩次改組，先併入東京自動車工業株式會社，再轉入為ヂーゼル自動車工業株式會社，臺北出張所也依然存續。大體上，ヂーゼル自動車工業株式會社臺灣出張所主要是為了協助客運車和軍用車的保養與修理。[11]

　　另外，1942 年 2 月，トヨタ自動車工業株式會社在高雄設立出張所，是作為會社軍屬或調查員伴隨日本軍隊前往南洋視察的中繼站，也可將該會社視為前往南洋地區發展的跳板。[12]

　　太平洋戰爭爆發後，或許受限於資材有限與本地工業能力不足，汽車事業在車輛銷售與零件供應上，走向著重分配的配給制度，並整併了兩家臺灣的自動車株式會社。1942 年 8 月，臺灣總督府為確保戰時體制下的輸送力，對汽車及部分零件實施配給制度。[13]臺灣在美軍航路的封鎖下，臺灣總督府為確保發展汽車的資材能妥善運用，1944 年 2 月將臺灣國產自動車株式會社與臺灣日產自動車株式會社合併為資本額 78 萬 8,000 圓的臺灣自動車整備配給株式會社。[14]

　　至 1945 年日本敗戰時，臺灣的汽車業仍停留在修繕業務的層面，並未進入到大量組裝與生產；因而可說，汽車公司的設立似乎僅停留在宣示階段。臺灣在整體工業水準薄弱的情況下，尚不

足以提供開展汽車業所需的各項零件；最終，由於來自日本國內的零件不足而進入配給制度。此外，我們或可從日本帝國對外擴張的區位性觀點，說明臺灣汽車業無法順利開展的可能原因。

　　戰前日本帝國汽車業的對外發展，可說伴隨著軍事侵略的路線進行。中日戰爭爆發前，日本的汽車公司規劃在滿洲和朝鮮發展；1937 年後移轉至華北和華中；1941 年底太平洋戰爭爆發後，更轉進南洋地區。日本帝國向外侵略的過程中，車輛除了用於佔領區的資源開發和軍事輸送，同時也扮演著佔領區行政和民政管理工作的重要交通工具。[15]

　　整體而言，中日戰爭後日本的汽車工業是以「日滿支」作為整體規劃：滿洲主要交由日產自動車株式會社經營，華北和華中佔領區則交由トヨタ自動車工業株式會社經營，朝鮮則由チーゼル自動車工業株式會社經營。[16] 根據 1941 年企畫院的資料，至1940 年止，日本國內、臺灣、朝鮮、樺太地區，僅有日本國內具備生產汽車的能力。[17] 反觀滿洲國，則在 1934 年成立同和自動車工業株式會社，進行車輛組裝的工作；華北和華中等占領區，則在 1938 年由トヨタ自動車工業株式會社設立的天津和上海工場，同樣從事車輛組裝的工作。[18]

　　若從軍事觀點來看車輛需求，戰時的日本為應付華北、華中和南洋地區等新佔領區的治理，對於汽車的迫切性遠高於臺灣。臺灣內部已具備良好的鐵道運輸設備及沿海航路的配合，再加上臺灣的治安較之其他占領區安定，並沒有發展汽車業的急切性。因此，戰前臺灣汽車業發展的程度遠較滿洲、朝鮮、海南島、中國佔領區和南支南洋地區來的低。日本國內三大自動車會社也未直接在臺灣設立支店，僅以出張所或與臺灣資本合作成立關係會社的方式存在於此。

　　就資金層面而論，臺灣日產自動車和臺灣國產自動車株式會社的資本額分別為 48 萬圓和 50 萬圓，並不足以作為發展汽車業所需的資本。中日戰爭爆發後，トヨタ自動車工業株式會社在中國占領區經營的天津和上海工場，於 1940 年、1942 年先後脫離

母公司獨立，成立北支自動車工業株式會社和華中豐田自動車工業株式會社，資本額分別為 600 萬和 500 萬圓。[19] 就這點而言，戰前臺灣兩所自動車株式會社的成立，或許僅具備戰時工業化體制發展的宣示意義。

透過表 1 可知悉戰爭末期臺灣汽車的妥善率，至 1945 年 7 月，臺灣共有 1,012 輛乘用車，僅 269 輛可供運轉；貨車方面，臺灣全島共 723 輛中僅 367 輛可供運轉。這點顯現出，戰爭末期臺灣所需的汽車零件連基本修繕都無法維持，原因在於本地的工業基礎無法提供車輛所需的大部分零件；戰爭末期仰賴日本國內進口的供應鏈，則因對外航路幾近中斷而出現困境。[20]

表 1 1945 年 7 月臺灣民用車輛數目與妥善率

車輛所有者	車種	總數（A）	可動車數（B）	妥善率（B/A）
政府	乘用車	114	53	46.50%
	貨車	50	38	76.00%
民間	乘用車	898	216	24.05%
	貨車	673	329	48.89%
總計	乘用車	1,012	269	26.58%
	貨物車	723	367	50.76%

資料來源：小林英夫監修，《日本人の海外活動に関する歴史的調查第八卷 -1 台湾篇 3-1》（東京：ゆまに書房，2001），頁 81-87。

二、小型造船廠的設置

1930 年代以前臺灣的造船業中，規模最大者為 1919 年設立的基隆船渠株式會社。當時基隆船渠株式會社以生產小型蒸汽船和水產試驗船為主，並修繕航行於臺灣與日本、中國華南沿岸的大型船舶。從日本帝國的角度來看，基隆船渠株式會社屬於地方

性的小型船廠。1937 年 6 月，三菱重工業株式會社收購基隆船渠株式會社，改組成臺灣船渠株式會社，又於 1938 年增設高雄分工場。[21]

中日戰爭爆發後，臺灣船渠株式會社開始配合軍事單位所需的物資生產。[22]1941 年底太平洋戰爭爆發後，臺灣船渠在海軍勸說下開始擴建船塢。1943 年起，日本政府基於軍事策略的考量下，開始針對外地的主要造船廠制訂基準保有量的鋼材存貨；1943、1944 年，臺灣船渠株式會社分別獲得每年 1,000 噸的配額。[23] 因該會社能分配到較多資材，所以在 1945 年的沖繩保衛戰中，能有充足原料修繕受創的戰艦。[24]

另外，1940 年代初期起，前章介紹的臺灣鐵工所亦籌備設置造船工場。至 1942 年以前，臺灣的造船業僅臺灣船渠和臺灣鐵工所兩家較具規模，其餘多為資本薄弱、獨資經營的小型船廠。太平洋戰爭爆發後，日本政府為提昇戰時物資的運輸能力，先於 1942 年 3 月公布「戰時海運管理令」，統一管理日本帝國所屬的汽船，並於同年 4 月設立「船舶營運會」，將大型汽船轉作事軍事徵用。但當時日本帝國幅員日趨廣大，除仰賴大型汽船運送物資外，還寄望整併小型船廠，發揮規模經濟整併的綜效、增加造船能量，促使物資順利運送。[25] 但這段時期新造的船隻從原本的鋼鐵船轉向木造船，顯見戰時基礎物資的缺乏。

伴隨「戰時海運管理令」頒布而成立船舶營運會後，原先行駛於臺灣的大阪商船及日本郵船株式會社也結束在臺灣的業務。此時，臺灣方面的航運除了國家管理的命令航線外，僅留有 7 艘船舶行駛於臺灣沿岸的六條航線，還有一艘行駛於海南島航線。這些航線多交由新成立之以木造機帆船為運輸工具的南日本汽船株式會社經營。[26]

臺灣總督府為提供南日本汽船株式會社木造機帆船使用，先於 1942 年 10 月實施《造船事業法》，再將個人經營的小型船廠改組為會社組織。如表 2 所示，至 1944 年底臺灣共有 13 間造船會社，有的由原本臺灣的小型造船業者整併而成，有的自日本國

內引進資金和設備設置。[27]

表 2　1944 年底臺灣的造船廠一覽

會社名稱	地點	資本額（萬圓）	員工	年產能	設備
報國造船株式會社	基隆市	300	535	木造船新造 3,000 噸、修理 3,000 噸	船架 34
蘇澳造船株式會社	蘇澳街	100	186	木造船新造 600 噸、修理 200 噸	船架 8
東亞造船株式會社	花蓮港市	100	50	木造船新造 200 噸	船架 2
高雄造船株式會社	高雄市	400	730	木造船新造 2,500 噸、修理 3,000 噸	船架 5
須田造船株式會社	臺南市	50	22	木造船新造 400 噸、修理 800 噸	船架 5
丸二組造船所	臺南市	15	54	木造船新造 300 噸、修理 400 噸	船架 5
東港造船株式會社	東港街	10	96	木造船新修 300 噸、修理 300 噸	船架 2
澎湖島漁業統制株式會社造船工場	馬公街	12	43	木造船修理 300 噸	船架 4
臺東造船株式會社	新港庄	12	22	木造船新造 100 噸、修理 300 噸	船架 2
株式會社新高造船所	新高港	100	40	規劃設備中	
大日本海事株式會社	臺南市	100	60	規劃設備中	船架 1
臺灣船渠株式會社高雄工場	高雄市	未記載	198	木造船新造 400 噸、其他各項修理共 5 萬噸	船架 3
臺灣船渠株式會社	基隆市	500	643	30 萬噸目標設備整備中	
株式會社臺灣鐵工所	高雄市	400	380	木造船新造與鋼鐵船修理共 1,000 噸	

資料來源：小林英夫監修，《日本人の海外活動に関する歴史的調査第八巻 -1 台湾篇 3-1》，頁 113。

　　臺灣總督府除了整備既有的小型船廠外，也於 1942 和 1943 年相繼籌備生產 30 和 28 艘 200 噸木造機帆船。但至 1944 年 5 月時，在政府徵用的大型汽船多被美軍炸毀之際，臺灣總督府設立臨時船舶建造部，提出建造 50 艘 170 噸機帆船、10 艘 75 噸漁船的

計畫。此時，由於臺灣欠缺造船資材，至 1945 年 7 月為止，僅完成三艘 200 噸機帆船與兩艘 75 噸漁船，無法達成原本計畫的生產數量。[28] 經費方面，1942 年起臺灣總督府也由第二預備金編列 150 萬圓「木造船建造助成金」；[29]1943 年起，提供建造每艘機帆船 5 萬圓補助款。同時，也依據「臨時資金調整法」貸款給南日本汽船株式會社 600 萬圓，作為購船所需資金。[30] 另一方面，為順利實施木造機帆船計畫，臺灣總督府山林課也將造船用的木材作為優先配給對象。[31]

在統籌造船資材方面，1940 年 5 月臺灣的造船業者曾以資本額 18 萬圓聯合設立臺灣造船資材株式會社。[32] 但 1944 年 5 月，臺灣總督府成立臨時船舶建造部後，為求順利供應造船資材配給，轉由臺灣重要物資營團統一配給所需的造船資材，臺灣造船資材株式會社則隨之解散。[33] 同年 11 月，在臺灣總督府臨時船舶建造部斡旋下成立的臺灣造船組合，不僅作為組合員之間與官方聯繫的平臺，也在統制經濟下，協助臺灣島內的造船業者營運與設備改善。[34]

總的來說，太平洋戰爭後的臺灣造船業，在臺灣總督府政策推動下，除了擴充臺灣船渠株式會社和臺灣鐵工所等規模較大的船廠外，也整併既有的小型船廠，希望藉由集中資本，全力發展木造機帆船業務。此外，臺灣總督府也規劃由臺灣自行生產船體和船用引擎等資材。然而，當時臺灣雖能自行製造船用引擎，但由於引擎零組件仰賴日本國內移入，使得該項計畫成效有限。[35]

以往對於戰時工業化的認識，常強調新興工業的大規模投資，到了戰爭後期，則多強調物資不足而進行的配給，較少提及事業因本身工業能力有限與物資欠缺而進行生產上的調整。戰爭後期的臺灣，同時存在大型與小型船廠兩條造船的途徑，顯見在鋼鐵資源極度匱乏之際，以小型單位與代替物資的木材生產的情況，展現出戰時生產單位之規模與使用原料的靈活性。

三、通信與電氣器材的製造

1941 年創設的臺灣通信工業株式會社，與臺灣無線電話的發展密切相關。臺灣國際電話的源流可追溯自 1933 年 9 月，國際電話株式會社分別於中壢和觀音興築送信所及受信所，並於 1934 年 6 月竣工後開始與東京通話；此項工程可說是與日本間最早的遠距離大眾用無線電話。1938 年國際電話株式會社改組為國際電氣通信株式會社，1939 年起鋪設臺灣與大阪、大連間的第二通話線路工程。1941 年國際電氣通信株式會社除了計畫在臺灣設立循環電纜外，也規劃在臺灣與上海之間設立海底電纜線。要言之，臺灣電氣通信株式會社即在上述背景下創設，希望臺灣能自行製造電氣通信所需的相關器材。[36]

臺灣通信工業株式會社的主要股東有國際電氣通信、日本電信電話、臺灣電力等三間株式會社。其中，國際電氣通信株式會社持有臺灣通信工業株式會社 50% 的股權，另外 50% 的股權由日本政府、臺灣總督府、朝鮮總督府持有，顯現出該會社具備濃厚的國策色彩。[37]

臺灣松下無線株式會社的成立，則與臺灣廣播事業的發展密切相關。臺灣最早的廣播事業始於 1925 年 6 月，臺灣總督府於臺北舉辦「始政三十週年紀念展覽會」時在會場試行 50 瓦的公開放送。其後，臺灣總督府交通部遞信局開始興建廣播放送設施，並至 1931 年 1 月，臺北放送局正式放送。同年 2 月設立的臺灣放送協會，則負責臺灣廣播事業的營運。[38]

1942 年 10 月，松下財閥因應臺灣放送協會的邀請，創設臺灣松下無線株式會社，以生產無線電受信機為主。但當時的生產模式，是由日本國內提供各項零件在臺灣組裝，一旦資材供應不繼，將使得生產計畫受到影響。伴隨戰爭後期，日本對外聯繫日漸困難，該公司所需的原料無法從日本順利取得。最終於 1944 年 6 月，臺灣松下無線株式會社因生產資材不足而關閉工場運作，會社並於同年 9 月解散。[39]

1941 年起，東京芝浦電氣株式會社為呼應臺灣的工業化政策與南進政策，在臺北內湖一帶，承租約 3 萬平方公尺的土地，設立小規模的臺北工場，計劃生產與修繕電氣機器。當時，會社寄望先透過工廠運作來養成員工，未來再進一步於南部設立大型工廠。太平洋戰爭爆發後，來自日本國內的建廠資材因運送日趨困難，設廠進度並不順利。1943 年 6 月 1 日，伴隨第一期建設竣工，臺北工廠共有 8 棟建築物、25 臺機械設備，以及 127 名從業員工。[40]

　　另一方面，由於美軍航路的封鎖，臺北工廠的前兩任工場長都在往返臺灣與日本兩地的途中殉職。首先，擔任臺灣工場首任工場長的小牟禮利雄，在 1943 年 2 月，前往臺灣赴任途中遭潛水艇攻擊罹難。1943 年 2 月，第二任工場長三村宗衛，為配合實施電氣機器現地自給的政策，進而向軍方要求供應機械設備和生產資材；但在未獲軍方回應之際的 1944 年 10 月，三村氏返回日本報告臺灣工場物資欠缺的途中，卻在長崎遭潛水艇攻擊而殉職。1945 年 3 月，山內芳助繼任工場長，此時工場盡全力加工炸彈尾翼，顯現出協助軍需品生產的態勢。直到第二次世界大戰結束時，臺北工場的廠房土地已擴增至 55,000 平方公尺，從業員工 252 名。[41]

　　除了臺北工場外，1943 年東京芝浦電氣會社下屬的マツダ支社，計畫利用竹苗地區的天然氣作為能源，在新竹市興建燈泡工廠。最初，公司計畫每年生產 300 萬個燈泡，但當時臺灣每年的需求僅 100 萬至 150 萬個，剩餘部分計畫委託臺灣電力株式會社銷售至菲律賓、香港和廣東等地。但在建廠工程完成前，第二次世界大戰即告結束。[42]

　　日立製作所與臺灣的淵源始於 1938 年 10 月，於臺灣設立的臺北販賣所，其後於 1943 年 1 月設立事務所，由平尾星一擔任主任。當時臺灣的從業員工僅有六名，主要業務對象為臺灣電力株式會社，著力於銷售與維修各項電力設備。[43]

　　1941 年以資本額 40 萬圓計畫創設於臺北士林的臺灣乾電池株式會社，除了提供軍方所需的電池外，還計劃提供臺灣島內

60% 的市場需求。臺灣乾電池株式會社的主要股東為岡田商會，在日本的電池產業中屬中型會社，並作為松下電器製作所的協力工廠。1937 年岡田商會在關東軍請求下，先在奉天設立滿洲乾電池株式會社；1941 年該商會在臺灣設廠的動機，也是作為軍方在南洋乾電池的補給工廠而設立。[44]

整體而言，1940 年代以後臺灣的電氣產業一部分是伴隨電話、廣播和電力等基礎建設來發展。從臺灣松下無線株式會社的資材高度仰賴日本國內供應的情況，以及最終因物資供應斷裂致使會社解散，顯見戰時工業化的臺灣，基礎工業的不足與脆弱性，也導致這類型的新興工業多停留在組裝能力的層面而已。從東京芝浦電力株式會社的案例也能看出，至戰爭後期的生產業務是提供軍需物品，從中可見企業提供軍事市場需求的現象。

四、小結

從 1930 年代至日本敗戰為止，臺灣的機械業從以糖業機械為主體的製造與修理，朝向組裝性工業發展；在資金動員上，可見軍事機關勸誘的痕跡，而且部分市場以著眼於軍事需求為目標。

發展汽車產業投入的資金，轉化自日治前期在臺日本資本家累積的資本，並配合軍方需求，前往日本佔領地營運；然而，汽車的零件產業並未在臺灣同時發展，又加上日本國內所能提供的資材有限等因素，而未能獲得進一步進展。同樣地，電氣和通信器材幾乎仰賴從日本進口資材後在臺灣組裝；在原物料不具自給能力的情況下，當物資供應斷絕，即無法順利生產。

若以「交通運輸工具的需求急迫度」來看汽車和造船兩項產業，臺灣汽車業的發展僅止於象徵性意義，並作為向南中國與南洋地區轉進的中繼點。反倒是造船業，因作為臺灣聯外交通所需，對臺灣對外的軍事輸送和物資取得都有重大意義。因此，戰爭後期臺灣總督府願意提供金錢和物資，傾全力支持木造船計畫。但就木造船計畫來看，有別於傳統認識以建造鋼鐵船為主的大型船

廠,顯見戰爭末期資源欠缺,改以創辦小規模造船廠的方式,生產較低成本的木造船,作為連外所用的交通工具。

　　總的來說,1930年後期臺灣的工業化以軍事侵略為考量,但因為缺乏原料、技術人員,臺灣整體技術能力尚未成熟、因而無力生產所需零組件,使得多項建設仍停留在發展雛形的階段,或改以小規模生產為策略。就本章考察的各類組裝性事業來看,臺灣總督府執意發展這些工業,但在原物料高度仰賴日本國內提供的情況下,最後因與日本聯繫日漸困難而無法順利發展。下一章將持續說明,臺灣如何在物資有限的背景下,透過統制會統合島內的機械業者生產軍需用品,並試圖透過薄弱的鐵工與機械業建立起完整的生產轉包體系。此外,也將考察臺灣在戰爭末期,如何運用日本國內的舊有設備創辦機械業的上游事業——鋼鐵業。

註釋

1 洪紹洋，〈產業政策與企業經營：1950-1970 年代臺灣汽車工業的發展〉，《臺灣史研究》第 27 卷第 4 期（2020 年 12 月），頁 144-145。

2 〈資源要録—臺灣國產自動車株式會社〉，臺灣總督府官房調查課編纂，《臺灣資源》第 1 卷第 4 期（1937 年 12 月），臺灣總督府官房調查課編纂，頁 74。楠井隆三，《戰時臺灣經済論》（臺北：南方人文研究所，1944），頁 122。千草默仙，《會社銀行商工業者名鑑》（臺北：圖南協會，1940），頁 317-318。

3 千草默仙，《會社銀行商工業者名鑑》（臺北：圖南協會，1940），頁 72

4 杉原佐一，《思い出の記—激動の七十年間を生きぬいた記録》（私家版，1980），頁 41。

5 杉原佐一，《思い出の記—激動の七十年間を生きぬいた記録》，頁 42。

6 杉原佐一，《思い出の記—激動の七十年間を生きぬいた記録》，頁 43—44。

7 杉原佐一，《思い出の記—激動の七十年間を生きぬいた記録》，頁 44。

8 杉原佐一，《思い出の記—激動の七十年間を生きぬいた記録》，頁 45。

9 楠井隆三，《戰時臺灣經済論》，頁 122；千草默仙，《會社銀行商工業者名鑑》，頁 318。

10 千草默仙，《會社銀行商工業者名鑑》（臺北：圖南協會，1941），頁 294、305。

11 臺灣銀行調查課，《臺灣金融經済月報》第 92 號（1937 年 6 月），頁 24。いすゞ自動車株式會社いすゞ自動車史編纂編纂委員会，《いすゞ自動車史》（東京：いすゞ自動車株式會社，1957），頁 43、45、49、58。

12 トヨタ自動車工業株式会社社史編纂委員会，《トヨタ自動車 20 年史》（東京：トヨタ自動車工業株式会社，1958），頁 156-158。

13 臺灣銀行調查部，《臺灣金融經済月報》第 154 號（1942 年 12 月），頁 15。

14 臺灣銀行調查部，《臺灣金融經済月報》第 173 號（1944 年 4 月），頁 7；薛月順編，《臺灣省政府檔案史料彙編：臺灣省行政長官公署時期（一）》（臺北：國史館，1996），頁 199。

15 大場四千男，《太平洋戰争期日本自動車産業史研究》（東京：株式会社北樹出版，2002），頁 163。

16 いすゞ自動車株式会社社史編纂委員会，《いすゞ自動車史》，頁 53-54、70。トヨタ自動車工業株式会社社史編纂委員会，《トヨタ自動車 20 年史》，頁 149-153。

17 原朗、山崎志郎編，《生産力拡充計画資料第 5 巻　昭和十六年生産拡充実施計画》（東京：株式会社現代史料出版，1996），自動車頁 1。

18 老川慶喜，《満州国の自動車産業—同和自動車工業の経営史》（東京：日本経済評論社，2020），頁 62-63。日本自動車工業会，《日本自動車工業史稿（3）》（東京：日本自動車工業会，1969），頁 361-366。

19 日本自動車工業会，《日本自動車工業史稿（3）》，頁 364-366。

20 小林英夫監修，《日本人の海外活動に関する歴史的調査第八巻 -1（台湾篇 3-1）》（東京：ゆまに書房，2001），頁 81-87；臺灣銀行調查課，《臺灣金融經済月報》第 103 號（1938 年 6 月），頁 24。

21 洪紹洋，《近代臺灣造船業的技術轉移與學習》（臺北：遠流文化出版事業股份有限公司，2011），頁 317-344。

22 臺灣船渠株式会社，《臺灣船渠株式会社　第拾壹期營業報告書》（自昭和 17 年 7 月 1 日至 12 月 31 日），頁 1、4。

23 小野塚一郎，《戰時造船史：太平洋戰争と計画造船》（東京：大日本海事振興会，1962），頁 297-302。

24 黃有興編，《日治時期馬公要港部：臺籍從業人員口述歷史專輯》（澎湖縣：澎湖縣文化局，2004），頁 124、140-143。

25 《昭和八年府令第九十七號（臺灣總督府ノ所管ニ係ル船舶ノ登記囑託官吏指定）中改正ノ件》，臺灣總督府公文類纂，冊號：11200，文號：30；山崎志郎，《戰時金融金庫の研究—總動員體制下のリスク管理》（東京：日本經済評論社，2009），頁 153-155。

26 日本郵船株式会社編，《七十年史》（東京：日本郵船株式会社，1956），頁 298-300。岡田俊雄編，《大阪商船株式会社 80 年史》（大阪：大阪商船三井船舶株式会社，1966），頁 267-268。小林英夫監修，《日本人の海外活動に関する歴史的調査第八巻 1（台湾篇 3-1）》，頁 91。臺灣總督府編，《臺灣統治概要》（臺北：臺灣總督府，1945），頁 185-192。

27 小林英夫監修，《日本人の海外活動に関する歴史的調査第八巻 -1（台湾篇 3-1）》，頁 112-113。

28 小林英夫監修，《日本人の海外活動に関する歴史的調査第八巻 1（台湾篇 3-1）》，頁 112。臺灣銀行調查部，《臺灣金融經済月報》第 176 號（1944 年 7 月），頁 9。

29 臺灣銀行調查部，《臺灣金融經済月報》第 161 號（1944 年 5 月），頁 14。

30 臺灣銀行調查部，《臺灣金融經済月報》第 155 號（1942 年 12 月），頁 12。

31 臺灣銀行調查部，《臺灣金融經済月報》第 161 號（1943 年 5 月），頁 14。

32 千草默先，《會社銀行商工業者名鑑》（臺北：圖南協會，1941），頁 191-192；臺灣總督府殖產局，《工場名簿》（臺北：臺灣總督府殖產局，1938），頁 17-18。

33 《臺灣總督府臨時船舶建造部ニ関スル件（訓令第九十二號）》，臺灣總督府公文類纂，冊號：10503，文號：3；臺灣銀行調查部，《臺灣金融經済月報》第 177 號（1944 年 8 月），頁 7。

34 《臺灣造船組合登記取扱手続制定ノ件》，臺灣總督府公文類纂，冊號：11200，文號：28；臺灣銀行調查部，《臺灣金融經済月報》第 181 號（1944 年 12 月），頁 9。

35 臺灣經済年報刊行会編，《臺灣經済年報（昭和 19 年）》（臺北：臺灣出版文化株式会社，1945），頁 196-198。

36 国際電話株式会社，《国際電話株式会社事業史》（東京：国際電話株式会社，1938），頁 87-96。国際電気通信株式会社社史編纂委員会，《国際電気通信株式会社史》（東京：国際電気通信株式会社，1949），頁 29-31、頁 91-92、頁 109-111。關於戰前臺灣電信事業的發展，可參見曾立維與吳政憲的研究：曾立維，〈殖民地臺灣電報、電話通訊網及使用數量分析〉，川島真、松永正義、陳翠蓮編，《跨域青年學者臺灣史研究第四集》（臺北：稻鄉出版社，2011），頁 155-210；吳政憲，《通訊與社會：日治時期臺灣「警察專用電話」系統的建立（1895-1945）》（臺北：稻鄉出版社，2011）。

37 国際電気通信株式会社社史編纂委員会，《国際電気通信株式会社史》，頁 46-48。

38 日本放送協会編，《放送五十年史》（東京：日本放送出版協会，1977），頁 89-109。

39 三十五年史編纂委員会，《松下電器産業株式会社創業三十五年略史》（大阪：松下電器産業株式会社，1953），頁 52-53、頁 61-64。

40 東京芝浦電気株式会社総合企画部社史編纂部，《東京芝浦電気株式会社八十五年史》（東京：東京芝浦電気株式会社，1963），頁 149-150；〈電氣機器修繕工場　芝浦電氣が本島に設立か〉，《臺灣日日新報》第三版（1940 年 12 月 8 日）。

41 東京芝浦電気株式会社総合企画部社史編纂部，《東京芝浦電気株式会社八十五年史》，頁 149-150；我們從社史資料，無法看出臺北工場原本計畫具體生產的品目，國有財產局對臺北工場的接收清冊亦未記載；《東京芝浦電氣株式會社臺北工場清算狀況報告書》，

財政部國有財產局檔案，檔號：045-010202-0199，國史館。

42 臺灣銀行調查部，《臺灣金融経済月報》第 157 號（1944 年 1 月），頁 8；東京芝浦電気株式会社總合企画部社史編纂部，《東京芝浦電気株式会社八十五年史》，頁 129-130、150；〈芝浦電氣電球工場新竹に建築決定〉，《臺灣日日新報》第二版（1942 年 2 月 13 日）。

43 株式会社日立製作所史料編纂委員会，《株式会社日立製作所年譜（附概観）：自昭和 14 年 3 月至昭和 24 年 2 月》（東京：日立評論社，1954），頁 75。株式会社日立製作所臨時五十週年事業部社史編纂部編，《日立製作所史 1》（東京：株式会社日立製作所，1960），頁 141。

44 臺灣銀行調查課，《臺灣金融経済月報》第 139 號（1941 年 5 月），頁 8。日本乾電池工業会編，《日本乾電池工業史》（東京：日本乾電池工業会，1960），頁 52-53、頁 614-618。

第四章　總力戰的試煉：統制會與重化工業

一、臺灣鐵工業統制會的設立

（一）統制會體制的構想

　　戰爭時期，日本透過設立各產業統制會的方式，協調取得各生產事業所需的資材，以順暢配合國家政策的推動，進而作為戰時產業界的領導中樞。在此原則下，日本國內依產業別，細分為：鋼鐵、產業機械、電氣機械、精密機械、車輛、自動車、金屬工業和造船等各種統制會。最初，臺灣的造船和輕金屬產產業分別加入日本國內的統制會；爾後，臺灣總督府在考量臺灣的鐵工業因技術層次較低與種類極為分散，決議將臺灣整體的鐵工業統整為一個組織——臺灣鐵工業統制會。於是，臺灣出現了有別於日本國內的統制型態，顯現出當時臺灣的整體工業能力相較於日本國內，仍處於幼稚階段。[1]

　　臺灣鐵工業統制會的前身，是在 1934 年基隆船渠株式會社社長近江時五郎的號召下，以配合政府政策及有效分配原料為宗旨，邀集機械業，共同創設臺灣鐵工業協會；但該協會因成效不彰，於隔年 5 月解散。1937 年中日戰爭爆發後，同年 12 月，臺灣的機械業者在臺灣總督府的斡旋及支持下，重新組織臺灣鐵工業協會。1942 年 1 月，臺灣總督府改派具軍方背景的陸軍中將廣野太吉[2] 擔任臺灣鐵工業協會會長，由此或可顯現出，協會、臺灣總督

府和軍方欲建立起聯繫的跡象。廣野氏就職後，依臺灣產業界的實情，向臺灣總督府提出設立統制會的構想，臺灣總督府也委派商工課就此提案進行協商。同年4月，臺灣總督府頒布「重要產業統制令」後，即與臺灣鐵工業協會商討設立臺灣鐵工業統制會的可能性。接著，自同年8月中旬起，日本國內在企畫院、商工省、拓務省、陸海軍當局與臺灣總督府駐東京特派員協商後，9月時，臺灣鐵工業統制會的設立才正式獲得認可。[3]

實際上，在臺灣鐵工業統制會成立前的1941年7月21日，臺灣總督府商工課便先邀請了臺北鐵工所等主要幾家廠商，商討統制會可能的運作模式；接著於同月23日，總督府再邀集全島主要的鐵工所集會，並在會中明確揭示，島內較具規模的鐵工所應作為軍需品工廠與接受軍需品訂單的方針。透過戰前臺灣銀行撰寫的報告，便能進一步了解如何推動鐵工業的經濟統制與實施步驟的相關想法。[4]

當時臺灣總督府認為，臺灣的軍需品幾乎仰賴日本國內的工廠供應，一旦戰爭爆發，取得便可能出現困難。基於上述理由，臺灣總督府除了規劃在臺灣設立一到兩所兵器廠外，更將整合與強化島內各鐵工廠的製造與修理能力。在實施方面，應改善業者設備與提升其技術能力，才有助於戰爭時期，廠商從原本生產民需品轉換為生產軍需品。這樣的立意是希望將當時各鐵工所以糖業機械為主的訂單，調整至未來各官廳所需的機械設備，可以不用再向日本國內購買，而改從本地訂購。[5]

會議中，臺灣總督府說明在參酌工廠樣態與官民意願後，列舉可作為軍方指定工場的15家鐵工所候選名單；而且有必要的話，臺北可以再加入臺灣精機株式會社。如表1所示，這15家鐵工所分布於臺北、基隆、嘉義、台南、高雄等地。但究竟要將這15家會社全納入軍方指定工場，或依據機械設備與人力資源等考慮挑選幾家，還停留在檢討階段。[6]

表 1　15 家可能作為軍方指定工場的會社

公司名稱	生產品目
臺北	
東洋鐵工株式會社	鐵工
中田製作所	鐵工
小高製作所	鐵工
興亞製鋼株式會社	鑄鋼、伸鐵、鐵工
臺北鐵工所	鐵工
櫻井電氣鑄鋼所	鑄鋼、鐵工
大同鐵工所	伸鐵
基隆	
臺灣船渠株式會社	包含鑄鋼
前田鐵工所	轉換器、鐵工
嘉義	
株式會社新高製作所	鐵工
株式會社中林鐵工所	鐵工
臺南	
川中鐵工所	鐵工
越智鐵工所	鐵工
高雄	
臺灣鐵工所	鐵工、鑄鋼
武智鐵工所	鐵工

資料來源：《臺灣ニ於ケル鐵工業強化案》（1941 年 8 月），臺灣銀行所藏日治時期文書，識別號：T0868_01_06172_0205，中央研究院臺灣史研究所檔案館。

　　從原料面而論，在 1941 年這個時間點，臺灣的鐵工業每年可從五個途徑獲得約 39,000 公噸的鋼鐵資材。第一，大藏省許可每年進口 4,000 公噸，由於臺灣是以金瓜石礦山「沉澱銅採取用スクラップ（廢鋼鐵）」的名目取得配額，所以受到美國對日本的資產凍結與禁運所致，可能會對帶來不利的影響。第二，北川產業株式會社打撈臺灣近海沈船再加以拆解，每年可取得 5,000公噸的廢鋼。第三，每年從臺灣島內的鐵道部、製糖會社、礦坑等生產單位回收 5,000 公噸廢鐵，但事業單位所需的新資材，每

年從日本國內移入兩次。第四，透過物資動員計劃，每年可獲得20,000公噸的鋼材配額，其中5,000公噸提供給各鐵工所，剩下的15,000公噸，則透過臺灣鋼材配給株式會社特約店，配給使用者。第五，每年由日滿商事株式會社從日本和滿洲移入5,000公噸生鐵。[7]

從供需的觀點來看，臺灣鐵工業每年獲得的39,000噸原料並不足夠，而且短缺程度將伴隨事業的發展而擴大。在原料有限又要提高生產能力之際，解決方法僅能仰賴業者間的整合來達成。[8]

然而，依據業者本身對經濟統制提出的數種整併方案，臺灣總督府認為，因為各間廠商的經營背景、規模與生產品目相差甚大而難以實現。稍詳言之，規模最大的臺灣鐵工所抱持不願濫竽充數的態度，加上又有製糖會社的穩定訂單，不存在和其他企業合併的誘因。臺灣船渠株式會社為三菱財閥的子公司，更不可能與其他鐵工所合併。若要群小鐵工廠進併，也存在運作上的難點。[9]

臺灣總督府殖產局商工課認為，以民間發起的統制機構在運作上不夠強勢，應由官方主導，才能有效控制產業界並提升生產能力。當時在朝鮮進行的鋼鐵統制，是依據《重要產業團體令》進行，其他產業亦由朝鮮總督進行一元化的統制。臺灣以南進基地為前提，欲擴充鐵工業與籌設兵器廠，而本地在欠缺鋼鐵廠的前提下，可以《重要產業團體令》為基礎，建立起整合與強化鐵工業的機制。在實施上，應解散無實質作為的「臺灣鐵工業協會」，再以律令設立「臺灣鐵工業統制會」，並將臺灣的既有工廠依據規模予以分類。[10]

如表2所示，臺灣總督府殖產局商工課建議，將既有之各鐵工所的設備、資本、人力資源分為甲、乙、丙三類，讓乙、丙類附屬於甲類的發展下。即甲類鐵工所為軍方管理的工廠，直接接受兵器廠的訂單並生產軍需用品。民需部分則由臺灣鐵工所和預計設立的臺灣機械製作株式會社兩家為主體，生產一般機械，臺灣船渠株式會社則作為造船事業的主體。接著，在乙類鐵工所中，選擇10家接受軍方指定，成為甲類軍需品的外包工廠；至於未受

軍方指定者，則專門生產民需用品。丙類的各群小工廠則擔任所有乙類工廠的零件外包工廠。[11]

表 2 臺灣總督府殖產局商工課規劃統制會的生產分工構想

兵器廠	臺灣總督
	臺灣鐵工業統制會
甲類 臺灣船渠株式會社、臺灣鐵工所、臺灣機械製作株式會社（計劃新設）	
乙類 臺灣農機具製造統制會社、臺灣精機工業株式會社、東洋鐵工株式會社、 小高鐵工所、株式會社中田製作所、株式會社臺北鐵工所、株式會社大同鐵工所、 株式會社櫻井電器鑄鋼所、興亞製鋼株式會社、前田鐵工所、株式會社新高鐵工所、 中林鐵工所、川中鐵工所、越智鐵工所、株式會社武智鐵工所	
丙類 約 190 家群小鐵工所	

資料來源：《臺灣ニ於ケル鐵工業強化案》（1941 年 8 月），臺灣銀行所藏日治時期文書，識別號：T0868_01_06172_0205，中央研究院臺灣史研究所檔案館。

當時規劃新設臺灣機械株式會社的原因是考慮到，臺灣每年所需的機械用品價值約為 6,000 萬圓，同時期臺灣島內的生產額僅 1,500 萬圓左右，即有 4,500 萬圓的產品需仰賴日本國內供應。若以 1,500 萬圓設立一間大製作所，應可達到 3,000 萬圓的產值，進一步減少對日本國內的依賴；此外，臺灣既有的鐵工廠若能擴充設備，島內所需的機械應能逐漸自給自足。但就時程來看，新設立的會社要進入實際投入產能，至少需要 4 到 5 年的時間。基本上，若能在臺灣設立兵器廠，必然會有龐大的軍需訂單，更有必要設立大型製作所。[12]

在戰爭時期作為統籌的統制會，究竟要如何將外包工場進行生產分工？當時，規劃乙類鐵工所接受諸如內燃機和車輪等具一定規格與共通製品的外包，丙類鐵工所則製造乙類工廠外包產品中，無共通規格的特殊零件。舉例來說，興亞製鋼外包車輪製作時所需的特殊零件，並由生智鐵工所生產。至於乙、丙類鐵工所

原需面對的報價、設計、工資問題等事務，乃至各種外包產品的定價，均由統制會負責，各生產單位僅需承包各種訂單的製作。[13] 也就是說，鐵工所僅需專注於製造的業務，其餘諸多生產要素均由統制會代為掌理。

（二）臺灣鐵工業統制會的運作模式

1942 年 11 月，臺灣鐵工業統制會成立時，臺灣鐵工業協會隨之解散。在臺灣鐵工業統制會定款第一條，即揭示要將臺灣的原動機、生產用機器、電氣機器、電氣通信機器、精密機器、車輛、鋼鐵製品等製造及販賣等全數納入管理。在人事安排方面，會長由原本的臺灣鐵工業協會會長廣野氏擔任，並邀請海軍少將荒木拙三擔任理事長。臺灣鐵工業統制會除了配合政府計畫進行生產和資材配給外，也進行產品價格、規格統一、品質提升的統籌。1943 年 1 月，臺灣總督府將部分管理權交由臺灣鐵工業統制會管理，成為臺灣工業統制的管理機構。[14]

臺灣鐵工業統制會初期，並未網羅臺灣所有的機械業者，最初的 47 名廠商成員多為臺灣鐵工業協會時期的成員；1943 年 3 月，統制會才允許具備相關條件的企業單獨加入，於是才有三上鐵工所等 64 家會社加入。[15] 至 1944 年 4 月為止，共有 115 家廠商加入統制會；從地域分布來看，臺北 68 家居冠，臺南 18 家居次，高雄 14 家第三，臺中 4 家第四，新竹與花蓮港的 3 家同居第五。[16]

在臺灣鐵工業協會時期，是以成員的共同利益為第一考量；臺灣鐵工業統制會成立後，則以配合國策為首要目標。臺灣鐵工業協會時期的成員，可選擇自由加入，但臺灣鐵工業統制會的業界成員，則要依據政府的指定與同意加入，而且政府的決策官員也一併參與其中。臺灣鐵工業統制會的成立促使業界團體與臺灣總督府能直接與日本國內的生產計畫主管單位溝通，爭取到戰時體制下臺灣所需的物資。[17]

從臺灣鐵工業統制會的組織結構來看，下面設有生產分野劃

定委員會、價格委員會、勞務委員會、資材委員會、技術委員會。
其中，技術委員會又分成：車輛、鑄造、內燃機關、鋼鐵製品和
軍需品部會，顯見對製造層面關注的分野；由此或能約略看到在
1943 年 8 月的時間點，屬於組裝性產業之車輛和內燃機關部會的
成員。[18]

表 3 臺灣鐵工業統制會技術委員會車輛部會

職稱	姓名與所屬
委員長	荒木拙三（臺灣鐵工業統制會）
副委員長	小川闓（臺灣鐵工業統制會）
委員	1. 廠商代表：山崎正義（臺灣船渠株式會社）、森寺等（株式會社櫻井電氣鑄鋼所）、伊見常夫（株式會社新高製作所）、中林倉一（中林鐵工所）、加藤猪三治（臺灣機械工業株式會社）、川中倉市（川中鐵工所）、山崎忠夫（株式會社臺灣鐵工所）、大村卯七（株式會社臺灣鐵工所）、大庭定吉（株式會社大庭鐵工所）、守谷八五郎（臺灣私設鐵道協會）、橫田太郎（臺灣私設鐵道協會）。 2. 臺灣鐵工業統制會代表：保坂龍雄、佐藤涉、平野良秋、田中真人。
幹事	佐藤涉（臺灣鐵工業統制會）、小澤博（臺灣鐵工業統制會）
參與	**臺灣總督府：** 總務局：鈴木信太郎（總務課長）、木下勇次（總務局總務課技師）。 殖產局：藤田淳教（總務課長）、宇坪善太郎（總務課技師）。 交通局：速水和彥（鐵道部運轉課課長）、東春一（鐵道部工作課課長）、岡本七太郎（鐵道部工作課技師）、大町偉德（鐵道部工作課技師）、糠塚英次郎（臺北鐵道工場工場長）、木原四郎（鐵道部監督課課長）。 **軍方：** 陸軍：大木武三（○○陸軍航空廠陸軍航技少佐）、今井房治（○○軍兵器部陸軍兵技大尉）。 海軍：田邊匡德（○○海軍工作部長海軍大佐）、成富武光（第○○海軍航空廠總務部長海軍大佐）、上野長三郎（○○海軍建築部長海軍技術中佐）。

資料來源：臺灣鐵工業統制會，《各種委員會委員幹事及參與名簿》（1943 年 8 月），
頁 15-17。

　　透過表 3 可知悉，車輛部會的委員除了統制會成員和臺灣私
設鐵道協會代表外，來自表 2 提及之甲級廠商的，有臺灣鐵工所
和臺灣船渠株式會社，乙級的有株式會社新高鐵工所、中林鐵工

所、臺灣機械工業株式會社、川中鐵工所、大庭鐵工所。在官方的參與方面，則有臺灣總督府殖產局總務課、交通局鐵道部運轉、工作和監督課，還有交通局臺北鐵道工場等員工。至於軍方，則有陸軍航空廠、海軍航空廠、兵器部等軍職人員參加。車輛委員會的角色主要為在臺灣生產鐵道車輛；委員會中，除了統制會與生產單位作為核心決策外，還有作為鐵道使用者的協會、官廳代表和軍方人士參與。[19]

表 4 臺灣鐵工業統制會技術委員會內燃機關部會

職稱	姓名與所屬
委員長	荒木拙三（臺灣鐵工業統制會）
副委員長	小川闇（臺灣鐵工業統制會）
委員	廠商代表：淺原九一（臺灣船渠株式會社）、中田久之助（株式會社中田鐵工所）、永山勘助（臺灣日產自動車株式會社）、杉野一郎（臺灣日產自動車株式會社）、永山盛信（臺灣國產自動車株式會社）、豐國壽太郎（株式會社臺灣鐵工所）。 臺灣鐵工業統制會代表：保坂龍雄、佐藤涉、平野良秋、田中真人。
幹事	佐藤涉（臺灣鐵工業統制會）、小澤博（臺灣鐵工業統制會）
參與	**臺灣總督府：** 總務局：津田辰雄（物資動員課技師）。 殖產局：藤田淳教（總務課課長）、宇坪善太郎（總務課技師）。 交通局：東春一（鐵道部工作課課長）、菊竹士郎（遞信部海事課課長）、大崎亨（遞信部海事課技師）、糠塚英次郎（臺北鐵道工場工場長）。 **軍方：** 陸軍：岩田藤雄（○○軍經理部）、大木武三（○○陸軍航空廠陸軍航技少佐）、今井房治（○○軍兵器部陸軍兵技大尉）。 海軍：佐多直孝（○○海軍工作部長）、成富武光（第○○海軍航空廠總務部長海軍大佐）、上野長三郎（○○海軍建築部長海軍技術中佐）。

資料來源：臺灣鐵工業統制會，《各種委員會委員幹事及參與名簿》（1943 年 8 月），頁 21-23。

同樣的，從表 4 整理的內燃機部會委員可見，除了統制會成員，還有來自甲級廠商的臺灣鐵工廠和臺灣船渠株式會社，乙級廠商則有株式會社中田製作所和豐國鐵工所。另外，還有組裝汽車的臺灣日產自動車株式會社和臺灣國產自動車株式會社。至於

參與部分，則有臺灣總督府總務局物資動員課、殖產局總務課、交通局鐵道部工作課、交通局遞信部海事課、交通局臺北鐵道工場等代表；軍方則有陸軍航空廠、海軍航空廠、海軍工作部和兵器部等。大致上，從交通工具來歸類委員和參與者，可說涵蓋了船舶、汽車和鐵路機車的生產單位。[20]

原先，臺灣總督府規劃乙級工廠作為甲級工廠的外包廠商；然而，在所能尋獲之戰前的文書資料與戰後國有財產局的接收清冊中，實難窺見工廠生產品目的分類。但從技術委員會車輛部會和內燃機部會的參與廠商成員安排上，或能約略看到當時參與廠商的業種；同一部會參與的甲級和乙級廠商，彼此之間應存在零組件的交易關係。此外，從軍方陸軍與海軍代表的參與，亦能窺見戰時動員下，軍方參與生產的初步脈絡。

統制會為了瞭解各個工廠於戰時製造軍需品的能力，尚協助軍方調查所屬各工廠的生產能力。依據資料顯示，當時臺灣鐵工業統制會分別於基隆、臺北、嘉義、臺南、高雄等地區進行調查，以瞭解汽車零件、鋤頭和十字鎬、發動機等產品的生產能力。在兵器生產方面，則調查手榴彈、爆彈的生產能力。值得注意的是，為了瞭解廠商的戰時轉換能力，此一調查分為不影響平時生產的產能，以及全部轉作軍需生產的產能兩種。[21]

臺灣鐵工業統制會為了控制廠商活動，要求廠商每三個月填報其生產、原料、市場、勞動等資料，以提供統制會瞭解生產單位的勞動和資本要素。也就是說，統制會在瞭解各生產單位的資源秉賦與生產能力後，才能發揮統制經濟的指導功能。

基本上，各個工廠在生產過程中，要將產品產值中自行製造、外包取得、購入零件等三部分詳細記載，並且提報資產中的廠房和設備、擴充計劃等。此外，還要記載工廠的電力需求。對於軍需訂單的生產狀況、所需資材和購買單位，也要詳細提報。[22]

在資材方面，則分成運轉、補修、擴充等三類用途紀錄；另一方面，還要對鋼鐵類的棒鋼、型鋼、軌條、厚薄板等各種資材，在每個月的保有、取得和使用量進行記載。[23]

對於工廠來說，除了原料與生產外，還要記載營運上的金流與用途。此外，勞務方面除了報告勞動成本外，還要紀錄事務者和技術者的人數，並且詳列機械工、組立工等各種工別的雇用人數和接受教育程度等。[24]

　　至於臺灣鐵工業統制會在政策籌劃和與廠商之間的具體活動，可從 1945 年 4 月 15 日，臺灣鐵工業統制會召開第三屆一般大會來瞭解，1944 年 4 月起至 1945 年 3 月（昭和 19 年度）的運作實態。綜觀這段時期，統制會將重點置於軍需品生產上，由日本國內製造的一般民需機器供應已呈現斷絕；臺灣在資材不足的情形下，使用原料極度節約。另外，當年度以島內機器統制要綱為基礎，共允許生產 2,004 件，主要內容為間接軍需品、本島要塞化所需使用的機器，以及生產擴充產業所需使用的機器。[25]

　　在資金方面，因為統制經濟下的工廠只有固定資金，可能影響生產資金的周轉，因而著力於計算成本，以瞭解各環節的支出。在定價上，統制會在周密地調查各個生產單位後，力求產品價格合理。其次，也重視軍需訂貨的資金結算費用，以使廠商的流動資金趨於充裕。復次，也支付空襲受創的工廠戰時災害保險金。[26]

　　在勞務方面，統制會透過實施「國民徵用令」，以確保勞動力留在工廠、投入生產。從 1943 年 8 月 23 日，先是現地徵用櫻井電氣鑄鋼所的員工，還有到了 1944 年 3 月底 68 間工廠徵用的員工數來看，達到所有會員工廠整體員工數的七成多。此外，為防止空襲導致的生產力低落，還要解決生產要員的通勤、糧食或警備團等諸項問題。[27]

　　在資材方面，因為原本仰賴日本國內的供應日趨困難，電極和耐火磚材料開始在臺灣穩定生產。作為鋼鐵所需的「焦炭」（coke），受限於產量減少，1944 年 12 月 1 日起，統制會開始指定的廠商提供配給。其他相關資材也採行重點式配給，並嘗試採用代用品的方式進行。[28]

　　從昭和 19 年度統制會的事務可以瞭解，包含：燃料廠相關資材的運輸、籌備汽車修理加工的整備、鐵線和伸鐵增產、計劃性

造船等議題，並且關注到如何解決勞動力不足的問題。在計劃性造船上，對於鋼鐵製品、原物料和鉚釘的生產、原料供應與配給均有討論。另一方面，統制會從 1944 年 4 月 6 日起，整備汽車修理、加工的業務，至 11 月 13 日，又緊急提出牛、馬車與手推車的製造計劃，顯見戰爭末期本地原料和製造能力不足，於是改採傳統獸力運輸的想法。在增產過程中，則在基隆、臺北、新竹、嘉義、臺南、高雄各地舉行焊接講習會，盼能推廣當時相當新穎的焊接，並研究在臺灣生產電焊條的可行性。[29]

我們從 1945 年 4 月起推動的〈昭和二十年度事業計劃〉則可知悉，統制會著重於各種兵器、造船計劃的燒玉式引擎、汽車零件的增產，以及生產煤炭、水泥等重點產業所需的機器；另一方面，也力求鋼材、特殊鋼、耐火磚瓦、電極、工具、黑鉛、黑鉛坩鍋等資材的島內自給。但這段時間因為戰爭日趨激烈，統制會開始著重於各工廠的設備疏散、機械救護和防空救護等訓練。在原料不足的背景下，統制會除竭力促成原料配給和順利取得工場消耗品外，還就不足的資材尋求可能的替代品，由此可見戰爭末期，生產物資捉襟見肘之狀。[30]

再者，統制會也計劃指導：工廠生產技術中的精密加工、生產工具的改良方案、規格品生產、試作品檢查等等，並且因應資源欠缺的背景，進行節省燃料、廢棄品再利用的研究與指導。[31]

從臺灣鐵工業統制會的運作過程可見，戰爭時期為發展鐵工業，統制會透過收集生產單位的各種生產要素和交易資訊，還有嚴密的成本估算，決定產品售價並給予合理利潤。就此點而論，與日本國內採行的方式相當接近，可說在價格制訂上提供企業生產的誘因。[32]但從 1944 至 1945 年統制會對廠商提出的政策指導和支援，雖能看出部分零組件與工業品的製造成果，但仍顯現出戰爭末期臺灣本地技術能力有限，進而決定生產傳統獸力運輸用車輛等交通載具，還有因原料有限，而採行、研發各種代用品的生產。

總的來說，統制會一方面致力於廠商之間建立協力關係與技

術提升，也推出新技術，但最終因資材不足而達不到應有的生產構想；於是採行各種代用物資，以竭力達成基本的生產，藉此滿足島內所需各項製品的最低需求。另一方面，最初規劃在臺灣創辦的兵器廠並未著手實行，只有在臺北設立，日本國內以資本額300萬圓設立之中央兵器株式會社的出張所；但受限於資料，從接收清冊中看到的主要業務似乎集中在車輛修理，並未在臺灣大舉展開兵器生產。[33]

（三）大型工業設施的建造：海軍第六燃料廠

臺灣鐵工業統制會的具體活動，可以1942年高雄海軍第六燃料廠的興建為例。最初，在日本海軍第六燃料廠的籌備計畫中，所需的機械、物資、塔槽等物資全由日本供應，但1943年10月時，因日本內地物資不足，加上海上運輸困難，改自臺灣島內調配。[34]為此，海軍也邀請學界及產業界的專業人士提供協助，並給予紡任和奏任待遇的囑託（約聘）官銜。其中，當時海軍授與臺灣鐵工業統制會理事長荒木拙三位階較高的勅任待遇，原因在於臺灣鐵工業統制會掌管與調度戰時主要的生產單位；考量海軍取得物資順利而聘任荒木氏。[35]

臺灣鐵工業統制會為配合海軍第六燃料廠的建廠工程及設備供應，自所屬的42家西部工廠中，選定31家為指定工廠。這些工廠中又以基隆的臺灣船渠株式會社和高雄的臺灣鐵工所規模最大。當時，臺灣船渠株式會社的主要業務雖以修造船舶為主，但也兼營生產糖廠所需的各式槽類、礦山用機械和鑄鋼、鑄鐵。其次，因船舶修造要求高階的器材安裝和組裝技術，與興建廠房可說如出一轍。1942年10月起，臺灣船渠株式會社交由海軍管理，使得第六燃料廠建廠取得所需的人力及物資更為順利。最初，在高雄的臺灣鐵工所配合糖業發展設立的機械工場，具備製罐、幫浦、塔槽和鑄鋼等製造能力，也自1943年下半年後，轉由海軍管理。具體而言，當時第六燃料廠向各業者訂購資材的數量，約等

同於一年的總產量。[36]

　　除了臺灣鐵工業統制會提供資材，當時第六燃料廠還對臺北及高雄的鐵道部工廠、製糖會社修理工廠、工業學校的實習用車床進行調查。其後，將特殊旋盤加工品委託交由鐵道工廠服務，製糖會社則協助技術性較高的安裝與加工，並委託工業學校處理較為初步的機械製作。此外，為提升鑄鋼、鑄鐵的品質與焊接技術，先後聘請臺北帝國大學及早稻田大學的教授，指導各協力工廠的指導及技術者。廠房建造過程中遇到突發狀況時，則由高雄海軍工作部和岡山的第六十一海軍航空廠支援。[37]

　　在臺灣鐵工業統制會的運籌帷幄下，促使臺灣機械業各工廠、負責鐵道設備製造與修繕的鐵道部、隸屬食品加工業的製糖會社，乃至教育機構的既存技術、設備與人員，均發揮長項，支援軍方工程。這樣的動員過程有別於一般工程事業的籌建，是由營造會社邀集諸多工廠，以承包進行分工。上述的事例或有助於瞭解，戰爭後期的臺灣在物資困難和整體工業能力薄弱之際，透過統制會指揮各廠家，邀集廠商與教育機構的資本財，共同協助建造海軍大型設施，顯見總力戰下，產官學結合的分工態勢。

（四）統制會與發展機械業的藍圖

　　要進一步瞭解臺灣鐵工業統制會對戰爭時期之臺灣機械事業的看法，可參酌 1942 年 8 月於臺北召開的東亞經濟懇談會中，臺灣鐵工業統制會會長廣野太吉的談話。當時廣野氏指出，臺灣整體機械業仍以製糖機械的製造和修理較發達，礦業和農業用機械的修造則有些起色。從品質而論，臺灣機械業多數工廠生產的兵器和精密機器仍落後日本國內。廣野氏認為，臺灣要在短時間內提升機械製造能力，需從需求和供給兩方面著手。也就是說，不論所需機械在臺灣是否具備生產能力，應即刻停止向日本國內訂購，轉而向島內工廠採購；透過創造島內訂單，能提供各工廠大量製造各種機械的機會，有助於改變過往依賴日本國內提供的局面。[38]

其次，廣野氏也提出，兵器生產相較於與一般機械產品，要求較高的品質。這方面可透過增加軍方訂單的方式，以及軍方的技術指導來提升廠商的產品品質。在日本國內提供資材日趨困難之際，應透過海南島提供臺灣發展鋼鐵業所需的鐵礦，再將生產的農具銷售至南洋，以作為發展輕工業的一環。但上述種種建議，都需仰賴臺灣總督府的政策支持。[39]

在農具生產方面，1941 年 5 月以資本額 100 萬圓於松山設立臺灣農機具製造統制會社，成立宗旨遵循臺灣總督府的指示，針對農機具進行一元化的製造，並計畫每年量產 200 萬圓的產品。最初發行的兩萬股股票中，規劃由各州廳工業組合認購 11,500 股，其餘 8,500 股由各州廳配給組合認領。[40] 值得注意的是，擔任取締役的武智信知同時也擔任 1929 年設立於高雄，主要從事農業機具修造的武智鐵工所經營者。換言之，臺灣農機具製造統制株式會社或許是希望借重武智氏經營農業機具的經驗，發展臺灣農機具產業。[41] 透過戰後接收的國有財產局檔案可知悉，該會社至戰爭末期，主要除了生產傳統農具，還生產更換農用機械車輛的鏈子、車軸和齒輪等零件。[42]

經由上述簡要說明可知悉，當時臺灣整體機械業水準的提升，在於市場的創造。過去，殖民地臺灣的機械製品有母國日本提供，到了這段時期，勢必要需求者向本地購買，藉以提供本地廠商得到各式訂單的機會。至於軍方，除了提供軍事市場所需的訂單外，還指派技術人員指導廠商，進而提升產品品質。

在太平洋戰爭爆發後的 1942 年，日本國內以鋼鐵、輕金屬、航空機、造船、石炭等五項產業為中心，進行重點式的發展。殖民地臺灣在考量現狀下，計畫於 1943 年，挑選鋼鐵、輕金屬、電力、水泥、化學肥料為重點產業，其中的鋼鐵業，即是發展機械業的上游產業。[43]

1943 年臺灣總督府以大東亞共榮圈為基礎，提出機械產業發展計畫；在日本國內資材取得不易的背景下，改採現地自給的政策，發展精密機械、鐵道車輛、船用引擎、產業機械、電氣機器

和汽車工業。

在精密機械方面，臺灣總督府規劃在臺北和高雄市各設立一所資本額 300 萬圓的精密機械製造株式會社。在鐵道車輛製作和修理方面，臺灣總督府也規劃在臺中州的新高地區，設立資本額 1,000 萬圓的中部車輛製造株式會社，預計每年生產 1,500 萬圓產值的鐵道部使用機關車、客車、貨車。另外，還要在嘉義郊外，以資本額 650 萬圓設立南部車輛製造株式會社，每年生產產值 1,000 萬圓的糖業用鐵道車輛，供應臺灣島內和南洋地區。[44] 在船用引擎生產方面，則計劃在基隆，以資本額 500 萬圓設立臺灣北部發動機製造會社，生產機帆船用的內燃機。[45]

在產業機械的製作與修理方面，由於臺灣農業、水產業、礦業較發達，臺灣總督府希望在北部、中部、南部，各設立一所資本額 300 萬圓的機械製造會社。其中，臺北市預計設立北部鑛山機械製造會社，臺中設立臺灣中部機械製造株式會社，高雄設立南部化學機械製造株式會社；分別製造和修理礦山、農業、化學用機械。[46]

在電氣機器的製作方面，除了臺灣乾電池株式會社從事乾電池的製造和修理外，臺灣通信工業株式會社生產無線機器，東京芝浦電氣株式會社和日立製作所生產與修繕小型電動機、變壓器。[47] 關於汽車的製造和修理計畫，臺灣總督府亦明確指出，希望臺灣日產自動車株式會社和臺灣國產自動車株式會社能在短期內，由日本國內的工廠引進重要零組件組裝，未來再進一步銷售至南洋地區。再者，1943 年 1 月，臺灣總督府鐵道部收購ヂーゼル自動車工業臺灣出張所，規劃由臺灣總督府方面，自行生產汽車用的內燃機。[48]

就上述構想來看，勾勒出的願景似乎比臺灣鐵工業統制會成立之前還大，但當時臺灣發展工業，除了面臨技術人員、勞動者不足的課題，發展機械業所需的基礎製鐵業亦相當薄弱。[49] 在技術人員方面，1938 年日本政府依據《國家總動員法》頒布「學校卒業者使用制限令」，限制大學、專門學校、實業學校等理工系的

應屆畢業生就職；同年，臺灣總督府也以府令第 119 號施行此項規則。在上述法規限制下，臺南高等工業學校和臺北工業學校的畢業生，便能即刻投入較為重要的產業。[50] 在實施方法上，臺灣各工礦會社若需聘用理工系學校的畢業生，需先向臺灣總督府申請，並於查證後再由臺灣總督府向企畫院提出需求。企畫院以整體日本帝國的需求為考量，提供各地不同的配額。1939 年至 1941 年，臺灣獲得的技術者配額分別為 177、178、268 名，看似逐年增加；但臺灣總督府向企畫院所申請通過的比率則為 20%、15%、13%，仍深陷於技術者嚴重不足的困境。[51]

在勞動者方面，就 1938 年調查頒布的「工場名簿」來說，臺灣的工場勞動者共有 97,217 人，其中 87% 集中在傳統的食料品工業、窯業、紡織工業、製材、印刷工業等熟練度較低的工業；反倒是技術需求較高的機械、化學、金屬等新興工業的勞動力僅佔 13%。[52] 日本政府為培養戰時新興工業所需的勞動者，1939 年依據《國家總動員法》頒布「工場技能者養成令」，明定一定規模以上的金屬工業、機械器具工業、化學工業、礦業等需義務性地訓練勞動者。在臺灣，則於 1940 年 9 月開始實施這項命令。如表 5 所示，臺灣自 1940 年起培育的技術工，多集中在機械器具工業和船舶製造業，這即是希望逐步將「半農半工」的勞動者培養成熟練工。[53] 至 1942 年，臺灣的工業勞動者已增至 12 萬人左右，[54] 但在機械和造船等精密度較高的產業方面，熟練工仍仰賴日本國內提供。[55] 其後，隨著日本帝國對南洋地區的開發，多數臺灣的熟練工調派至南洋支援，至第二次世界大戰結束前的 1944 年，臺灣的熟練工仍處於高度欠缺狀態。[56]

1930 年代起，臺灣的工業化或因著眼於日本帝國軍事侵略而發展出戰時工業。再者，造船、車輛等產品的發展，需要諸多零件工場的發達，才能形成完整的生產體系。當時，臺灣工業所需的原料和設備，多仰賴自日本國內供應，不過到了戰爭末期，日本國內的資材亦不足夠，加上美軍轟炸，臺灣僅能以舊有資材再利用和發展替代物資等有限資源來發展工業化，致使最終的成效

相當有限。最終，臺灣鐵工業統制會會長廣田氏提出的精密機械與產業機械會社並未成立，而前章討論的電氣機器與汽車工業，則因在地基礎工業未有基礎，還有對日物資供應中斷而難以推進。

表5 1940-1942年臺灣熟練工養成數目

產業名	1940年培養人數	1941年培養人數	1942年預定培養人數	總計
機械器具工業	137	203	223	563
船舶製造業	3	153	304	460
精錬業	80	80	130	190
化學工業	27	49	60	136
礦業	0	0	75	75
總計	247	485	792	1,524

資料來源：臺灣経済年報刊行会編，《臺灣経済年報─昭和17年版》，頁150。

二、鋼鐵事業的發端

（一）鋼鐵物資的配給

戰前，臺灣發展機械業所需的生鐵、鐵板和鐵線等各項鋼鐵資材，多仰賴日本國內和滿洲國供應。中日戰爭爆發前的1936年，臺灣的生鐵主要來自滿洲國的鞍山，不足部分再由日本國內供應。作為機械組配所需的鐵板、鐵管、鐵線等延壓鋼材，則幾乎由日本國內移入。[57]

1937年中日戰爭爆發後，1938年7月臺灣總督府依據府令第80號頒布「鐵鋼配給統制規則」，作為戰時臺灣最早實施的鋼鐵配給政策；[58] 在實施上，將鋼鐵分為普通壓延和生鐵鋼材，並透過消費和銷售兩種管道進行控制。消費者移／輸入或購買鋼材前，需先記載使用目的和數量，並向臺灣總督府提出申請；在獲得總督府的許可並取得「鐵鋼割當證明書」後，消費者才能憑此證明交由製造廠商，廠商再以此證明書向鋼鐵銷售業者購入所需

資材。[59]

在生鐵的進口方面，臺灣總督府委託日滿商事株式會社[60]臺北支店掌理。[61]日滿商事株式會社自滿洲國引進生鐵後，交由大倉商事、共益社、草野商事三公司販賣。鐵工業者在收到來自官需、公共團體、民需等單位的訂單後，依據核定的配給量，向前述三家公司購買。[62]

至於各類延壓鋼材的銷售方面，1939年8月，日本政府將指定問屋的銷售分為東京、名古屋、大阪、門倉四大區域。值得注意的是，臺灣和朝鮮或因需求較低，劃歸大阪地區管理，[63]如棒鋼、型鋼、線材、軌條等各種延壓鋼材多經由大阪的問屋，發送到臺灣的配給機構。這類鋼材的購買方式以三個月為一期，需求者要先向臺灣總督府提出申請，在獲得分配證明書後，再向配給機構購買。[64]

另外，1938年8月，臺灣43間鋼鐵問屋為確保移／輸入的民需鋼材數量，還有配給制度的順暢，以資本額45萬圓共同設立臺灣鋼材配給株式會社。[65]另一方面，臺灣總督府為確保資源充足，1938年8月起限制鋼材、生鐵、銅等物資的用途，禁止用來生產文鎮、化妝箱、髮飾等不急需的民需物資。[66]此外，為有效回收廢棄不用的廢鐵和廢銅，1938年11月，廢鐵回收業者、回收生產者與鐵工業者以資本額50萬圓共同設立臺灣故銅鐵屑統制株式會社。[67]1939年2至8月，該公司共回收廢鐵6,946公噸，價值501,854圓，並將其中的6,459公噸，配給給臺灣船渠等79所工場重新利用。[68]

太平洋戰爭爆發後，鋼鐵物資的取得更趨嚴峻，1942年5月臺灣總督府企畫部為確保鐵礦製品的移／輸入，公布「臺灣鐵鋼品配給統制要綱」，[69]並於同年8月和10月，相繼設立臺灣鐵鋼製品統制株式會社和臺灣鋼材販賣統制會社，其中後者取代原先的臺灣鋼材配給株式會社。[70]另外，隨著1942年8月「金屬回收令」頒布，同年10月，臺灣以府令頒布「金屬類回收令施行規則」和「回收物件及施設指定規則」，回收項目由原本的鐵銅，擴至

其他合金類金屬，並交由臺灣故銅鐵屑統制株式會社負責。伴隨著臺灣故銅鐵屑統制株式會社經營項目的拓展，1943 年 11 月，公司更名為臺灣金屬回收統制株式會社。[71]

至 1944 年 3 月臺灣總督府依據《統制會社令》，合併臺灣鋼材販賣統制株式會社、臺灣鐵鋼製品統制株式會社、臺灣金屬回收統制株式會社三家公司，並於同年 5 月，合併設立臺灣金屬統制株式會社。[72]

透過以上說明可知悉，戰時臺灣仰賴島外供應的鋼鐵資材統制，從最初對製造商品與需求者進行審核，加上壓抑不急需鋼鐵製造的民需物資，最終走向運用島內舊有鋼鐵資材進行回收後再利用，顯見物資嚴重不足。但這樣的政策並非僅在臺灣實施，而是整個日本帝國，均實施類似的統制政策。臺灣除了管控鋼鐵資材，還進一步籌劃興建以高爐法煉製的鋼鐵工廠。

（二）鋼鐵資材的生產

鋼鐵產業的生產結構，分為：生鐵生產、鋼材生產、鋼製品生產三個部門，生產品目可區分為：鑄鋼、生鐵、合金鐵、特殊鋼四部分。所謂的生鐵生產，則是將鐵礦煉製成生鐵，作為鋼材生產所需的原料；之後再將鋼材鑄造成鋼錠，作為鑄造或軋製鋼製品所需之素材。[73]1930 年代以前，臺灣所需的生鐵與鋼材均由日本和國外進口，再於島內工場鑄造；1930 年代後期，臺灣總督府開始籌劃以電爐法和高爐法煉製生鐵。

當時，臺灣機械及造船業中規模最大的基隆船渠株式會社與臺灣鐵工所，均設有鋼鐵鑄造設備以生產各種鑄件。1930 年代後，兩家會社擴充既有的鑄造設備。另一方面，1930 年代後期設立的興亞製鋼、櫻井電氣鑄鋼和前田砂鐵鋼業株式會社亦具備鑄造鋼鐵的能力。[74]1940 年 5 月，臺灣的鋼鐵業者共同籌組臺灣鑄鋼組合，除了負責配給所需資材與價格協議外，也提供各工廠鑄造過程中的技術援助。[75]

在合金鐵方面，主要由臺灣電化株式會社和東邦金屬株式會社進行生產。然而戰爭末期，臺灣電化株式會社下屬的基隆與羅東兩間工廠，因為原料不足及電力供應困難等困難而停產；東邦金屬株式會社則因 1944 年美軍持續轟炸，至 1945 年 5 月，僅剩部分設備能夠運轉。[76] 在特殊鋼方面，則仰賴臺灣電力株式會社松山工廠的兩座高周波電爐。戰爭末期，為了配合臺灣總督府的疏散政策，乃將其中一座電爐疏散至臺北州七星郡內湖庄。[77]

至於生鐵的生產，主要用作發展機械與金屬業所需的原料，煉製上可分為電爐法與高爐法。臺灣鋼鐵業的生產結構由鑄造轉向生鐵煉製的契機，或與 1934 年日月潭水力發電廠竣工有關；當時因具備廉價充沛的電力，提供以電爐法煉製的有利條件，並能符合島內煤礦品質較低的實況。1938 年為臺灣總督府實施「生產力擴充五年計畫」的第一年，因而提撥 10 萬圓「電氣製鐵中間工業試驗補助費」，委託臺灣電力株式會社試驗電氣製鐵。[78] 爾後，前田砂鐵工業株式會社、鐘淵工業株式會社松山工廠亦採電爐法煉製生鐵，[79] 但 1944 年，這兩所工廠的電爐設備因空襲而受損，導致運轉過程中常發生故障，成品質量亦隨之降低。[80]

以電爐法煉製生鐵，縱使符合臺灣的資源背景，但生產規模遠遠不如以高爐法煉製。1941 年召開「臨時臺灣經濟審議會」後，確認整體方向往重化工業推進，臺灣總督府始籌劃於臺灣南、北兩地，分別設立以高爐法生產的高雄製鐵株式會社與臺灣重工業株式會社。

1942 年，以資本額 500 萬圓於高雄設立高雄製鐵株式會社，其具有五座 25 噸的熔鐵爐，並由神戶一帶的閒置工廠移入設備。值得注意的是，高雄製鐵株式會社創設初期，同時於鶯歌設立煉焦工廠，提供高爐法煉製所需的焦炭。1943 年 6 月，高雄製鐵株式會社開始運轉後，因 1945 年 2 月美軍空襲，廠房設備遭到嚴重破壞，原本的五座高爐僅存一座，其後，殘存設備疏散至鶯歌。[81]

1943 年以資本額 1,500 萬圓，設立於汐止的臺灣重工業株式會社，則以日本浦和產業會社的閒置設備為建廠基礎。原料方面，

鐵礦由海南島輸入，石炭及焦炭由南海興業株式會社提供。大致上，臺灣重工業株式會社的建廠工程於 1944 年 2 月完工。[82] 但臺灣重工業株式會社為求盡快提供軍事後援而匆忙設立，相關設備的裝設過於草率；俟工廠正式運轉後，才發現無法精密控制冶煉流程，進而影響到產品質量。戰前，臺灣重工業株式會社的生鐵產量每日最高可達 20 噸，但多為工業價值較低的高硫白口鐵。1945 年 5 月，廠區連續遭到美軍轟炸後，8 月中旬因爐膛凍結而停工。[83]

臺灣發展鋼鐵業的動機，是供作機械業及軍需用品所需的上游工業，但臺灣蘊藏鋼鐵業所需的鐵礦及煤礦等原料並不多，品質也不佳。在進入高爐法生產的階段後，鐵礦仰賴佛印、蘭印、菲律賓和海南島等地移入，[84] 煤礦則由滿洲國及南洋等地引進，[85] 顯見臺灣運用日本帝國圈的物資，提供鋼鐵生產的發展模式。

1930 年代臺灣電爐法煉製生鐵，係以運用在地電力資源為出發點，其後為滿足戰時機械與軍事需求，出現了兩所以高爐法煉製的工廠。從建廠過程可見，雖然存在從日本帝國圈獲得鐵礦與煤礦原料來生產的策略，設備卻使用日本國內的閒置資材。戰爭末期，日本國內保留規模較大的工場，發揮規模經濟生產，將舊有的閒置資材移往臺灣或其他地區，可謂戰爭末期日本在殖民地和占領地籌措資材的途徑之一，但最終因為採用老舊設備且建廠匆促，限制了廠房生產的成效。

三、軍需轉換：硝酸、硫酸錏與火藥製造

（一）日本硫酸錏事業的創辦

戰前，日本與臺灣農民的肥料使用習慣，從傳統的有機肥料走向化學肥料。其中，化學肥料中硫酸錏的發明可追溯自 1898 年左右，德國發明的石灰窒素；然而石灰窒素的大量生產，則以 1906 年義大利設置石灰窒素工廠為首，爾後德國、義大利、挪威、

美國、日本等電力豐富的各國亦陸續發展。基本上，石灰窒素本身即可作為窒素肥料，若在熱水蒸氣處理、分解後產生氨，並由硫酸吸收，即能產生硫酸錏。從性質而論，硫酸錏屬於石灰窒素肥料的一種。[86]

在原料取得方面，1895 年由 Karl von Linde 設計的空氣液化裝置，研發出從空氣中取得氮的量產方式；爾後在 1902 年，確立液體空氣的分餾，製造方法始臻成熟。另外，石灰窒素生產所需的主原料碳化物，則是透過將生石灰和炭素（carbon）放進電力爐，以電氣技術製造。[87]

當時發現，對稻作施予窒素肥料有助於作物生長。第一次世界大戰後，美國和英國率先將硫酸錏銷售至盛產稻米的日本，各國多將日本視為有潛力的銷售市場。[88]

自 1923 年日本窒素肥料株式會社在宮崎設立日本第一家氨合成工廠，至 1945 年日本敗戰時，在日本國內、朝鮮和滿洲國等地，共有 18 所合成氨工廠運轉，生產硫酸錏等各類窒素肥料；18 所工廠中設置於外地者，有朝鮮的朝鮮窒素肥料會社、滿洲的滿洲化學工業株式會社兩所工廠。[89]

值得注意的是，氨合成工業平常用於生產肥料，戰時尚能轉換為軍需工業。也就是說，氨不但可用來生產民間使用的硫酸錏肥料，還能提供軍方製造火藥所需的硝酸；戰爭時期的日本，氨原料的運用成為民需與軍需的重要分配議題。1942 年 9 月，日本的化學產業依據《重要產業統制令》成立化學工業統制會後，致使化學工業與軍用物資的連結更為緊密。在人事安排上，該統制會由商工大臣管理，下屬的肥料部會則由農林大臣負責；商工和農林兩省常對氨原料的民需和軍需分配進行討論，但最終，作為直接軍需品的硝酸部門仍分得較高配額，使得戰爭末期，日本硫酸錏的產量呈急速下降之態勢。另外，1944 年硫酸錏會社被指定為軍需會社後，多數硫酸錏製造部門均轉為生產硝酸。[90]

如圖 1 所示，自 1923 年日本開始生產硫酸錏後，產量以1941 年為頂點，之後因氨原料挪用至硝酸生產，硫酸錏產量急速

減少。其次，戰前日本硫酸銨的生產不足以供應需求，仍需仰賴國外進口。復次，中日戰爭以後因為節約外匯的考量，加上珍珠港事變後對外貿易的孤立，硫酸銨的進口產量逐漸減少。整體而言，戰前日本的硫酸銨肥料可說相當不足。

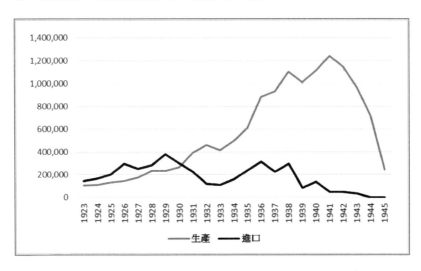

圖 1　日本硫酸銨的生產與進口（1923-1945）　單位：公噸

資料來源：日本硫安工業協会日本硫安工業史編纂委員会，《日本硫安工業史》，頁775。

（二）臺灣硫酸銨工廠的建立構想

　　臺灣最早提出建造硫酸銨工廠的想法，是與日月潭水力發電計畫相互結合。日月潭水力發電計畫展開籌備時，在對未來竣工後，如何消化電力進行的討論中，即提及興建窒素肥料工廠的構想。1920 年代發電廠重新動工後，亦有電氣化學工業株式會社與日本產業株式會社向臺灣總督府提出申請製造硫酸銨，但電廠竣工後，並未進駐臺灣。至 1933 年日月潭水力發電廠竣工前夕，臺灣的輿論界關心，如何消耗 10 萬 KW 的電力，臺灣電力株式會社也提出可透過設立硫酸銨和製鋁工廠的途徑，作為剩餘電力的出

路。[91]

　為何臺灣在日月潭水力發電廠竣工後，未立即創辦硫酸錏工廠，這點或可從整體的經濟環境來思考。首先，1920 年代起日本開始製造硫酸錏，但同時期英國和德國的製品以低價傾銷的方式在日本販售，導致日本的生產者處境不利。另一方面，1932 年朝鮮窒素水力發電工廠完成，加上住友肥料和昭和肥料兩家公司均有增產硫酸錏的計畫，估計市場上銷售的硫酸錏將供過於求，或也降低日本資本來臺灣投資的意願。[92]

　其次，湊照宏的研究曾指出，時任臺灣電力株式會社理事的安達房治郎為尋求大宗電力需求者，在與三菱合資會社理事加藤恭平討論後，加藤氏提出，可能與日本窒素肥料會社的野口遵提出在臺灣設置硫酸錏工廠的議案。但這項投資的前提是三菱商事願意出資，而最終因為三菱不願出資而作罷。在臺灣硫酸錏生產計畫未能實施之際，臺灣電力株式會社轉而將剩餘電力支持鋁業發展。[93]

　復次，1930 年代已出現以瓦斯為能源，分解空氣生產氮氣的方法，而且成本較電解法還低。在新的生產製程出現之際，臺灣電力株式會社原本寄望以電解法製造硫酸錏的計畫，或許也成為廠商觀望的一個理由。[94]

　從戰前臺灣銀行的文書中可窺見，1936 年 6 月臺灣銀行調查部曾提出，臺灣可以焦炭和碳酸瓦斯生產窒素肥料，資料中還記載了一份專家提出之，創辦資本額 250 萬圓的臺灣窒素肥料會社計畫。[95]從起業目論見書（創業計畫書）中可知，臺灣農業所需的豆粕和硫酸錏等窒素類肥料固然有部分為日本供應，但主要仰賴英國和德國進口。另外，臺灣未被納入日本肥料統制法案的地域，應可獲得事業的獨立保護與經營。在生產原料的供應方面，可運用基隆當地所產之煤炭、臺陽礦業株式會社生產黃金的副產品硫化鐵，並應用本地的廉價電力。生產方式上，可先以水煤氣建置年產 10 萬噸的硫酸錏，並運用水蒸氣通過煤炭的方式來生產，以供應島內需求；由於當時對天然瓦斯法的生產技術尚有疑慮，俟

未來技術成熟後，再以新製程將產能提升至 20 萬噸。[96]

日本學者近藤康男 1950 年出版的研究指出，1937 至 1938 年間日本各地的擴廠和新設計畫中，同樣提及了在臺灣設立臺灣化學株式會社的計畫，該會社預計以天然氣法和煉焦爐氣體法兩種方式，每年各生產五萬噸的硫酸錏。[97]

整體而言，上述所言企業的創辦計畫僅止於紙上談兵，硫酸錏工廠要至 1941 年召開臺灣臨時經濟審議會後，才正式邁入籌備階段。[98]

臺灣總督府執意在臺灣推動硫酸錏肥料工廠與各項重工業建設，但將如下段說明，最終因為島內資材不足而調整生產品目，並在戰爭後期，因為部分生產資材欠缺而改採代用物資，或以簡化工法建造廠房。另一方面，在召開臨時臺灣經濟審議會前，臺灣總督府殖產局即已提出硫酸錏工廠的政策規劃，並邀請日本國內專家來臺提出建言。

（三）從構想到實踐：臺灣總督府殖產局的立案與日本技術者的諮詢

1941 年 7 月，臺灣總督府殖產局擬定的「硫安工場創立計畫案」中指陳，當年臺灣需要 38 萬噸硫酸錏，但實際上僅獲得 27 萬噸。伴隨日本外匯的節約政策，臺灣的硫酸錏多從日本國內、朝鮮、滿洲移入。同年，臺灣第二期種稻所需的肥料，因為施肥期與日本國內和朝鮮的稻作時間重合而呈現競相購買的現象，導致硫酸錏的取得出現困難。[99]

從硫酸錏的價格（含包裝費）來看，日本國內每公噸為 99.47 圓，臺灣的抵岸價格為每公噸為 123.7 圓，較之日本國內高出 24.23 圓。戰時的日本，受限於船舶不足下的物資運送，硫酸錏僅能以季為週期運抵臺灣；而且抵臺後的搬送和鐵路運送相當混亂，導致最終的配送遭到延遲。殖產局研判，臺灣在邁向農業集約化的趨勢下，對硫酸錏的需求將逐年升高。[100]

此外，殖產局尚認為，臺灣的硫酸錏還應提供南洋地區的需求。首先，海南島農業作物的施肥量僅本島的一半，每年約需 6 萬公噸。在華南的福建和廣東，過去所需的硫酸錏多由德國和英國進口，在日本佔領後，面臨極度不足的困境，估計華南地區每年約需 10 萬公噸的硫酸錏。至於南洋方面，菲律賓、蘭印、泰、佛印等熱帶農業地區，每年約需 14 萬公噸的硫酸錏。[101]

臺灣硫酸錏工廠的設廠規模，應以兼顧臺灣島內和南洋地區的需求來制訂。當時，臺灣總督府殖產局估計 10 年後（1951 年），臺灣每年約需硫酸錏 45 萬噸，南方地區年需 48 萬公噸，兩者共計 93 萬公噸；在此基準下，殖產局決定以 90 萬噸硫酸錏作為生產的最低規模。但在第一期計畫中，先以年產 10 萬噸的廠房為起步。[102]

在生產製程上，殖產局認為電解法較合適。由於電解法的設備能節省約 1,800 噸鋼材，而且機械設備較簡單，加上具備操作容易、故障率低等優點，符合戰時經濟下節約資材的精神。在硫化鐵原料方面，以當時開採和未來可能發現量來估算，臺灣每年約可產出品質為 44% 者，共 10 萬 9,000 公噸，若扣除島內製造石灰所需量，每年約有 9 萬噸硫磺作為原料。在上述計算下，製造一公噸硫酸錏需品質 44% 的硫酸鐵約 0.6 公噸，以此數量可生產 15 萬噸硫酸錏。[103]

1941 年 9 月上旬，有四位來自日本國內的高階技術人員來到臺灣：中原省三（日本化成株式會社黑崎工場長）、堀省一郎（日本肥料會社企劃部長）、河西嘉一（東洋高壓會社技術部長）、堀內金城（日本窒素肥料技術部長）、織田研一（日產化學工業會社富山工場長），他們從技術層面就臺灣設廠的各項條件等進行調查。[104]

同年 9 月 13 日，臺灣總督府內以殖產局長石井龍豬為首，聽取前述四位日本國內的技術者籌組之委員會，針對硫酸錏工廠設置進行報告。首先，委員會指出，硫酸錏工業因規模龐大，與同屬化學工業中的染料和藥品工業不同，若要以臺灣既有的設備來

改造，將面臨困難。在此前提下，欲參與硫酸銨投資的資本家需對這點有所體認。[105]

其次，在臺創辦硫酸銨工業所需資金甚大，多需獎勵金和助成金支援。當時，日本生產硫酸銨的企業非以專營方式進行，而是事業多角化經營中的一環；這些企業是以整體收入來維持硫酸銨工廠的營運與生產。從日本和朝鮮既有的硫酸銨工廠之發展經驗來看，培育職工需多年養成；臺灣若要建立硫酸銨工業，當時島內仍無法供應充足的技術員和技術工。[106]

在硫酸銨的產量方面，委員會提出第一期可以年產 10 萬噸為目標。若以電解法生產，如何提供穩定且廉價的發電將為必要條件。以工廠一年運轉 350 天為基礎，每天可生產 285 公噸。委員會指出，朝鮮窒素工廠的運轉有獲得電價優惠，所以建議，提供給硫酸銨工廠的電力應將每千瓦電力的定價壓低至 0.1 圓以下。至於將煤炭完全瓦斯化的生產方式則因欠缺資料，委員會無法提出具體意見；但委員會仍建議，應進一步調查研究臺灣煤炭，確認能否永續取得穩定品質的煤炭，以免未來實施後，出現島內煤炭供應短缺的窘境。[107]

至於該如何提供臺灣硫酸銨工廠奧援？委員會提出，臺灣總督府可補助煤炭挖掘，或讓硫酸銨的定價高於目前定價。究其實情，在於硫酸銨工廠的建設費很高，需仰賴補助來降低成本，廠房建置才能完成。創設初期，每公噸硫酸銨生產需要 385 圓的設備費，但每噸收入僅 120 圓，故應給予建設費二分之一至三分之一的補助，才能降低投資者的風險。[108]

在生產技術上，臺灣因電源豐富，採取電解法較能吸引日本國內資本投資。但委員會就日本國內的實情來看，廠商知悉生產硫酸銨利潤較少或毫無利益，故以兼營方式生產硫酸銨，建議應找有相當經營成績的廠商來臺灣投資。此外，除了臺灣銀行應提供低利貸款，臺灣拓殖株式會社也該給予援助。日本國內的硫酸銨製造會社大致保持 10% 的配息，未來新會社成立後，也應發行 10% 配息的優先股。[109]

委員會認為，技術者的養成和招募將成為事業成敗與否的重要條件之一。硫酸銨工廠需要許多工業學校和實業學校的畢業生，臺灣總督府應考慮培育相較以往，多出數倍的電氣科和機械科技術員。在勞務者方面，最初多數將從日本國內招募，臺灣則需提供適當的飲食和居住環境。[110]

臺灣總督府殖產局農務課課長高原逸八在會中認為，受限於總督府的預算制度，對於補助和獎勵存在財政困難，若能依循臺灣總督府以現物出資，投資臺灣拓殖株式會社的模式將較為簡單。[111]

經由以上說明可知悉，當時臺灣欲創辦硫酸銨工廠，但卻面臨人力不足的窘境，加上建廠工程和所需資金浩大，需仰賴臺灣總督府的支持才能興建。又技術委員會中的日本窒素肥料株式會社技術部部長堀內金城，爾後成為臺灣窒素株式會社設廠和營運上的靈魂人物。

（四）臺灣窒素株式會社的成立與運作

1943 年 2 月 5 日，臺灣窒素以資本額 400 萬圓設立，實收資本為 100 萬圓，是日本窒素肥料株式會社全額投資的子公司。在高階人事上，榎本直三郎擔任社長取締役，宮本正治和堀內金城擔任常務取締役。[112]

臺灣窒素的母公司日本窒素肥料株式會社為當時日本最大的硫酸銨生產企業，多角化經營化學事業。日本窒素肥料株式會社在朝鮮，設有生產硫酸銨的興南工廠，由旁系的朝鮮電力株式會社提供廉價電力，以電解法的方式製造。1942 年，該會社原本計畫在中國的山西省創辦華北窒素肥料株式會社生產硫酸銨，但至日本敗戰為止，未見設立記錄。[113] 從日本窒素積極至日本殖民地和佔領地投資的歷程來看，不難理解其來臺灣投資的脈絡。從臺灣窒素的創辦背景來看，誠如涂照彥所言，戰時臺灣諸多新興工業係由日本新興財閥積極參與。[114]

臺灣窒素的籌辦，主要由日本窒素株式會社理事堀內金城負責，規劃供應包含臺灣、南洋和南中國地區的硫酸銨。但廠房興建時因資材欠缺，堀內氏決定將生產品目由硫酸銨調整為硝酸和火藥製造。當時堀內氏估計，日本佔領區域每年約有 7 萬噸民需火藥的市場需求，並規劃銷售至菲律賓和馬來西亞等地。[115]

　　在廠房的圖片和基礎工程設計方面，原本由東京帝國大學火藥科畢業的隅山崇雄負責，但其在 1943 年 4 月 29 日短暫歸國後，搭乘高千穗號再次返臺途中，因遭美軍攻擊而罹難，建廠工作改由橫田繁繼任。又，當工場變更為火藥製造時，投資的母公司日本窒素株式會社派遣同時兼任朝窒火藥和日窒火藥的常務宮本正治來臺，在途中亦因受到魚雷攻擊而喪命。[116] 在工場用地方面，堀內金城希望臺灣窒素未來能成為大型化學工廠，於是計劃將廠區設在臺北市近郊，有良好水利設施和排水基礎之處，最終落腳在臺北州海山郡中和庄尖山腳一帶。另外，會社聘用伊藤間一郎和野上有功兩名原本服務於臺灣總督府的官員轉任社員，藉其熟悉地方民情的優勢，向在地人士購買建廠所需之土地。[117]

　　其餘所需的員工，原本規劃從日本國內和朝鮮調派，然因海上航路行駛常遭攻擊，航空機又以搭載軍方人員為主，1944 年以後，改在臺北市附近聘用員工。陸軍為配合會社的廠房建設，對進入該會社服務的員工採取召集解除，或用指定臺灣窒素為軍事勤務所在地的變通方式，解決廠房人力短缺的問題。[118]

　　臺灣窒素在建廠所需的資材方面，1943 年時日本國內全部進行物資統制，臺灣方面則因工廠數目較少且沒有大宗消費者，舉凡鋼鐵、非鐵金屬、木材、纖維、紙和化學藥品等尚有存貨，自 1943 年年初至夏天為止，仍可自由購入。但 1944 年以後，重要物資開始減少，黑市交易也日漸活絡；此時臺灣總督府開始實施工業原料的配給制，臺灣窒素因為獲得陸軍和海軍的物資斡旋，仍能取得多數資材。[119]

　　到了建廠後期，臺灣窒素因部分設備和原料日漸欠缺，僅能採用日本國內的舊有設備或簡易的施工方式來因應。鍋爐、馬達、

變壓器等機械由旭絹織株式會社大津工場因停止運轉而閒置的設備所提供。水道的管線建設原本應使用鋼管，但因物資欠缺，僅能以薄鐵板捲曲替代；所需的乾燥器則以溫水管代替。火藥工場的石棉瓦因石棉不足，故以添加木棉球來因應。[120]

在竣工前夕，臺灣窒素就連製造火藥最重要的卡立特（Carlit，常用在土木作業中的工業用炸藥原料）都無法取得，後來運用母公司日本窒素在朝鮮投資的興南工廠，剩餘之 300 公噸生產卡立特所需的主原料過鹽素酸氨運抵臺灣，才解決原料供應的問題。最後又因為欠缺填藥機，工場要至 1944 年 8 月才進入運轉前的試車階段。[121]

值得注意的是，臺灣窒素籌備期間，臺灣總督府為配合農業增產，對其生產硫酸錏報以相當高的期待。但當會社決議轉為製造火藥時，臺灣總督府和陸海軍的態度起先顯得相當冷淡。究其原因，臺灣總督府支持臺灣窒素創辦是以農業為出發點，而且當時陸海軍的火藥存貨仍相當充足；後來因為戰事逆轉，臺灣總督府開始挖掘防空洞，導致大量火藥需求，陸海軍也需製造地雷用火藥。最終，臺灣窒素株式會社所需的卡立特，即是在陸海軍和臺灣總督府兩方支援下，至 1945 年 6 月還維持充沛的原料供應。[122]

至於在生產與軍需結合的部分，戰爭末期臺灣窒素開始運轉後，曾有將火藥裝入以陶器製造的手榴彈，送往菲律賓戰場的紀錄，由此顯見戰爭末期的物資缺乏。[123]

總的來說，臺灣窒素是在大東亞共榮圈地域自給自足的構圖下，以供應臺灣和南支南洋等地的硫酸錏為前提創辦。但伴隨戰時資源的欠缺，該會社僅能調整生產製品，最終在戰事緊迫的背景下成為軍需工業的一環，並在軍方支援下獲得充分的資材供應。從臺灣窒素的創辦與生產歷程來看，與日本國內和朝鮮較早設立的窒素工廠至戰爭末期，轉而投向軍需火藥生產，可說呈現相同的態勢；唯一的差別在於，會社在尚未進入硫酸錏生產的階段，即直接轉換為軍需製品生產，顯見戰時經濟生產設備轉換之特性。

四、小結

　　1942 年臺灣因本地多數的鐵工廠規模較小，加上臺灣尚未建立鋼鐵業，故經濟統制的實施方式有別於日本國內以產業別為出發點，而由機械和鐵工業聯合設立臺灣鐵工業統制會。當時，統制會充分發揮統制經濟下的主導角色；除了推動各項生產政策外，還竭力控制各項生產要素，以求精確估算生產成本與資源調派順暢。「國民徵用令」機制實施於統制會所屬工廠，可避免出現勞動力移轉之現象，確保人力穩定服務於既有的生產單位。從統制會於各地舉辦焊接技術講習會的活動可見，將新技術擴散至各廠商使用的期盼。從這段時期還能看到，統制會寄望將臺灣既有的機械業依規模分類，盼透過同業內轉包與分工的形式，創造出車輛與內燃機工業。

　　但臺灣受限於生產原料、設備與零件不足；最終，統制會僅能仰賴配給和發展代用物資來維持各項事業的運作。生產單位若要提升生產能力，所需的是設備投資；戰爭末期，臺灣來自日本的資本財供應瀕臨斷絕，況且本地的製造能力有限，固然無法提昇工廠的製造能力。也就是說，統制會雖然透過掌握各項生產要素的成本並制訂合理價格，但最終受限於原料和設備不足，導致規劃的機械業發展成效不如預期。

　　透過考察硫酸錏和兩所鋼鐵廠的設立可以了解臺灣朝向重化工業發展的路徑。這段時期的日本和臺灣均面臨資材與設備欠缺的狀況，故多採用舊有設備作為設廠時的生產財，建築工法也採行簡易的方式，有別於日治前期多採用新式設備的生產型態。再者，原本以生產民需肥料的硫酸錏工廠，因化學生產原理的共通性，最終轉而生產軍需的火藥，顯見戰爭末期軍事需求掛帥的局面。

　　總的來說，1940 年代臺灣經濟的機械部門朝向較高階的路經發展，或籌劃轉向鋼鐵與硫酸錏等重化工業前進，顯現出臺灣總督府在戰時經濟下，欲尋求臺灣經濟結構的轉型。但受限於原料與設備等條件不足，向重工業推進的策略亦伴隨日本敗戰而告終。

註釋

1 當時臺灣在造船業方面，臺灣船渠株式會社下屬三所工場加入日本國內的造船統制會；輕金屬方面，則有旭電化工業株式會社高雄工場、日本鋁株式會社高雄工場和花蓮工場、南日本化學株式會社高雄工場加入輕金屬統制會。花村仁八郎編，《統制会会員会社及工場名簿》（東京：重要産業協議会，1944），頁 3、259、177、344、491；宇坪善太郎，〈臺灣鐵工業の將來〉，《臺灣経済往来》第 12 年第 7 期（1943），頁 14-15。

2 廣野太吉（1887-1943），日本宮城縣人，1906 年任陸軍砲兵少尉，1935 年晉升陸軍少將，1938 年升任至陸軍中將，1941 年 10 月擔任臺灣鐵工業協會會長，1942 年擔任臺灣鐵工業統制會會長。《臺灣鐵工業統制會會報》第 1 卷第 6 期（1943 年 7 月），頁 6-7。

3 〈臺灣鐵工業統制會の設立と其經過並びに目的及事業概況〉，《臺灣鑛業會報》第 207 號（1943 年 1 月），頁 114-115。

4 《臺灣ニ於ケル鐵工業強化案》（1941 年 8 月），臺灣銀行所藏日治時期文書，識別號：T0868_01_06172_0205，中央研究院臺灣史研究所檔案館。

5 《臺灣ニ於ケル鐵工業強化案》（1941 年 8 月），臺灣銀行所藏日治時期文書，識別號：T0868_01_06172_0205，中央研究院臺灣史研究所檔案館。

6 《臺灣ニ於ケル鐵工業強化案》（1941 年 8 月），臺灣銀行所藏日治時期文書，識別號：T0868_01_06172_0205，中央研究院臺灣史研究所檔案館。

7 《臺灣ニ於ケル鐵工業強化案》（1941 年 8 月），臺灣銀行所藏日治時期文書，識別號：T0868_01_06172_0205，中央研究院臺灣史研究所檔案館。

8 《臺灣ニ於ケル鐵工業強化案》（1941 年 8 月），臺灣銀行所藏日治時期文書，識別號：T0868_01_06172_0205，中央研究院臺灣史研究所檔案館。

9 《臺灣ニ於ケル鐵工業強化案》（1941 年 8 月），臺灣銀行所藏日治時期文書，識別號：T0868_01_06172_0205，中央研究院臺灣史研究所檔案館。

10 《臺灣ニ於ケル鐵工業強化案》（1941 年 8 月），臺灣銀行所藏日治時期文書，識別號：T0868_01_06172_0205，中央研究院臺灣史研究所檔案館。

11 《臺灣ニ於ケル鐵工業強化案》（1941 年 8 月），臺灣銀行所藏日治時期文書，識別號：T0868_01_06172_0205，中央研究院臺灣史研究所檔案館。

12 《臺灣ニ於ケル鐵工業強化案》（1941 年 8 月），臺灣銀行所藏日治時期文書，識別號：T0868_01_06172_0205，中央研究院臺灣史研究所檔案館。

13 《臺灣ニ於ケル鐵工業強化案》（1941 年 8 月），臺灣銀行所藏日治時期文書，識別號：T0868_01_06172_0205，中央研究院臺灣史研究所檔案館。

14 〈臺灣鐵工業統制會の設立と其經過並びに目的及事業概況〉，《臺灣鑛業會報》第 207 號（1943 年 1 月），頁 116。

15 〈臺灣鐵工業統制會強化〉，《臺灣鑛業會報》第 225 號（1944 年 5 月），頁 100。

16 臺灣鐵工業統制會，《會員名簿》（1944 年 4 月 1 日）。

17 臺灣鐵工業統制會編，《統制会問答》（臺北：臺灣鐵工業統制會，1942），頁 4-6。

18 臺灣鐵工業統制會，《各種委員會委員幹事及參與名簿》（1943 年 8 月），頁 1、4、7、11、15、18、21、24、27。

19 臺灣鐵工業統制會，《各種委員會委員幹事及參與名簿》（1943 年 8 月），頁 15-17。

20 臺灣鐵工業統制會，《各種委員會委員幹事及參與名簿》（1943 年 8 月），頁 21-23。

21 〈臺經亞庶第 39 號　兵器類發注相成度照會〉，資料編號：C11110413000，亞洲歷史資料中心。

22 臺灣鐵工業統制會，《統制規程書類樣式記載注意》，頁 2、6、18-22。

23 臺灣鐵工業統制會，《統制規程書類樣式記載注意》，頁 40-42。

24 臺灣鐵工業統制會，《統制規程書類樣式記載注意》，頁 29-37。

25 臺灣鐵工業統制會，《第三回通常總會（昭和十九年度）》，頁 6-8。

26 臺灣鐵工業統制會，《第三回通常總會（昭和十九年度）》，頁 7。

27 臺灣鐵工業統制會，《第三回通常總會（昭和十九年度）》，頁 7。

28 臺灣鐵工業統制會，《第三回通常總會（昭和十九年度）》，頁 7。

29 臺灣鐵工業統制會，《第三回通常總會（昭和十九年度）》，頁 9-11。

30 臺灣鐵工業統制會，《第三回通常總會（昭和十九年度）》，頁 2。

31 臺灣鐵工業統制會，《第三回通常總會（昭和十九年度）》，頁 3。

32 武田晴人，《日本経済史》，頁 284-286。

33 《中央兵器株式會社臺北出張所清算狀況報告書》，財政部國有財產局檔案，檔號：045-010202-0043，國史館。

34 燃料懇談会編，《日本海軍燃料史（下）》（東京：株式会社原書房，1972），頁 910-911。第六海軍燃料廠史編集委員会編，《第六海軍燃料廠史》（東京：高橋武弘，1986），頁 33-34。

35 五十周年紀念誌編集委員会，《台北帝国大学工學部の五十年》（東京：台北帝大工学部の会，1993），頁 36、66。

36 第六海軍燃料廠史編輯委員会，《第六海軍燃料廠史》，頁 38-39；洪紹洋，《近代臺灣造船業的技術轉移與學習》，頁 67-69，

37 第六海軍燃料廠史編輯委員会編，《第六海軍燃料廠史》，頁 39。

38 東亞経済懇談会臺灣委員会，《東亞経済懇談会第一回報告書》（臺北：東亞経済懇談会臺灣委員会，1943），頁 69-70。

39 東亞経済懇談会臺灣委員会，《東亞経済懇談会第一回報告書》，頁 70-71。

40 臺灣銀行調查課，《臺灣金融経済月報》第 139 號（1941 年 6 月），頁 1。臺灣銀行調查課，《臺灣金融経済月報》第 139 號（1941 年 6 月），頁 5；臺灣銀行臺北調查部，《臺灣ニ於ケル主要工業会社調（昭和十七年末現在）》（臺北：臺灣銀行，1943），頁 4。

41 臺灣銀行調查部，《臺灣金融経済月報》第 156 號（1942 年 12 月），頁 18-19。

42 《臺灣農機具統制株式會社清算報告書》，財政部國有財產局檔案，檔號：045-010202-0557，國史館。

43 臺灣経済年報刊行会，《臺灣経済年報（昭和 19 年版）》（臺北：臺灣出版文化株式会社，1945），頁 182-184。

44 宇坪善太郎，〈臺灣鐵工業の將來〉，頁 10-12。

45 宇坪善太郎，〈臺灣鐵工業の將來〉，頁 12。

46 宇坪善太郎，〈臺灣鐵工業の將來〉，頁 13-14。

47 宇坪善太郎，〈臺灣鐵工業の將來〉，頁 13。

48 宇坪善太郎，〈臺灣鐵工業の將來〉，頁 13-14；いすゞ自動車株式会社いすゞ自動車史編纂委員会，《いすゞ自動車史》，頁 74。

49 臺灣経済年報刊行会，《臺灣経済年報（昭和 17 年版）》（東京：国際日本協会，1942），頁 655-656。

50 臺灣總督府殖產局編，《臺灣経済法令實施要綱》（臺北：臺灣總督府殖產局，1939），頁 1-2；臺灣總督府殖產局編，《臺灣経済法令集》（臺北：臺灣總督府殖產局，1939），

頁 10-19。

51 臺灣経済年報刊行会編，《臺灣経済年報（昭和 17 年版）》，頁 146-147。

52 田中偹，〈臺灣工業化と勞働力問題〉，臺灣總督府情報課編，《臺灣工業化の諸問題》（臺北：臺灣總督府情報課，1942），頁 27-53。

53 臺灣経済年報刊行会編，《臺灣経済年報（昭和 17 年版）》，頁 150。

54 田中偹，〈臺灣工業化と勞働力問題〉，頁 27-53。

55 田中偹，〈臺灣工業化と勞動力問題〉，頁 52-53。

56 臺灣経済年報刊行会，《臺灣経済年報（昭和 19 年版）》，頁 178-179。

57 臺灣總督府殖産局商工課編，《臺灣工業資料》（臺北：臺灣總督府殖産局商工課，1937），頁 59；臺灣總督府殖産局商工課，《臺灣の工業》（臺北：臺灣總督府殖産局商工課，1937），頁 65。

58 佐藤升，《増補新版―日本鉄鋼販売史》（大阪：株式会社共同工業新聞社，1978），頁 91-92；臺灣銀行調査部，《臺灣金融経済月報》第 152 號（1942 年 6 月），頁 12。

59 山口一夫，〈物資配給統制竝に配給機構〉，《總動員関係講座―第一輯》（臺北：臺灣時報發行所，1940），頁 108-111。

60 日滿商事株式會社為 1936 年，滿洲國和滿鐵共同成立的特殊會社，主要銷售鋼鐵和煤炭，也兼營商品進出口業務。

61 「回想の日滿商事」刊行会編，《回想の日滿商事》（東京：日滿会，1978），頁 738-740、785。

62 山口一夫，〈物資配給統制竝に配給機構〉，《總動員関係講座 - 第一輯》（臺北：臺灣時報發行所，1940），頁 111、148。「回想の日滿商事」刊行会編，《回想の日滿商事》（東京：日滿會，1978），頁 738-740、785。

63 「回想の日滿商事」刊行会編，《回想の日滿商事》，頁 112-113。

64 山口一夫，〈物資配給統制竝に配給機構〉，《總動員關係講座―第一輯》，頁 111、147。〈故鉄屑統制会社 二十五萬圓を以って設立〉，《臺灣日日新報》第二版（1938 年 9 月 16 日）。〈故鉄屑会社は五十萬圓株式　株式申込殺到で資本増額〉，《臺灣日日新報》第二版（1938 年 9 月 29 日）。

65 〈臺灣鋼材配給株式会社〉（1938 年 8 月）。〈臺灣鋼材配給株式会社定款〉。臺灣銀行調査部，《臺灣金融経済月報》第 104 號，（1938 年 7 月），頁 131。臺灣銀行調査部，《臺灣金融経済月報》第 105 號（1942 年 7 月），頁 18。

66 山口一夫，〈物資配給統制竝に配給機構〉，頁 112-119。

67 臺灣銀行調査課，《臺灣金融経済月報》第 109 號（1938 年 12 月），頁 14。

68 臺灣銀行調査部，《臺灣金融経済月報》第 119 號（1939 年 10 月），頁 28。

69 臺灣銀行調査部，《臺灣金融経済月報》第 151 號（1942 年 5 月），頁 13。

70 臺灣銀行調査部，《臺灣金融経済月報》第 152 號（1942 年 6 月），頁 12；臺灣銀行調査部，《臺灣金融経済月報》第 154 號（1942 年 8 月），頁 14；臺灣銀行調査部，《臺灣金融経済月報》第 152 號（1942 年 6 月），頁 12；臺灣銀行調査部，《臺灣金融経済月報》第 157 號（1942 年 11 月），頁 10。

71 臺灣経済年報刊行会，《臺灣経済年報（昭和 17 年版）》，頁 204-205；臺灣銀行調査部，《臺灣金融経済月報》第 170 號（1944 年 12 月），頁 16。

72 臺灣銀行調査部，《臺灣金融経済月報》173 號（1944 年 4 月），頁 9。臺灣銀行調査部，《臺灣金融経済月報》第 175 號（1944 年 6 月），頁 9。

73 堀切善雄，《日本鉄鋼史研究》（東京：早稲田大学出版部，1987），頁 1-2、頁 32、

158；臺灣省政府統計處編，《臺灣省行政紀要（國民政府年鑑臺灣省行政部分）》（臺北：臺灣省政府統計處，1946），頁 124。

74 臺灣省政府統計處編，《臺灣省行政紀要（國民政府年鑑臺灣省行政部分）》，頁 124。

75 臺灣經済年報刊行会，《臺灣経済年報（昭和 16 年版）》（東京：五十嵐隆，1941），頁 499。

76 臺灣省政府統計處編，《臺灣省行政紀要（國民政府年鑑臺灣省行政部分）》，頁 124。

77 大蔵省昭和財政史編輯室編，《昭和財政史第十五卷—旧外地財政（上）》（東京：東洋経済新報社，1960），頁 45；臺灣總督府，《臺灣統治概要》，頁 372。

78 楠井隆三，《戰時臺灣経済論》，頁 67-68；臺灣経済年報刊行会，《臺灣経済年報（昭和 16 年版）》，頁 486-487。

79 臺灣省政府統計處編，《臺灣省行政紀要（國民政府年鑑臺灣省行政部分）》，頁 124。

80 臺灣経済年報刊行会，《臺灣経済年報（昭和 19 年版）》，頁 186。

81 〈高雄製鉄所設立認可を申請〉，《臺灣日日新報》第 2 版（1942 年 8 月 15 日）；〈臺灣の製鐵鉄事業具體化‧着着進捗中なり 高雄製鉄‧六月までに操業開始〉，《臺灣日日新報》第 2 版（1943 年 3 月 4 日）。臺灣省政府統計處編，《臺灣省行政紀要（國民政府年鑑臺灣省行政部分）》，頁 124；臺灣總督府，《臺灣統治概要》，頁 371。

82 〈鉄工業愈愈本格化 臺灣重工業会社設立へ〉，《臺灣日日新報》第二版（1943 年 3 月 20 日）。

83 高禩瑾編，〈臺灣工礦股份有限公司鋼鐵機械分公司第四鋼鐵廠概況〉，《中國機械工程學會臺灣分會特刊：臺灣機械工業》（臺北：中國機械工程學會臺灣分會，1948），頁 96；臺灣總督府，《臺灣統治概要》，頁 371。

84 臺灣経済年報刊行会，《臺灣経済年報（昭和 16 年版）》，頁 518；臺灣總督府企画部編，《東亞共栄圈の要衝としての臺灣工業化計畫私案》（臺北：臺灣總督府，1942），頁 24-27。

85 臺灣経済年報刊行会，《臺灣経済年報（昭和 19 年版）》，頁 188-189；〈鉄工業愈愈本格化 臺灣重工業会社設立へ〉，《臺灣日日新報》第二版（1943 年 3 月 20 日）。

86 日本硫安工業協会日本硫安工業史編纂委員会，《日本硫安工業史》（東京：日本硫安工協会，1968），頁 50。

87 日本硫安工業協会日本硫安工業史編纂委員会，《日本硫安工業史》，頁 51。

88 日本硫安工業協会日本硫安工業史編纂委員会，《日本硫安工業史》，頁 69。

89 日本硫安工業協会日本硫安工業史編纂委員会，《日本硫安工業史》，頁 134；峰毅，《中國に継承された「満洲國」の産業》（東京：御茶の水書房，2009），頁 68。

90 日本硫安工業協会日本硫安工業史編纂委員会，《日本硫安工業史》，頁 181。

91 林蘭芳，《工業化的推手：日治時期臺灣的電力事業》，頁 472-473、頁 482-483、頁 485。

92 林蘭芳，《工業化的推手：日治時期臺灣的電力事業》，頁 472-473、頁 482-483。

93 湊照宏，《近代台湾の電力産業－植民地工業化と資本市場》，頁 109。

94 高淑媛，《臺灣化工史第一篇 臺灣近代化工業史（1860-1950）：技術與經驗的社會累積》（臺北：臺灣化學工程學會，2012），頁 203。

95 〈將來ニケル臺灣ノ工業〉（T0868_01_06120_1166），臺灣銀行所藏日治時期文書，中央研究院臺灣史研究所檔案館。

96 〈將來ニ於ケル臺灣ノ工業〉（T0868_01_06120_1166），臺灣銀行所藏日治時期文書，中央研究院臺灣史研究所檔案館。

97 近藤康男，《硫安》（東京：株式会社日本評論社，1950），頁 210-211。

98 寺崎隆治編，《長谷川清傳》（東京：長谷川清發行会，1972），頁 139、141。

99 〈本島ニ於ケル硫安工場設置關係資料〉（T0868_01_06045_0014），臺灣銀行所藏日治時期文書，中央研究院臺灣史研究所檔案館。

100 〈本島ニ於ケル硫安工場設置關係資料〉（T0868_01_06045_0014），臺灣銀行所藏日治時期文書，中央研究院臺灣史研究所檔案館。

101 〈本島ニ於ケル硫安工場設置關係資料〉（T0868_01_06045_0014），臺灣銀行所藏日治時期文書，中央研究院臺灣史研究所檔案館。

102 〈本島ニ於ケル硫安工場設置關係資料〉（T0868_01_06045_0014），臺灣銀行所藏日治時期文書，中央研究院臺灣史研究所檔案館。

103 〈本島ニ於ケル硫安工場設置關係資料〉（T0868_01_06045_0014），臺灣銀行所藏日治時期文書，中央研究院臺灣史研究所檔案館。

104 〈本島ニ於ケル硫安工場設置關係資料〉（T0868_01_06045_0014），臺灣銀行所藏日治時期文書，中央研究院臺灣史研究所檔案館。

105 〈本島ニ於ケル硫安工場設置關係資料〉（T0868_01_06045_0014），臺灣銀行所藏日治時期文書，中央研究院臺灣史研究所檔案館。

106 〈本島ニ於ケル硫安工場設置關係資料〉（T0868_01_06045_0014），臺灣銀行所藏日治時期文書，中央研究院臺灣史研究所檔案館。

107 〈本島ニ於ケル硫安工場設置關係資料〉（T0868_01_06045_0014），臺灣銀行所藏日治時期文書，中央研究院臺灣史研究所檔案館。

108 〈本島ニ於ケル硫安工場設置關係資料〉（T0868_01_06045_0014），臺灣銀行所藏日治時期文書，中央研究院臺灣史研究所檔案館。

109 〈本島ニ於ケル硫安工場設置關係資料〉（T0868_01_06045_0014），臺灣銀行所藏日治時期文書，中央研究院臺灣史研究所檔案館。

110 〈本島ニ於ケル硫安工場設置關係資料〉（T0868_01_06045_0014），臺灣銀行所藏日治時期文書，中央研究院臺灣史研究所檔案館。

111 〈本島ニ於ケル硫安工場設置關係資料〉（T0868_01_06045_0014），臺灣銀行所藏日治時期文書，中央研究院臺灣史研究所檔案館。

112 《本邦会社関係雑件／台湾ニ於ケル会社現状概要》，資料編號：B08061272000，亞洲歷史資料中心。

113 日本興業銀行調查部，《我國硫安工業の現況》（東京：日本興業銀行調查部，1942 年 12 月），頁 7。

114 涂照彥著、李明峻譯，《日本帝國主義下的臺灣》，頁 121。

115 橫田繁，〈台湾窒素の思い出〉，株式会社東京シンクサービス內「日本窒素史への証言」編輯委員会，《日本窒素史への証言　第二集》（東京：株式會社東京シンクサービス內「日本窒素史への証言」編輯委員会，1977），頁 27-28。

116 橫田繁，〈台湾窒素の思い出〉，株式会社東京シンクサービス內「日本窒素史への証言」編輯委員会，《日本窒素史への証言　第二集》，頁 27、29。

117 橫田繁，〈台湾窒素の思い出〉，株式会社東京シンクサービス內「日本窒素史への証言」編輯委員会，《日本窒素史への証言　第二集》，頁 28-29。

118 橫田繁，〈台湾窒素の思い出〉，株式会社東京シンクサービス內「日本窒素史への証言」編輯委員会，《日本窒素史への証言　第二集》，頁 30。

119 橫田繁，〈台湾窒素の思い出〉，株式会社東京シンクサービス內「日本窒素史への証言」編輯委員会，《日本窒素史への証言　第二集》，頁 32。

120 橫田繁,〈台湾窒素の思い出〉,株式会社東京シンクサービス內「日本窒素史への証言」編輯委員会,《日本窒素史への証言　第二集》,頁 28、33-34。

121 橫田繁,〈台湾窒素の思い出〉,株式会社東京シンクサービス內「日本窒素史への証言」編輯委員会,《日本窒素史への証言　第二集》,頁 28、33-34。

122 橫田繁,〈台湾窒素の思い出〉,株式会社東京シンクサービス內「日本窒素史への証言」編輯委員会,《日本窒素史への証言　第二集》,頁 34。

123 江上正夫,〈終戰後の臺灣窒素〉,株式会社東京シンクサービス內「日本窒素史への証言」編輯委員会,《日本窒素史への証言　第二集》,頁 45-47。

PART. TWO

第二篇
紡織業的萌芽

一、紡織業近代化的起始——以在地需求為前提的黃麻紡織

（一）地方的殖產興業——臺灣製麻會社之創設

　　二十世紀初期，臺灣的麻袋係由農民以手工縫製生產，但因供不應求，仍需從印度進口。依據 1904 年臺中州廳的調查，臺灣每年從印度進口高達 80 至 100 萬只麻袋，進口值超過 30 萬圓。另一方面，又因臺灣總督府推動機械製糖政策，砂糖產量增加，導致麻袋需求更趨急迫。在手工縫製麻袋產能有限的情況下，只得仰賴印度進口之麻袋，但卻又因而造成外匯收支負擔，於是在臺灣島內設立機械化生產麻袋的會社，成為眾所矚目的焦點。[1]

　　在設廠的資金籌措方面，因正逢臺灣總督府確立土地單一所有權，以公債補償給大租權持有者之際，當時政府祭出：公債持有人若以公債向銀行抵押借款，將給予較低的利率優惠，以鼓勵資金轉往工商業發展。於此背景下，臺中州即有地主以領取的大租補償金投資，並以林獻堂[2]為中心，由當地人士集資 20 萬圓，在 1905 年設立，以黃麻紡織為主的臺灣製麻會社。[3]

　　在原料取得上，臺灣製麻會社規劃，其所需黃麻有「從臺灣本地購買」與「從印度進口」兩條管道。雖然印度為世界最大的黃麻產地，但臺灣製麻會社認為，船運的進口成本較高，所以也積極從島內取得原料。最初，會社以前貸金的方式尋求特約農家

栽培黃麻，並以每年 300 甲為限。在實施上，會社每年提供農家每甲 30 至 50 圓的無息前金，鼓勵農家以黃麻栽培為副業，收成後由會社全數收購。[4]

另外，1906 年臺中的劉以專氏亦設立黃麻栽培組合，計劃在葫蘆墩、東勢角地方約 800 甲的土地上種植黃麻，俟收成後販賣給臺灣製麻會社。值得注意的是，該組合所需的資本均由製麻會社無息提供，並負擔事務所各項費用。在組合員方面，則由各區長和保正擔任，鼓勵各區內與保內農民參與。[5] 由此舉看來，臺灣製麻會社寄望透過與地方有力人士和基層治理單位合作，以較為單純的資金投入方式增加原料來源。從企業營運的角度而論，此點或能降低募集原料時的內部營運之人事成本。

經由上述討論可知悉，以近代化黃麻紡織生產為目標創設的臺灣製麻會社，試圖透過各種途徑，確保以較低廉的成本取得所需原料。然而，在同時期競爭作物的壓迫下，原料取得也成為 1920 年代面對的事業發展瓶頸之一，這是之後將陳述的重點之一。

（二）日本資本的進入——合併臺灣製麻會社

1905 年創辦的臺灣製麻會社生產的麻袋，因不足以供應臺灣所需，遂出現引進日本國內資本，以擴大生產規模之論。當時，作為製麻會社主要客戶之一的帝國製糖株式會社，社長山下秀實[6] 經大倉組引薦，與安田保善社取得聯繫，隨即派遣帝國製麻株式會社技師長坂本治郎[7] 來臺調查。[8] 之所以由大倉組扮演中介人的角色，或因該組經常承包運送日本國內資本財來臺銷售的管道，對日本與臺灣的事業狀況與發展需求，均有一定掌握。[9]

坂本氏在了解臺灣的原料、發電用水力、勞動成本等生產條件後認為，臺灣極具發展黃麻紡織的潛力，乃邀請安田保善社來臺投資。在安田保善社與設立臺灣製麻會社的發起人協調後，決議以安田保善社收購臺灣製麻會社的資產為基礎，並出資三分之一的資本額，設立臺灣製麻株式會社。[10]

1912 年 12 月 15 日，臺灣製麻株式會社設立於葫蘆墩社，當時以 50 圓為一股，共發行 4 萬股股票，資本額共 200 萬圓。其中，日本國內的 40 名股東共持有 26,070 股，臺灣方面的 222 名股東共持有 13,930 股。如表 1 所示，之中以安田財閥中的安田善三郎持有 13,050 股最高，臺灣人則以蔡蓮舫[11]的 2,100 股最高。人事安排上，社長與副社長分別由山下秀實與蔡蓮舫擔任。臺灣製麻株式會社成立後，臺灣製麻會社時期的臺灣人資本成為資金動員者，安田財閥則成為臺灣製麻株式會社的主要股東。[12] 從此脈絡來看，原本臺灣總督府扶植以大租權補償金策動臺灣人從事近代化事業的積累，最後在本身資金與規模有限的情況下，仍不敵日本國內財閥資本的兼併。

表 1 臺灣製麻株式會社改組成立主要股東（1913 年 3 月 31 日）

持股人	持有股數
安田善三郎	13,050
蔡蓮舫	2,100
林烈堂	2,006
安部幸之助	1,500
山口誠太郎	1,500
濱田寅吉	1,200
山下秀實	1,000
黃東茂	1,000
林獻堂	1,000
蔡惠如	1,000

資料來源：《臺灣製麻株式會社第壹回事業報告書》（自大正元年 12 月 16 日至大正 2 年 3 月 31 日）。

（三）原料供應與製品銷售

作為臺灣第一所黃麻紡織近代化工場的臺灣製麻株式會社，為島內黃麻原料最大的需求單位。但關於臺灣製麻株式會社使用的原料數量，因無法取得會社內部的精確數字，僅能退而求其次，

從日治時期臺灣總督府出版的《臺灣農業年報》之產量與進口量來初步了解。

　　在原料供應上，透過圖1可知，臺灣在年產高達數百萬斤黃麻之際，仍需從印度等地進口。究其原因在於，農民多生產粗麻與幼麻作為繩索、綑綁用絲、粗布織造的原料，品種有別於製麻工場所需的精洗麻。[13] 雖言臺灣至1917、1918年之際，共在臺中、南投、嘉義等地栽培470甲的黃麻，但仍不敷供應島內需求。[14] 為解決上述困境，臺灣製麻株式會社除了以栽培契約的方式取得原料外，[15]1919年底起，更自行在臺中廳下溪墘厝庄開墾土地、進行試種。[16] 然而，一戰結束後印度黃麻價格下跌，進口價竟低於臺灣島內生產之黃麻，該會社僅能以中止部分栽培契約作為因應之道。[17]

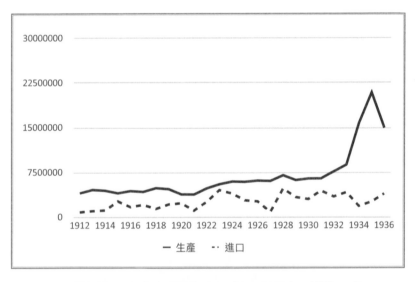

圖1 臺灣黃麻原料的生產與進口量（1912-1936）（單位：斤）

資料來源：臺灣總督府殖產局，《臺灣農業年報（大正10年）》（臺北：臺灣總督府殖產局，1922），頁79-133；臺灣總督府殖產局，《臺灣農業年報（昭和5年）》（臺北：臺灣總督府殖產局，1930），頁52；臺灣總督府殖產局，《臺灣農業年報（昭和14年）》（臺北：臺灣總督府殖產局，1939），頁54；臺灣省政府主計處，《臺灣貿易五十三年表》（臺北：臺灣省政府主計處，1954），頁230-231。

在原料生產上，種植黃麻的利潤經常低於耕種稻米和甘蔗，進而降低農民的栽植意願。依據 1930 年代初期臺南廳的資料顯示，在自作田種植黃麻的收益比其他作物低。經營陸稻小作田每甲所需支出為 120 圓；若以每甲可收成 5,000 斤、每千斤 50 圓的時價計算，收入共為 250 圓。收支相減後，種植陸稻的獲利為 130 圓。但以自作田栽培黃麻每甲支出需 230.02 圓，倘若每甲產出 3,000 斤粗麻，再以每千斤 80 圓的時價估算，收入為 240 圓。兩者相抵下，栽培黃麻僅有約 10 圓的利潤。[18]

除了競爭作物的原因，其發展亦受限於農民種植的黃麻多提供自家使用。在 1932 年臺灣黃麻的分配上，臺灣製麻株式會社購入約 50 萬斤、從臺灣移出至日本約 100 萬斤，農民自家使用約 520 至 530 萬斤，其餘則加工成繩索或疊的黃麻絲，移出到日本國內。從數量來看，顯見農民自家使用黃麻的占比偏高。再者，農民為滿足自家使用而栽培的幼麻，與臺灣製麻株式會社生產偏好的精洗麻不同。[19] 圖 1 所言之臺灣每年仍需從國外等地進口的現象，部分即為上述原因造成。

在臺灣生產黃麻數量有限之際，臺灣製麻株式會社多仰賴從印度進口原料，但價格主要受到當地價格和船舶運費而波動。[20] 其中，1916 至 1917 年因印度將黃麻視為軍需品而提高出口稅，加上戰時船舶不足提升運費，臺灣製麻株式會社因不堪成本負荷，轉而從中國進口原料。[21] 又，臺灣農民常栽種的幼麻種在採纖過程中常含有大量膠質，致使工場生產過程中需耗費較高的精煉成本；加上纖維長短不一，影響採纖比率，反倒是從印度與中國進口的黃麻品質較為穩定。[22]

經由表 2 的解讀能夠理解，臺灣製麻株式會社的黃麻原料由臺灣本地提供者，從 1917 至 1918 年的年產 195 萬斤，至 1933 年僅剩 90 萬斤，或與臺灣在 1920 年代稻米盛產相關。至於從印度進口的黃麻，則從 1917 至 1918 年的 170 萬斤，成長到 1923 至 1924 年的 430 萬斤，成為製麻會社的主要原料供應地；但 1933 年的印度進口量降至 310 萬斤，應與日圓貶值的經濟背景有關。

表 2 臺灣製麻株式會社所需黃麻原料來源 （單位：萬斤）

年份	印度	中國	臺灣本地	總計
1917-1918	170	35	195	400
1923-1924	430	20	150	600
1933	310	50	90	450

資料來源：臺灣總督府殖產局商工課，《熱帶產業調查書上（1）工業ニ関スル事項》，頁 169-170。

雖然臺灣從事黃麻的栽種，因競爭作物與農家經營習慣導致不利情勢，但 1930 年代起，卻因高橋財政與日本國內農村問題，促使黃麻在臺栽植呈現成長的態勢。首先，1931 年九一八事變爆發後，犬養毅內閣的大藏大臣高橋是清為促使日本脫離經濟大恐慌後的蕭條，採取擴張性支出、低利率、日圓貶值等政策，以營造出有利日本出口的背景。[23] 日圓貶值雖然導致臺灣製麻會社生產的麻袋比舶來品便宜，但黃麻原料的進口成本也因匯率變化而提升。[24]

其次，日本在經濟不景氣之際，為維護國內農民的產出銷路，提出了限制將臺灣稻米售至日本的構想。為此，日本政府在 1933 與 1934 年相繼提出《米穀統制法》、《臨時米穀移入調節法》等法規，抑制臺灣稻米生產。這使得臺灣的米價開始下跌。[25] 臺灣總督府為避免農民受到過大波及，在 1934 年 1 月召開「全島代作獎勵會議」，將部分種植稻米的農地改種其他作物，黃麻即是在前述進口成本攀升的背景下，被列為獎勵增產作物。[26] 再者，臺南州頒布黃麻栽培計畫時，臺灣製麻株式會社宣告終止購入幼麻，力圖改變農民的種植習慣。[27] 透過圖 1 的解讀，除了 1936 年黃麻因為受到米價回升的影響而減產外，1934 年後的生產均呈現成長趨勢。

至於銷售方面，臺灣製麻株式會社的產品除了供應臺灣島內市場外，還將麻布和麻絲銷售至日本國內。另一方面，1916 年起，臺灣因日本國內向中國大陸銷售的米量增加，麻袋出口銷售量也隨之增加。[28] 透過表 3 的解讀可知，至中日戰爭爆發前，臺灣製麻

株式會社生產的麻袋仍不敷供應臺灣島內所需，故臺灣仍從日本國內或印度、關東州等地進口。[29]

表3 臺灣麻袋的生產和移輸入狀態（單位：個）

年份	生產	輸入	移入	合計
1930	1,732,828	6,923,810	1,112,351	9,768,989
1931	2,520,190	6,187,000	3,566,970	12,274,160
1932	2,776,320	4,722,100	5,067,134	12,565,554
1933	2,934,935	7,003,450	4,913,115	14,851,500
1934	2,930,994	8,664,000	5,808,436	17,403,439
1935	3,208,238	8,625,550	5,010,850	16,844,638
1936	5,378,621	8,067,489	4,181,100	17,627,210

資料來源：臺灣總督府官房調查課編，《臺灣資源》1（3）（1937年10月），（臺北：臺灣總督府官房調查課，1937），頁45。

值得注意的是，伴隨1920年代蓬萊米成功研發、銷往日本後，1930年臺灣製麻株式會社與小泉製麻、大阪製麻、東洋麻絲紡織、滿洲製麻株式會社達成生產100斤用米袋的統一規格，並在1931年，獲得臺灣總督府同意後開始販賣。爾後，五間會社又提出設立製麻組合，以共同販賣的方式直接賣給各州的販賣組合。[30]1930年代初期經濟蕭條之際，五間製麻會社因為共同販賣之舉，透過彼此協議產品定價，或能迴避同業間的價格競爭來確保利潤。

過去，平井健介以貿易流通的角度探討臺灣裝載米糖的包裝袋進口，進而指陳，臺灣在本地包裝袋生產不足的情況下，從亞洲各地進口以供應所需。平井氏的論文主要著重在包裝袋的流通層面；但若回歸到原料與生產面的討論，檢討殖民地的經濟開發策略，將更能闡述黃麻種植在農民有限耕地下的種植選擇與慣習，成為產出無法持續成長的重要原因之一。其次，1930年代中期以前，政府並未如扶植製糖業般，給予豐厚的獎助並制訂原料區的制度，因而不利於生產者取得原料、降低購買成本。大致上，伴

隨米糖生產而衍生的米袋和糖袋需求，進而出現的黃麻紡織，或可視為殖民地工業化的第二輪事業。但作為農業初級加工的黃麻紡織，在本地原料不足的情形下，呈現與國際進口原料有所連結的現象。這一點與機械製糖等典型殖民地經濟作物，將在地農產品初步加工後，移、輸出的型態有所差異。

（四）臺灣製麻株式會社財務分析

經由以下圖 2 與圖 3 的解讀可知悉，臺灣製麻株式會社的財務在 1918 年上半期的配息高達 25%，原因應為受到第一次世界大戰時期，麻布袋進口減少的影響。值得注意的是，1912 年臺灣製麻株式會社改組成立時，原先計劃安裝 100 臺織機，但初期僅先購入半數；直到一次大戰帶動麻袋需求增加的契機，會社才購入最初規劃的另外 50 臺織機。[31]

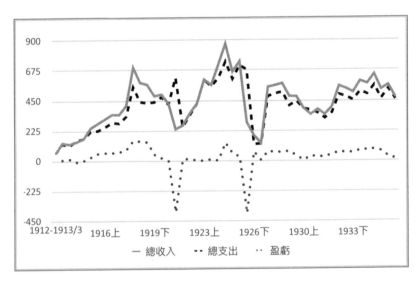

圖 2 臺灣製麻收益情形（單位：千圓）

資料來源：《豐原廠四十年之回顧（臺灣製麻株式會社を語る）》（臺中：出版單位不詳，1946），頁 65-68。

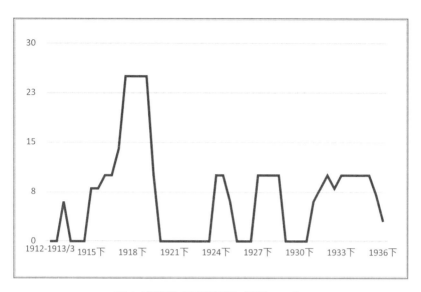

圖 3 臺灣製麻配息狀況（單位：%）

資料來源：《豐原廠四十年之回顧（臺灣製麻株式會社を語る）》，頁 65-68。

　　打從一戰起，臺灣製麻株式會社就開始進行設備擴充等各項擴廠計畫，但戰後浮現的景氣蕭條卻使得 1920 年下半期與 1921 年上半期呈現虧損，而且 1920 年下半期起至 1924 年上半期，會社均停止配息。縱使 1924 年下半期起，會社重新提供配息，似出現了業務回復的跡象；但 1926 年 5 月 22 日工場發生大火，除了原動機、機械室、倉庫外均化為烏有。[32] 大致上，大火雖然造成廠房建築物、機械 108 臺、半成品的損失，但因與東京、明治、橫濱、共同等四家火災保險會社簽訂保險契約，進而獲得了 23 萬 4,524.84 圓的補償金。[33]

　　臺灣製麻株式會社雖然因為火災而停產，僅能委託日本國內的同業生產帆布和絲類，再銷售給島內各製糖會社等客戶，但 1927 年仍處於委外生產的時期，會社仍獲得 3,662.17 圓的收益。[34]

　　部分股東針對廠房大火造成資產損失，認為可以考慮解散會社，但會社的經營層卻認為，會社製品在臺灣仍具有銷售潛力，

而且貿然解散對來臺投資的安田財閥來說，也有誠信問題；若解散會社或轉由他人經營，同為大股東的安田財閥旗下之帝國製麻株式會社便可能不再提供各項援助。經過種種考量後，1926 年 11 月臺灣製麻株式會社決定重新從英國購入生產機械，安田信託株式會社也提供 40 萬圓借款，使的 1927 年 9 月得以完成重建工程。[35]

綜觀此次火災，共造成廠房、機械、原料、成品等共 39 萬 4,463.36 圓的損失；但扣除法定積定金 9,000 圓，機械建物滅失損害積立金（公積金）6,000 圓，前期滾存金共 10,546.11 圓，仍欠 36 萬 8,917.20 圓。因火災造成的資產損失，在 1927 年上半期以資本額的三成 60 萬圓與同年 3 月農場處分利得的 6 萬 5,931.21 圓來填補。亦即，會社資本額減少為 140 萬圓。[36]

臺灣製麻株式會社在廠房復舊工程完成後，除了延續由米糖經濟的殖民地農業創造的市場需求外，還因 1920 年蓬萊米增產後帶來稻米增產，促使會社營運又得以創造盈餘（圖 2），並獲得配息（圖 3）。

臺灣製麻株式會社常態性的高盈餘與配息，與殖民地米糖經濟發展下的包裝袋需求有關。虧損的原因除了工場遭受祝融外，亦與進口商品傾銷和景氣蕭條的國際要因有密切關係。縱使本地生產所需的原料不足以供應工廠生產，但仍能透過進口原料的途徑達成獲利，或因而顯現出，殖民地農工產品麻袋銷售依附在稻米、製糖下，成為其穩定獲利的要因之一。

總的來說，原本以大租權公債為基礎來積累近代化資本的臺灣人，在引進日本資本後，如同多數會社一樣，成為資金動員的對象。以往論述常言，臺灣總督府動員日本人資本興辦各項事業，使得臺灣人的資本積累呈後退的現象；經由本事例的討論可知，日本資本在殖民地臺灣從事垂直性的投資與經營，同樣不利於臺灣人的資本積累。從市場層面來看，因應殖民地稻米與甘蔗等作物的興盛，促使會社生產的麻袋得以確保銷售管道。就資金層面而論，因日本國內的安田財閥為主要股東，促使 1926 年會社於祝融後的重建能直接由安田系的金融機構給予資金奧援，而非由殖

民地的金融機關給予扶助。就此點而言或顯現出，日本內地財閥資本投資的事業，在資金上，亦透過由同族經營的金融機關提供融資，降低在財務面，從屬於殖民地政府及其下屬金融機關的特性。

二、一戰景氣與苧麻紡織的出現

（一）日本資本流入——臺灣紡織株式會社的創辦

前述黃麻紡織奠基於殖民地米糖經濟的特質而開展，但就民生用布的生產與需求構造而論，除了棉布之外，農村衣料多使用價格較低的苧麻布。棉布主要由日本國內供應，苧麻布則從中國華南進口。[37]臺灣民間使用苧麻布的習慣應源於清國時期；由於本地欠缺布料的生產，故仰賴華南地區提供苧麻布。[38]在一次世界大戰景氣繁榮的契機下，於臺灣設立苧麻事業投資亦成為不少資本家的目標。

當時臺灣除了對棉布的需求外，農村衣料多使用價格較低的苧麻布，但因臺灣欠缺近代化的苧麻紡織工廠，所需苧麻布幾乎全由中國供應。直到一戰景氣趨於繁榮，伊藤忠兵衛計劃在臺灣創辦資本額 200 萬圓規模的苧麻栽培、原料購入、販賣與製絲事業；在臺灣的赤司初太郎亦規劃創辦有 3,000 甲麻園的紡績工場；再者，鐘淵紡績、東洋苧麻、富士苧麻會社均從事同樣目的的調查。上述現象應為一次大戰時期出現的企業創設熱潮，並在多方協調下準備集資成立臺灣紡織株式會社。[39]

1918 年 12 月 11 日創於大阪商工會議的臺灣紡織株式會社，主要由日本國內資本家集資創辦，最初發行的六萬股股票由 115 名股東持有。如表 4 所示，股份持有者以大阪方面的紡織資本為主，但在臺的日本資本家與臺灣本地資產業亦參與股份投資。透過表 5 可知，該會社三分之二的股份由日本國內的投資者認購。

表 4 臺灣紡織株式會社創社時持有一千股以上股東

持有股份數	人名	人數
3,000 股	大阪：範多竜太郎、河崎助太郎、加島安治郎、山岡順太郎、矢野慶太郎、喜多又蔵 東京：和田豐治、藤山雷太 臺灣：林熊徵、赤司初太郎、後宮信太郎	11 人
2,000 股	大阪：日本棉花株式會社（代表：喜多又蔵）	1 人
1,550 股	臺灣：赤司大介	1 人
1,000 股	東京：明渡知瑜太郎 兵庫：曾根藤九郎 臺灣：林獻堂、小松海藏、加藤信平	5 人

資料來源：《臺灣紡織株式會社第一期營業報告書》（1918 年 12 月 11 日至 1919 年 5 月 31 日），頁 14-16。

表 5 臺灣紡織株式會社股權來源

地域	股數	備註
日本	40,050	
臺灣	19,950	臺灣人：6,000 股 日本人：13,350 股
合計	60,000	

資料來源：《臺灣紡織株式會社第一期營業報告書》（1918 年 12 月 11 日至 1919 年 5 月 31 日），頁 14-16。

1918 年 12 月 11 日，臺灣紡織株式會社的取締役會議選出喜多又蔵[40]擔任社長，曾根藤九郎擔任支配人（經理）。營運規劃上，最初預定同時生產棉紗、棉布、苧麻絲等三類臺灣未以機械大量生產的紡織製品。在實施方面，臺灣紡織株式會社原計劃先購入機械，展開較為容易的織布事業，但因鐵材成本較高且無法立即取得設備，於是會社認為，不如先以臺灣的苧麻為原料生產苧麻絲，故停止棉紡織織布工場的設計。[41]

在確認以生產苧麻絲為營運重心後，1919 年 7 月臺灣紡織株式會社向英國グリンウッド（Greenwood）會社購入 3,000 錘紡績機械。[42]之後在 1920 年 3 月，又向英國該會社增購 2,500 錘紡績機械。[43]

為確保穩定取得原料，會社在嘉義廳下坑庄收購原本由藤倉合名會社經營的農園，另外在埔尾岩仔開闢苧麻苗圃，以及番仔路內甕轆仔腳提供贌耕。此外，會社也對埔里社方面提供農民栽培苧麻的資金放貸。[44] 然而，在工廠未正式竣工前的 1921 年 6 月 27 日，臺灣紡織株式會社卻併入生產重心位於中國大陸的日華紡織株式會社，成為公司組織中的臺灣苧麻工場。[45]

（二）日華紡織株式會社臺灣苧麻工場

　　位於上海的日華紡織株式會社，是 1918 年 7 月 19 日由河崎助太郎擔任創設委員長，和田豐治擔任發起人，在購買美國資本（上海インター ナショナル コットン マニフクチュアリング コンパニー リミテッド）（International Cotton Manufacturing Company, Limited）的動產和不動產後成立。[46] 值得注意的是，日華紡織株式會社是由日本棉花株式會社與伊藤忠合名會社為主體創設，並由和田豐治和喜多又藏共同擔任取締役。在會社的股份持有上，喜多又藏、河崎助太郎、和田豐治均為公司主要股東。[47] 可見其會社的主要構成分子與臺灣紡織株式會社高度重複。

　　從在臺灣的紡織會社併入上海的日華紡織株式會社這點看來或顯現出，大阪紡織業群體在日本以外輸出資本的過程中，得以適時調整組織，因應一戰結束後的經濟變化。

　　臺灣紡織株式會社在併入日華紡織株式會社、成為臺灣苧麻工場後，已有 6 臺精紡機開始運作，並持續進行建置廠房。[48]1921年年底開始訓練員工的同時，也開始進行製作與織造樣本，共生產苧麻絲 1,692 捆（按：1 捆 =10 磅）。[49] 如表 6 所示，1929 年下半期日華紡織株式會社的各項紡織設備中，僅有臺灣工場從事苧麻事業，位於中國大陸的各工場均從事棉紡紗與紡織。這點或顯現出，當時日本國內紡織資本在臺灣的投資型態有別於其他地域的特色。

表 6 1929 年日華紡織株式會社紡織設備

工廠	設備
浦東工場棉紡機	52,256 錠
浦東工場紡織機	500 台
曹家渡工場棉糸紡機	55,552 錠
臺灣工場苧麻紡機	5,100 錠
臺灣工場撚糸機	1,048 錠
喜和工場棉糸紡機	25,440 錠
華豐工場棉糸紡機	25,440 錠

資料來源：《日華紡織株式會社第二十三回報告書》（1929 年 6 月至 1929 年 11 月），頁 12。

　　值得注意的是，當時日華紡織株式會社臺灣苧麻工場的製品，多銷售至日本國內與朝鮮等地，臺灣民間所需的苧麻布反倒由中國華南為主的地域供應。其背後原因除了價格因素，尚與延續自清領以來民間多使用苧麻布的習慣有關。[50] 另一方面，經由圖 4 和圖 5 的解讀可知，臺灣所產的苧麻纖維多作為移出和輸出之用。輸出的銷售地域主要為日本與中國大陸。在臺灣並未盛產苧麻布的前提下，苧麻纖維多經由戎克船，銷售到華南的廈門、溫州、福州、泉州、興化、汕頭等地進行手工織造，變成苧麻布或苧麻棉布後，再將成品銷售回臺灣，形成互補的型態。[51]

　　然而，1920 年代後期，因臺灣島內的日華紡織株式會社臺灣工場對苧麻纖維原料的需求增加，使其出口額度減少；1931 年又因中國抵制日貨、高關稅、匯率等因素，苧麻纖維出口到中國的數量再度降低。[52] 臺灣一方面將苧麻纖維出口至中國華南，也從中國進口苧麻纖維原料；[53] 這是由於臺灣經常種植的苧麻品種其外皮含有較多膠質，需花費較多時間與勞動成本，但自中國進口的苧麻則可免去上述成本。[54] 依據記載，1932 年日華紡織株式會社臺灣工場使用的 54 萬斤苧麻纖維原料中，約三分之一來自中國漢口，這些來自中國的原料係由大阪出張所購買後，再移入臺灣使用。[55]

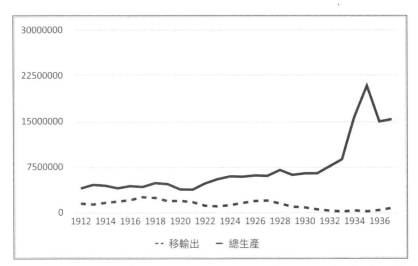

圖 4 臺灣苧麻生產量與苧麻纖維之移輸出量（1912-1937）（單位: 斤）

資料來源：臺灣總督府殖產局，《臺灣農業年報（大正 10 年）》，頁 7；臺灣總督府殖產局，《臺灣農業年報（昭和 5 年）》，頁 52；臺灣總督府殖產局，《臺灣農業年報（昭和 14 年）》，頁 54；臺灣省政府主計處，《臺灣貿易五十三年表》，頁 230-231。

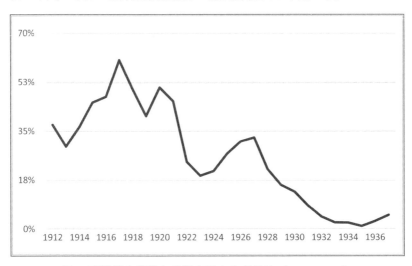

圖 5 臺灣苧麻纖維之移輸出量占生產量比（1912-1937）

資料來源：臺灣總督府殖產局，《臺灣農業年報（大正 10 年）》，頁 7；臺灣總督府殖產局，《臺灣農業年報（昭和 5 年）》，頁 52；臺灣總督府殖產局，《臺灣農業年報（昭和 14 年）》，頁 54；臺灣省政府主計處，《臺灣貿易五十三年表》，頁 230-231。

日華紡織臺灣苧麻工場的生產，未與臺灣本地市場的需求產生緊密連結，原因或可從日本國內對苧麻絲的用途與本地織布業者規模較小等方面進行分析。首先，苧麻纖維有較強的抗張力，而且在水中有沉降性、防腐性與快乾性等特性，日本國內多將苧麻絲用於製作漁網的材料。[56] 日華紡織或基於日本國內廣大的漁業市場，故選擇將臺灣苧麻工場的成品銷售回日本本土。同樣依據1932 年的資料可知悉，產品銷售至日本國內的石川、新潟、滋賀、福井等各縣，主要作為上等布料和漁網用絲，而銷售至朝鮮者，主要染成白色和黃色，作為朝鮮服裝用絲，至於屑絲和包裝用絲則在島內使用。[57]

　　戰前，臺灣或因織布工場為數不多，致使該工場生產的苧麻絲較難取得大量的下游訂單業務，成為日華紡織未將臺灣視為主要市場的可能原因之一。再者，清朝以來臺灣民間所需的苧麻布即由中國華南供應，並在日治時期獲得延續。[58]

　　由於臺灣民間多習慣使用中國製造的苧麻布，加上本地市場規模有限，或許導致日華紡織未進一步將在臺事業擴展至織布事業，亦未以臺灣為市場生產苧麻布，而是將產製的苧麻絲銷售到日本國內和朝鮮等地。經表 7 可知悉，1931 至 1934 年日華紡織株式會社臺灣工場所產之苧麻絲與苧麻布，分別銷售至日本、朝鮮與中國。透過表 8 則能發現，中國大陸也將所產的苧麻布與苧麻棉布銷售至臺灣。也就是說，臺灣出口苧麻絲與苧麻布到日本帝國與中國的同時，也從中國進口苧麻布和苧麻棉布，此一現象的形成應與產品品質及地域圈市場的構成有關。

　　稍詳言之，從中國進口的苧麻布與苧麻棉布是透過家內工業方法織造的產品，品質較低，故臺灣島內的需求群體應有別於近代化生產的產品。另外，以日本國內資本為主、生產場域集中在上海的日華紡織株式會社，從原料調度到商品銷售的流通層面，比以臺灣本島為主的企業還要靈活。一次大戰期間，以供應臺灣市場為主設立的臺灣紡織株式會社，到了 1920 年代調整其營運策略，成為日本帝國苧麻製品的加工基地之一。臺灣紡織株式會社

之所以得以靈活調整為日華紡織臺灣苧麻工場，原因或許在於，主要投資者在日本以外的地域尚有投資，故能調整組織，維持製品的市場需求，不致局限於臺灣島內。

表 7 日華紡織株式會社臺灣工場所產苧麻糸和苧麻布之移出與輸出量
（1931-1934）

年份	苧麻絲	苧麻布	
	移出（斤）	移出（碼）	輸出（碼）
1931	240,126	151,500	-
1932	255,495	118,790	6,000
1933	368,474	126,290	14,957
1934	410,322	147,030	26,406

資料來源：帝国纖維株式会社，《臺灣之麻と當社の事業概況（黃麻部門を除く）》（1946），苧麻篇，頁 20。

表 8 中國銷往臺灣之苧麻布和苧麻棉布（單位：碼）

年份	苧麻布	苧麻棉布
1924	1,235,649	381,066
1925	1,705,763	295,291
1926	1,560,578	295,291
1927	1,003,428	181,594
1928	1,242,842	143,816
1929	1,558,316	139,400
1930	1,086,956	107,235
1931	1,135,860	105,447
1932	923,307	56,781
1933	630,100	23,643
1934	464,672	20,797

資料來源：帝国纖維株式会社，《臺灣之麻と當社の事業概況（黃麻部門を除く）》（1946），苧麻篇，頁 20-21。

三、小結

　　從戰前臺灣產業史的角度來看，同樣作為初期加工業的機械製糖業，係基於日本國內的需求而引進日本國內的資本投資，然後由臺灣總督府從上而下地推動。本章關注的黃麻紡織，最初由地方官員勸誘在地臺灣人，以大租權補償金投入發展，爾後在營運規模受阻礙時，才由安田財閥入主，成為以往皆知的日本資本經營臺灣近代化事業的概念。近代化苧麻紡織事業的建立，係在一次大戰經濟榮景下的投資，與在地政府的支援與連結較少。從殖民地經濟的產業發展來看，麻紡織在原料取得與國際市場方面有高度連結，有別於同為初級加工業的機械製糖業，是運用在地原料進行生產。

　　從資源生產面的角度來看，米糖相剋顯現出，農民如何在有限的耕地下選擇有利於自己收益的作物。本研究跳脫以往的米糖經濟研究，考察麻紡織工業的生產與原料面向。在以黃麻紡織為中心的紡織業近代化過程中，臺灣製麻株式會社最初以在地原料為構想。臺灣以稻米和甘蔗為主要作物，農民在選擇種植獲利較高的作物之際，黃麻常被排除在外。當島內黃麻的產出不足以供應全島市場之時，轉而從海外購入。生產者得以就本地栽培與黃麻的進口間，選擇用成本較低的原料來生產。但從經營史的角度出發則可見，會社不論使用在地或進口原料，均能在本地有高度市場需求之際達到獲利。

　　至於苧麻紡織的原料供應、成品流通等層面，或能從日本帝國與中國之間的流通體系來剖析。首先，苧麻紡織工廠因對原料品質的要求較高，故部分仰賴中國提供，所產的苧麻絲則透過帝國的流通網絡，銷售至日本國內與朝鮮。其次，或因本地織布業者規模薄弱，以及過去即存在中國進口的苧麻布、苧麻紡織工場，幾乎將臺灣市場排除在商業經營之外，故臺灣可視為帝國發展苧麻事業加工基地的一環。至於臺灣所產的部分苧麻原料，亦銷售至中國華南作為當地發展家內工業織造的原料，並將所織造的苧

麻布銷售回臺，顯現出當時臺灣與華南間的「原料－商品」分工關係。

　　經由本章討論的麻紡織近代化，尚可進一步對 1910 至 1920 年代既有的企業史研究成果進行整體的簡要討論，釐清產業發展與殖民地金融的聯繫關係。大致上，同樣出現於一戰景氣中的造船與機械產業近代化，與苧麻業的出現均為資本家自發性的投資行為，而且是在日本國內企業資金過剩之際移轉至殖民地投資，或是在臺日資著眼於臺灣市場而設立。但因殖民地市場與企業資金的規模有限，加上 1920 年代經濟蕭條的背景，當這些以臺灣市場為主的工業經營陷入困難，僅能仰賴臺灣銀行以入股的方式吸收債務時，便導致臺灣總督府對企業的影響力漸次增加。[59] 反觀日本國內財閥或紡織資本投資的麻紡織，其中，支配黃麻紡織的安田財閥在日本國內設有金融資本，投資苧麻紡織業的大阪資本家在朝鮮與中國均有投資事業。這兩間麻紡織企業在資金調度與事業營運上，多仰賴集團內部支援，經營的自主性較高，與造船和機械業仰賴臺灣總督府奧援的樣態不同。但不容否認的是，不論本文關注的苧麻或第二章介紹的臺灣鐵工所，均可視為在一戰景氣下出現的過度樂觀投資。

註釋

1 《豐原廠四十年之回顧（臺灣製麻株式會社を語る）》（臺中：出版單位不詳，1946），頁1。

2 林獻堂（1881-1956），臺中霧峰人。曾任霧峰參事、區長。1919年加入新民會，並任會長。1921年10月17日文化協會成立後擔任總理，以後成為臺灣民眾黨顧問，並組織臺灣地方自治聯盟。戰後先任臺灣省參議會議員，後又任參政員、臺灣省政府委員、臺灣省通志館館長與臺灣省文獻會主任委員，而且任職彰化銀行董事長。1949年9月23日前往日本後，於日本過世。〈記主：林獻堂〉，臺灣日記知識庫。

3 《豐原廠四十年之回顧（臺灣製麻株式會社を語る）》，頁2；〈臺灣製麻會社株主總會〉，《臺灣日日新報》第4版（1905年9月21日）。

4 〈製麻會社の黃麻買收〉，《臺灣日日新報》第四版（1905年12月30日）。

5 〈臺中黃麻栽培組合〉，《臺灣日日新報》第四版（1906年1月28日）。

6 山下秀實（1847-1930），日本鹿兒島縣人，軍人出身，曾任大阪府警部長。1896年創辦《臺灣新報》、1898年創設驛傳社，為日治初期在臺日人之有力人士，曾任商工銀行首任頭取、帝國製糖株式會社重役、臺灣貯蓄銀行取締役等。〈田健治郎日記〉（1920年3月29日），臺灣日記知識庫。

7 坂本治郎（1967-?），日本岡山縣人，畢業於東京帝國大學工科大學機械學科。曾任職於群馬縣三越紡績所囑託、大阪朝日紡績會社工務長、鐘淵紡績會社技師、日本纖維株式會社技師長、日本製麻會社技師長、北海道製麻株式會社取締役、帝國製麻株式會社常務取締役兼工務部長、臺灣製麻及奉天製麻株式會社重役等職。〈田健治郎日記〉（1922年9月8日），臺灣日記知識庫。

8 《豐原廠四十年之回顧（臺灣製麻株式會社を語る）》，頁5。

9 關於大倉組在臺的活動，可參見鍾淑敏，〈政商與日治時期東臺灣的開發—以賀田金三郎為中心的考察〉，《臺灣史研究》第11卷第1期（2004年6月），頁79-116。

10 《豐原廠四十年之回顧（臺灣製麻株式會社を語る）》，頁6。

11 蔡蓮舫（1875-1936），臺中清水人，1888年為清代秀才，1896年任大肚上堡大總理兼攝保良局長，1903年奉命為臨時臺灣土地調查會高等委員、臺中廳農會常設議員。1908年擔任東洋協會臺灣支部評議員、臺灣製麻株式會社社長，1909年擔任臺中製糖會社專務取締役、牛罵頭輕鐵會社取締役。1912年擔任彰化銀行監查役，1921年擔任臺中州協議會員，1922年擔任大全興業株式會社社長。〈灌園先生日記〉（1945年10月14日），臺灣日記知識庫。

12 《臺灣製麻株式會社第壹回事業報告書》（自大正元年12月16日至大正2年3月31日），頁1、8。

13 〈台湾に於ける纖維工業の現状〉，臺灣銀行調查部，《臺灣金融經濟月報》第152號（1942年6月），頁17。

14 《臺灣製麻株式會社第拾回事業報告書》（自大正6年4月1日至大正6年9月30日），頁2-3。

15 《臺灣製麻株式會社第拾四回事業報告書》（自大正8年4月1日至大正8年9月30日），頁3。

16 《臺灣製麻株式會社第拾五回事業報告書》（自大正8年10月1日至大正9年3月31日），頁2。

17 《臺灣製麻株式會社第拾七回事業報告書》（自大正9年10月1日至大正10年3月31日），頁2-3。

18 田中重雄，《臺灣の植物纖維利用を強調する—時局に即した国際貸借の改善に直面し—附：臺灣に於ける纖維工業の現狀と將來》（臺北：加藤豐吉，1933），頁7-8。

19 田中重雄，《臺灣の植物纖維利用を強調す―時局に即した国際貸借の改善に直面し―附：臺灣に於ける纖維工業の現狀と將來》，頁7。

20 《臺灣製麻株式會社第六回事業報告書》（自大正4年4月1日至大正4年9月30日），頁2。

21 《臺灣製麻株式會社第九回事業報告書》（自大正5年10月1日至大正6年3月31日），頁3；《臺灣製麻株式會社第拾回事業報告書》（自大正6年4月1日至大正6年9月30日），頁2-3。

22 臺灣總督府殖產局商工課，《熱帶產業調查書上（1）工業ニ關スル事項》，頁145。

23 三和良一，《概說日本経済史近現代（第2版）》（東京：東京大学出版会，1993），頁124-127。

24 《臺灣製麻株式會社第叄拾九回事業報告書》（自昭和6年10月1日至昭和7年3月31日），頁2。

25 林繼文，《日本據臺末期（1930-1945）戰爭動員體係之研究》，頁56。

26 張靜宜，《戰時體制下臺灣特用作物增產政策之研究》，頁32-40。

27 田中重雄，《臺灣の植物纖維利用を強調す―時局に即した国際貸借の改善に直面し―附：臺灣に於ける纖維工業の現狀と將來》，頁7。

28 《臺灣製麻株式會社第六回事業報告書》（自大正4年4月1日至大正4年9月30日），頁3。

29 臺灣總督府官房調查課編，《臺灣資源》第1卷第3期（1937年10月），頁45。

30 《豐原廠四十年之回顧（臺灣製麻株式會社を語る）》，頁18-21。

31 《豐原廠四十年之回顧（臺灣製麻株式會社を語る）》，頁14-15。

32 《豐原廠四十年之回顧（臺灣製麻株式會社を語る）》，頁15。

33 《臺灣製麻株式會社第貳八回事業報告書》（自大正15年4月1日至大正15年9月30日），頁2。

34 《臺灣製麻株式會社第貳九回事業報告書》（自大正15年10月1日至昭和2年3月31日），頁2；《臺灣製麻株式會社第叄拾回事業報告書》（自昭和2年4月1日至昭和2年9月30日），頁2、5。

35 《豐原廠四十年之回顧（臺灣製麻株式會社を語る）》，頁16。

36 《豐原廠四十年之回顧（臺灣製麻株式會社を語る）》，頁15-17。

37 臺灣總督府殖產局，《臺湾の產業》（臺北：臺灣總督府殖產局，1940），頁173-176。

38 林滿紅，《茶、糖、樟腦業與臺灣之社會經濟變遷》（臺北：聯經出版事業股份有限公司，1997），頁8-9；吳奇浩，〈清代臺灣漢人服飾之消費與生產〉，《臺灣文獻》第59卷第3期（2008年9月），頁221-258。

39 帝国纖維株式会社，《臺灣之麻と當社の事業概況（黃麻部門を除く）》（1946），苧麻篇，頁22-23。

40 喜多又藏（1877-1932），日本奈良縣人，1894年畢業於大阪商業學校後進入日本綿花株式會社服務，1909年擔任日本綿花同業會會長，1910年擔任日本綿花株式會社取締役，1911年擔任日本綿花株式會社常務取締役，1917年升任日本綿花株式會社取締役社長。1918年擔任臺灣紡織株式會社取締役社長、朝鮮製油株式會社取締役社長、朝鮮棉花株式會社取締役社長，同年日華紡織株式會社成立時擔任取締役。1920年擔任日華製油株式會社社長，1924年擔任日華紡織株式會社取締役社長。大岡破挫魔，《喜多又藏君傳》（大阪：日本綿花株式会社，1933），附錄頁1-16。

41 《臺灣紡織株式會社第一期營業報告書》（1918年12月11日至1919年5月31日），頁4-5。

42 《臺灣紡織株式會社第二期營業報告書》（1919 年 6 月 1 日至 1919 年 11 月 30 日），頁 4。

43 《臺灣紡織株式會社第三期營業報告書》（1919 年 12 月 1 日至 1920 年 5 月 31 日），頁 3。

44 《臺灣紡織株式會社第一期營業報告書》（1918 年 12 月 11 日至 1919 年 5 月 31 日），頁 7。

45 《日華紡織株式會社第七回報告書》（1921 年 6 月至 1921 年 11 月），頁 2-3。

46 《日華紡織株式會社第一回報告書》（1918 年 7 月至 1918 年 11 月），頁 2-3。

47 大岡破挫魔，《喜多又蔵君傳》，頁 391；《日華紡織株式會社第一回報告書》（1918 年 7 月至 1918 年 11 月），頁 16-17。

48 《日華紡織株式會社第七回報告書》（1921 年 6 月至 1921 年 11 月），頁 10；《日華紡織株式會社第八回報告書》（1921 年 12 月至 1922 年 5 月），頁 10。

49 《日華紡織株式會社第八回報告書》（1921 年 12 月至 1922 年 5 月），頁 3、8、9。

50 吳奇浩，〈清代臺灣漢人服飾之消費與生產〉，頁 221-258。

51 帝国繊維株式会社，《臺灣之麻と當社の事業概況（黃麻部門を除く）》（1946），苧麻篇，頁 16-17；臺灣總督府殖產局編，《台湾の工業》（臺北：臺灣總督府殖產局，1937），頁 51。

52 帝国繊維株式会社，《臺灣之麻と當社の事業概況（黃麻部門を除く）》（1946），苧麻篇，頁 17。

53 《日華紡織株式會社第二十六回報告書》（1930 年 12 月至 1931 年 5 月），頁 6。

54 帝国繊維株式会社，《臺灣之麻と當社の事業概況（黃麻部門を除く）》（1946），苧麻篇，頁 89。

55 田中重雄，《臺灣の植物纖維利用を強調す》，頁 48。

56 原靜，《実験麻類栽培精義》（東京：株式会社養賢堂，1943），頁 148、158-159。

57 田中重雄，《臺灣の植物纖維利用を強調す》，頁 48。

58 吳奇浩，〈清代臺灣漢人服飾之消費與生產〉，頁 221-258。

59 洪紹洋，《臺灣造船業的技術轉移與學習》，頁 50-51。

第六章　戰時紡織業的軍需化與民需化：麻、棉兩部門的開展

一、黃麻與苧麻紡織的軍需化

　　戰前，日本紡織業中的棉、羊毛、苧麻和黃麻紡織等原料，因帝國圈內的供給有限，需仰賴國外供應才能順利發展。然而中日戰爭爆發後，日本以節約外匯為前提，減少自海外進口纖維，使得工場取得原料日漸困難。另一方面，日本為解決原料不足的困境，轉而計劃性的從帝國內部栽培原料作物。[1]

　　如前章所述，臺灣麻系作物的增產早於中日戰爭爆發前，因 1933 年《米穀統制法》與 1936 年《米穀自治管理法》相繼頒布，促成臺灣總督府鼓勵包含黃麻和苧麻等多項經濟作物在內的增產。如表 1 所示，臺灣總督府從 1939 年開始推動的黃麻十年增產計劃，擬定各年度的種植面積均為 25,500 甲，希望透過改善品種與耕作方法提昇單位產出。但從事後的觀點來看，黃麻栽培面積不如預期，總產出與單位計劃產出也與最初規劃有所差距。同樣的，表 2 揭示的苧麻生產，呈現與表 1 同樣的樣貌。[2]

　　綜觀黃麻與苧麻兩項作物面臨中日戰爭與太平洋戰爭相繼爆發，臺灣總督府轉而重視受影響的米穀增產，而且苧麻受限於肥料不足與處理原料的機械取得困難，對增產過程造成負面影響。[3]也就是說，這段時期除了受政府增產糧食作物，壓縮到栽培面積外，資材不足也成為單位面積成長的不利條件。

　　前章曾提及，每年臺灣的苧麻與黃麻均有可觀的進口量，以補充島內工廠原料的不足。從中國進口的苧麻，從中日戰爭後的

表 1 黃麻十年增產計劃（1939-1948）

年份	預計			實績		
	種植面積 （甲）	總產出 （斤）	單位產出 （斤/甲）	種植面積 （甲）	總產出 （斤）	單位產出 （斤/甲）
1939	25,500	52,683,000	2,069	23,833	39,554,952	1,660
1940	25,500	58,377,000	2,289	17,726	29,389,903	1,658
1941	25,500	61,701,000	2,420	11,546	18,890,869	1,636
1942	25,500	64,364,500	2,524	14,439	18,963,318	1,313
1943	25,500	67,325,500	2,642	10,780	12,401,225	1,150
1944	25,500	71,077,500	2,783	11,714	9,183,747	784
1945	25,500	74,097,500	2,906	5,122	2,643,831	516
1946	25,500	77,095,000	3,023			
1947	25,500	81,515,000	3,197			
1948	25,500	84,550,000	3,316			

資料來源：納富喜雄，《麻》（臺中：臺灣製麻株式會社，1942年7月），頁170。臺灣總督府殖產局，《臺灣農業發達の趨勢》（臺北：臺灣總督府殖產局，1942），頁31-33；臺灣總督府殖產局，《臺灣農業年報：昭和17年版》（臺北：臺灣總督府殖產局，1943），頁52-54；臺灣總督府農商局，《臺灣農業年報：昭和18年版》（臺北：臺灣總督府農商局，1944），頁44-47。

表 2 苧麻紡織增產計劃（1940-1948）

年份	預計			實績		
	面積（甲）	產量 （斤）	單位產量 （斤/甲）	面積 （甲）	產量 （斤）	單位產量 （斤/甲）
1940	3,708	5,231,988	1,411	1,863	545,768	293
1941	4,286	6,523,292	1,522	1,789	667,790	373
1942	4,863	7,941,279	1,633	2,132	822,073	386
1943	5,440	9,487,360	1,744	2,114	837,754	396
1944	5,440	10,096,640	1,856	2,271	750,802	331
1945	5,440	10,646,080	1,957	1,470	544,689	371
1946	5,440	11,249,920	2,068			
1947	5,440	11,853,760	2,179			
1948	5,440	12,512,000	2,300			

資料來源：納富喜雄，《麻》，頁65-66；臺灣總督府殖產局，《臺灣農業發達の趨勢》（臺北：臺灣總督府殖產局，1942），頁31-33；臺灣總督府殖產局，《臺灣農業年報：昭和17年版》（臺北：臺灣總督府殖產局，1943），頁52-54；臺灣總督府農商局，《臺灣農業年報：昭和18年版》（臺北：臺灣總督府農商局，1944），頁44-47。

1938 年起幾乎無法取得；[4] 從印度進口的黃麻，則伴隨英、美對日本禁運而告斷絕。[5] 臺灣的黃麻和苧麻紡織除了面臨本地生產不足與進口原料困難，到了戰時，亦被納入軍事部門關注與收購的作物。從軍事需求的角度來看，黃麻為製造麻袋、帆布、繩索的重要物資，苧麻則能製造飛機機翼卷布、帳篷和其他需要強大拉力的紡絲原料。[6] 但到了戰爭後期，黃麻為裝載米糖，仍須供應民需部門，苧麻至 1942、1943 年時幾乎全數作為軍需品，幾乎不存在民需消費的空間。[7]

前章所提的日華紡織株式會社臺灣苧麻工場，1935 年 10 月分離為臺灣苧麻株式會社，1938 年 12 月再改組為臺灣纖維工業株式會社。1938 年臺灣纖維工業株式會社每年約可消化 200 萬餘斤苧麻原料；同時期，因中國苧麻的供應斷裂，加上臺灣的原料也開始供應日本國內苧麻紡織工廠，工廠在原料供應不足之際，無法發揮應有產能。參照表 2 的實際產出量即能看出，臺灣本地的苧麻總產出無法滿足臺灣纖維工業株式會社的最大產能。該會社或許因為苧麻紡織原料無法支撐其產能，經營業務除了既有的苧麻栽培和苧麻糸製造外，更進一步參與亞麻糸、麻布的製造及銷售。在原料取得上，苧麻由臺灣陸軍倉庫供應，亞麻則由海軍高雄軍需部和臺灣陸軍倉庫供應。[8]

至於以黃麻生產為中心的臺灣製麻株式會社，1937 年 9 月頒布「臨時資金調整法」[9] 後，在節約外匯、減少向海外購買原料之際，看似給予本地黃麻原料增產契機。但如表 1 所述，本地產出的黃麻無法達到預期，不足以充分供應臺灣製麻株式會社所需的原料。再透過解讀表 3 可瞭解到，臺灣製麻株式會社的原料消費在中日戰爭爆發前夕，主要由臺灣在地、印度和中國三處供應，然 1939 年中國供應來源中斷，1941 年各國開始對日本施行禁運政策後，進口量大幅下降。因島內生產原料有限，還有外來原料斷絕，加上廠房所需的油品和資材受配給制度影響、無法自由取得，衝擊了會社的生產及營運。[10] 透過表 4 可知，作為會社主要產品的 100 斤米袋產出，從 1941 年度 314 萬 1,877 只的高峰，至

1942 年度後大幅下降至 147 萬 4,646 只,之後產量大幅衰退;或許會社將原料集中在 150 斤糖袋的生產上,故自 1942 年度持續成長,至 1943 年度,達到生產 117 萬 1,679 只的高峰,之後應是因為原料不足和轉換為生產亞麻等因素,產出亦大幅下降。

表 3 臺灣製麻株式會社原料消費量(1936-1945)(單位:封度)

年度	臺灣黃麻	印度黃麻	中國黃麻	亞麻
昭和 11(1936)	1,475,313	3,564,800	584,568	
昭和 12(1937)	1,922,604	2,817,319	193,000	
昭和 13(1938)	3,654,736	2,246,950		
昭和 14(1939)	4,657,064	2,498,368		
昭和 15(1940)	7,673,063	1,174,168		
昭和 16(1941)	5,146,954	2,392,082		
昭和 17(1942)	5,029,219	1,216,438		
昭和 18(1943)	5,039,033	328,000		
昭和 19(1944)	3,572,893			13,806
昭和 20(1945)	1,535,107			128,185

資料來源:《豐原廠四十年之回顧(臺灣製麻株式會社を語る)》,附錄三。
說明:年度為當年 4 月 1 日起至隔年 3 月 31 日。

表 4 臺灣製麻株式會社的米袋與糖袋產量(1936-1945)(單位:只)

年度	100 斤米袋	150 斤砂糖袋
昭和 11(1936)	2,239,995	-
昭和 12(1937)	2,951,903	-
昭和 13(1938)	2,497,467	342,645
昭和 14(1939)	2,807,889	180,190
昭和 15(1940)	2,628,864	1,061,157
昭和 16(1941)	3,141,877	798,737
昭和 17(1942)	1,474,646	941,787
昭和 18(1943)	963,826	1,171,679
昭和 19(1944)	329,634	733,795
昭和 20(1945)	76,230	57,635

資料來源:《豐原廠四十年之回顧(臺灣製麻株式會社を語る)》,頁 73。
說明:年度為當年 4 月 1 日起至隔年 3 月 31 日。

從臺灣製麻株式會社成立即擔任社長的林獻堂，1942 年 5 月任期結束後，由帝國纖維株式會社的河路寅三[11]繼任，這點或顯現出戰局白熱化下，臺灣人影響力後退之現象。然河路氏因同時擔任多間企業主導者、無法離開東京，實質業務由常務董事江淵清滿[12]負責。[13]這樣的人事安排能看出，會社從營運與高層裁示全由日本人掌握，應更有利於戰爭後期，會社配合國家在統制經濟下的運作與整併。

臺灣製麻株式會社在黃麻原料供應大幅減少之際認為，僅有朝向軍需物資生產，才能取得軍方的各項配給物資與訂單，進而維持會社營運。在此基礎下，1943 年帝國纖維株式會社取締役山田酉蔵[14]來臺時，與臺灣製麻株式會社常務江淵清滿商討關於會社的營運方針，確認將配合帝國纖維株式會社，在臺灣建設亞麻工場並轉型生產軍需品。在實施上，可配合帝國纖維株式會社在臺中種植亞麻的計劃，運用原有廠房進行亞麻紡織。然而，臺灣製麻本身的資金有限，唯有與帝國纖維株式會社合併，才可能達成機械的更換與擴充。[15]

1944 年 5 月 31 日臺灣製麻株式會社召開股東大會決議，同年 8 月 1 日併入帝國纖維株式會社，成為臺灣事業部豐原工場，為該帝國纖維在臺灣的第一間製品工場。合併後，先以現有設備生產軍需品，計劃生產亞麻和黃麻混紡的帆布、軍用和民用的高級亞麻布、農民和勞工用的亞麻和黃麻混紡衣服、亞麻和黃麻混紡的蚊帳絲，還有行李箱和鞋子所用的亞麻和黃麻混紡雜麻布。[16]

從臺灣製麻轉換為帝國纖維臺灣事業部臺灣工場的過程，產品從黃麻紡織轉換為亞麻紡織，顯現出在戰時經濟體制下，會社營運最終納入日本國內的資本，轉換以生產軍需品為主的經營策略。

1935 年成立於臺南市的臺南製麻株式會社（以下簡稱臺南製麻）即是在臺灣黃麻增產下創辦，不僅被寄望提供軍需品的任務，也希望能打破印度獨占的南洋市場，將製品供應至菲律賓、越南、泰國、馬來西亞、印尼、緬甸等地。[17]

臺南製麻成立的資本額為 200 萬圓。在發起成立會社的 24 位人士中，日本人與臺灣人各 12 名。[18] 但多數股份均集中在日本企業和日本人手上，故董監事會成員均由日本人擔任。[19] 值得注意的是，擔任臺南製麻株式會社董事長的山田五郎與任職董事的飯田二三男，同時擔任以生產苧麻為主的東亞製麻株式會社董事；此外，東亞製麻株式會社同時也是臺南製麻株式會社的最大股東，故可視為該會社的轉投資事業。[20]

　　臺南製麻的廠房建造始於 1935 年 4 月，並在 1936 年 1 月開始運轉。又，1936 年 12 月進行擴廠計劃，至 1937 年 8 月完成。[21] 稍詳言之，當時會社的年產能可達 1,000 萬斤的精洗麻原料，但臺灣每年僅能達到 500 萬斤的產量，不足處僅能仰賴印度進口。[22] 會社在廠房興築的過程中適逢中日戰爭爆發，在節約外匯的前提下，原料進口量逐漸減少。爾後至 1941 年 7 月，「資產凍結令」實施後，外來原料取得宣告斷絕，其與臺灣製麻的情形可說如出一轍。[23]

　　日本占領南洋初期後，臺南製麻始提出：於當地設立黃麻紡織工廠的計劃。稍詳言之，太平洋戰爭爆發後日本帝國的領有面積大為擴張，但日本國內、臺灣、滿洲國各製麻會社每年麻袋的總產量有限，故存在頗大的需求缺口。

　　至此，如何提供廣大的南洋地區麻袋，成為急欲解決的問題；且在進入生產階段前，還要先栽培黃麻，可說同時存在農業和工業問題。當時無法精確估計大東亞共榮圈的黃麻需求量，故透過每年從印度出口至大東亞共榮圈 3 億只麻袋為基礎估算。倘若以每只麻袋需兩斤原料來看，每年共需 6 億斤的黃麻產出。[24]

　　由於在日本占領的南洋地區，印度不再提供黃麻，使得稻米、砂糖、椰乾、橡膠等物資的包裝材料短缺，可能進一步導致大東亞共榮圈的物資供需更為混亂。惟有盡快在南洋進行黃麻栽培與設立製麻工廠，才能夠達到自給自足的目標。[25]

　　依據計算，6 億斤的黃麻產出折合為 36 萬噸，每噸產出需要一公頃的土地，共計要 36 萬公頃的耕地。在南洋要找到高溫多雨

適合黃麻的栽培地，再因應地區選擇品種與佐以栽培的技術指導，應能達成目標。當時也提出因當地農民不諳黃麻栽培，可由深具栽培經驗的臺灣農民前往當地指導。[26]

至於工業部門的黃麻工廠設立，因大東亞共榮圈僅有 10 家工廠，要達到年產 6,000 萬只麻袋的目標，應該要在南洋新設工廠。但以往的製麻機械全數從英國進口，日本因黃麻工業的黃麻工業的產值並不高而未大量生產相關機械；但日本曾具備棉紡織機械的製造經驗，若能經由配給政策取得生產所需資材，應能達到黃麻紡織機械的自製。[27]

在上述的評估下，臺南製麻提出在菲律賓與越南建立製麻工廠的規劃。在日本占領菲律賓以前，當地的麻袋需求約為 2,000萬枚，多數用在砂糖包裝使用；日本佔領後因未將糖業作為發展主力，而將重點調整至棉花栽培，故計劃運用原本的甘蔗耕地轉植黃麻。在此之下，臺南製麻希望以五年時間達成 10 萬公頃的黃麻栽培，達到年產 10 萬噸的收成目標。第一期計劃籌設年產 600萬枚左右的黃麻工場，未來再視局勢決定是否擴充。至於多餘的黃麻原料，將銷售至日本、滿洲和中國等地銷售。[28]

至於菲律賓工廠的設置區位，依據原料製品運輸、勞動力關係、動力、氣候和工資等進行考察，規劃在馬尼拉市或 City of Iloi-lo 找尋適當地區進行實地調查，公司並以此計劃派遣調查員。[29]

至於越南一年約需 3,000 萬枚麻袋，同樣以每枚需要 2 斤的黃麻原料，共需 6,000 萬斤（=3 萬 6,000 噸）的原料；倘若每公頃能產出 1 噸的話，則要有 36,000 公頃的栽培用地。此外，由於越南並沒有黃麻工廠，故臺南製麻計劃創辦年產 3,000 萬枚麻袋的工廠。但初期黃麻栽培的速度無法急速滿足工廠的產能，故會社預計在 1 萬公頃的黃麻栽培規模設置年產 600 萬枚的麻袋工廠，並將多餘原料出口到日本和滿洲國等地，未來再逐漸進行廠房擴充。[30]

在黃麻栽培上，最初預計在越南北部的東京地區取得 1,000公頃的土地，之後將由成立公司的直營農場栽培與進行各種試驗

研究。在工廠土地所有權取得不易、且確保原料取得的前提下，將先以過渡的型態與當地資本設立合資事業。未來俟日本在當地自主權擴大，或取得一定規模的土地或廠房後，再增加自主性營運。[31]

基本上，臺南製麻相較於臺灣製麻，可說負有前進南洋的任務。而在越南建立黃麻工業的農業部門支援，可依據依據湯山英子的研究得到瞭解。臺灣總督府從 1941 年 6 月起，即派遣人員前往越南進行黃麻栽培的各項調查，臺南製麻的大島二郎也曾前往進行栽培地和工場設置的評估。而 1941 年 10 月起至 1942 年 6 月的佛印資源調查團，也將黃麻作為調查的重點之一。開始進行黃麻栽培時，便從臺灣派遣日本人技術人員和臺灣人指導員前往當地。[32]

1942 年 12 月 8 日，大東亞大臣青木一男指定臺南製麻作為擔任法屬印度支那（越南）的黃麻栽培企業。同年 12 月，會社派遣大島二郎前往河內籌備設立出張所。1943 年 1 月 10 日，臺南製麻在河南市設立出張所，著手進行黃麻栽培工作。當時臺南製麻撥付給出張所 100 萬圓，向日本購買 3,000 錠麻紡機，而且在當地製造共 100 臺木質、竹質機。在原料栽培上，則種植黃麻 100 甲，預計每甲可收穫 600 斤。1944 年籌備處竣工後出張所由窪田太郎主持，一般業務則由臺灣人蕭上池負責。[33]

在此必須留意的是，當時日本在越南共有 12 家公司參與黃麻的栽培事業的推展，而非只有臺南製麻一家會社參與。[34] 但受限於資料，無法就工廠的運作獲得更多瞭解，僅能從 1946 年國民政府外交部於當地調查瞭解工廠並無固定生產，設備並受到損毀。[35]

透過臺南製麻前往越南的事例，可瞭解在日本推動南進政策且尚未以軍事占領當地前，會社即已宣示將前往南洋等地發展，而最終會社並如原本預計的前往菲律賓設廠。而臺南製麻在越南經營的時間過短，因時間過短與戰爭末期資材的欠缺，未能看到顯著的成果。另外，在探討產業南進時，應留意到當地產業的開發是由日本各地的諸多企業共同參與，來自臺灣的企業只是當中

的一員；透過這樣的視野，才能避免造成擴大評價的論點。

二、亞麻紡織事業的籌備

（一）農學知識的傳播：亞麻作物的移植

除了黃麻紡織以外，1940 年臺灣出現將原本屬於寒帶作物的亞麻，進行大規模栽培，而且試圖在臺灣建立亞麻紡織體系，作為軍事需求的一環。

臺灣亞麻的引進者為畢業於札幌農學校的大島金太郎[36]，來臺前曾擔任八雲德川農場長，藉由丹麥療法的引進與實施，對酪農業的貢獻甚大。此外，大島氏曾服務於札幌農業學校、東北帝國大學農科大學等教育單位，而且升任至北海道廳技師。1920 年 5 月，大島金太郎來臺擔任臺灣總督府技師，還兼任臺灣總督府農林專門學校校長；該校先後在 1922 年和 1927 年改制為高等農林學校和臺北高等農林學校後，仍由大島氏擔任校長。1928 年臺北帝國大學設立時，將臺北高等農林學校併入成為附屬農林專門部，亦由其擔任主事。[37] 經由上述的簡要介紹，或能顯現出其臺灣農業教育的地位；本節所要討論臺灣亞麻事業的引進契機，則與大島氏的人脈關係帶有諸多關聯。

稍詳言之，1920 年任職於帝國製麻株式會社的技師住友彰一，曾委託大島金太郎在臺灣耕作原本生長於北海道的亞麻種子。接受委託的大島氏，交由磯永吉[38]和徐慶鐘[39]試驗的結果認為，亞麻屬性為不到一百日即能收成的短期作物，加上臺灣屬於兩期稻作區，故嘗試在每年 11 月底至隔年 3 月初種植亞麻。[40]

在此之前，亞麻隸屬寒冷地區作物是農業或農學研究的常識。1921 年在位於亞熱帶與熱帶地區的臺灣試種亞麻並得到良好收成，被視為農學研究的重要貢獻；但究竟是否在臺灣大規模栽植，參與成員則抱持消極態度，不認為亞麻屬於高收益的經濟作物，

最多可供作油脂提煉之原料。其後，伴隨蓬萊米改良成功，磯永吉與徐慶鐘又持續亞麻與蓬萊米的間作種植試驗；另一方面，臺灣總督府中央研究所農業部持續對亞麻進行採纖研究，以確認產出是否適合作為紡織原料。大致上，上述研究至 1930、1931 年均得到良好實績。但大島金太郎認為，亞麻若在臺灣商業化種植，可能將與北海道生產的亞麻競爭，故對大規模種植持反對態度。[41]

1931 年九一八事變爆發後，軍方始積極關注麻系纖維的取得，朝鮮與滿洲於是開始種植亞麻。[42] 或因此契機，1936 年起任職於臺中農事試驗廠的中村茂技師，開始更深入地調查與亞麻耕作有關之事，並依據中部地區的地理環境，規範出栽培亞麻應具備的條件。接著，臺中農事試驗場再進一步擴大研究臺灣亞麻栽培的基準，期望透過獎勵的方式進行大規模種植。這些研究成果均作為帝國纖維株式會社臺灣事業部成立後，動員該社農務課員工實地指導農民耕種的重要依據。[43]

臺灣總督府為瞭解亞麻是否適合於臺灣耕種，先動員部分農家小規模試種，以確保生產的安定性，然後才展開大規模栽種。1938 年 8 月，臺灣總督府殖產局農務課向帝國纖維製麻株式會社札幌支店請求提供 50 石的亞麻種子；同年 10 月農務課取得亞麻種子後，將其分別送至臺北、新竹、臺中各州和花蓮港廳之農家試種。[44]

1939 年 3 月，帝國製麻株式會社札幌支店長納富喜雄訪臺兩週，除對軍、官、民等各方舉行座談外，也視察亞麻在臺灣的試作情形。納富氏駐留在臺時期，臺灣總督府殖產局農務課長還邀集臺灣拓殖、臺灣纖維工業、帝國纖維等三間株式會社之相關業務的職員，商討亞麻在臺灣企業化的事宜。[45]

臺灣總督府體認到，欲將亞麻種植企業化經營，首要之務是在短期內建立原料與紡織工廠。原本臺灣纖維株式會社欲獨占亞麻的栽培與採纖事業，但帝國製麻株式會社亦有意參與臺灣的生產事業。[46] 若比較兩間會社，臺灣纖維株式會社有在地資本優勢，

但欠缺亞麻耕植經驗；帝國製麻株式會社雖然具備亞麻種植的基礎，但在臺灣欠缺動員地方社會經濟之根基。

1940 年 10 月，在臺灣總督府協調下，決議由兩間會社共同開發臺灣亞麻事業。當年度，臺灣總督府規劃將亞麻種子種植於 1,300 甲於全臺各地。其中，800 甲種植於臺中州、400 甲種植於新竹州；另外，也在臺北和臺南兩地進行共 100 甲的試作。[47]

其次，為避免臺灣栽培的亞麻與日本國內的產出競爭，故決議臺灣的產出除了供應日本國內的軍事需求，其餘將於島內或第三國銷售。復次，為配合 1939 年在臺中州展開的亞麻栽培，需設立兩至三間原料工場負責採集纖維，此一事業委託帝國製麻株式會社辦理。又，當年度所產之纖維，70% 交付帝國纖維株式會社，30% 交付臺灣纖維工業株式會社。[48]

1940 年臺灣總督府為提供軍需用亞麻的增產，提出為期五年的耕作計劃，並由北海道移入種子，在水稻田內耕作。就栽培的分工而論，帝國纖維株式會社在臺中州鼓勵栽培，臺灣纖維工業株式會社則在其他州栽培。就栽培地域觀之，臺北 100 甲、新竹 408 甲、臺中 675 甲、臺南 60 甲、花蓮港 3 甲、臺東 2 甲，合計 1,248 甲。[49] 在此同時，帝國纖維株式會社派遣技師前往臺灣進行採纖處理，並將得到的纖維送往大阪工場進行紡織試驗後，確認成效相當良好。[50]

值得注意的是，亞麻進入大量種植階段後，亦仰賴來自日本與臺灣既有技術人員的支援。例如：當時擔任臺灣製麻株式會社常務、亦曾服務於北海道亞麻工場長的江淵清滿。江淵氏在臺灣總督府邀請下，兼任帝國製麻株式會社職務，1940 年 11 月在臺中州烏日庄設立帝國製麻臺中出張所。[51] 之後，帝國纖維株式會社在臺灣設立事業部，原任職於臺中農事試驗所的中村茂轉任該單位，從事亞麻的栽培指導。[52]

表 5 臺灣亞麻的產量與種植面積（1942-1945）

年份	亞麻	
	產量（斤）	種植面積（甲）
1942	6,224,818	2,840.87
1943	7,043,016	3,170,09
1944	16,529,767	10,522.09
1945	50	0.03

資料來源：臺灣總督府農商局，《臺灣農業年報‧昭和 18 年版》（臺北：臺灣總督府農商局，1944），頁 44-47；臺灣省行政長官公署農林處農務科，《臺灣農業年報—民國卅五年版》（臺北：臺灣省行政長官公署農林處農務科，1946），頁 58-64（1943-1945年）；臺灣省行政長官公署農林處編，《臺灣農林　第一輯》（臺北：臺灣省行政長官公署農林處，1946），頁 76。

如表 5 所示，亞麻在 1942 年起進入大量種植階段，至 1944年時的耕種面積為 10,522.09 甲，耕種面積僅次於表 1 列舉的黃麻 11,714.47 甲，成為臺灣種植面積第二大的纖維作物。如表 6 所示，1944 年臺灣總督府頒布第二期的亞麻耕作計畫時，計畫栽植15,000 甲亞麻，其中 10,000 甲採行單作，其餘 5,000 甲以間作進行。就此脈絡來看，或能顯現出當時臺灣纖維原料的欠缺，故原本計畫以間作進行的亞麻，反倒單作面積占了約三分之二。雖言，亞麻短期在臺灣大規模種植，但種子尚未在臺灣自行培育，仍須仰賴北海道供應；戰爭末期臺灣對外聯繫幾近中斷，加上 1945 年8 月戰事告終，故當年產量驟減。

表 6 1944 年臺灣總督府頒布之第二期的亞麻耕作計畫（單位：甲）

地域	單作	蔗園間作	合計
臺北州	100	-	100
新竹州	2,400	700	3,100
臺中州	6,000	3,000	9,000
臺南州	1,500	900	2,400
高雄州	0	400	400
總計	10,000	5,000	15,000

資料來源：〈五月中財界錄事〉，《臺灣金融經濟月報》176 號（1944 年 6 月），頁 8。

亞麻在臺灣大規模栽植，可說是因應戰時經濟的特殊現象。從纖維栽培來看，帝國製麻株式會社與臺灣纖維株式會社均以日本國內的資本為主，同時在臺灣爭奪戰時著眼軍事需求的「戰爭財」商機。就此點而言，與以往諸多新興工業，均以兼併臺灣既有事業，並以獨占來控制臺灣新興工業的態度不同。有別於普遍認知的工業部門，僅需取得各項原料的調度與生產，亞麻事業在栽培過程中，還需與地方農民等關係者取得聯繫，這亦成為規模較小的臺灣纖維株式會社得以參與的原因之一。

（二）從採纖事業到紡織廠的籌辦

1940 年帝國製麻株式會社臺中出張所設立時，所長由曾任日本國內的大樹工場長堀越義雄擔任。同時，任職於臺中州廳、精通裡作與暖地亞麻研究的中村茂轉任帝國製麻株式會社。另外，甫自臺北帝國大學畢業的新人鄭耀西進入該會社，與中村茂技師共同負責亞麻的栽培指導。再者，來自日本國內的水野敏夫、永岡富義、岡澤堅郎等職員，共同負責位於大屯郡的烏日亞麻工場籌設。[53]

原本烏日亞麻採纖工場的建廠工程計劃於 1941 年 11 月完工，但受限於戰時日本的運輸能力，設備抵臺時程有所延誤。1942 年 8 月烏日工場竣工時，帝國纖維株式會社將臺中出張所升格為臺灣事業部，並將總部設於烏日，由山田酉藏擔任部長。[54]

最初，帝國纖維欲將採收之亞麻纖維運送回日本織造，故先在臺籌辦採纖工場。但因為船舶量不足而調整生產計畫，預計在臺灣進行亞麻紡織，生產衣服所需之布料。綜觀戰前臺灣的民生纖維製品，原本幾乎仰賴日本國內供應，因戰時日本棉紡織規模縮小與船舶運送困難，故帝國纖維提出此一方案。

基於上述方針，至日本敗戰為止，帝國纖維在烏日（1942）、員林（1944）、豐原（1944）、彰化（1944）、草屯（1945）設立採纖工場。[55]另一方面，帝國纖維在物資欠缺的背景下，充分運

用臺灣既有的各項設備與日本國內的閒置設備，籌設紡織所需資材。在臺灣方面，除合併臺灣製麻株式會社豐原工場與新竹紡績株式會社新竹工場外，還收購、運用閒置的臺灣鳳梨株式會社所屬之嘉義和斗六工場的廠房建築、動力與機械設備等。[56] 從日本方面移入的設備，可透過解讀表 7 來知悉，這些全為日本方面的閒置資材。

表 7 帝國纖維臺灣紡織事業預計從日本國內各工場移入機械計畫

機械	數量	來源
絹紡機	107,66 錘	日本レーヨン会社島田工場
織機	450 臺	日本レーヨン会社伏見工場
棉紡織	10,000 錘	帝國製麻株式會社大垣工場
環狀織機（hose loom）	20 臺	帝國製麻株式會社富山工場

資料來源：帝国製麻株式会社，《帝国製麻株式会社五十年史》，頁 23。

表 8 帝國纖維在臺灣實施的紡織計畫

工場	擁有設備	數量	生產項目
豐原工場	絹紡機		輕飛行機機翼用布料、西裝布料、襯衫布料、原糸、黃麻布
	棉紡機		
	織機	262 臺	
嘉義工場	環狀織布機	20 臺	環狀布、帆布、黃麻糸、麻袋
	麻紡機	3,100 錘	
	織機	100 臺	
斗六工場	織機	100 臺	襯衫布料、蚊帳
新竹工場	絹紡機	600 臺	輕飛行機機翼用布料、西裝布料、襯衫布料
	棉紡機	1,000 臺	
	織機	138 臺	

資料來源：高橋節雄，〈第一章　亞麻〉，帝国製麻株式会社臺灣事業部，《臺灣之麻と當社の事業概況》（臺中：帝国纖維株式会社臺灣事業部，1946），亞麻頁 93-94。

如表 8 所示，帝國纖維預計在豐原、嘉義、斗六、新竹四個地區設立紡織工場；其生產的亞麻製品，有供軍需使用的輕飛行機機翼使用布料，或可供軍需或民需兩方使用的西裝、襯衫布料。

此外，豐原工場還規劃發展黃麻與棉紡織。帝國纖維在臺紡織工場的設立，則透過合併既有的在地資本進行，並以臺灣製麻株式會社最大股東的身分合併該公司，成為臺灣事業部所屬的豐原工場。

　　由於臺灣栽培的亞麻並非一所工場的產能所能消化，臺灣事業部部長山田西藏提出併購臺灣鳳梨株式會社嘉義和斗六工場，運用廠房與動力轉換為織布工場的意見；所需設備則從日本國內因推動「企業整備令」的政策後閒置的設備運至臺灣。[57]在此當下，帝國製麻株式會社還收購位於靜岡縣的日本レーヨン會社島田工場閒置的絹紡機和京都市伏見工場的織機設備，將其運往兩間工場。[58]當時，帝國纖維大阪支店還設立臺灣移送機械促進委員會，設法讓這些物資運抵臺灣；在籌措設備與零件的過程中，資材不足的部分甚至出現向民家購買解體零組件的現象，顯見戰爭末期物資欠缺。[59]臺灣方面的工場建設，位於草屯的採纖工場因戰爭末期，陸海軍無法再提供興築資材，故工場住宅係以竹子為建材，浸水漕則因水泥欠缺而改以煉瓦疊設，顯見物資欠缺的背景下，採行各種代用物資的現象。[60]

　　再者，帝國纖維與在臺日本人實業家重田榮治[61]各出資半數設立的新竹紡績株式會社，則採取出資半數的方式共同經營，寄望從原本的苧麻和棉紡織事業，轉型為苧麻和亞麻紡織業。在執行上，帝國纖維從日本國內運送絹紡織、棉紡機、織機至該工場，計畫以此生產航空機翼、襯衫、軍用服裝等。[62]

　　但上述計劃卻伴隨著 1945 年，豐原、彰化、員林、嘉義和新竹工場受到美軍攻擊，多數亞麻設備損毀。此外，部分原欲運抵臺灣的設備，亦在船運途中遭受美軍轟炸，未能全數運抵臺灣。[63]

　　從帝國纖維來臺設立以亞麻為中心的紡織計畫，除採用日本國內的閒置設備外，尚收購臺灣的閒置廠房與合併臺灣本地既有的紡織會社，顯見高度戰時動員之特性。此外，廠房建築與設備也採行代用資材的方式進行，顯見戰爭末期物資欠缺的狀況。

三、棉紡織工業的萌芽

　　綜觀整個日治前期臺灣所需的棉紡織製品，臺灣僅有小規模織布工廠係運用日本國內或海外產製的棉紗進行織造，大多數棉布仰賴從日本國內移入。[64] 戰爭時期，日本國內除了將外匯用來購入生鐵與原油等有利於發展軍事工業的資材，使得進口的原棉大幅減少。其次，日本國內的勞動力與電力供應不足，因而在戰時軍需優先於民需生產的方針下，不利於棉紡織生產。復次，伴隨日本與臺灣之間的物資輸送因船舶數不足，導致棉紡織品的取得日漸困難。[65]

　　臺灣一貫性棉紡織工業的興建計畫，即是在前述背景下浮現，但採用的棉紡織設備是將日本國內推動「企業整備令」下的閒置資材移送來臺設置，體現出戰時經濟後期資源的匱乏。

　　中日戰爭爆發後，日本紡績聯合會提出將紡機和織機移往臺灣、朝鮮、滿洲國和中國大陸佔領區的構想；俟日本佔領南洋後，又進一步規劃將紡織機材運往南洋地區。執行上，日本先估算國內軍事需求與生產擴充的所需設備與消費量，其次再將部分閒置的紡織設備挪用為軍需生產所需鐵屑，剩下的資材才計劃送至海外。[66] 也就是說，殖民地和占領地棉紡織事業發展的排序，仍在以紡織機鐵材作為軍需原料後才被考慮。

　　1943 年 4 月，大東亞省頒布「對南方紡績設備移駐計畫要綱」，確認要在 1946 年底以前將紡紗機移往南洋等佔領區。如表 9 所示，日本計劃在昭和 19 年度（1944 年 4 月至 1945 年 3 月）將國內共 111 萬 4,564 錠的棉紡織設備移至各殖民地與佔領地。從移出量來看，以南洋地區的 70 萬 5,000 錠最高，其次為中國佔領區的 14 萬 700 錠，第三為滿洲國的 12 萬 7,024 錠，第四為朝鮮的 91,752 錠，第五為臺灣的 20,000 錠。[67] 探究此一順序的安排，可說兼顧原料與需求兩個層面。臺灣無論在日本外地的人口或原棉供應上，均屬規模較小的地區。

　　若再參照表 9，至日本敗戰時點，日本國內的紡織設備移轉

至中國大陸、滿洲國、朝鮮等地較順利，反倒是送往臺灣和南洋的實績比率較低。大致上，移往臺灣的設備為 2 萬錠，為最初預計 50,088 錠的 40%；移往南洋地區的設備則為 18 萬 2,804 錠，僅達最初規劃 70 萬 5,000 錠的 26%。運送實績遠不如預期的原因應在於，不少資材在運送途中遭逢船難而未能送達。另一方面，向中國運送的設備則與最初的計劃相符，送往朝鮮與滿洲國者，則比最初預計的還高；可能是因為當時向南方的航運日漸受阻，故追加送往滿洲國和朝鮮的資材。[68]

表 9 昭和 19 年度紡績機械移駐區域計劃（單位：錠）

指標	朝鮮	臺灣	滿洲國	中國	南洋	總計
計劃數量	91,752	50,088	127,024	140,700	705,000	1,114,564
終戰移出實績	105,576	20,000	137,136	140,700	182,804	586,216
達成率	115%	40%	108%	100%	26%	53%

資料來源：日本紡績同業會編，〈戰中戰後日本紡績事情（四）〉，《日本紡績月報》第八號（1947 年 10 月），頁 42-44。

值得注意的是，預計運送來臺灣的 50,088 紡錠，20,088 錠由吳羽紡織株式會社提供，20,000 錘由福島和朝日紡織株式會社提供，10,000 錠由興亞紡織株式會社提供。[69]1941 年 7 月設立於臺中烏日的臺灣紡績株式會社，是由大建產業株式會社運用吳羽紡績的機械為基礎，以 400 萬圓的資本額設立。[70]原本生產苧麻絲的臺灣纖維株式會社，除了上一節介紹生產亞麻絲外，也裝置棉紡紗機。[71]前段介紹之由帝國纖維與重田榮治共同創設的新竹紡織，亦將棉紡織作為發展的事業。

但若依據表 10 的資料，則與日本國內估算的數值有所出入，原因或為部分紡紗機械的移入非透過此一計畫執行。亦即，在戰爭結束的時點，臺灣共有 126,652 錘紡紗機，但僅有 28,964 錠運抵臺灣，至日本敗戰時點共安裝完成 14,653 錠。

總的來說，至日本敗戰時臺灣的棉紡織工業僅達到初步的雛形階段，從近代臺灣工業化的意義來看，此項計畫以自給自足為

主來發展，有別於傳統認識的殖民地產業開發，因而可視為戰時經濟下，為滿足日本殖民地和占領地的需求所實行的計畫。

表 10　戰爭結束時臺灣棉紡織業的紡紗設備（單位：錠）

會社名稱	原本規劃數	運抵臺灣數	日本敗戰時安裝完成數
臺灣纖維	15,536	5,536	5,536
新竹紡績	11,116	3,420	1,116
臺灣紡績	100,000	20,008	8,000
總計	126,652	28,964	14,653

資料來源：黃東之，〈臺灣之棉紡工業〉，臺灣銀行經濟研究室編，《臺灣之紡織工業》，頁 19。

四、小結

　　日治前期臺灣發展的麻紡織業，在原料仰賴海外補充供應的背景下，於戰時經濟階段，來自中國的苧麻供應先告中斷，接著在資產凍結令下，無法再取得進口的黃麻。臺灣總督府曾透過大規模種植黃麻與苧麻的原料作物，但受限於耕地有限，加上戰時優先生產糧食的政策，使得本地產出不如預期。此外，戰爭時期以軍需品優先的前提，出現寒帶作物亞麻在臺灣大規模種植的現象，並且運用日本國內與臺灣的舊有資材籌建亞麻採織與紡織工場；戰爭末期推動與創出的亞麻工業，如第四章介紹的鋼鐵與硫酸錏事業的建立，創廠過程與資材調度，均顯現出戰爭末期物資有限的困境。

　　雖言戰爭後期，推動的亞麻栽培乃至亞麻工業的締建，係以軍需為出發，但戰爭末期，臺灣的紡織政策因對外聯繫日漸困難，反倒在臺灣出現民需的棉紡織事業。但這段時間的棉紡織設廠計劃在尚未竣工前，卻因日本敗戰而告終。以往，對戰時工業化的研究多強調與軍需工業結合的特徵，透過在臺灣籌措棉紡織事業的事例顯現出，戰時臺灣民需事業在與日本聯繫日漸困難之際，亦出現小規模的推展。

總的來說，戰爭末期臺灣的民需纖維存在棉紡織與亞麻紡織並行的現象，棉紡織的萌芽或可視為殖民地在與母國聯繫日漸困難下，無法以「宗主國—殖民地」比較利益的分工型態運行，而是在戰時經濟下，為滿足在地需求而產生的特異現象。

註釋

1. 帝国製麻株式会社，《帝国製麻株式会社五十年史》（東京：帝国製麻株式会社，1959），頁 16-17；社團法人同盟通信社編，《同盟纖維年鑑 昭和十八年版》（東京：社團法人同盟通信社，1943），頁 472。

2. 納富喜雄，《麻》，頁 65、170-171。

3. 納富喜雄，《麻》，頁 65。關於黃麻和苧麻增產所面臨的困境，可參照張靜宜，《戰時體制下臺灣特用作物增產政策之研究（1934-1944）》，頁 192-220。

4. 社團法人同盟通信社編，《同盟纖維年鑑 昭和十八年版》，頁 473。

5. 《豐原廠四十年之回顧（臺灣製麻株式會社を語る）》，頁 29。

6. 臺灣總督府，《臺灣統治概要》，頁 257。

7. 社團法人同盟通信社編，《同盟纖維年鑑 昭和十八年版》，頁 473。

8. 〈在臺灣權益調查要綱-臺灣纖維工業株式會社〉（1945 年 11 月 24 日），《本邦會社關係雜件－台灣ニ於ケル會社現狀概要》，資料編號：B08061271900，亞洲歷史資料中心。社團法人同盟通信社編，《同盟纖維年鑑 昭和十八年版》，頁 473。

9. 武田晴人，《日本経済史》，頁 279。

10. 《豐原廠四十年之回顧（臺灣製麻株式會社を語る）》，頁 29、45。

11. 河路寅三（1889-1944），日本滋賀縣人，1908 年畢業於縣立八幡商業學校，1918 年擔任日本麻系株式會社取締役支配人，1923 年會社併入帝國製麻株式會社後仍擔任取締役，1924 年進入合名會社安田保善社，並於隔年兼任部長。1930 年擔任帝國製麻株式會社，擔任常務取締役，並於 1942 年升任社長。增田外十郎編，《河路寅三君遺文錄》（東京：增田外十郎，1950），附錄頁 3-4。

12. 江淵清滿（1885- ？），1905 年畢業於立教中學，1923 年進入帝國製麻株式會社，歷任工廠長、庶務、會計課長，1938 年擔任臺灣製麻株式會社會社常務。〈灌園先生日記〉（1945 年 3 月 3 日），臺灣日記知識庫。

13. 《豐原廠四十年之回顧（臺灣製麻株式會社を語る）》，頁 29-30。

14. 山田酉蔵（1891- ？），日本新潟人，因家境畢業僅有小學校畢業，1909 年進入帝國製麻麻製線所擔任工員，1914 年轉任社員後歷經係長、課長、部長，1943 年升任帝國製麻取締役與兼任臺灣事業部部長，故抵達臺灣。1947 年返回日本後，擔任常務取締役和專務取締役，1950 年升任取締役社長，1969 年擔任帝國纖維取締役會長。山田酉蔵，《亜麻百年》（東京：金剛出版，1967），頁 297-298。

15. 《豐原廠四十年之回顧（臺灣製麻株式會社を語る）》，頁 30-31。

16. 《豐原廠四十年之回顧（臺灣製麻株式會社を語る）》，頁 32。

17. 臺南製麻株式會社，《南方共榮圈に於ける黃麻產業並に當社計畫》（臺南：臺南製麻株式會社，1942），頁 1。

18. 〈臺南製麻株式會社設立目論見書事業豫算書並ニ定款〉，頁 1-3、13-14。

19. 1934 年 3 月 23 日臺南製麻株式會社召開成立大會，選出的董事為山田五郎、中辻長司、飯田二三男、青木嘉三郎、島田敬次郎，監事為越智寅一、中辻喜次郎。

20. 〈臺南製麻株式會社第壹回營業報告書（自昭和拾年參月貳拾日至昭和拾年伍月參拾壹日）〉，頁 1-2。由於臺南製麻株式會社的營業報告書並未列載股東持有股數，故從戰後接收清冊可知悉，至日本敗戰時，會社實收資本額為 150 萬圓，最大股東東亞製麻株式會社持有 97 萬 80 圓的股份。在總發行股票 40,000 股中，東亞製麻株式會社即持有 25,795 股之高，臺灣人僅持有 1,776 股。《臺南製麻株式會社清算報告書》，財政部國有財產局檔案，檔號：045-010202-0446，國史館。

21 〈戰時體制下の波に乘る飛越！！超越〉，《臺灣公論》第3卷第5號（1938年5月1日），頁60。

22 〈戰時體制下の波に乘る飛越！！超越〉，《臺灣公論》第3卷第5號（1938年5月1日），頁60。

23 〈臺南製麻株式會社第六回事業報告書（自昭和拾貳年陸月壹日至昭和拾貳年拾壹月參拾日）〉，頁3；〈臺南製麻株式會社第七回事業報告書（自昭和拾貳年拾貳月壹日至昭和拾參年伍月參拾壹日）〉，頁2；〈臺南製麻株式會社第十四回事業報告書（自昭和拾陸年陸月壹日至昭和拾陸年拾壹月參拾壹日）〉，頁3。

24 臺南製麻株式會社，《南方共榮圈に於ける黃麻產業並に當社計畫》（臺南：臺南製麻株式會社，1942），頁2。

25 臺南製麻株式會社，《南方共榮圈に於ける黃麻產業並に當社計畫》，頁2。

26 臺南製麻株式會社，《南方共榮圈に於ける黃麻產業並に當社計畫》，頁2-3。

27 臺南製麻株式會社，《南方共榮圈に於ける黃麻產業並に當社計畫》，頁3。

28 臺南製麻株式會社，《南方共榮圈に於ける黃麻產業並に當社計畫》，頁14-15。

29 臺南製麻株式會社，《南方共榮圈に於ける黃麻產業並に當社計畫》，頁15。

30 臺南製麻株式會社，《南方共榮圈に於ける黃麻產業並に當社計畫》，頁26。

31 臺南製麻株式會社，《南方共榮圈に於ける黃麻產業並に當社計畫》，頁26-27。

32 湯山英子，〈台湾の「南方協力」と仏領インドシナー黃麻栽培を中心に〉，《太平洋討究》第31號（2018年3月），頁157-158、162-163。

33 〈臺南製麻株式會社第十七回事業報告書（自昭和拾柒年拾貳月壹日至昭和拾捌年伍月參拾壹日）〉，頁2。《接收臺南製麻株式會社》，財政部國有財產局檔案，檔案：045-090200-0067，國史館。

34 湯山英子，〈台湾の「南方協力」と仏領インドシナー黃麻栽培を中心に〉，《太平洋討究》第31號（2018年3月），頁166、169-170。

35 《接收臺南製麻株式會社》，財政部國有財產局檔案，檔號：045-090200-0067，國史館。

36 大島金太郎（1871-1934），日本東京人，畢業於札幌農學校，曾任八雲德川農場場長，之後擔任北海道廳技師與臺灣總督府技師。在臺期間曾任農林專門學校校長、臺灣總督府中央研究所農業部部長。林富士編，《興大實錄：國立中興大學九十年校史·圖文集》（臺中：國立中興大學，2009），頁76。歐素瑛，《傳承與創新：戰後初期臺灣大學的再出發（1945-1950）》，頁351。

37 林富士編，《興大實錄：國立中興大學九十年校史·圖文集》，頁76；〈〔技師〕大島金太郎任府技師兼北海道帝國大學教授〉，《臺灣總督府公文類纂》，永久保存（進退），第3090冊，文號a14，門號1。

38 磯永吉（1886-1972），日本廣島縣人，1911年畢業於東北帝國大學農科大學農學科，1912年擔任臺灣總督府農事試驗場技手，1914年升技師，1928年取得博士學位並轉任臺北帝國大學，1942年轉任臺灣總督府農事試驗所所長兼臺北帝國大學教授。戰後擔任臺灣大學農藝系和臺灣省政府農林廳顧問，1957年退休返回日本。歐素瑛，〈從鬼稻到蓬萊米：磯永吉與臺灣稻作學的發展〉，李玉瑾編，《臺灣學研究國際學術研討會：殖民與近代化論文集》（臺北：國立中央圖書館臺灣分館，2009），頁239-270。

39 徐慶鐘（1907-1996），臺北人，畢業於臺北帝國大學理學部，之後留校任教並兼任臺灣農業試驗研究所之職務，並獲得臺北帝國大學農學博士。戰後曾任臺灣大學農學院教授，兼任臺灣省行政長官公署土地專門委員會委員。1949年轉任臺灣省政府農林廳廳長，1960年任中國國民黨中央委員會副秘書長，1966年調任內政部長，1969年當選中國國民黨中央委員，1971年並為中央常務委員，1972年調任為行政院副院長。〈灌園先生日記（1947年3月31日）〉，臺灣日記知識庫。

40 山田酉蔵，《亜麻百年》，頁 120-121。

41 高橋節雄，〈第一章　亞麻〉，帝国製麻株式会社臺灣事業部，《臺灣之麻と當社の事業概況》（臺北：帝国纖維株式会社臺灣事業部，1946），亞麻頁 1。

42 帝国製麻株式会社，《帝国製麻株式会社五十年史》，頁 116-117、頁 114-115。

43 高橋節雄，〈第一章　亞麻〉，亞麻頁 3。

44 高橋節雄，〈第一章　亞麻〉，亞麻頁 59。

45 高橋節雄，〈第一章　亞麻〉，亞麻頁 60。

46 高橋節雄，〈第一章　亞麻〉，亞麻頁 63。

47 高橋節雄，〈第一章　亞麻〉，亞麻頁 63。

48 高橋節雄，〈第一章　亞麻〉，亞麻頁 60。

49 高橋節雄，〈第一章　亞麻〉，亞麻頁 2。

50 帝国製麻株式會社，《帝國製麻株式国社五十年史》，頁 116-117。

51 山田酉蔵，《亞麻百年》，頁 121。

52 高橋節雄，〈第一章　亞麻〉，亞麻頁 3。

53 山田酉蔵，《亞麻百年》，頁 122

54 高橋節雄，〈第一章　亞麻〉，亞麻頁 65。帝国製麻株式会社，《帝国製麻株式会社五十年史》，頁 117。

55 帝国製麻株式会社，《帝国製麻株式会社五十年史》，頁 21。

56 高橋節雄，〈第一章　亞麻〉，亞麻頁 90-91。

57 山田酉蔵，《亜麻百年》（，頁 126。

58 帝国製麻株式会社，《帝国製麻株式会社五十年史》，頁 23-24。

59 帝国製麻株式会社，《帝国製麻株式会社五十年史》，頁 23-24；山田酉蔵，《亜麻百年》，頁 128。

60 山田酉蔵，《亜麻百年》，頁 129-130。

61 重田栄治（1877- ？），日本山口人，1903 年來臺於大稻埕創辦菊元商行，進行棉布銷售，1931 年籌劃創辦菊元百貨，1932 年在臺北榮町開幕。片倉佳史，〈城内散策～中山堂と旧「栄町」周辺〉，《交流》第 887 號（2015 年 2 月），頁 16-17。

62 帝国製麻株式会社，《帝国製麻株式会社五十年史》，頁 23-24。山田酉蔵，《亜麻百年》，頁 127。

63 高橋節雄，〈第一章　亞麻〉，亞麻頁 96。山田酉蔵，《亜麻百年》，頁 132。

64 謝國興，《臺南幫：一個臺灣本土企業集團的興起》（臺北：遠流，1999），頁 116-117。

65 飯島幡司，《日本紡績史》（東京：創元社，1949），頁 402；謝國興，《臺南幫：一個臺灣本土企業集團的興起》，頁 70-71。

66 日本紡績同業會編，〈戰中戰後日本紡績事情（四）〉，《日本紡績月報》第八號（1947 年 10 月），頁 41。

67 日本紡績同業會編，〈戰中戰後日本紡績事情（四）〉，《日本紡績月報》第八號（1947 年 10 月），頁 41、43-44。

68 日本紡績同業會編，〈戰中戰後日本紡績事情（四）〉，《日本紡績月報》第八號（1947 年 10 月），頁 41、43-44。

69 日本紡績同業會編，〈戰中戰後日本紡績事情（四）〉，《日本紡績月報》第八號（1947 年 10 月），頁 42。

70 〈臺灣に於ける纖維工業の現狀〉,《臺灣金融経済月報》第 152 號（1942 年 6 月），
頁 19；《臺灣紡織株式會社清算狀況報告書》,財政部國有財產局檔案，檔號：045-
010202-0531，國史館。

71 〈在臺灣權益調查要綱：臺灣纖維工業株式會社〉（1945 年 11 月 24 日），《本邦會社
關係雜件─台灣ニ於ケル會社現狀概要》,資料編號：B08061271900，亞洲歷史資料中心。

PART. THREE

第三篇
戰後經濟的調整與轉換

第七章 戰後臺灣機械公司的接收與早期發展

一、從臺灣鐵工所到臺灣機械公司

（一）接收工作經緯

　　1945 年 10 月國民政府接收臺灣後，臺灣省接收委員會日產處理委員會統籌接收臺灣總督府、日本企業和日本人所有的工礦農林企業、衛生醫療設施和房屋建築物等各類資產，並依據性質分為：撥為公用、公營、出售、出租和官商合營等數項。戰後初期委員會希望持續經營既有的事業，規模較小的企業則儘量交由民間經營。[1]

　　1945 年 12 月，資源委員會籌組臺灣工礦事業考察團，參訪重要的工礦廠區。[2]戰後初期，臺灣機械業有工作母機的工廠約有350 間，但多屬小型修理工場；當時多數工廠資材普遍不足，僅能製造簡易的家庭必需品與農具。[3]

　　資源委員會將規模最大的臺灣鐵工所與臺灣船渠株式會社合併，成為臺灣機械造船股份有限公司高雄機器廠與基隆造船廠。當時高雄機器廠的產能，約為臺灣機械業總產值的 70%。其次，臺灣省行政長官公署整併日本人經營的鋼鐵與機械業中規模較大的 20 餘所，成立省營的臺灣工礦股份有限公司鋼鐵機械分公司。[4]

　　至於資源委員會、臺灣省行政長官公署工礦處和農林處不打算接收的事業，則由地方政府自行經營或標售給民間。例如第 3 章提到，戰爭末期設立的小型造船廠，報國造船株式會社由農林

處監理與接收，東亞造船株式會社和東港造船株式會社等則分別由接收委員會花蓮縣和高雄縣分會負責接收後，交由地方政府。[5]這些日本人經營的造船會社，爾後地方政府將部分廠房設備租用或轉售給民間。[6]然而，蘇澳造船株式會社的主要股東為臺陽礦業株式會社、臺陽拓殖株式會社和基隆顏家，故政府將日本持股出售給民間，由顏欽賢主持蘇澳造船公司。[7]

（二）組織的調整

臺灣機械公司的前身為臺灣鐵工所，於二戰末期為躲避盟軍轟炸，曾疏散部分生產器材，故受損較輕。在組織整併方面，由於臺灣鐵工所擅長機械製造，基隆的臺灣船渠株式會社以修造船隻為主，資源委員會建議將兩廠合併，統一管理；如此一來，不僅能振興臺灣的工業和交通事業，對閩粵地區發展新興工業亦能提供支援。[8]

戰後，國民政府鑒於無法於短期內調度充分人員，赴臺管理日治時期各生產單位，因而於 1945 年 10 月 25 日接收臺灣後，先派遣監理委員維持企業現狀與籌畫復工，至 1946 年 5 月起才正式接收各生產事業。[9]臺灣鐵工所於 1945 年 11 月 25 日起至 1946 年 4 月 29 日止，由臺灣省行政長官公署工礦處及經濟部臺灣區特派員辦公處，派遣俞汝鑫[10]擔任監理委員。1946 年 3 月 8 日俞汝鑫請辭後，監理委員由陳紹琳[11]繼任。同年 4 月，資源委員會副主任委員錢昌照[12]與臺灣行政長官陳儀商訂會省合作事業大綱後，決定由資源委員會和臺灣省行政長官公署合資，經營日產中，部分規模較大的企業體。至此，全臺規模最大的臺灣鐵工所亦於 1946 年 4 月 29 日，交予籌劃臺灣機械業接收的機器業接管委員會主任委員高禩瑾[13]主持。[14]

臺灣機械造船公司係於 1946 年 5 月 1 日，由臺灣船渠株式會社和臺灣鐵工所兩間公司合併而成，並由資源委員會和臺灣省政府合資經營，總公司設於基隆。因同年 6 月 30 日前，組織移交時

的廠房與財產清點為業務重點。因此，遲至 7 月 1 日才正式改組成為臺灣機械造船公司所轄之基隆造船廠和高雄機器廠。值得注意的是，當時臺灣機械造船公司因地緣考量，將日治時期臺灣船渠株式會社位於高雄的工廠，劃歸高雄機器廠管理。[15] 另外，高雄機器廠因修造鍋爐、鋼架、船隻時需要氧氣配合，同年 8 月，再將專司生產氧氣的東光興業株式會社[16] 併入臺灣機械造船公司高雄機器廠。[17]

　　戰後初期，臺灣機械造船公司的行政部門設有秘書、技術、會計三個處；生產部門為基隆造船廠和高雄機器廠；另於上海設立辦事處，除負責臺灣機械造船公司的原料採購外，並承接中國大陸的業務。所屬的高雄機器廠除了設有總務、業務、工務、設計、會計五組，所屬的各工場於戰後重新調整，設有第一、第二、第三、第四所、分廠和氧氣工場等六個單位。[18]

　　1948 年 4 月，資源委員會為謀生產專業化，將基隆造船廠與高雄機器廠各自改組為臺灣造船公司與臺灣機械公司（以下簡稱臺機公司）。[19] 此時的臺機公司總公司下設有：秘書室、技術室、業務處、會計處、高雄機器廠、服務部、臺北辦事處、上海辦事處。當時，隸屬生產單位的高雄機器廠，設有四個分所與三個分廠。其中，隨著 1949 年政府自中國大陸撤離而結束營業據點，此後所屬機構皆在臺灣本島。[20]

　　1950 年臺機公司為朝向生產專業化的經營策略發展，原本高雄機器廠的三個分廠進行組織調整，原本隸屬高雄機器廠的第一分廠獨立為高雄鑄造廠，第二分廠改稱為高雄機器廠船舶工廠，第三分廠改稱為高雄機器廠氧氣工廠。如上所述，戰後臺機公司的生產製造程也逐漸朝著細分化的布局調整。[21]

　　另一方面，1948 年臺機公司改組成立後，將高雄機器廠時期攸關機械設計的設計組擴編為技術室，以配合公司朝向生產專業化政策調整。但技術室最初的功能僅止於製圖流程的改良，迨至 1950 年代，針對原已生產的柴油機進行品質提升時，才發揮具體功效。此外，技術室負責估算生產各項產品前所需用料的預算控

制，使得公司生產成本趨於穩定。原則上，戰前臺灣鐵工所的預算控制由造機部的見積課所執行，戰後初期要到技術室成立後才嚴格執行。[22]

戰後臺機公司除了調整生產組織，員工福利和家眷照顧均較戰前大為改善。在員工福利方面，臺機公司依據資源委員會於1941年和1942年先後公布《資源委員會管理員工福利事業基金辦法》與《資源委員會及附屬機關職員互助壽險暫行辦法》，除了臺機公司在編制內增設醫生、護士等人員編制及相關醫療設備外，並提供員工壽險及撫卹、子女教育及生育補助費，這些都是戰前臺灣鐵工所欠缺的福利制度。此外，國民政府接收臺灣後，為使臺灣民眾學習官方語言，於各地成立國語訓練班，公營事業亦不例外。臺機公司依此成立國語訓練班，希望公司所屬臺灣籍員工學習當時的官方語言。[23]

總的來說，戰後臺機公司在管理方面，除了引進資源委員會的組織及人事聘用制度，其後再參酌需求、予以擴張；員工及其眷屬的福利方面，由於戰前臺灣鐵工所並未實施上述各項制度，戰後因引進資源委員會的制度，臺灣籍員工的福利較戰前還好。

二、臺機公司的人員聘用及技術傳承

（一）人員聘用

如表1所示，1944年臺機公司的前身臺灣鐵工所，為配合戰時體制下的軍需工業發展，聘用員工人數曾高達3,457名。然而，1945年臺灣鐵工所因應美軍轟炸而採取廠區疏開，[24]使得生產多處於停工狀態，所需勞動力也隨之減少；至同年8月第二次世界大戰結束時，雇用員工則降至最低的539名。1946年4月底資源委員會接收臺灣鐵工所時，因廠區在監理時期已逐步修復及生產，除日治時代即服務於臺灣鐵工所的員工陸續回任，還進一步招募員工，此時的職工人數增加至761名。其後，因工場復舊的完成

及組織調整，職員與工人雇用人數穩定上升。其中，職員中的技術人員部分在 1950 和 1951 年成長幅度較高，主因為 1950 年高雄鑄造廠從高雄機器廠中獨立分離，使其聘用人數隨之增加；反觀管理人員，則大致呈現較為穩定的人數，自 1948 年後約維持在 80 人左右。[25]

表 1 臺灣機械公司（包含日治時期臺灣鐵工所）員工人數（1944-1952）
（單位：人）

時間	職員人數				工人人數			總計
	技術員	管理員	雇員	小計	技術工	普通工	小計	
1944 年底	-	-	-	807	-	-	2,650	3,457
1945 年 8 月 15 日	-	-	-	307	-	-	239	536
1946 年 4 月接收時	-	-	-	141	-	-	620	761
1946 年底	72	98	0	170	835	190	1,025	1,195
1947 年度平均	58	75	0	133	799	219	1,018	1,152
1948 年度平均	72	83	13	168	834	248	1,082	1,250
1949 年度平均	79	81	15	175	926	223	1,149	1,324
1950 年度平均	95	77	7	178	982	173	1,156	1,335
1951 年度平均	109	79	8	196	1,013	178	1,191	1,387
1952 年度平均	109	79	6	184	1,096	170	1,266	1,460

資料來源：〈臺灣機械公司經營實況報告〉（1950 年 12 月 25 日），《臺灣機械公司經營實況及章程組織規則》，資源委員會檔案，檔號：003-010304-0490，藏於國史館；〈臺灣機械股份有限公司四十二年度股東大會記錄〉，《臺機公司四十二至四十七年度股東大會》，頁 13；經濟部國營事業司檔案，檔號：35-25 233，藏於中央研究院近代史研究所檔案館。148-1952 年為引自〈臺灣機械股份有限公司四十二年度股東大會記錄〉，為年度平均人數。

　　1946 年 5 月 1 日臺灣機械造船公司成立時，由杜殿英[26]擔任董事長，高禩瑾擔任總經理。最初，由中國大陸調至高雄機器廠的外省籍職員共 16 名，其中 6 名來自資蜀鋼鐵廠、4 名來自中央機器廠、3 名來自資源委員會所屬各處室，其餘 3 名分別來自資渝鋼鐵廠、雲南鋼鐵廠、江西車船廠。[27]調任自資蜀鋼鐵廠的員工，可能基於與臺灣機械造船公司總經理高禩瑾曾任資蜀鋼鐵廠廠長的

淵源而來到臺灣。其次，中央機器廠[28]為中日戰爭期間在後方較具規模的工場，培育出不少技術人員，並於戰後接收日本佔領區各廠礦事業時扮演重要角色。[29]上述 16 名員工抵臺後，有 6 名擔任副廠長及分廠主任等主管職務，而且其中 5 名皆來自資蜀鋼鐵廠，為總經理高禩瑾的舊屬。[30]

綜觀戰前臺灣產業界的中高階技術人員和管理人員，幾乎是日本人，臺灣人以擔任第一線生產工作為主。戰後，國民政府雖派遣資源委員會人員來臺，但人數上遠遠不及所需。是故，1945年底，臺灣省行政長官公署接受駐臺美國籍顧問的意見，徵用部分日本籍技術人員以協助各項產業之復復。迄至 1946 年 8 月，資源委員會所管理的 10 家企業中，計留用日本籍人員 2,000 人。不過，因美軍駐華總司令魏德邁（Albert Coady Wedemeyer）反對此一政策，希望中國當局儘速遣返在臺灣的日本人。[31]

1946 年 5 月臺灣機械造船公司成立時，高雄機器廠共留用51 名日本籍員工，其中技術人員 24 名、管理人員 21 名、技工 6名。這些被留用的日籍人員主要為中高階幹部，或是具備生產及管理經驗的資深員工。其中，臺灣鐵工所的末代社長宮田義一以及各生產與管理部門部長，於留用期轉任技術顧問。獲留用的生產技術人員具備設計專長與現場生產之專業能力；至於管理技術人員則因具備辦理資材及倉儲管理等專長而獲留用。上述留用的日人，除了從事政權移轉時的交接工作，也協助高雄機器廠的重建與復員。隨著遣返作業陸續展開，高雄機器廠留用的日籍人員亦於 1946 年 12 月全數遣返完畢，為資源委員會臺灣所屬企業中，最早完成遣返者。[32]

另一方面，對於日治末期乃至戰後接收前，日本籍與臺灣籍職員的任職狀況，藉由接收時的〈株式會社臺灣鐵工所職員名冊〉可以了解到，當時中高階職員多為日本籍，低階職員與工人則以臺灣籍為主。[33]然而，少數臺灣籍職員在此時點已擔任中級技術幹部，原因或與臺灣於 1931 年起創設的臺南高等工業學校，使得當時臺灣人除了赴日升學外，有機會在臺灣接受較高等的機械

教育有關。大致上，自日治後期起，臺南高等工業學校的畢業生始投入臺灣與滿洲國的產業界，並逐漸獲得重用。[34] 就臺機公司而言，當時造機部設計課課長許玉堂，1938 年自臺南高等工業學校機械工學科畢業，[35] 同年 4 月進入臺灣鐵工所服務；東工場下屬的機械工場場長江虹麟，1939 年自臺南高等工業學校機械工學科畢業後，[36] 同年 12 月進入臺灣鐵工所服務；[37] 西工場所長兼造機部部長楊炳添畢業於東京工業大學機械科，1927 年進入臺灣鐵工所服務。[38] 依據 1948 年臺灣機械公司的人事資料顯示，戰後僅有楊炳添仍留任於臺機船公司，擔任工程師兼製糖機械主任；原本擔任機械工場場長的江虹麟，則於臺機公司成立後不久逝世；[39] 至於設計課課長許玉堂，則轉任唐榮鐵工所擔任主任技師。[40]

值得注意的是，臺灣鐵工所造機部下屬的設計課，從事各項機械的設計與繪製，作為生產時的圖樣依據。1946 年 5 月資源委員會接收臺灣鐵工所時，設計課共有 12 名職員，日本人 2 名、臺灣人 10 名。兩名日本人中，川神定市為日本島根縣人，1933 年進入臺灣鐵工所服務，專長為製圖設計。因川神氏具備糖機設計經驗，於高雄機器廠成立後獲得留用；另一名日籍人員或許因資歷較淺，未獲得留用。[41] 在臺灣籍職員方面，除了前述的設計課課長許玉堂，另外 9 名臺灣籍職員中，擅長機械設計者有 5 名、機械製圖與車輛製圖者各 1 名、一般繪圖者 2 名。由上述人事分析或能歸納出，高雄機器廠成立時，因臺灣鐵工所時期多數臺灣籍職員留任，機械設計的能力得以傳承下來。[42]

如上節所述，1946 年高雄機器廠成立後，將臺灣鐵工所設計課更名為設計組，1948 年臺機公司改組成立後，再將設計組改稱技術室，並逐漸擴充規模，增加技術人員。大致上，截至政府撤退來臺的 1949 年 12 月底，技術室共有 21 名職員，正工程師 2 名、助理工程師 2 名、工務員 6 名、助理工務員 11 名。值得注意的是，其中僅 1 名正工程師為外省籍，其餘 20 名皆為臺灣籍。此外，助理工程師以下職級多畢業於日治時期的專修學校、工業學校、徒弟養成所、馬公海軍工作部養成所等。[43]

若以 1949 年 12 月底政府撤退來臺灣的時點來看，進一步分析臺機公司員工的省籍分布樣態可瞭解到，臺機公司在 35 名處室及各工場課長以上的主管中，僅 3 名臺灣人；在生產技術職的 58 名員工中，僅 16 名為外省籍，其餘 42 名為臺灣籍；至於擔任助理工程師以上職位者，臺灣人 10 名、外省人 8 名；在管理技術職的 58 名職員中，30 名為外省籍、28 名為臺灣籍，而且層級較高的管理師、副管理師皆由外省人擔任，臺灣人則擔任助理管理師、管理員、助理管理員等較低職務。至於工人方面，幾乎全為臺灣人擔任。[44] 另一方面，1949 年底以後臺機公司陸續補進的職員中，多為技術人員。在外省籍部分，一部分為伴隨政府撤退來臺的職員，另一部分則在資源委員會實習生制度下轉任正式職員；本省籍部分，以臺灣省立工學院的畢業生為主。[45]

　　整體而言，戰後臺機公司的技術人員有相當比例由臺灣人擔任，與臺灣造船公司以外省人為主的人事布局迥異。原因或為臺機公司以糖業機械作為主要產品，此項品目在中國大陸較不發達。再者，臺灣籍的技術人員學歷普遍低於外省籍的技術人員，但其從業年資長，技術也較豐富，而且日治時期已有不少臺灣人擔任雇員，並在戰後留任為技術人員。在管理技術職方面，日治時期臺灣鐵工所的管理人員多由日本人擔任，戰後臺機公司在引入資源委員會的組織管理方式之際，當時臺灣人學歷較低，又不甚理解中文閱讀與寫作，使得中高階副管理師職務全由外省人擔任。臺灣籍管理職員面對不熟悉的中文，但又必須處理文書資料的情況，僅能在稍微瞭解長官的要求後，儘量以表格形式呈現，力求資料完整，以供長官選擇。[46]

　　反觀戰後初期的臺灣造船公司，呈現以外省人為主的人事布局，原因在於造船業屬於高度整合且技術門檻較高的產業。日治時期臺灣缺乏造船教育，使得臺灣船渠株式會社的職員幾乎全為日本人。戰後臺灣造船公司成立後，由於缺乏臺灣籍技術人員，因此便由中國大陸同濟與交通大學造船系的畢業生填補。其後因 1948 年資源委員會原欲於上海籌設的中央造船公司無法順利設

立，另一批較熟稔造船的外省籍技術人員又轉進臺灣。[47] 藉由與臺船公司的人力填補比較，除了戰前與戰後，兩地產業發展及工業教育帶來的影響外，亦可視為臺機公司的生產具有在地化產業發展的特色，使得戰後臺灣籍技術人員占該公司技術人員中不低的比例。

戰後，資源委員會管轄的各事業體之職員聘用方面，將是否具備大學畢業學歷視為人事職級的任用與敘薪的重要指標。[48] 若以1946年資源委員會附屬單位的職員職薪表來看，共分為六個等級。其中，大學畢業後無工作經驗者，由工務員和管理員職級起聘，專修學校畢業或中學畢業而無工作經驗者，由助理工務員和助理管理員起聘。[49] 一般情形下，每個職員每年可晉升一級，表現突出或有特殊貢獻者，可越級晉升。至於資源委員會職員的晉升及加薪，則由各企業主管決定後，再呈報資源委員會即可。[50]

若就戰前與戰後初期，臺灣人聘用方面的處境來考察：戰前臺灣鐵工所因殖民地的差別待遇政策，僅少數臺灣人能擔任至技術員或事務員以上的職務；此外，戰前擔任同樣職級與年資相同的員工，日本人的薪水約比臺灣人高出三成。[51] 到了戰後，留任高雄機器廠的臺灣籍職員即使在日治時期有較長的年資與專業能力，卻受限於學歷，無法以較高的職級聘用。換言之，臺灣籍員工在戰前遭受殖民地的民族主義歧視，戰後則面臨學歷差異帶來的聘用差距。

就歷史脈絡來看，日治時期臺灣與中國大陸兩地的學制有異，加上日治時期臺灣人接受高等教育的機會較少。加以日治時期的臺灣有許多教育體制外的技術者養成單位，如臺灣鐵工所成立的教習所、高雄工業徒弟養成所與馬公海軍工作部養成所等，使得臺灣與中國大陸在學歷方面呈現不同樣貌。基於上述理由，臺灣機械造船公司成立後，曾將人事聘用時的學歷採認提出討論，並得到三項主要決議。首先，無學歷者在公司服務滿五年，或小學畢業者服務滿三年，敘薪比照初中畢業辦理；其次，兩年制以上的軍事學校畢業者，學歷視其入學資格而分別比照之，例如入學

時為初中畢業者，得比照高中畢業人員敘薪，但入學資格為高中畢業者，則比照專科畢業人員敘薪；第三，各級學校肄業者，大學肄業得視為高中畢業，高中肄業得視為初中畢業，但其肄業就讀時間可算入服務年資。[52]

　　1948年臺機公司總經理高禩瑾又向資源委員會提出建議，針對學歷較低但具備能力的臺灣籍職員應予以破格晉級，此項提案獲得資源委員會同意，使得臺灣籍職員亦有機會憑藉本身的專業能力，陸續升任至較高的職級。[53] 例如日治時期畢業於澎湖石泉公學校的蔡水成[54]先生，1936年進入臺灣鐵工所學習製圖工作兩年。1938年返回澎湖，考入澎湖馬公海軍工作部造船科製圖工場，擔任製圖員。戰後蔡水成於1946年5月進入高雄機器廠服務擔任雇員，1947年7月升等為技術室造船設計組的助理工務員，1952年轉任造船部造船工廠並兼任工場主管，至1956年，已升任船舶廠造船工場主任。[55]

（二）技術的傳承

　　戰後高雄機器廠的技術傳承，可以糖業機械、鐵道機械、船舶修造三個面向進行討論。值得注意的是，掌握技術的關鍵除了擁有生產所需的設計圖樣外，技術人員的學養及經驗也是重要條件。換言之，即使具有生產所需的圖樣，但若缺乏具備學養與經驗的技術人員，公司亦無法順利進行生產。

　　戰後臺機公司的技術人員，主要為：日治時期即任職於臺機公司的臺灣人、戰後進入臺機公司就職的臺灣人，以及來自中國大陸負責接收臺機公司的人員。因戰後族群的交錯及著眼於中國市場的緣故，臺機公司的技術傳承與發展，在商品生產過程中，受到不同族群與專業背景技術人員的影響。[56]

　　臺灣籍員工與負責接收的外省人初步交流時，因彼此所用的語言及所處文化有異，僅能用手談或藉由翻譯者溝通。戰前擔任臺灣鐵工所雇員的馮崑崙回憶戰後升任助理工務員時，與外省籍

員工的溝通如同演戲般，以比手劃腳進行。[57] 此外，戰前進入臺灣鐵工所擔任工員，戰後初期仍擔任工人的許文裏，也深感與外省籍職員交流的第一年中，語言溝通十分困難，僅能仰賴翻譯或猜測的方式交流。[58]

就戰後初期的人力資源而言，因 1946 年底高雄機器廠日籍技術人員被全數遣返，使得往後的生產作業須全仰賴臺灣籍員工。為填補日人離臺留下的職缺，因而透過考試的方式，將日治時期擔任雇員的臺灣人晉升為職員。[59] 在實作方面，初期臺灣籍員工多仰賴日治時期臺灣鐵工所留下的產品設計圖樣，而外省籍的工程師由於對生產品項不熟悉，僅能擔任最終驗收等形式上的確認工作。[60]

糖業機械在日治時期臺灣鐵工所的業務中，屬於較成熟的技術。在中國大陸的製糖產業不若臺灣發達的背景下，[61] 戰後高雄機器廠的糖業機械設計人才，端賴臺灣鐵工所時期留任的臺灣籍職員於戰前累積的生產經驗。[62]

至於鐵道生產方面，因中國大陸的鐵道系統自十九世紀末逐漸興起，並在鐵道沿線設有鐵道管理處與機器廠。再者，當時上海交通大學的機械教育，亦培養出一批鐵道技術人員。[63] 日治時代臺灣的鐵道發展方面，除臺灣總督府鐵道部自行設有修繕部門外，[64] 1940 年起，臺灣鐵工所始生產鐵道車輛與相關設備。[65] 1948 年臺機公司改組成立後，希望能藉由生產窄軌鐵道機車的經驗，籌畫生產行駛於中國大陸的標準軌鐵道機車。基於上述規劃，臺機公司乃積極延攬曾服務於中國大陸鐵道部門的技術人員。其中，1948 年臺機公司總經理高禩瑾聘請曾任隴海鐵路總工程師長達 10 餘年的法國人格來士，借重其專長來臺進行 2 個月的短期指導。[66]

1949 年底政府撤退來臺後，臺機公司將鐵道生產業務轉向發展臺灣鐵路局與糖業鐵道所用車輛，[67] 並於 1951 年延聘曾任交通部鐵路總機廠技術處副處長和交通部廣州機場籌備處處長的胡道彥 [68] 擔任正工程師。[69]

造船部門方面，日治時期澎湖馬公海軍工作部曾招募臺灣籍

人員，除於課堂上講授所需知識外，並給予實作上的訓練與指導。要言之，澎湖海軍工作部的臺灣籍員工藉由太平洋戰爭期間大量修繕艦艇的實作過程，逐步培養船舶的修繕及裝配能力。[70] 其中，戰後原任職於馬公海軍工作部的蔡水成等 5 名員工轉任至高雄機器廠服務。雖然這些員工學歷較低，但憑藉著太平洋戰爭累積的工作經驗，使其在修造船舶的過程中，能有效率依循取得的藍圖進行生產，成為戰後臺灣機械造船公司發展造船業實作部分的基礎人才；除此之外，高雄機器廠亦聘任高學歷者擔當要職，例如聘請美國麻省理工學院造船系畢業，曾任職於美國船廠，具造船設計專才的外省籍鞠鴻文[71] 擔任造船部副理。大致上，戰後初期的臺機公司即是以鞠鴻文的設計專長，加上馬公海軍工作部從業經驗的臺灣籍職員，兩相配合為基礎，開展造船事業。[72] 其後至 1940 年代末期後，才陸續引進畢業於馬尾海軍學校、澎湖水產學校的畢業生，擴充造船事業人員的陣容。[73]

綜上所述，戰後初期臺灣籍員工雖然掙脫殖民地的人事聘用歧視，但因資源委員會學歷至上的人事聘用原則，使得臺灣籍員工僅能擔任位階較低的職務。反觀來臺接收的外省籍技術人員縱使擁有大學以上的學歷，卻未必熟悉臺灣糖業機械生產等實務。過去薛毅的研究指出，戰後來臺的外省籍管理和技術人員多具備良好學歷和專業涵養，在接收過程中扮演舉足輕重的角色。[74] 然而，就臺機公司的案例而言，生產技術等作業主要由臺灣籍技術者擔任，而非仰賴外省籍技術人員，與薛毅所提見解明顯不同。

三、臺機公司的經營實況

戰後臺機公司的業務，大致可分為資源委員會和生管會兩個階段。其中，資源委員會時期的生產原料主要仰賴中國大陸進口，並銷售至臺灣、中國大陸兩地市場。1949 年生管會成立後，臺機公司的原料多由日本提供，並針對臺灣本身的需求進行產品開發。[75]

（一）資源委員會時期（1946 年 5 月至 1949 年 5 月）

1. 臺機公司的島內業務

　　1946 年 5 月高雄機器廠成立後，承接的業務主要是修繕受戰爭末期空襲損毀的船舶、鐵道機車，其中又以修復交通部航運接管委員會和高雄港務局於戰爭時期受損的船舶最為重要。在當時承接的修繕業務中，技術性較高的工程係 1946 年 5 月交通處航運接管委員會委託高雄機械廠修繕的 7,000 噸「山澤丸」。[76] 最初預計用四個月完成「山澤丸」的修繕工程，但在修繕過程中，包含機械與船體兩部分，因為蒸汽主機的部分汽缸破裂而難以修復，最後用另一艘沈船「黑潮丸」的汽缸來替換，導致此項修復工程遲至 1948 年 6 月才完工。[77]

　　在糖機修造方面，因 1945 年臺灣各間糖廠尚停留在接收點交作業與復舊工事，[78] 要至 1946 年臺灣糖業公司開始製糖後，業務量才逐漸上升。然而，戰後初期臺灣糖業公司的策略主要侷限於修復戰時受損的設備。因此，臺機公司僅能被動配合臺灣糖業公司，承接各糖廠一般性的修復工程。[79]

　　1947 年臺灣機械造船公司的經營策略為基隆造船廠承接修船業務，高雄機器廠主辦修理製糖機械與銷售柴油機。[80] 其中，高雄機器廠生產的 115 馬力和 200 馬力陸船兩用柴油機，不僅可作為陸地作業的原動機，若搭配推進軸、推進器與推力軸，亦能作為船舶使用之動力。[81] 大致上，當年高雄機器廠的業務以訂貨為主，其中生產製糖機械和修船占了營收的絕大部分。[82]

　　在業務擴展方面，1948 年隨著臺灣化學工業逐步發展，臺機公司開始承攬臺灣鹼業公司、臺灣肥料公司和臺灣水泥公司訂購的化工機械業務，當年化工機械業務占公司營業額的 21%。但若以 1948 年的客戶性質來劃分，臺灣糖業公司共占其銷售額的 48.24%，將近一半，其餘則是資源委員會經營的其他公司，占 24.41%，省營事業占 3.12%，民間公司及其他占了 24.23%。[83] 總的來說，戰後初期臺機公司的主要業務多為接收日產成立的公營企

業。[84]

　　就當時臺灣機械業的島內市場來看，有能力與臺機公司匹敵的有臺灣工礦公司鋼鐵機械分公司、大同製鋼機械公司、唐榮鐵工所等三間。臺機公司在市場競爭方面，除非遇到其他公司臨時以低價獲取存料，或因急需現金周轉而採行低價求售的策略外，一般而言，臺機公司在承接業務方面處於較有利的局勢，在機械業的市場占有率約為 60%。當時，臺機公司也向主管機關資源委員會提出希望各所屬單位彼此配合，這不僅有利於臺機公司承接的業務，對整個資源委員會所屬的企業來說，也能藉由組織內互相承接業務而獲得業績。[85]

　　另外，就戰後初期臺灣的水運運輸而言，戰前雖有大型船舶作為臺灣與日本及外地的聯繫工具，但戰爭後期多遭美軍轟炸而沈沒。在此情形下，戰爭後期僅能以小型機帆船承擔臺灣島內運輸，並聯繫南洋與福建地區。戰後，接收日產成立的臺灣航運公司，初期的營運一度以機帆船為主要運輸工具，提供環島及中國大陸之間的貨品及人員運輸。[86] 戰後，臺機公司生產的客貨船及漁船在當時運輸方面扮演的角色，除了提供公營及民營沿海地區的運輸工具，以及戰後復甦的漁業使用外，而且生產的小型客貨船漸次取代戰前接收自日本的老舊機帆船。[87]

　　大致上，戰後初期高雄機器廠以承接機械修造業務為主，在商品訂單過少的情況下，無法如同一般工場，僅針對數項商品進行專業化生產，進而達到規模經濟的效果。[88]1948 年 4 月，臺機公司改組成立後，將業務集中於生產柴油機、糖業機械、窄軌鐵路車輛三樣商品，希望能藉由生產專業化提高效率及降低成本，並將商品銷售至中國大陸。然而，此項計畫隨著通貨膨脹加劇及中國大陸撤守而未告實現。[89]

2. 戰後中國大陸市場的進出

　　戰後初期，高雄機器廠的銷售區域除了島內市場外，一度將鐵道機車、船舶、機械銷售至中國大陸。鐵道機車方面，因當時

行駛於中國大陸的鐵道機車大多老舊，政府在節省外匯的考量下，1948 年始由高雄機器廠將 12 輛鐵路機車銷往中國大陸。[90] 同時，原本供應全中國鐵道車輪的鞍山鋼鐵公司與瀋陽機車車輛公司，因東北戰事失利，車輪鑄造業務停頓。當時，資源委員會為了不使中國各省與臺灣本島的鐵道車輪及相關零件供應斷絕，自 1948 年 3 月起，高雄機器廠開始籌設冷硬車輪鑄造及鐵道車輪的生產設備，並獲得浙贛鐵路的訂單。[91]

在糖業機械的銷售方面，臺機公司的主要客戶有廣東糖廠籌備處與順德糖廠。[92] 如第二章所提及，第二次世界大戰日本統治廣東時，臺機公司前身的臺灣鐵工所亦曾參與順德糖廠的復舊與維修工事；此項業務的承接或能視為戰前業務的延續。[93] 此外，1948 年 10 月南洋實業公司廣西分公司曾向臺機公司訂購全套糖廠設備，規模為 300 噸壓榨量。相較於戰後臺灣糖廠 1,000 至 3,800 噸的壓榨規模，臺機公司承接之廣西糖廠設備的業務，可說游刃有餘。因此，戰後以修繕為主的臺機公司，首次有機會承接整套的糖業設備業務。

船舶製造方面，高雄機器廠鑒於中國沿海地區運輸與漁業發達，對重油引擎與小型船舶需求頗高，因而計畫將生產的木造船和漁船銷售至浙江、福建和廣東等地。[94] 然而，卻因造價過高及通貨膨脹之故，導致船商抱持觀望而不願購置。臺機公司在存貨壓力下，採行降價求售的策略，成功將船隻售予廈門的集友漁業公司。[95]

在臺機公司對中國大陸的市場銷售網絡方面，最初由公司所屬的上海營業所負責銷售，依據 1947 年 4 月臺灣機械造船公司的事業述要記載，上海營業處曾銷售出柴油機、刨床、橡膠機等產品。[96] 其後的同年 6 月，臺灣機械造船公司總經理高禩瑾前往上海，向各輪船公司推銷修船業務時，順道與同屬資源委員會經營的中央機器公司締結合約，除了互相推銷對方生產的製品，又將公司在上海的購料業務委託其辦理。[97]

大致上，1948 年除了沿海各省與華中、華北外，臺機公司的

商品在中國大陸的銷售還深入至四川、陝西、雲南、廣西等西北西南各省，中國大陸市場的銷售約占臺機公司總銷售額的 9%。但 1949 年政府因國共內戰敗退，導致臺灣機械公司失去了中國大陸這塊廣大的潛在市場。[98]

（二）生管會時期的臺機公司（1949 年 6 月至 1953 年 6 月）

資源委員會時期的臺機公司，其生產物料多由中國大陸供應，並將成品回銷。1949 年 6 月生管會成立後，不僅取代資源委員會的職權，而且主導 1953 年以前臺灣公營事業的發展布局。[99]

首先，歷經 1940 年代後期通貨膨脹和幣制改革的公營事業，因未進行資本額調整，所以無法體現公司的實際價值。是故，生管會乃與臺灣省政府商討後，依據 1949 年 6 月 15 日幣制改革後的物價為基準，再分別與各事業單位核算資本額。臺機公司經過資產重估後，核定資本額為新臺幣 400 萬元。[100] 此舉對臺機公司在借貸或尋求與國外廠商合作之際，能提供較為精確的財務狀況。

其次，充足的流動資金也是各公營事業購置原料等資材時的必要經費。1940 年代末期，臺灣銀行多將資金移作政府和軍事機構所需，因而排擠到對公營事業的放款業務。在僧多粥少的情況下，臺灣銀行對各公營事業提供的資金融通極其有限。1949 年年底，中華民國政府撤退來臺後，在財政赤字和外匯短缺的雙重危機下，積極促進公營事業發展，並將其盈餘、外匯繳交國庫，以增加財政收入。執行方面，生管會和臺灣銀行依據各公營事業提出的計畫提供融資，使得各事業單位得以取得較充沛的資金。[101]

1940 年代後期，臺機公司在流動現金過少的情況下，僅能在收到廠商的預收訂金後，才開始進行購料。因物價持續上漲，而且與中國大陸之間的匯兌不易，致使交貨時間受延誤，其至超過原先估計的生產成本。[102]1950 年，生管會體認到臺機公司係臺灣糖業公司重要的後勤單位，才願意給予臺機公司較豐沛的融資，使得自戰後以來即困擾臺機公司的流動資金不足問題得以解決。[103]

1950 年起，臺機公司開始承接阿公店溪水閘門、臺灣電力公司的烏來大水閘及五座吊門機等過去臺灣工程界難以承擔的大型公共工程；這些工程的共通處在於規模較大且設備精密，因此有能力承接的公司並不多。[104] 臺機公司藉由戰前的經驗累積與設備擴充，方能由點的機械修繕與生產，逐步擴充至面的設計與製造，進而具備製造全套機械設備與承攬公共工程的能力。[105]

同時，1950 年臺、日貿易重開後，臺機公司雖然能由日本進口生產所需資材，但也必需面對日本商品的競爭，導致各項成品滯銷。臺機公司為了因應市場環境改變，除了提升設計及製圖工作的精細度，也全數改採先接單再生產的策略，以降低存貨成本。[106]

1951 年，政府為節省財政支出，實施限制資本支出的政策，各公營事業原擬購置機器設備與維修的計畫因而停擺，使得以公營企業為主要客戶的臺機公司經營更加困難。臺機公司在缺乏市場需求的情況下，不得不遷就各項繁雜的配置工作，仰賴零星收入以支撐公司經營。如表 2 所示，1951 年臺機公司承接 1 萬元以下的業務共 762 件，占承接業務件數的 66.2%，但其業務金額卻僅占總業務金額的 13.5%。10 萬元以上的業務雖然只有 36 件，占總件數的 3.2%，但卻占總業務金額的 43.5%。[107]

表 2　1951 年臺機公司承接業務案件統計表

價格範圍 （單位：新臺幣元）	件數	百分比	承接業務總額 （單位：新臺幣元）	百分比
10,000 以下	762	66.2%	2,810,797.58	13.30%
10,001-50,000	313	27.1%	6,121,104.99	30.10%
50,001-100,000	40	3.5%	2,574,805.79	12.60%
100,001 以上	36	3.2%	8,844,482.00	43.50%
合計	1,151	100%	20,351,190.36	100%

資料來源：〈臺灣機械股份有限公司四十一年度股東大會記錄〉（1952 年 6 月 16 日），頁 12；《臺灣機械公司：業務案（二）》，資源委員會檔案，檔號：24-15-03 5，中央研究院近代史研究所檔案館。

若以戰後接收的國營和國省合營企業來看，1951 年臺機公司的盈餘約為新臺幣 146 萬 4,876 元，僅優於臺灣造船公司和臺灣金銅鑛務局；就員工的生產力而言，最高的三家公司依序為：臺灣電力公司、臺灣糖業公司、中國石油公司。臺機公司每名員工約為公司賺取新臺幣 1,033 元，亦僅優於臺灣造船公司的新臺幣 856 元與臺灣金銅礦務局的新臺幣 28 元。相較下，臺機公司因產品不具獨占性優勢、缺乏專業化生產，而且業務較零散，因而獲利偏低。[108] 但臺機公司作為臺灣糖業公司維修後勤的角色，間接協助臺糖公司賺取外匯，或許更勝於直接賺取利潤、充裕國家財政收入的任務。

　　在公營事業業務有限的情況下，臺機公司自 1951 年起，將銷售對象轉向民間市場，並計劃生產農業用抽水機和新式柴油機。在抽水機方面，臺機公司先前往農村，瞭解抽水機的使用情形後再進行設計。不過，因抽水機的製造材料多仰賴進口，致使生產成本高於進口產品價格。其後，臺機公司雖以減少工時和大量生產來降低成本，仍因品質不佳及缺乏良好行銷通路等原因，銷售成績不佳。[109]

　　在柴油機方面，臺機公司除了改良過去生產的舊式柴油機外，1953 年還與日本池貝鐵工株式會社簽訂五年技術合約，引進新式柴油機的生產技術。為配合該項計畫的實施，臺機公司乃運用美援款項，更新鑄鐵工場和工作機設備，盼能提升產品精密度。[110] 值得注意的是，此時臺灣造船公司也計畫生產柴油機，但政府認為，臺灣的市場不適合兩間公司同時生產，於是在經過協調後，才將柴油機生產的任務交由臺機公司負責。[111] 然而，由臺機公司生產的新式柴油機因員工經驗不足，在製作和組配過程中常出現瑕疵，導致生產成本居高不下以致銷售困難，終於 1958 年柴油機生產合約期滿後即宣告中止。[112]

　　另一方面，1953 年臺機公司為配合政府實施漁船放領政策，乃先組織漁業考察團，在了解既有動力漁船的形式及漁民漁法後，自行設計 5、10、15 噸三種定型漁船，並自同年 4 月起開始承造

第一批放領漁船 57 艘。之後,臺機公司才在漁船建造方面邁入專業化生產階段。[113]

整體而言,生管會時期的臺機公司,在政府確認以公營事業作為國家財政支出來源的政策後,臺機公司獲得較充分的資金可供運用。其後,臺機公司在政府限制公營事業投資的背景下,嘗試將客戶轉向民間市場的生產計畫並未成功。除了整體工業能力不足導致失敗,亦與戰前臺灣鐵工所和戰後初期臺機公司經營的業務,多為因應顧客需求的客製化產品,因而缺乏大量行銷專業化產品的經驗有關;其亟欲實現的專業化生產政策,則是配合政府政策才得以實現。

四、小結

本文係針對日治時期的臺灣鐵工所,至戰後先後改組為高雄機器廠、臺機公司的變遷過程進行考察,除作為戰後接收日產的個案分析,並就戰後初期臺灣與中國大陸市場的往來,以及 1950 年後以臺灣為主體的發展過程進行了解。在生產技術方面,糖業機械因臺灣籍員工留任,使得相關技術得以傳承不輟;造船部門方面,除了由熟悉船舶設計的外省籍員工擔任主管外,實作工程主要仰賴日治時期,澎湖馬公海軍工作部培養的臺灣籍技術者;鐵道部門方面,因戰後外省籍技術人員來臺,臺機公司曾短暫生產行駛於中國大陸寬軌車輛及相關配件,可視為政權轉換後,外省籍人員來臺導入的新商品開發。

過去,劉進慶將戰後國營事業定位為提供國庫收入的國家性資本,未進一步將公營事業對戰後臺灣社會經濟及產業發展的貢獻給予適度評價。就臺機公司而言,客貨船的建造可視為戰前老舊機帆船的汰舊換新,漁船的建造則有助於戰後漁業復甦。另外,1950 年代初期,臺灣糖業出口賺取外匯的背後,臺機公司提供的機械修繕業務,也有不可磨滅的貢獻。

至於薛毅給予資源委員會的接收人員高度評價這點,若以臺

機公司的案例來看，實有未合之處。主因是：薛毅並未考慮戰前兩岸教育制度及產業發展的差異，也忽略戰後臺灣籍技術者扮演的角色。當然，資源委員會接收臺灣鐵工所後，能於短時間內完成整編並投入生產、改善員工福利，應給予其組織管理能力正面評價，亦得呼應薛毅提出的見解。

就臺機公司的主體而言，戰前臺灣鐵工所為民營企業，著重公司獲利能力；戰後改組為公營企業，需配合政府政策調整、生產，致使臺機公司較難藉由專業化生產達到規模經濟，連帶地也使獲利能力受到限制。在此情況下，往後臺灣的機械產業並未如劉進慶所言形成獨占性資本，而在 1950 年代，民營企業透過大規模生產同樣產品，生產規模和影響力逐漸超越臺機公司。

註釋

1 臺灣省接收委員會日產處理委員會編，《臺灣省接收委員會日產處理委員會結束總報告》（臺北：臺灣省接收委員會日產處理委員會，1947），頁2。

2 薛毅，《國民政府資源委員會研究》，頁372-375。

3 經濟部稿，送達機關：包可永，〈據呈送臺灣省劃撥公營日資企業單位開列名冊請　核備一案即准予備查由〉（1946年11月19日），（35）京接字第16857號，〈臺灣區接收日資企業單位名單清冊〉，資源委員會檔案，檔號：18-36f 2-(1)，中央研究院近代史研究所檔案館；中國機械工程學會臺灣分會編，《中國機械工程學會臺灣分會特刊：臺灣機械工業》（臺北：中國機械工程學會臺灣分會，1948），頁3-4。

4 臺灣省行政長官公署工礦處，《臺灣一年來之工業》（臺北：臺灣省行政長官公署宣傳委員會，1946），頁3-4；中國機械工程學會臺灣分會編，《中國機械工程學會臺灣分會特刊：臺灣機械工業》，頁3-4；許雪姬，〈戰後臺灣民營鋼鐵業的發展與限制（1945-1960）〉，陳永發編，《兩岸分途：冷戰時期的政經發展》（臺北：中央研究院近代史研究所，2006），頁303-305。

5 臺灣省接收委員會日產處理委員會編，《臺灣省接收委員會日產處理委員會結束總報告》，頁68、73；臺灣省行政長官公署統計室編，《臺灣省統計要覽第一期：接收一年來施政情形專號》（臺北：臺灣省行政長官公署，1946），頁115。

6 《東亞造船會社（一）》，財政部國有財產局檔案，檔號：045-070400-0100，國史館；《東亞造船株式會社清算狀況報告書》，財政部國有財產局檔案，檔號：045-010202-0194，國史館；《臺東造船株式會社清算報告書》，財政部國有財產局檔案，檔號：045-012202-0436，國史館。

7 〈蘇澳造船股份有限公司董事名簿〉（1945年4月1日），《航務管理局接收之蘇澳造船會社處理》，財政部國有財產局檔案，檔號：045-090301-0045，國史館。臺灣省政府建設廳，《臺灣省民營工廠名冊（上）》（臺北：臺灣省政府建設廳，1953），頁162-164。

8 資源委員會經濟研究室編，〈臺灣工礦事業考察報告〉（1946年2月1日）。引自陳鳴鐘、陳興唐主編，《臺灣光復和光復後五年省情（下）》（南京：南京出版社，1989），頁8、29-31、53。

9 劉進慶著，王宏仁、林繼文、李明峻譯，《臺灣戰後經濟分析》，頁24；鄭友揆、程麟蓀、張傳洪，《舊中國的資源委員會(1932-1949)》（上海：上海社會科學院，1991），頁212-213。

10 俞汝鑫(1900- ？)，浙江省上虞縣人，交通大學電機工程系畢業，美國哈佛大學電機工程系碩士，曾任上海交通大學電機工程系教授、建設委員會技正、上海電機製造廠廠長、中央信託局購料處經理、行政院外匯貿易審議委員會顧問兼輸出審議小組召集人。鄭會欣編註，《董浩雲日記（上）》（香港：香港中文大學出版社，2004），頁34；中華民國工商協進會編，《中華民國工商人物誌》（臺北：中華民國工商協進會，1963），頁270-271。

11 陳紹琳（1900- ？），浙江省麗水縣人，曾任臺灣機械造船公司協理。〈臺灣機械造船公司現有職員名冊〉（1948年1月），〈臺灣機械造船有限公司關於職員名冊、醫療設備等事與資源委員會等來往文件（1946年5月至1948年12月）〉；中國第二歷史檔案館、海峽兩岸出版交流中心編，《館藏民國臺灣檔案彙編：第103冊》（北京：九州，2007），頁86-91。

12 錢昌照（1899-1988），江蘇省常熟縣人，畢業於倫敦大學經濟學院，曾任國民政府教育部常務次長、資源委員會副秘書長、資源委員會委員長、資源委員會主任委員。1949年中華人民共和國成立後，先後擔任全國政協委員、中央財經濟委員會委員兼計劃局副局長等職務。陳玉堂編，《中國近現代人物名號大辭典（全編增印本）》（杭州：浙江古籍，2005），頁1008；薛毅，《國民政府資源委員會研究》，頁476-477。

13 高禩瑾（1904-？），山東省膠縣人，美國普渡大學機械系畢業，曾任隴海鐵路機廠副廠長、滇緬路總機廠廠長、資源委員會簡任技正、資蜀鋼鐵廠廠長。來臺後曾任臺灣機械公司總經理、行政院經濟安定委員會工業委員會專門委員、東海大學工業工程學系主任、東海大學工學院院長等。〈臺灣機械造船有限公司由會任用人員名單〉，《臺灣機械造船公司第一次董監聯會紀錄與工作報告等案》，資源委員會檔案，檔號：003-010101-08-49，國史館；李國鼎口述，劉素芬編，《李國鼎：我的臺灣經驗》（臺北：遠流，2005），頁644。

14 〈經濟部資源委員會、臺灣省行政長官公署合辦臺灣省工礦事業合作大綱〉（1946年4月6日），陳鳴鍾、陳興唐主編，《臺灣光復和光復後五年省情（下）》，頁99-100；〈臺灣機械造船股份有限公司接辦事業工作報告（1946年）〉，中國第二歷史檔案館、海峽兩岸出版交流中心編，《館藏民國臺灣檔案彙編：第167冊》（北京：九州，2007），頁1-21；〈臺灣機械造船股份有限公司高雄機器廠工作報告〉（1946年12月），中國第二歷史檔案館、海峽兩岸出版交流中心編，《館藏民國臺灣檔案彙編：第172冊》（北京：九州，2007），頁291-311。

15 〈臺灣機械造船股份有限公司接辦事業工作報告（1946年）〉，中國第二歷史檔案館、海峽兩岸出版交流中心編，《館藏民國臺灣檔案彙編：第167冊》，頁1-21。

16 東光興業株式會社於1936年由中辻喜次郎創設，主要從事氧氣製造與機械生產。千草默先編，《會社銀行商工業者名鑑》（臺北：圖南協會，1940），頁267。

17 臺灣機械造船股份有限公司，〈資源委員會臺灣省政府臺灣機械造船股份有限公司概況〉《臺灣銀行季刊》第1卷第3期（1948），頁156-159；〈臺灣機械造船公司為請將高雄市東光興業株式會社撥交本公司致資源委員會呈文〉（1947年5月17日），陳鳴鍾、陳興唐主編，《臺灣光復和光復後五年省情（下）》，頁111。

18 〈臺灣省1946年度工礦產品陳列所說明書（1946年10月）〉，中國第二歷史檔案館、海峽兩岸出版交流中心編，《館藏民國臺灣檔案彙編：第138冊》（北京：九州出版社，2007），頁1-75。

19 〈事業消息〉，《資源委員會公報》第14卷第4期（1948），頁72。

20 〈資源委員會臺灣省政府臺灣機械有限公司（1948年）〉，頁2。

21 〈臺灣機械有限公司卅九年度工作總報告〉（1951年1月），《臺灣機械公司：業務案（一）》，資源委員會檔案，檔號：24-15-03 4，中央研究院近代史研究所檔案館。

22 〈臺灣機械股份有限公司第二屆第一次董監席會議記錄〉（1954年8月6日），〈臺灣機械股份有限公司第二屆第三次董監聯席會議記錄〉（1954年10月31日），〈臺灣機械股份有限公司第二屆第四次董監聯席會議記錄〉（1954年12月24日），〈臺灣機械股份有限公司第二屆第五次董監聯席會議記錄〉（1955年1月29日），〈臺灣機械股份有限公司第二屆第十一次董監聯席會議記錄〉（1955年8月2日），《機械公司第二屆董監聯席會議記錄（一）》，經濟部國營事業司檔案，檔號：35-25-24 2；〈株式會社臺灣鐵工所職員名冊〉，《臺灣機械造船公司臺灣鐵工所接收清冊（一）》，資源委員會檔案，檔號：297 435-1，國史館。

23 〈臺灣機械造船公司修復情形及臺胞待遇等之有關資料〉，《臺灣各事業單位修復情形》，資源委員會檔案，檔號：003-010306-0317，國史館。薛毅，《國民政府資源委員會研究》，頁445-450。

24 依據二次大戰結束後，臺灣總督府編纂的《臺灣統治概要》中提及，戰事末期臺灣機械產業共有315所工廠，當時只躲避美軍空襲，挑選出最重要的5所工廠疏散到山腳地帶，臺灣鐵工所亦包含在當中。臺灣總督府編，《臺灣統治概要》，頁412-413。

25 〈資源委員會臺灣機械有限公司現有人員名單〉（1950年12月底），《資委會臺灣機械公司卅七至四十一年職員名錄》，資源委員會檔案，檔號：294-674，國史館。

26 杜殿英（1903~?），山東省濰縣人，同濟大學機械系畢業，德國明興城工業大學（Westfälische Wilhelms - Universität Münster）機械科畢業，曾任同濟大學秘書長兼教務長，資源委員會簡

任技正兼工業處處長。來臺後，擔任臺灣機械股份有限公司董事長、臺灣造船公司董事長。中華民國工商協進會，《中華民國工商人物誌》，頁 164。

27 〈資源委員會附屬機關三十五年度調用會派人員情形彙報表〉（1947 年 3 月），〈臺灣機械造船有限公司關於職員名冊、醫療設備等事與資源委員會等來往文件（1946 年 5 月至 1948 年 12 月）〉。中國第二歷史檔案館、海峽兩岸出版交流中心編，《館藏民國臺灣檔案彙編：第 103 冊》，頁 86-91。

28 中央機器廠在 1936 年由資源委員會創辦於湖南，1937 年中日戰爭爆發後，中央機器廠於1938 年搬遷至雲南，為當時全中國規模最大的機器工場。孔令仁、李德征主編，《中國老字號：貳　工業卷（上）》（北京：高等教育出版社，1998），頁 154-158。

29 鄭友揆、程麟蓀、張傳洪，《舊中國的資源委員會（1932-1949）》，頁 63-65。

30 〈資源委員會附屬機關三十五年度調用會派人員情形彙報表〉（1947 年 3 月），〈臺灣機械造船有限公司關於職員名冊、醫療設備等事與資源委員會等來往文件（1946 年 5 月至 1948 年 12 月）〉。中國第二歷史檔案館、海峽兩岸出版交流中心編，《館藏民國臺灣檔案彙編：第 103 冊》，頁 86-91。

31 吳若予，《二二八事件與公營企業：二二八事件檔案專題選輯》（臺北：檔案管理局，2007），頁 66-71；林讚生，〈過渡時期的臺灣工鑛技術〉，《民報》第一版（1945 年12 月 6 日）；歐素瑛，〈戰後初期在臺日人之遣返〉，《國史館學術集刊》第 3 期（2003），頁 205-207。

32 〈臺灣機械造船公司工作報告〉（1946 年），《臺灣機械造船公司業務概況》，資源委員會檔案，檔號：003-010700-0073，國史館。〈經濟部為送臺灣區留用日籍技術員工表冊事致外交部公函（1946 年 8 月 28 日）〉。中國第二歷史檔案館、海峽兩岸出版交流中心編，《館藏民國臺灣檔案彙編：第 130 冊》，頁 266-273。

33 〈株式會社臺灣鐵工所職員名冊〉，《臺灣機械造船公司臺灣鐵工所接收清冊》，資源委員會檔案，檔號：297 435-1，國史館。

34 臺南高等工業學校，《臺南高等工業學校一覽（昭和 7 年）》（臺南：臺南高等工業學校，1932），頁 3-4。

35 臺南高等工業學校同窓會編，《鳳木會名簿－臺南高等工業學校同窓會》（千葉：臺南高等工業學校同窓會，1996），頁 33；〈株式會社臺灣鐵工所職員名冊〉，《臺灣機械造船公司臺灣鐵工所接收清冊》，資源委員會檔案，檔號：297 435-1，國史館。許雪姬，《日治時期在「滿洲」的臺灣人》（臺北：中央研究院近代史研究所，2002）。依據許雪姬女士的口述訪談，能夠瞭解當時許多臺南高等工業學校的畢業生則前往滿洲國服務，而且任職於滿洲電氣株式會社。

36 臺南高等工業學校同窓會編，《鳳木會名簿：臺南高等工業學校同窓會》，頁 39-40；〈株式會社臺灣鐵工所職員名冊〉，資源委員會檔案，檔號：297 435-1，國史館。

37 〈株式會社臺灣鐵工所職員名冊〉，資源委員會檔案，檔號：297 435-1，國史館。

38 〈臺灣機械造船有限公司高雄機器廠臺籍職員學歷及薪級報告表〉，《資源委員會在臺各單位職員核薪及調薪等案》，資源委員會檔案，檔號：003-010102-2333，國史館。

39 〈資源委員會臺灣省政府臺灣機械有限公司職員錄〉（1948 年 12 月），《資委會臺灣機械公司卅七至四十一年職員錄》，資源委員會檔案，294-674，國史館。

40 《廠務報告表：高雄（四）》，資源委員會檔案，檔號：003-010304-0054，國史館。

41 〈株式會社臺灣鐵工所職員名冊〉，《臺灣機械造船公司臺灣鐵工所接收清冊（一）》，資源委員會檔案，檔號：297 435-1，國史館；〈臺灣機械造船股份有限公司高雄機器廠征用日籍技術人員及眷屬名冊〉（1946 年 8 月），〈經濟部為送臺灣區留用日籍技術員工表冊事致外交部公函（1946 年 8 月 28 日）〉。中國第二歷史檔案館、海峽兩岸出版交流中心編，《館藏民國臺灣檔案彙編－第 130 冊》（北京：九州出版社，2007），頁 266-274。

42 〈株式會社臺灣鐵工所職員名冊〉，《臺灣機械造船公司臺灣鐵工所接收清冊（一）》，資源委員會檔案，檔號：297 435-1，國史館。

43 〈資源委員會臺灣省政府臺灣機械有限公司職員錄〉（1949 年 12 月），《資委會臺灣機械公司卅七至四十一年職員錄》，資源委員會檔案，294-674，國史館；〈臺灣機械造船有限公司高雄機器廠臺籍職員學歷及薪級報告表〉，《資源委員會在臺各單位職員核薪及調薪等案》，資源委員會檔案，檔號：003-010102-2333，國史館。

44 〈資源委員會臺灣機械有限公司現有人員名冊〉（1949 年 12 月底），資源委員會檔案，294-674，國史館；《臺灣機械公司人事案》，資源委員會檔案，檔號：24-15-03 2，中央研究院近代史研究所檔案館。

45 《資委會臺灣機械公司卅七至四十一年職員錄》，資源委員會檔案，294-674，國史館；《臺灣機械公司人事案》，資源委員會檔案，檔號：24-15-03 2，中央研究院近代史研究所檔案館。

46 《資委會臺灣機械公司卅七至四十一年職員錄》，資源委員會檔案，294-674，國史館；《臺灣機械公司人事案》，資源委員會檔案，檔號：24-15-03 2，中央研究院近代史研究所檔案館。〈林順安先生訪談記錄（第二次）〉（2009 年 12 月 29 日）。依據戰前擔任臺灣鐵工所雇員的林順安先生回憶，戰後初期升任助理管理員時，在不熟悉中文又需處理文書資料的情況下，僅能在稍微瞭解長官的要求下，儘量以表格的形式呈現，力求資料的完整性以供長官選擇。

47 洪紹洋，《近代臺灣造船業的技術轉移與學習》，頁 82-86。

48 鄭友揆、程麟蓀、張傳洪，《舊中國的資源委員會（1932-1949）》，頁 304-306。

49 〈資源委員會附屬單位職員職薪表〉，《資源委員會公報》第 12 卷：第 1 期（1947 年 1 月 16 日），頁 45。

50 鄭友揆、程麟蓀、張傳洪，《舊中國的資源委員會（1932-1949）》，頁 308。

51 〈（密不敘由）復核敘臺籍職員薪級事〉（1948 年 4 月 20 日），（卅七）機總臺發字第 25 號，《資源委員會在臺各單位職員核薪及調薪等案》，資源委員會檔案，檔號：003-010102-2333，國史館；〈臺灣機械造船公司修復情形及臺胞待遇等之有關資料〉，《臺灣各式業單位修復情形》，資源委員會檔案，檔號：003-010306-0317，國史館。

52 〈公牘：人事類〉，《資源委員會公報》第 12 卷第 6 期（1947），頁 485-486。資源委員會代電，資（三六）人字 7735 號，「關於職薪調整辦法學歷問題一案　電仰之照由」此項決議臺灣機械造船公司呈送資委會後，由資源委員會轉至各機關做為參考。

53 〈（密不敘由）復核敘臺籍職員薪級事〉（1948 年 4 月 20 日），（卅七）機總臺發字第 25 號，《資源委員會在臺各單位職員核薪及調薪等案》，資源委員會檔案，檔號：003-010102-2333，國史館。〈資源委員會臺灣機械公司現有人員名冊〉（1949 年 12 月底）；《資委會臺灣機械公司卅七至四十一年職員名錄》，資源委員會檔案，檔號：294-674，國史館。

54 蔡水成（1922-），臺灣省澎湖縣人，日治時期先後畢業自石泉公學校及澎湖馬公海軍工作部養成所，曾任澎湖馬公要港部日本海軍，擔任修船及船體繪製工作，1946 年進入臺灣機械造船公司服務，其後升任臺灣機械公司船舶廠代理廠長。《臺灣機械股份有限公司資料總目錄》，經濟部國營事業司檔案，檔號：35-25-01a 103 001 01，中央研究院近代史研究所檔案館。

55 〈蔡水成先生訪問記錄〉（2008 年 9 月 25 日）。

56 〈株式會社臺灣鐵工所設計圖樣〉，《臺灣機械造船公司臺灣鐵工所接收清冊》，資源委員會檔案，檔號：297 435-1，國史館。

57 〈馮崑崙先生訪問記錄〉（2009 年 12 月 29 日）。馮崑崙先生，1923 年出生於臺南縣，1940 年畢業於臺南專修工業學校機械科後，進入臺灣鐵工所擔任雇員。戰後初期升任至助理工務員，1965 年退休後轉任南亞公司。

58 〈許文棗先生訪談記錄〉（2008 年 8 月 22 日）。許文棗先生生於 1928 年，1944 年進入臺灣機械公司前身臺灣鐵工所擔任見習工，戰後初期先擔任工人，後升任至雇員、助理工程師、副工程師、工程師，曾擔任生產管制組副組長，退休前職位為鑄造工程監。

59 〈林順安先生訪談記錄〉（2008 年 10 月 16 日）。林順安先生生於 1925 年，1941 年進入臺灣鐵工所教習所，同時期並進入臺灣鐵工所人事課擔任雇員，為當時人事課中唯一一位臺灣人。戰後高雄機器廠改組成立後，於 1947 年轉任職員，1955 年後升任至人事課長。

60 〈株式會社臺灣鐵工所設計圖樣〉，《臺灣機械造船公司臺灣鐵工所接收清冊》，資源委員會檔案，檔號：297 435-1，國史館；〈許文棗先生訪談記錄〉（2008 年 8 月 22 日）。

61 陳兆偉，《國家經營下的臺灣糖業（1945-1953）》（臺北：稻鄉，2003），頁 45-47、頁64-65。

62 〈株式會社臺灣鐵工所職員名冊〉，《臺灣機械造船公司臺灣鐵工所接收清冊》，資源委員會檔案，檔號：297 435-1，國史館；〈許文棗先生訪問記錄〉（2009 年 8 月 22 日）。

63 秦慰祖，〈程孝剛-與詹天佑齊名的機械工程專家和教育家〉，王宗光主編，《老交大名師》（上海：上海交通大學出版社，2008），頁 128-134。

64 臺灣總督府編，《臺灣統治概要》，頁 178-179。

65 〈株式會社臺灣鐵工所第參十七期營業報告書（昭和 15 年上半）〉，頁 3；〈株式會社臺灣鐵工所第肆拾壹期營業報告書（昭和 17 年上半）〉，頁 3-5；〈株式會社臺灣鐵工所職員名冊〉，《臺灣機械造船公司臺灣鐵工所接收清冊》，資源委員會檔案，檔號：297 435-1，國史館。

66 〈為技術需要經洽妥延聘法人格來士君暫在高雄機器廠工作二月請賜准備案由〉（1948年 7 月 24 日），（卅七）機總臺發字第 458 號；資源委員會檔案，《臺灣機械公司：人事案》，檔號：24-15-03 2，中央研究院近代史研究所檔案館。

67 〈臺灣機械股份有限公司四十一年度股東大會記錄〉（1952 年 6 月 16 日），《臺灣機械公司：業務案（二）》，頁 8，資源委員會檔案，檔號：24-15-03，中央研究院近代史研究所檔案館；〈臺灣機械股份有限公司四十二年度股東大會記錄〉，《臺機公司四十二至四十七年度股東大會》，頁 12，經濟部國營事業司檔案，檔號：35-25 233，中央研究院近代史研究所檔案館。

68 胡道彥（1912~?），安徽涇縣人，1934 年上海交通大學畢業，曾赴美國機車公司實習，並先後擔任交通部鐵路總機廠正工程師、技術室副處長、廣州機廠籌備處處長。資源委員會檔案，《臺灣機械公司：人事案》，檔號：24-15-03 2，中央研究院近代史研究所檔案館。

69 〈本公司任用胡道彥君為正工程師電請　鑒核備案由〉（1951 年 7 月 10 日），(40) 機董臺字第 4 號，《臺灣機械公司：人事案》，檔號：24-15-03 2，中央研究院近代史研究所檔案館；〈臺灣機械股份有限公司第一屆第三次董監聯席會議記錄〉（1951 年 11 月 14日），《臺灣機械公司：業務案（二）》，資源委員會檔案，檔號：24-15-03，中央研究院近代史研究所檔案館。

70 黃有興編，《日治時期馬公要港部：臺籍從業人員口述歷史專輯》（澎湖：澎湖縣文化局，2004），頁 26-28、310。

71 鞠鴻文（1916~?），山東省榮成縣人，國立重慶商船學校畢業，美國麻省理工學院碩士，曾任美國奧雷岡造船公司（Oregon Shipbuilding Corporation）工程師。《臺灣機械公司：人事案》，檔號：24-15-03 2，中央研究院近代史研究所檔案館；經濟部人事處編，《經濟部所屬機構單位主管以上人員通訊錄》（臺北：經濟部人事處，1974），頁 236。

72 〈蔡水成先生訪問記錄〉（2008 年 9 月 25 日）。據蔡水成先生回憶戰後初期的造船事業，主要由外省籍的鞠鴻文負責設計，並曾經任職於澎湖馬公海軍工作部的陳啟昌計算確認後，才由臺灣籍員工負責建造；黃有興編，《日治時期馬公要港部-臺籍從業人員口述歷史專輯》，頁 310。

73 《資委會臺灣機械公司卅七至四十一年職員名錄》，資源委員會檔案，檔號：294-674，

國史館：《臺灣機械股份有限公司：業務（機器設備、生產、市場等）及其他（技術合作合約、技術援助協定書等）》，經濟部國營事業司檔案，檔號：35-25-01a 107 001 02，中央研究院近代史研究所檔案館。

74 薛毅，《國民政府資源委員會研究》，頁378-384。

75 吳若予，《戰後臺灣公營事業之政經分析》（臺北：業強，1992），頁51、63。

76 山澤丸為第二次世界大戰末期戰時標準型造船計畫所建造，為6,899噸，並於1944年竣工。戰後由交通部航運接管委員會統籌打撈，俟臺灣航業公司成立後，更名延平輪。臺灣省政府交通處編，《臺灣省政府交通處主管事項概況》（臺北：臺灣省政府交通處，1948），頁78。

77 〈臺灣機械造船股份有限公司高雄機器廠工作月報（1946年5月）〉、〈臺灣機械造船有限公司關於職員名冊、醫療設備等事與資源委員會等來往文件（1946年5月至1948年12月）〉。中國第二歷史檔案館、海峽兩岸出版交流中心編，《館藏民國臺灣檔案彙編：第103冊》，頁142-324；〈許文棟先生口述訪談〉（2008年8月22日），許文棟先生於戰後初期曾參與山澤丸的修復工程。臺灣省政府交通處編，《臺灣省政府交通處主管事項概況》（臺北：臺灣省政府交通處，1948），頁78-79；《臺灣省日方船隻接收》，臺灣省行政長官公署檔案，檔號：00308500029013，國史館臺灣文獻館。

78 〈臺灣機械造船公司高雄機器廠及基隆造船廠工作月報（1946年5月至1947年3月）〉，中國第二歷史檔案館、海峽兩岸出版交流中心編，《館藏民國臺灣檔案彙編：第103冊》，頁142-324。

79 一般糖廠的生產模式，上半年多集中於製糖業務，下半年始進行糖廠機械的修護與更新。這也使得自日治時期臺灣鐵工所營運初期，因過度依賴製糖業務，使得每年上半年糖廠製糖時，鐵工所的業務較為清淡；但下半年糖廠在修繕機械時，鐵工所的業務較為興旺。大致上，戰後初期臺灣機械公司高雄機器廠承接製糖機械的產量：1946年下半128噸、1947年上半127.8噸、1947年下半906.7噸、1948年上半264.6噸、1948年下半804.6噸。〈資源委員會臺灣省政府臺灣機械有限公司卅七年度工作總報告〉（1949年3月），《臺灣機械公司三十七年度工作總報告》，資源委員會檔案，檔號：003-010301-1000，國史館；陳兆偉，《國家經營下的臺灣糖業（1945-1953）》，頁56-57、63-64。

80 〈資源委員會臺灣省政府臺灣機械造船有限公司第一次董監聯席會議紀錄〉（1947年12月26日），《臺灣機械造船公司第一次董監聯會紀錄與工作報告等案》，資源委員會檔案，檔號：003-010101-08-49，國史館。

81 〈臺灣機械造船股份有限公司高雄機器廠柴油引擎說明書〉（1946年12月），中國第二歷史檔案館、海峽兩岸出版交流中心編，《館藏民國臺灣檔案彙編：第172冊》，頁312-340。

82 臺灣省建設廳編，《臺灣公營工礦企業概況》（臺北：臺灣省建設廳編，1947），頁23。

83 〈資源委員會臺灣省政府臺灣機械有限公司卅七年度工作總報告〉（1949年3月），《臺灣機械公司三十七年度工作總報告》，資源委員會檔案，檔號：003-010301-1000，國史館。

84 〈資源委員會臺灣省政府臺灣機械公司概況（1948年）〉。

85 〈資源委員會臺灣省政府臺灣機械有限公司卅七年度工作總報告〉（1949年3月），《臺灣機械公司三十七年度工作總報告》，資源委員會檔案，檔號：003-010301-1000，國史館。

86 袁穎生，《光復前後的臺灣經濟》（臺北：聯經，1998），頁36、124-125；臺灣省政府新聞處編，《臺灣的建設》（南投：臺灣省政府新聞處，1963），頁13-61；臺灣總督府，《臺灣統治概要》，頁185-186。

87 〈資源委員會臺灣省政府臺灣機械公司概況（1948年）〉。

88 〈臺灣機械造船公司工作報告〉（1947年11月30日），《臺灣機械造船公司第一次董監聯會紀錄與工作報告等案》，資源委員會檔案，檔號：003-010101-08-49，國史館。

89 〈事業消息〉，《資源委員會公報》第 14 卷第 6 期（1948），頁 76；〈臺灣機械造船股份有限公司高雄機器廠工作月報（1946 年 5 月至 12 月）〉、〈臺灣機械造船股份有限公司高雄機器廠工作月報（1947 年 2 月）〉、〈臺灣機械造船公司高雄機器廠及基隆造船廠工作月報（1946 年 5 月至 1947 年 3 月）〉，中國第二歷史檔案館、海峽兩岸出版交流中心編，《館藏民國臺灣檔案彙編 - 第 103 冊》，頁 142-324；〈資源委員會臺灣省政府臺灣機械造船有限公司第一次董監聯席會議紀錄〉（1947 年 12 月 26 日），《臺灣機械造船公司第一次董監聯會紀錄與工作報告等案》，資源委員會檔案，檔號：003-010101-08-49，國史館。

90 〈資源委員會臺灣省政府臺灣機械有限公司卅七年度工作總報告〉（1949 年 3 月），《臺灣機械公司三十七年度工作總報告》，資源委員會檔案，檔號：003-010301-1000，國史館。

91 〈臺灣機械造船股份有限公司高雄機器廠 37 年 11 月事業述要〉、〈臺灣機械造船公司高雄機器廠 1946 年 5 月至 1948 年 12 月份各月月電報底表及事業述要（1946 年 5 月至 1948 年 12 月）〉，中國第二歷史檔案館、海峽兩岸出版交流中心編，《館藏民國臺灣檔案彙編：第 95 冊》，頁 351-414。

92 《糖業公司與廣東省洽辦糖廠》，臺灣區生產事業管理委員會檔案，檔號：49-04-08-002-008，中央研究院近代史研究所檔案館。

93 洪紹洋，〈日治時期臺灣機械業發展之初探：以臺灣鐵工所為例〉，中央圖書館臺灣分館編，《臺灣學研究國際學術研討會：殖民與近代化論文集》（新北：中央圖書館臺灣分館，2009），頁 284-285。

94 〈資源委員會臺灣省政府臺灣機械有限公司概況〉（1948 年 9 月），《臺灣機械公司概況》，資源委員會檔案，檔號：003-00024-817A，國史館。

95 〈臺灣機械造船有限公司 36 年 5 月事業述要〉、〈臺灣機械造船有限公司 36 年 12 月事業述要〉；〈臺灣機械造船公司 1947 年各月工作電報底表及事業述要（1947 年 1 月至 12 月）〉，中國第二歷史檔案館、海峽兩岸出版交流中心編，《館藏民國臺灣檔案彙編 - 第 189 冊》（北京：九州，2007），頁 1-26。

96 〈臺灣機械造船有限公司 36 年 4 月事業述要〉、〈臺灣機械造船公司 1947 年各月工作電報底表及事業述要（1947 年 1-12 月）〉，中國第二歷史檔案館、海峽兩岸出版交流中心編，《館藏民國臺灣檔案彙編：第 189 冊》，頁 1-26。

97 〈臺灣機械造船有限公司 36 年 6 月事業述要〉、〈臺灣機械造船有限公司 36 年 8 月事業述要〉、〈臺灣機械造船公司 1947 年各月工作電報底表及事業述要（1947 年 1 月至 12 月）〉，中國第二歷史檔案館、海峽兩岸出版交流中心編，《館藏民國臺灣檔案彙編：第 189 冊》，頁 1-26。

98 〈臺灣機械公司經營實況報告〉（1950 年 12 月 25 日），《臺灣機械公司經營實況及章程組織規則》，資源委員會檔案，檔號：003-010304-0490，國史館。〈資源委員會臺灣省政府臺灣機械有限公司卅七年度工作總報告〉（1949 年 3 月），《臺灣機械公司三十七年度工作總報告》，資源委員會檔案，檔號：003-010301-1000，國史館。

99 吳若予，《戰後臺灣公營事業之政經分析》，頁 66。

100 陳思宇，《臺灣區生產事業管理委員會與經濟發展策略（1949-1953）：以公營事業為中心的探討》（臺北：國立政治大學歷史學系，2002），頁 170-176；臺灣區生產事業管理委員會秘書處編，《處理公營各公司重估資產調查股權問題經過概略》（臺北：臺灣區生產事業管理委員會秘書處，1951），頁 1-5、9-12；《本會贈送各項資料》，臺灣區生產管理委員會檔案，檔號：49-01-01-006-009，中央研究院近代史研究所檔案館。

101 陳思宇，《臺灣區生產事業管理委員會與經濟發展策略 (1949-1953)：以公營事業為中心的探討》，頁 206、213-216。

102 臺灣省建設廳編，《臺灣公營工礦企業概況》（臺北：臺灣省建設廳編，1947），頁 23、25；〈臺灣機械股份有限公司四十一年度股東大會記錄〉（1952 年 6 月 16 日），《臺

灣機械公司：業務案（二）》，頁6、9，資源委員會檔案，檔號：24-15-03，中央研究院近代史研究所檔案館。

103 〈臺灣機械股份有限公司第一屆第一次董監聯席會議記錄〉（1951年6月30日），《臺灣機械公司：業務案（二）》，資源委員會檔案，檔號：24-15-03，中央研究院近代史研究所檔案館。

104 〈臺灣機械公司經營實況報告〉（1950年12月25日），《臺灣機械公司經營實況及章程組織規則》，資源委員會檔案，檔號：003-010304-0490，國史館。

105 〈臺灣機械公司經營實況報告〉（1950年12月25日），資源委員會檔案，檔號：003-010304-0490，國史館。

106 廖鴻綺，《貿易與政治：臺日間的貿易外交(1950-1961)》（臺北：稻鄉，2005），頁16-28；臺灣機械公司編，《臺灣機械公司十年》，無頁碼。

107 〈臺灣機械股份有限公司四十一年度股東大會記錄〉（1952年6月16日），頁5-7；《臺灣機械公司：業務案（二）》，資源委員會檔案，檔號：24-15-03 5，中央研究院近代史研究所檔案館。

108 行政院主計處編，《臺灣公營事業近況統計》（臺北：行政院主計處，1954），頁57、頁292-294。

109 〈臺灣機械股份有限公司第二屆第一次董監聯席會議記錄〉（1954年8月6日），《機械公司第二屆董監聯席會議記錄（一）》，經濟部國營事業司檔案，檔號：35-25-24 2，中央研究院近代史研究所檔案館。

110 行政院美援運用委員會編，《十年來接受美援單位的成長》（臺北：行政院美援運用委員會，1961），頁24-27。

111 〈臺灣機械股份有限公司第二屆第五次董監聯席會議記錄〉（1955年1月29日），《機械公司第二屆董監聯席會議記錄（一）》，經濟部國營事業司檔案，檔號：35-25-24 2，中央研究院近代史研究所檔案館。

112 〈臺灣機械股份有限公司第二屆第廿次董監聯席會議記錄〉（1956年7月2日），《機械公司第二屆董監聯席會議記錄（二）》，經濟部國營事業司檔案，檔號：35-25-24 3，藏於中央研究院近代史研究所檔案館；〈臺灣機械股份有限公司四十八年股東大會記錄〉（1959年5月），《臺機公司四十八至五十三年度股東大會》，經濟部國營事業司檔案，檔號：35-25 234，中央研究院近代史研究所檔案館。

113 〈臺灣機械股份有限公司第一屆第十二次董監聯席會議記錄（1953年10月31日）〉、〈臺灣機械股份有限公司第一屆第十次董監聯席會議記錄〉（1953年5月9日）、〈臺灣機械股份有限公司第一屆第十三次董監聯席會議記錄〉（1954年2月27日），《機械公司第一屆董監聯席會議記錄》，國營事業司檔案，檔號：35-25-24 1，中央研究院近代史研究所檔案館。

第	
八	**戰時工業化的中挫**
章	**與臺灣工礦公司的成立**

一、戰後接收與臺灣工礦公司

　　本書第三至第七章介紹的中小機械業、組裝性產業、鋼鐵業、紡織業和硫酸錏等生產單位，戰後多數併入臺灣工礦股份有限公司。

　　臺灣工礦股份有限公司成立的背景可追溯自 1946 年 5 月 1 日，臺灣省行政長官公署工礦處將資源委員會選取所剩的日產事業中，將規模較大且適於聯合經營者，按性質分別創設：窯業、鐵工製造、鋼鐵、化學製品、印刷紙業、工程、電工業、紡織業、玻璃、油脂、工礦器材、煤礦等 12 間股份有限公司籌備處。[1]

　　其後工礦處認為，12 間公司能進行事業的橫向連結，將有助於統籌業務發展與資金調度，故於 1946 年 9 月 15 日設立臺灣工礦企業股份有限公司籌備處，將 12 間有限公司改為分公司。爾後，臺灣省行政長官公署再設立公營事業委員會，將籌備處更名為臺灣工礦股份有限公司籌備處。[2]

　　1946 年 11 月 1 日，籌備處將所屬的鐵工製造與鋼鐵業兩分公司合併為鋼鐵機械分公司；11 月 10 日又將化學製品分公司之橡膠廠獨立劃分為橡膠分公司。1947 年 5 月 1 日臺灣工礦股份有限公司（以下簡稱工礦公司）召開創立大會並通過章程，始獲得經濟部營業執照成立。[3]

　　如表 1 所示，工礦公司的組成由眾多戰前的企業加以改編，有 12 種分公司。1947 年 9 月，工礦公司認為工礦器材分公司無設置之必要，故裁併至煤礦分公司中；同年 12 月，為執行政府扶

植民營工礦事業決策，先後將印刷紙業及化學製品兩間分公司標售民營。1948 年 3 月，公司考量窯業分公司的名稱無法涵蓋所經營之業務，故改稱陶業分公司。經多次組織調整，至 1948 年年底時，工礦公司計有：煤礦、鋼鐵機械、紡織、陶業、電工業、油脂、玻璃、橡膠和工程等九種分公司。1949 年 3 月，臺灣省政府命令撤銷電工業、油脂、玻璃三種分公司，並將油脂分公司所屬之製皂、搾油、油漆各廠併入橡膠分公司後，改稱化學工業分公司。經此次調整，工礦公司減少為：煤礦、鋼鐵機械、紡織、化學工業、工程等六種分公司。1950 年 10 月，臺灣省政府體認到政府撤退來臺初期經濟蕭條，故將分公司與本公司合併，改設：紡織、礦冶機械、化工、營建四個部門，取代原本的分公司制度。[4]

　　過去已有論著說明工礦公司營運的困難點，並考察部分生產單位在耕者有其田四大公司民營化的分廠出售政策下，將多數廠房出讓給民間人士經營。[5]本章所要提問的是，戰前這些日本人經營的鋼鐵機械與電工業、紡織和硫酸錏等事業，於戰後併入省營事業的工礦公司，在資金與資源相對資源委員會經營的公司有限下，如何進行戰後重建。

表 1　工礦公司所屬分公司接收戰前會社清單

分公司名稱	原有會社名稱
紡織	臺灣纖維工業株式會社、臺灣紡織株式會社、帝國纖維工業株式會社、新竹紡織株式會社、臺南製麻株式會社、臺灣織布株式會社、南方纖維工業株式會社
鋼鐵機械	興亞製鋼株式會社、株式會社櫻井電氣製鋼所、鐘淵工業株式會社、吉田砂鐵工業株式會社、前田砂鐵工業株式會社、臺灣重工業株式會社、株式會社武智鐵工所、株式會社豐國鐵工所、臺灣製罐株式會社、臺灣鐵線株式會社、臺灣合同鑄造株式會社、吉田鐵工所、中林鐵工所、臺灣鋼鐵業株式會社、北川製鋼株式會社、臺灣鈑釘株式會社、臺灣精機工業株式會社、南方電氣工業株式會社、木戶農機製作所、臺灣燃料機株式會社、東洋鐵工株式會社、臺灣自動車整備配給株式會社、臺灣合成工業株式會社、株式會社日立製作所、中田製作所、產機製作所、小川製作所、中央兵器株式會社臺北出張所、株式會社吉村鐵工所、東邦金屬製煉所、高雄製鐵株式會社鶯歌煉窯廠、北川產業海運株式會社

分公司名稱	原有會社名稱
煤礦	基隆炭礦株式會社、愛國產業株式會社、近江產業合資會社、丸三產業株式會社、南海興業株式會社、臺灣產業株式會社、永裕炭礦、株式會社賀田組、七堵運煤輕便鐵路、臺灣炭業株式會社、六張犁炭礦、山本炭礦、臺灣焦炭、株式會社、武山炭礦株式會社、臺灣拓殖株式會社三德礦業所、福德炭礦
玻璃	臺灣硝子株式會社景尾工場、臺灣硝子株式會社新竹工場、臺灣高級硝子工業株式會社、拓南窯業株式會社、理研電化工業株式會社、有限會社南邦製作所、臺灣魔法瓶工業株式會社、臺灣板金工業株式會社、厚生商會
橡膠	臺灣橡膠株式會社
印刷紙業	臺灣書籍印刷株式會社、交通商事株式會社、盛文堂、保文印刷所、三宅彩印會社、吉村商會印刷所、盛進商事株式會社、臺灣照相製版印刷所、臺灣印刷油墨株式會社、山本油墨株式會社、昭和纖維工業株式會社、臺灣紙業株式會社、昭和纖維工業株式會社、臺灣紙業株式會社、藤本製紙嘉義工場、臺灣興亞紙業工業株式會社、蓬萊紙業株式會社、臺灣櫻井興業株式會社
油脂	日本特殊黃油株式會社、日本油漆株式會社、臺灣殖漆株式會社、臺灣殖漆株式會社銅鑼工場、臺灣花王有限會社、臺灣花王有機株式會社、臺灣油脂株式會社、臺灣油脂株式會社臺南工場、齋藤商店造林部
窯業	臺灣煉瓦株式會社、臺灣窯業株式會社
工礦器材	臺灣爆竹煙火株式會社、臺灣火藥統制株式會社、臺灣金屬統制株式會社、高進產業株式會社、東光株式會社、共益株式會社、日蓄株式會社、日東株式會社、古河電氣工業株式會社臺北販賣店、野村洋行、合名會社本田電氣商會、臺灣窒素工業株式會社、臺灣酸素合名會社臺北支店、帝國壓縮瓦斯株式會社臺北支店
電工	臺灣通信工業株式會社、臺灣乾電池株式會社、臺灣高密工業株式會社、臺灣音響電機株式會社、東京芝浦電氣株式會社臺北工廠、東京芝浦電氣株式會社臺灣事務部、東京芝浦電氣株式會社臺北事務所
化學製品	臺灣曾田香料株式會社、小川產業株式會社、鹽野化工株式會社、高砂化學株式會社、規納產業株式會社、日本香料藥品株式會社臺北分社
工程	大倉土木組、鹿島組、大林組、清水組、日本鋪道株式會社

資料來源：臺灣工礦股份有限公司，《臺灣工礦股份有限公司創立實錄》，頁151-156。

　　首先，工礦公司接收戰前廠房的規模部分較小，希望透過設備與廠房的集中、整併達到規模經濟的效果。其次，工礦公司因資金有限，廠房設備於戰時受到破壞，在不易向海外購買機械與

零組件，加上本地工業能力有限下，成為復舊時的不利因素。復次，透過日本籍留用者的紀錄可知悉戰後參與復員的過程，以及對事業發展提出的期待。

二、鋼鐵機械與電工分公司

戰後資源委員會除了未接收臺灣的中小型機械業，也未接收發展機械上游的鋼鐵業。稍詳言之，戰前兩所規模較大之高爐法鋼鐵廠的設置，最初計劃供應臺北、高雄與南洋的機械業，戰後因南洋市場消失，市場大為侷限；[6] 至於以電爐法冶煉的數間會社，資源委員會亦認為規模太小、不值得經營。[7]

最終，臺灣省行政長官公署考量到這些機械與鋼鐵工廠兩者間具備上下游關係，於 1946 年 11 月整合為鋼鐵機械分公司。[8] 如表 2 所示，1947 年工礦公司鋼鐵機械分公司下轄 4 間鋼鐵廠、8間機械廠和煉焦廠，其後又將接收的北川產業株式會社成立打撈部，可說整合戰前的中型機械業和鋼鐵工廠。[9]

鋼鐵機械分公司接收戰前多數曾被臺灣鐵工業統制會動員、參與軍需品生產的事業而成立，戰後因軍需市場消失，自 1946 年起，部分廠房的主力產品為民間使用的臺灣鍋。[10] 這樣的生產脈絡可追溯自戰時日本，為促使物資移轉至軍事品的增產，自 1941 年起陸續頒布各項規則，限制金屬類民生物資的生產及貫徹金屬類物資的回收。1945 年 9 月 14 日，臺灣總督府移交政權前，宣布解除戰時各項與金屬性物資等相關的統制政策，戰時受限的金屬類鍋釜等民需金屬用品才得以正式恢復生產。[11] 是以，戰後臺灣鍋大量生產的現象，可視為戰爭時期的限制生產與實施金屬回收政策，導致民生物資需求受到壓抑，直到戰後才一舉湧現的遞延性生產。

另一方面，鋼鐵事業最初著重於修護戰時遭損毀的煉鐵爐、煉焦爐等設備，開工後，鐵礦原料仍延續戰前從海南島供應，此舉或顯現出臺灣與華南經濟圈的資源聯繫關係。[12]

表 2 工礦公司鋼鐵機械分公司組織表（1947 年）

分廠名稱	日治時期	主要生產項目
第一鋼鐵廠	興亞製鋼株式會社	鑄鋼、鑄鐵、鍛製品、電爐生鐵
第二鋼鐵廠	株式會社櫻井電氣製鋼所、鐘淵工業株式會社、吉田砂鐵工業株式會社	鑄鋼、鑄鐵、鍛製品、電爐生鐵
第三鋼鐵廠	前田砂鐵工業株式會社	鑄鋼、電爐生鐵、機械鑄件、鋼球
第四鋼鐵廠	臺灣重工業株式會社	生鐵
第一機械廠	株式會社武智鐵工所、豐國鐵工所	柴油機、機械製造及修理
第二機械廠	臺灣製罐株式會社	各型罐盒
第三機械廠	臺灣鐵線株式會社	鍍鋅、鐵絲、洋釘
第四機械廠	臺灣合同鑄造株式會社、吉田鐵工所、中林鐵工所	機械製造與修理
第五機械廠	臺灣鋼鐵業株式會社、北川製鋼株式會社、臺灣鋲釘株式會社	洋釘、鐵線、鋼釘
第六機械廠	臺灣精機工業株式會社、南方電氣工業株式會社、木戶農機製作所	度量衡器製造
第七機械廠	臺灣燃料機株式會社、東洋鐵工株式會社、臺灣自動車整備配給株式會社、臺灣合成工業株式會社、株式會社日立製作所、中田製作所、產機製作所、小川製作所、中央兵器株式會社的臺北出張所。	機械製造修理、汽車安裝修理
第八機械廠	株式會社吉村鐵工所、東邦金屬製鍊所	
煉焦廠	高雄製鐵株式會社鶯歌煉窯廠	焦炭
打撈部	北川產業海運株式會社	打撈沈船

資料來源：臺灣工礦公司編，《臺灣工礦股份有限公司創立實錄》（臺北：臺灣工礦股份有限公司，1947），頁 151-152、196。

機械鋼鐵分公司生產的商品除了對外銷售，彼此的生產過程也有上下游連鎖關係。亦即，打撈部將戰爭期間沈船船體之鋼板送往鋼鐵廠軋製元條，一部分銷售至市場，另一部分則作為製造洋釘、鐵絲、機件的原料。[13] 另一方面，戰前的汽車工廠於戰後將設備併入第七機械廠，提供車身製造與車輛修理業務。[14]

然而，鋼鐵機械廠的廠房在重建過程中缺乏政府資金奧援，以及薪資過低、難以網羅有經驗的技術員工等種種原因，復員速度減緩。[15] 從當時的產業經營來看，前章考察的臺機公司雖然同樣面臨資金短絀等背景，但因有製糖機械的生產與修繕的主要業務，營運較鋼鐵機械分公司來得穩定。

戰後，鋼鐵機械分公司的原料主要仰賴中國大陸提供，在銷售方面則包含臺灣與中國大陸兩地。例如：當時中國紡織機械公司建廠時的部分鋼鐵，即由鋼鐵機械分公司提供。但隨著國民黨政權敗北，海南島鐵礦供應隨之中斷，1949 年 2 月起停止煉製鋼鐵。[16]

就 1949 年而言，鋼鐵機械分公司的業務對象以公營機構為主，其中省屬各單位占全年營收的 41%，資源委員會占 26%，軍事機關占 11%，其他機關則占了 22%。1950 年 1 至 3 月，軍事機關的訂單占營業額的 29% 之高，或顯現出兩岸對峙的緊迫局面。[17] 曾任職於鋼鐵機械分公司、往後擔任東元電機董事長的林長城回憶：1949 年年底鋼鐵機械分公司在承接大量砲彈生產業務後，大幅改善戰後業務不振的情形。[18] 此外，1950 年 9 月臺日經濟重開後，公司受到日本進口鋼鐵與機械產業衝擊，也是仰賴軍方訂單來維持業務。[19] 就生產品目上，由第四機械廠更名的嘉義機械廠，則運用翻砂生鐵和廢鐵合成鑄造軍方所需的迫擊砲彈殼。[20]

當時，任職於臺灣區生產事業管理委員會的楊繼曾[21]為解決鋼鐵機械分公司的經營困境，建議將業務較困難的一至兩所廠房撥交給民間經營，並洽詢大同鋼鐵機械公司董事長林挺生[22]有無承接意願。然林挺生表示，僅願意接受廠房機械，不願意承受既有之員工，此一構想進而作罷。[23]

至於電工分公司的組織，可由表 3 瞭解，是將戰時創辦生產電工用品整併為三個工廠。第一廠以臺灣通信工業株式會社和臺灣乾電池株式會社為主體，生產無線電收發信機和零件，還有各種乾電池。第二廠以東京芝浦電氣株式會社臺北工場為主體，主要業務為：修理馬達、變壓器、發電機等。第三廠籌備處以東京

芝浦電氣株式會社臺灣事務部和臺北事務所為主體，計劃生產燈泡。其中，臺灣高密工業株式會社和臺灣音響電機株式會社或因事業規模較小與戰後的生產專業化策略，故將戰前的廠房設備分別搬運至戰後規劃的三個廠區使用。

表 3　電工分公司工礦公司鋼鐵機械分公司接收戰前工廠情形

廠房名稱	戰前會社	主要產品
第一廠	臺灣通信工業株式會社、臺灣乾電池株式會社。 臺灣高密工業株式會社和臺灣音響電機株式會社部分設備。	無線電收發訊機 其他無線電機件 各種乾電池
第二廠	東京芝浦電氣株式會社臺北工場。 臺灣高密工業株式會社和臺灣音響電機株式會社部分設備。	修理馬達 修理變壓器 修理產電機
第三廠	東京芝浦電氣株式會社臺灣事務部和臺北事務所。 臺灣高密工業株式會社和臺灣音響電機株式會社部分設備。	燈泡（新設）

資料來源：臺灣工礦公司編，《臺灣工礦股份有限公司創立實錄》，頁 155、196。

　　回顧戰前，這些生產單位的主要產品為無線電機、電池、蓄電池、電力機件、銅線和電燈泡真空管等，當時的無線電器材與配件主要供應軍方使用。戰後電工分公司成立後，計劃轉為生產民間與公共事業所需的廣播機、發訊和收訊機、公共演講機、廣播聲音機和其他無線電機等，顯見從軍需轉向民需市場的調整過程。再者，戰後仍延續戰前生產燈泡與通信用乾電池，而且計劃進一步生產汽車和無線電機使用的蓄電池。在電力機件上，戰前主要為修理電動機、發電機、變壓器等，戰後則計劃進行製造這些機件。在燈泡方面，戰前受戰事影響而未進入生產階段，戰後再次籌備生產。另外，分公司還開始籌備生產銅線和真空管等產品。[24]

　　總的來說，1930 年代因戰時興起的鋼鐵、機械、電工業，呈現出與軍事部門需求相結合之樣貌；戰後在軍需景氣消失下，呈現生產民需用品的現象。1949 年起，臺灣工礦公司因整體經濟局勢對營運的不利影響，進而將鋼鐵機械與電工兩分公司的各廠房

進行大幅度整併，並且出售部分廠房。[25] 電工分公司將三個工場整併為一，更名為士林電工廠。[26] 爾後，這些廠房在「耕者有其田」的分廠出售政策下，大舉標售給民間人士經營，部分並成為戰後臺灣大型企業集團於創業初始，參與工業生產的一個環節。[27]

三、紡織業的接收與紡織分公司

（一）紡織業接管委員會的觀點

戰後，統籌臺灣紡織事業接收的紡織業接管委員會認為，臺灣應朝麻紡織發展較有利，原料亦應以島內原料為中心。但委員會並未支持延續戰爭後期的棉紡織政策構想，原因應與戰後，臺灣在與中國大陸有較強的連外關係，臺灣所需的棉紡織品可依據兩岸間的比較利益分工從上海等地供應，[28] 限縮本地棉紡織工業持續發展的空間。

委員會指出，戰前臺灣麻袋年產量然雖曾高達 600 萬只，但仍需仰賴從印度進口黃麻原料與麻袋。戰時，黃麻紡織機受損者高達三分之一，加上零件物料和油料等取得困難，無法立即回復戰前產量。為供應臺灣裝載米糖的麻袋，建議向國外訂購 9,000 錠黃麻紡機與 900 臺織袋布機，並由農林處協助黃麻增產。依據原料的換算，年產 600 萬只麻袋需要 1,200 萬斤的黃麻；若達到自給目標的年產 2,300 萬只麻袋時，則要 4,600 萬斤黃麻。[29]

在棉紡織方面，臺灣共有 30,460 錠紡紗機（其中 20,000 錠尚未裝置）、1,800 臺力織機。按臺灣 600 萬人口來計算，應該要有紡錠 15 萬錠和力織機 3,000 臺才能達到自給自足，而且應添購漂染印花機械，才能完成紡織染整的一貫性作業。在亞麻紡織上，因僅有的 5,100 錠亞麻紡機全數損毀，委員會建議進口 10,000 錠紡機，並認為發展前途相較棉紡織高。委員會還對各類別紡織業工廠的設置區位，規劃出棉紡織以臺北和臺中為中心，麻紡織以臺南為中心。[30]

值得注意的是，委員會提出的報告書沒有提到苧麻和亞麻紡織，可能因為規模較小和處於起步階段，故未記載於發展藍圖中。戰後，國民政府接收日本資本位於中國大陸的紡織業，並非由資源委員會統籌，而由經濟部成立中國紡織建設公司。[31] 臺灣的紡織業由臺灣省行政長官公署接收後，於 1947 年成立工礦公司紡織分公司。[32] 如表 4 所示，紡織分公司所屬的 7 間工廠在接收與改組的過程中，將在各個廠間調整機械設備，使得每個廠房能依據原料性質進行專業化生產。在執行上，將位於新竹和烏日的部分棉紡紗機移轉至臺北，臺北的苧麻紡紗機送往新竹。[33] 在此情況下，豐原和臺南廠專司麻紡織，臺北和烏日廠則為棉紡織，彰化廠則為毛紡織，規模較小的新豐廠則專司棉布織造。

表 4　1947 年工礦公司紡織分公司組織與日產關係

廠房名稱	接收會社
臺北廠	臺灣纖維工業株式會社
烏日廠	臺灣紡織株式會社
豐原廠	帝國纖維工業株式會社
新竹廠	新竹紡織株式會社
臺南廠	臺南製麻株式會社
新豐廠	臺灣織布株式會社
彰化廠	南方纖維工業株式會社

資料來源：臺灣工礦股份有限公司，《臺灣工礦股份有限公司創立實錄》，頁 151。

戰後，這些紡織工廠從海外取得零件相當困難，而且原料供應有限，成為修復過程的不利因素，無法依循前述紡織業接管委員會擬定的藍圖進行。在此要提問的是，戰前發展較成熟的黃麻紡織，還有 1940 年代處於萌芽期的棉紡織與亞麻事業，於戰後接收的發展為何？

（二）黃麻紡織的戰後史

1. 監理、接收與復舊

接收帝國製麻株式會社與臺南製麻株式會社改組成立的豐原與臺南廠，在 1945 年美軍轟炸臺灣時，豐原廠因為將多數機器疏散而未有太大損失，但臺南廠則遭到嚴重損失。戰後豐原廠的復舊雖然還算順利，但因設備陳舊，影響到生產效率與產品品質；設備較新的臺南廠戰時遭到嚴重破壞，復舊又受到資金不足影響，部分機器至 1950 年代初期仍未能修復。[34]

戰爭末期，臺灣製麻株式會社改組為帝國纖維株式會社臺灣事業部，於戰後改組為豐原廠的過程，可參照戰前日本人職員在 1946 年秋天編輯完成的《豐原廠四十年之回顧（臺灣製麻株式會社を語る）》紀錄加以瞭解。又，透過時任帝國製麻株式會社臺灣事業部部長山田酉藏[35]的回憶錄、臺灣仕紳林獻堂的日記，亦能知悉這段期間的交接過程。

日本敗戰後不久，山田酉藏體認到多數日本籍從業人員處於不安的狀態，為讓工廠順利過渡，推舉林獻堂與黃朝清[36]擔任顧問，並且表明會社將移轉為國民政府的立場。依據記載，這段期間員工出勤率達到 96%，而且陸續將疏散的機械運回原本的廠區與興建的倉庫。[37]

爾後，帝國纖維株式會社臺灣事業部因無法判斷確切的接收時間，與兩名顧問達成成立管營委員會的共識，以強化營運機能。1945 年 10 月 1 日管營委員會設立，並以臺灣省行政長官公署的法源基礎設立暫訂辦法，視為私人機關。同年 12 月 10 日，臺灣省行政長官公署實施監理之日，管理委員會亦隨之解散。[38]

林獻堂日記中，記載 1945 年 11 月 16 日帝國纖維株式會社事業部長山田酉藏拜訪林獻堂，會商組織管營委員會事宜，從委員中推舉林獻堂擔任會長、黃朝清擔任副會長，林雲龍[39]和山田酉藏擔任常務理事，坂本信道[40]、江淵清滿[41]、林進川[42]、森島良之助[43]、王金海[44]擔任委員；接著，兩人還商討管理規則。[45]透過表 5

知悉，管營委員會的成員包含了臺灣人與日本人，身分為股東、債權人和地方人士，顯見過渡時期，日本人欲將部分決策權移交給在地的臺灣人。

表 5 帝國纖維株式會社豐原工廠管營委員會成員

身分	姓名	背景
會長	林獻堂	股東、戰前臺灣製麻株式會社社長
副會長	黃朝清	股東
委員	林雲龍	股東
委員	張煥三	股東
委員	林進川	員工代表
委員	王金海	地方有志者
委員	坂本信道	股東（株式會社彰化銀行代表）、債權者
委員	山田西藏	取締役
委員	江淵清滿	取締役
委員	森島良之助	員工代表

資料來源：《豐原廠四十年之回顧（臺灣製麻株式會社を語る）》，頁 38。

同年 12 月 1 日，山田西藏攜帶帝國纖維株式會社任用人員與各項文件拜訪林獻堂，要求進行裁決，此舉或可視為林獻堂在管營委員會的實際角色。[46]12 月 3 日下午三點，在帝國纖維株式會社臺中事務所召開管營委員會的會議，參加者有林獻堂、林雲龍、黃朝清、王金海、山田西藏、森島良之助、林進川、坂本信道、張煥三，決議仍由山田西藏擔任事業部長；下午四點，在 30 餘名帝國纖維株式會社的社員參加下發表管營委員會組織，並由山田西藏報告經過。[47]透過這樣的決策過程可以瞭解到，實際的事業經營仍由深具經驗的日本籍員工主導，並以公布管營委員會組織的方式安撫日本籍員工。

12 月 10 日，工礦處派顏春安[48]擔任纖維會社接收委員，與顏春和[49]、林龍標[50]、林垂芳[51]一同前來，向林獻堂說明，奉工礦處處長包可永[52]之命接收帝國纖維會社臺中工廠。實際上，顏春安應為

監理委員，此一記載可能是林獻堂對戰後初期接收程序的認識不甚瞭解。[53]12 月 13 日，林獻堂記載，因收到顏春安的訊息，管營委員會開會決議解散。[54] 作為監理委員的顏春安出身於臺南，畢業於美國伊利諾大學，曾在中國擔任廈門與交通大學教授、光華糖廠廠長、大中皮廠廠長、建華化工廠顧問，爾後擔任油脂分公司高級工程師兼總經理。從顏氏具備中國大陸工作的經歷來看，他戰後以半山人士之姿參與日產事業的監理工作。[55]

透過對照日本人撰寫的豐原工程回顧與林獻堂日記可知悉，管營委員會存在的時間相當短暫，在 1945 年 12 月 4 日向員工頒布組織規程的數日後即告結束。爾後在 1946 年 6 月 10 日的林獻堂日記中記載著，舉辦纖維會社管營委員會的解散儀式，即該組織於停止運作後的半年餘、俟國府接收會社後才解散。[56]

1946 年 4 月 15 日，由來自中國大陸的陳任寰[57]擔任接收委員，並於 5 月 12 日接收。[58]陳任寰為福建人，畢業於北平國立大學工學院紡織系，曾任鄭州豫豐紗廠紡織工程師、北平第一市立工廠廠長。1935 年奉交通部令籌辦中央電瓷廠長沙廠，1939 年奉派籌辦四川宜賓廠，完成後續辦衡陽廠。1944 年完成貴陽廠的籌辦。1945 年奉經濟部命令調配為臺灣接收委員，後任臺灣紡織友縣公司豐原廠廠長，兼任臺南製麻及新豐紡織廠廠長。[59]

1946 年 7 月，臺灣成立臺灣紡織業股份有限公司，帝國纖維株式會社臺中工廠更名為豐原廠。[60]

另一方面，臺南製麻株式會社於 1945 年 12 月 2 日由江理如[61]擔任監理委員，12 月 27 日改派沈熊慶[62]擔任。1946 年 5 月組成紡織業接管委員會，6 月 1 日成立臺灣紡織業股份有限公司籌備處，由陳任寰擔任臺南廠廠長。[63]

戰後的復舊至 1946 年 12 月 1 日，部分經修復的機械開始運轉並進入生產階段。但受限於原料和機器零件缺少，每天僅有 1,000 餘只麻袋的產量，與戰前全盛時期，每個月生產 40 萬只相差甚遠。此外，原料生產不足也是增產的一個困難點，當時僅有靠當局獎勵生產和從省外、國外購買機械零件來解決。[64]

至於戰後，臺南製麻株式會社改組至臺南廠的過程，則能透過《台灣引揚·留用記錄》的留用日本籍技術人員紀錄進行瞭解。如表6所示，1947年3月的時點，該工廠共留用三名戰前臺南製麻株式會社的日本籍技術人員，分別為：戰前擔任取締役技師長兼工場長的大島二郎、紡績課長菊池正助、織布課長本田五郎。戰後，大島氏於留用期間擔任技術課長，另兩名則服務於工務課。[65]

表6 臺灣紡織有限公司臺南廠留用日本籍技術人員資料
(1947年3月27日)

姓名	年齡	留用職務	戰前職務	學歷	專門技術
大島二郎	56	技術課長	取締役技師長兼工場長	名古屋高等工業學校紡織工學科	黃麻、亞麻、棉紡紗和織布
菊池正助	58	工務課勤務	紡績課長	札幌工學校	亞麻、黃麻紡紗
本田五郎	47	工務課勤務	織布課長	東京築地工手學校機械科	黃麻織布

資料來源：河原功監修、編輯，《台灣 引揚·留用記錄 第九卷》（東京：ゆまに書房，1998），頁225。

1947年3月27日，由大島二郎提出的〈日僑留用實況報告書〉可瞭解到，該工廠戰時受到的破壞與戰後修復面臨的困難。

1935年3月創辦的臺南製麻株式會社，黃麻紡紗機、織機和麻袋縫製機均為英國製造，而且黃麻紡績機相較於過去的機械，有高速與自動裝置的特色。至於豔出機和荷造機則為日本製造。[66]

該工廠於1944年10月13日和1945年4月11日兩次遭空襲轟炸，紡紗機械大半受到破壞。1945年12月2日進入監理階段後，第一任監理委員為沈熊慶，這段期間主要生產民需品的蚊帳和麻繩等。至1946年3月20日時，已經開始進行復工，由大島二郎負責第一期復工所需的機器與各項配件，調查哪些能自行修繕，哪些可發包給其他工廠修理，並由其呈報修繕清單與估計所需費用。[67]

戰後擔任技術課長的大島氏，戰前在臺南製麻創辦時期，曾執行廠房用地的規劃，工場建築、機械的購入與配置等，具備與廠商交易的經驗。留用期間，大島對廠房的復工與運作提出四個具體問題，包含：機械損壞程度、本省是否能生產機器與相關零件、資材取得容易與否以及黃麻原料的獲得等。[68]

關於本省機械與相關零件生產，大島氏提到，繼任的監理委員王朝清[69]為臺南人，畢業於日本山梨高等工業學校機械工學科，戰前曾任職於糖業試驗場機械課課長，有十餘年工作經驗。戰後又擔任日產的明石鐵工廠、川中鐵工廠、園田鐵工廠等三間日產企業的監理委員，盼能仰賴王氏的協助，解決零件製造的問題。[70]

大島氏記載自 1946 年 3 月初著手修理工廠屋頂，7 月完成工廠修復，12 月 2 日舉行開工典禮。由於戰爭末期機械多遭損毀，經修復的機械相較於戰前，顯得品質低落。黃麻紡織上，需在原料加上軟麻油（Batching oil），而油品好壞會影響作業過程。戰後，因油品取得相當困難，價格因而高漲，又加上黃麻庫存為兩、三年前的劣質品，因而影響到生產狀況。[71]

值得注意的是，紡織機械中的上漿機（dressing frame）、粗紡機（roving frame）、細紡機（spinning frame）設備，壓輥（pressing rollers）表面張貼的軟木片（cork Sheet）因時局影響而無法取得，先前以皮作為代用品的結果並不佳，後來進行各種嘗試，但都找不到試用品。在偶然獲悉臺灣橡膠公司技術相當優秀後，委託其試作「橡膠」貼面，而使用結果也超乎預期地好，甚至勝過以前的軟木，這一定程度上，彌補了外來資材取得不易的困境。[72]

作為原料的黃麻因供應減少與庫存短缺，生產時混用亞麻粗線，然而，粗線的亞麻原料卻有多殼的問題，導致運轉困難，因而計劃生產脫殼機以解決此問題。然而，因生產黃麻線時運用四成亞麻粗線，而且亞麻纖維不需如黃麻纖維使用當時昂貴的軟麻油，致使成本降低，因而可謂轉換期下的意外利益。[73]

2. 麻紡織業的原料調度

1955 年左右,豐原廠每個月可生產麻袋 42 萬只,臺南廠每個月生產 38 萬只,兩廠每年約可生產 1,000 萬只麻袋,勉強能供應米糖包裝。[74] 戰後,兩所工廠在原料供應方面,一定程度上受到臺灣省政府農林處和各級農會的協助。

回顧戰前農民種植作物時常考量獲利程度,最終多選擇收益較高的稻米;黃麻收成相對有限,不足量轉從印度進口。爾後至太平洋戰爭前夕,因美、英等國禁運導致外來原料斷絕,於是開始嘗試由島內供應絕大多數的原料。

至於戰後黃麻的生產,1946 年的栽培面積為 2,500 公頃,當年產出精洗麻 127 萬 9,600 公斤;1947 年的栽培面積為 3,770 公頃,產出精洗麻 258 萬 7,600 公斤。大致上,這兩年所產的黃麻主要為農家自用與手工業用途,提供紡織工廠的數量相對有限。[75] 依據記載,1947 年 5 月時豐原廠和臺南廠均面臨黃麻原料供應不足的問題,產能無法順利發揮。[76]

1948 年臺灣省政府農林處提供黃麻的種植獎勵後,面積增加至 16,600 公頃,產出精洗麻 1,136 萬 6,300 公斤。1952 年的黃麻栽培面積高達 17,500 公頃,產出精洗麻 2,172 萬 3,700 公斤,產量已超越 1946 年的十倍以上,當年由工礦公司收購的數量折算成精洗麻,為 1,851 萬 9,390 公斤之高。這段時間增產的黃麻原料,多由工礦公司收購使用。[77]

在黃麻種植的推廣與收購上,1947 年實施的推廣獎勵辦法包含:贈送種子、貸放原料、參照米價訂定袋收購價格,以及每繳 100 公斤的黃麻贈送麻袋 1 只等,但因公布時間太晚,效果並不顯著。[78] 1948 年,臺灣省政府將黃麻定位為特用作物,主要提供糖米外銷的包裝與軍方需要,在節約進口外匯轉求自給自足的原則下,確定獎勵種植、保證價格和推廣收購政策。由於這些工作需耗費大量資金與人員,而且需兼顧產、製、銷的全面利益,故指定由工礦公司執行。該年黃麻的栽種和生產情形恢復至戰前的常態水準,但精洗麻的產量與品質仍不理想。[79]

另外，1947 和 1948 年工礦公司自行向契作的蔗農收購，價格由臺灣省政府農林廳召集各有關機關設立評價委員會決定。這兩年，本地收購的原麻量不足以供應工廠所需，仍需仰賴從印度進口的黃麻作為補充。1949 年在惡性通貨膨脹的背景下，政府為確保黃麻原料，改以米價為基準向農民收購，以確保農民種植黃麻的誘因。至 1953 年臺灣物價逐漸穩定，臺灣省政府方才要求黃麻的收購價按國際市場的價格計算。[80]

政府透過機制的設計，鼓勵農民種植黃麻，出發點除了撙節外匯、以國內栽培取代進口原料，仍放在以米糖生產為中心衍生出的周邊產業而需予以支持。此外，在惡性通貨膨脹的背景下，政府也試圖將收購價格連結稻米價格，以迴避農民降低種植黃麻的意願。

表 7　豐原與臺南廠麻袋產量（單位：只）

年份	豐原廠		臺南廠	
	糖袋	米袋	糖袋	米袋
1937	17,100	1,920,400	811,116	2,878,800
1938	529,200	2,608,300	1,374,950	2,051,700
1939	689,800	2,579,300	1,310,707	3,237,220
1940	1,069,174	2,942,255	1,986,121	3,180,962
1941	868,500	2,739,081	676,912	1,766,755
1942	992,200	1,822,570	1,456,168	3,015,140
1943	1,239,700	643,700	不詳	不詳
1944	706,732	438,360	不詳	不詳
1945	387,277	65,831	不詳	不詳
1946	469,900	905,996	3,275	0
1947	508,905	220,082	441,057	0
1948	1,073,600	369,073	1,049,689	273,232
1949	2,412,283	63,782	1,648,464	227,694
1950	2,787,820	101,695	1,789,742	382,272
1951	2,287,050	443,259	2,011,530	433,309
1952	3,498,614	144	2,100,169	841,309
1953	4,249,805	51,406	2,465,403	1,525,712

資料來源：楊振凱，〈臺灣之黃麻〉，頁 115-116。

若參照表 7 的統計數字可知悉，豐原和臺南兩間工廠在 1937 年至 1953 年的糖袋與米袋生產量，可見戰後兩個廠的生產主力集中於糖袋，原因可能是戰後砂糖作為出口重要產品所致；1949 年，豐原廠的產量超越戰前最高產能，臺南廠則於 1951 年超越戰前的最高產能。

（三）棉紡織的接收

戰爭末期才籌備建廠的棉紡織工廠，至日本敗戰時未全數啟用。戰前擔任工廠長的天野岩雄和技術者的井川善太郎，他們在戰後留用於烏日廠時期提出的報告中，陳述了發展棉紡織業的困難點。[81]

報告指出，日本戰敗時尚未竣工的棉紡織工廠，戰後若要繼續興建，所需原料與資材僅能從上海購入，而且可能面臨因資金困難而無法持續的困境。[82]

戰後，留用者仍規劃能完成臺灣第一座棉紡織一貫作業的安裝所需機械，但紡織零件使用的皮革因取得困難而以橡膠代替，而且因資材有限，部分零件採用修理過的廢棄品。另外，烏日廠也與其他鐵工廠聯繫，指導生產所需的部分零件。[83]

日本籍留用者對於戰後臺灣發展紡織業提出以下觀點認為，臺灣僅有短短數年經驗，因欠缺獨當一面的技術者，整體技術仍要仰賴日本籍人員統籌。以當時的局面來看，工廠在接收後，尚未見到優秀的中國人技術者抵臺，因此無論企劃、技術中樞和技術人員的教導等，還是要仰賴日本籍技術人員。[84]

另外，留用者還以日本和歐美發展紡織業的經驗指出，日本紡織業有別於歐美採用高級棉花，而以中低品質的棉花為原料，再以技術與機械彌補原料較差的缺點，並以節約勞動力的方式，生產低價產品並銷售至市場上，以此創造競爭力。戰後，臺灣若以中國的棉花為主，而且以東亞經濟的文化程度來看，建議採用日本式的技術生產。[85]

戰後初期紡織分公司生產的棉紗與棉布，就臺灣市場的供應能力來說如何呢？透過表 8 的解讀可瞭解到，1946 年和 1947 年以前，棉紗在臺灣具備獨占性生產，不足島內需求者則仰賴從中國大陸進口；在棉布織造上，1947 年則占了臺灣總產量的 50%。

　　1949 年後，伴隨政府公營與上海資本來臺創設的紡織廠相繼開工，紡織分公司在生產面的重要性大為下降。從表 9 來看，伴隨中國大陸的紡織工廠將相關設備搬遷來臺後，至 1951 年年底，臺灣共有 98,550 錠的紡紗設備，臺灣工礦公司兩所工廠的生產能力共為 25,668 錠，僅占臺灣產能設備的 26%。若再回到表 8 可知悉，至 1951 年臺灣工礦公司生產的棉紗僅占臺灣總產量的 25%，棉布則占臺灣總產量的 15%，重要性大幅降低。

　　總的來說，戰後初期臺灣生產的棉紡織製品仍不足以供應臺灣島內所需，主要透過臺灣省貿易局與民間資本家從上海等地進口棉布來補充。[86]臺灣在得以透過市場經濟購入上海生產的棉製品這樣的前提下，反而成為戰後初期，臺灣棉紡織工業無法持續戰爭末期的路徑持續發展下去的阻礙，但此一阻力伴隨著 1949 年，中華民國政府撤退來臺而消失。

表 8　臺灣工礦公司紡織分公司棉紡織產量

年份	棉紗 （公斤）	佔全臺生產比例 （%）	棉布 （公尺）	佔全臺生產比例 （%）
1946	410,182	100	1,491,937	60
1947	411,373	100	2,976,759	50
1948	708,411	97	3,979,145	32
1949	950,536	53	4,581,429	24
1950	1,538,233	49	7,322,060	18
1951	1,859,812	25	8,613,262	15

資料來源：民治出版社編，《臺灣建設（下冊）》（臺北：民治出版社，1950），附錄，1946-1948 年資料；臺灣工礦公司，《工礦公司最近四年概況》頁 11，1949-1951 年資料；黃東之，〈臺灣之紡織工業〉，頁 10，全臺棉紗與棉布統計資料。

表 9 1951 年底臺灣各紡織廠的棉紡錠設備（單位：錠）

工廠名稱	棉紡錠數
臺灣工礦公司臺北紡織廠	10,076
臺灣工礦公司烏日紡織廠	15,592
中國紡織建設公司臺灣紡織廠	10,608
華南紡織公司	3,120
大秦紡織公司	17,932
雍興實業公司	12,600
申一紡織廠	5,040
臺北紡織公司	10,000
臺元紡織公司	10,368
六和棉紡廠	2,000
彰化紡織廠	1,200
總計	98,550

資料來源：黃東之，〈臺灣之紡織工業〉，頁 9。

（四）苧麻與亞麻

　　戰前位於臺北的苧麻紡織事業，戰後將受損器材拆運至新竹，故新竹工廠以苧麻絲為主體。就原料而論，戰前臺灣苧麻原料的栽培面積並未超過 3,000 公頃，戰後約停留在 1,500 公頃左右。此外，戰前仰賴中國湖北提供的原料於中日戰爭爆發後即告中斷，戰後初期亦未回復，而且臺灣欠缺苧麻紡織工廠，無法擴大苧麻絲的本地需求。[87] 另外，戰前苧麻絲初期的主要市場為日本國內與朝鮮，戰後初期臺日關係中斷，亦使出口銷售遭受侷限。

　　戰時以軍事需求為前提創辦的亞麻事業，到了戰後初期，臺灣僅存亞麻的採纖工場設備，面臨的是種子來源與市場銷路問題。如第六章所述，戰爭末期帝國纖維株式會社以推動亞麻的採纖與紡織為發展目標，但戰後在種子來源有限的情況下，亞麻採纖的事業也受到嚴重波及。從組織調整來看，1946 年 5 月臺灣紡織業

股份有限公司成立後，將臺灣纖維株式會社所屬的亞麻工場改制為以棉紡織為主的臺北廠，帝國纖維株式會社和所屬亞麻工場改為以黃麻紡織為主的豐原廠。工礦公司成立後，1947 年 2 月，臺北、豐原兩廠與所屬 12 個亞麻工場整併於下屬紡織分公司，臺中辦事處則接辦原麻推廣的收購業務工作。[88]

戰前，亞麻的種子多從日本國內供應，戰後初期，由於種子來源杜絕，曾於 1947 年從日本進口 1,000 包種子。原本構想這些種子可供約 1,000 甲左右農地播種，但因進口時期在 12 月，當時已經超過播種時期，而且種子品質不佳、無法應用。為解決亞麻種子進口可能因延遲而無法順利播種的難題，各亞麻工場採取自行繁殖品種的方法；烏日亞麻工場以南捷克和愛爾蘭種培養出臺中選一號、愛爾蘭、Pernau 三種，並在 1949 年至 1950 年度推廣下種 137 甲，為戰後臺灣亞麻推廣的起點。[89]

表 10　歷年臺灣亞麻生產狀況

年度	面積（甲）	原莖收量（公斤）	原種收量（公斤）
1940-1941	1,248	1,336,992	1,606
1941-1942	2,841	3,736,742	59,309
1942-1943	3,297	4,398,496	101,509
1943-1944	10,933	5,697,139	224,698
1944-1945	7,566	6,848,275	34,362
1945-1946	14	652	652
1946-1947	4	6,373	836
1947-1948	8	12,335	2,012
1948-1949	20	35,574	4,530
1949-1950	137	230,967	45,677
1950-1951	644	1,348,237	340,639
1951-1952	1,019	2,218,974	630,092
1952-1953	414	887,484	73,282
1953-1954	296	377,631	74,257

資料來源：鄭耀西，〈臺灣亞麻事業之最近情況〉，《紡織界月刊》第 64 期（1955），

　　透過表 10 可瞭解，戰前臺灣亞麻的產出以 1943 年至 1944 年為高峰，至戰爭結束的 1944 年、1945 年期減少，戰後呈嚴重衰退。就此點而言，呈現出戰爭末期，亞麻栽培計劃的種子主要仰賴日本國內提供，戰後初期因供應中斷與軍事需求消失且欠缺亞麻紡織體系，亞麻栽培無法延續戰爭末期的大規模栽培。

　　臺灣因為沒有亞麻紡織工廠，因此所有製造出的纖維必須出口到日本加工後，再將西裝布、帆布、襯衣布等成品運送來臺。1951 年臺灣工礦公司曾計劃建造亞麻紡織的工場，但因資金欠缺而沒有實現。[90]

　　戰後初期臺灣的紡織業，回復到日治前期以黃麻紡織為基礎的生產型態。雖然兩所製麻工廠並無餘力全數修復與更新設備，但政府為使裝載稻米和砂糖的麻袋能充分供應，提出各項政策，鼓勵在地的原料增產。黃麻紡織因而得以受政府青睞、提供支援，這一點仍與戰前基礎較穩定的米糖經濟密切相關；戰後伴隨農業復興的過程，因外匯不足，故迴避從國際市場進口供應黃麻原料或成品袋，這才促成黃麻與國際價格脫勾，並在惡性通貨膨脹下，制訂出與稻米價格聯繫的機制，設計出一套提昇本地黃麻產量的機制。

　　戰爭末期，為求自給自足、運用日本閒置設備的棉紡織，戰後臺灣依附在中國經濟圈中，存在以上海為首的棉紡織品競爭，成為本地工業自生性發展的不利因素。以亞麻為中心的原料栽培與紡織資本，因種子仍仰賴北海道國內提供以及廠房遭到損毀，故缺乏奠定的根基，因而在戰後未能持續蓬勃發展。苧麻事業則因戰前的苧麻絲主要銷售至日本與朝鮮，戰後初期因原料供給有限和臺灣欠缺苧麻布織造的工廠，發展亦受侷限。

四、臺灣窒素的接收與改編

（一）從軍需到民需：工礦器材公司南勢角工廠

　　戰後政府將較具規模的肥料事業整併為臺灣肥料公司，由資源委員會主導經營，原本以生產硫酸銨為目標的臺灣窒素被併入工礦公司。當時的記錄顯示，統籌接收臺灣大型工業的資源委員會，在前往各個工廠實地考察後，未對戰前日本在臺建設的肥料工業給予太高評價。

　　就戰前臺灣肥料工業的設施分布來看，包含：製造磷肥的臺灣肥料株式會社，以及製造氮肥的臺灣電化、臺灣有機合成、臺灣窒素三家株式會社。但以製造氮肥為目標的後三單位至日本敗戰時並未竣工，故生產肥料的工廠僅有臺灣肥料和臺灣電化兩家株式會社下屬共四家工場。[91]

　　擔任臺灣化工事業調查的潘履潔，於 1945 年 12 月 25 日至 1946 年 1 月 18 日來臺，其撰寫的〈臺灣酸鹼肥料工業視察報告〉並未肯定臺灣的肥料事業。潘氏認為，臺灣的肥料事業陳舊與效率低落，資源委員會應設法建立現代化工業，而不是浪費人力和資金對舊有的設備復舊，不建議資源委員會接辦臺灣的肥料事業。[92]

　　然而，同樣代表資源委員會評估臺灣化工業、爾後領導臺灣肥料公司營運的湯元吉[93] 則認為，臺灣有必要增設大硫酸銨工廠，但未提出接辦臺灣窒素。[94]

　　最後，資源委員會經濟研究室曹立瀛提出的總報告指出，臺灣的電化工業已有相當基礎，若不予繼續維持，可能會功虧一簣。這些設備或許陳舊，但與中國大陸相比仍屬新穎；且就中國大陸的化工廠規模來看，仍無出其右。至於在硫酸銨工廠的討論中則指陳，中國大陸和臺灣對硫酸銨肥料的需求固然急切，但工廠的興建廠址應以中國大陸為佳。首先，臺灣本地所產硫磺不多，不足以供應規模較大的硫酸銨工廠之需求；若在臺灣設廠，原料仍

需從中國大陸提供，當原料與運送成品的運輸，無論重量或體積都相差不大時，不如在中國大陸製造，再將成品銷往臺灣。其次，在臺灣雖然可運用廉價電力，然在中國大陸，如四川的龍溪河也可獲得廉價電力。復次，國內經濟應平衡發展，不應拘泥於某地的自給自足，以免形成未來經濟割據的局面。[95]

在上述背景下，1946 年 5 月成立的臺灣肥料公司，僅接收臺灣電化株式會社、臺灣肥料株式會社、臺灣有機合成株式會社所屬羅東、基隆、高雄、新竹各廠，並未納入臺灣窒素株式會社。[96]

戰後著力於擘劃中國工業部門藍圖的資源委員會，雖未接收臺灣窒素的廠房與設備，但該組織另以發展全中國農業所需的硫酸錏生產為基礎，在 1946 年設立中央錏肥公司籌備處，計劃在中國的湖南與臺灣建立大規模的硫酸錏工廠。依據 1946 年 6 月資源委員會提出的工程計畫書來看，在焦煤和硫磺來源、充沛電力、運輸方便與接近消費市場等考量下，規劃在湖南和臺灣兩地設廠。[97]

選擇在湖南設廠的原因在於，當地盛產優質煤礦、石膏礦、硫化鐵等，故計劃運用中日戰爭爆發前籌設的中央鋼鐵廠舊址，戰後因資源委員會在不擬重建下，計畫改為年產 15 萬噸的硫酸錏工廠。在臺灣設廠的原因，即為因應米糖的需求所創設，同樣計劃在臺灣建立年產 15 萬噸的工廠。臺灣廠的建廠位置，位於戰前日本海軍第六燃料廠的新竹工廠，因戰後中國石油公司並未在該地進行大規模建設，故期待將此廠區作為硫酸錏工廠。[98]

戰後初期，資源委員會重要成員來臺考察的報告，是從整個中國的立場為出發點，不傾向在臺灣設立肥料工廠。後來，何以又峰迴路轉地決議在臺設立中央錏肥公司的廠區？看似前後矛盾的政策，雖然無法從檔案史料中找到直接證據，但或許在臺灣農業興盛的背景下，仍有需要於本地生產硫酸錏作為農業發展的後援，最終形成在中國大陸的湖南與臺灣各建立一間工廠的決議。

但上述計畫因資金缺乏，導致建廠工作至 1948 年尚未能開展，故籌備處決定退而求其次，先鑽探廣東省的英德硫磺礦，將

所產的部分硫磺供應臺灣肥料公司，其餘則留待未來就地製造硫酸銨；但最終因外匯無著落而停頓。[99] 1948 年秋天，中央銨肥公司籌備處代表資源會員會，偕同中國銀行和美商慎昌洋行，合作在臺灣建設硫酸銨工廠，並由中央銨肥公司籌備處副主任黃仁杰，陪同美國家專來臺灣調查。結果認為臺灣的設廠條件優越，俟提出具體報告並交由史蒂爾曼（Stillman）後，美援會即可決定撥款資金。[100] 但最終，伴隨著國共內戰加劇，加上資源委員會主要成員多數投共，使得這項計畫至政府撤退來臺前都並未實現。

關於中央銨肥公司籌備處對臺灣廠區的規劃，完全排除將臺灣窒素的廠房設備納入其中，原因或許在於，戰爭後期廠房建造並未完成，加上所在腹地有限，故規劃以新起爐灶的方式進行。另外，從資源委員會未將臺灣窒素納入新成立的臺灣肥料公司這點來看，亦能理解該會對臺灣窒素的廠區與設備並未給予太高評價。

在此前提下，戰後臺灣窒素併入公司下屬的工礦器材公司。[101] 該工廠在戰後臺灣的角色，是臺灣唯一一間製造實業用爆炸物品的工廠。當時，臺灣在工礦、水利、公路、打撈、開鑿等各項工程所需的爆炸物，除部分仰賴進口外，主要由南勢角工廠供應。[102] 基本上，戰後臺灣窒素由工礦公司接收後，仍持續其火藥生產的業務，但供應對象從戰前的軍需供應轉為提供民間礦業需求為主。至於軍方所需的火藥，則由中國大陸撤退來臺、兵工署所轄之位於高雄的第 44 兵工廠生產。[103]

總的來說，戰爭結束後，資源委員會為顧及全中國經濟平衡，不打算在臺灣進行過多投資，亦不樂見臺灣經濟能自成一格，接收事業多為已具備發展基礎的生產與電力部門。[104] 最初，資源委員會並不屬意在臺灣發展硫酸銨事業，而且接辦臺灣窒素，仍需投入大量資金才能進入民需生產階段，亦不符合資源委員會決策層的目標。爾後，籌劃在臺灣建立硫酸銨工廠的計畫，因政府國共內戰敗北而未見實現。在此脈絡下，戰爭末期籌劃生產硫酸銨事業而成立的臺灣窒素，之後伴隨戰事結束，該廠區轉為供應民生

需求用的火藥，可視為市場對象由軍需轉向民需的演變，提供民需火藥的獨占性生產。

（二）轉換期留用者的遭遇：二二八事件中的堀內金城

戰後工礦器材分公司成立時，亦採取留用日本籍技術人員的方式因應銜接時期人才不足的情況。

經由耙梳臺灣窒素兩名留用者的回憶錄可瞭解，政權交替期原臺灣窒素的常務董事、身為留用者的堀內金城在戰後初期與二二八事變遭受的經歷。以往對於二二八事變的討論較少關注日本人遭受的波及，作為臺灣窒素株式會社留用者的堀內金城，在二二八事變不久後即因被逮捕而告失蹤；本段嘗試以能尋獲的資料瞭解其在戰後初期的想法，並從多方資訊考證其在二二八事件爆發期進行的各項活動。

戰後身為留用者之臺灣窒素常務董事堀內金城，在戰爭時期是軍事工業的生產指導者，戰後留用期間又在二二八事變因被逮捕而失蹤。從大溪檔案中可知悉，1947 年 3 月 13 日陳儀呈報給蔣中正主席的信函中提出的「人犯姓名調查表」，將堀內金城的資歷列為工業研究所技師與日本留臺地下工作者；資料中還指陳，二二八事變中堀內氏不但策動臺灣人叛亂，還組織日本地下間諜網，偵探我軍政情報等罪名。[105] 基本上，這份已被逮捕的名單上有王添灯、陳炘、林茂生、阮朝日等臺灣人菁英，對這些人的罪名指控也存在諸多不實。近年來，伴隨保密局資料的解讀與出版，促使學界對二二八事變的影響又有新的認識。[106]

本節將透過當時與堀內金城同為留用者的下屬橫田繁與江上正夫兩人的回憶專文，並參照保密局等資料，瞭解堀內的性格與戰後初期的想法與參與活動。

1. 從橫田繁的回憶文章看堀內金城

戰後身為留用者的橫田繁，曾記載戰後留用期間的接收情形。

橫田繁畢業於東京帝國大學工學部火藥科，先進入昭和火藥千葉
興津的工場服務，爾後轉至日本窒素與朝鮮窒素株式會社，在
1943 年 7 月抵達臺灣，直到 1946 年 12 月遣返為止。[107]

在橫田氏的回憶中，述及對戰後初期接收者的觀感以及留用
者的生活。橫田認為，戰後初期來自中國大陸的接收者或因欠缺
專業經營能力，至其返國前，工場並未開始製造。其次，橫田氏
指出，前來接收者運走大型馬達等有價值的資材，爾後接替者仍
進行同樣之行為；就橫田氏的觀感來看，認為工廠如同歷經浩劫。
在生活上，因留用可領取薪資，能在黑市中購買米糧，若資金充
裕，連魚和肉都能買到。在留用期間，臺灣人對於日本人仍相當
親切，逢祭典節慶時，都會受邀至臺灣人家中作客與享用肉品。
然部分臺灣人對日本警察和軍人則相當厭惡，其曾見到巡查在進
入會社時被臺灣人毆打的情形。[108]

又，戰前從朝鮮興南運抵臺灣窒素的過鹽素酸氨，至戰後仍
有剩餘。民眾認為鹽素酸氨中含氨，能防止作物枯萎，欲以此為
肥料，故出現偷竊事件，留用者僅能用以木刀進行警備。[109]

橫田繁回憶起堀內金城時，認為堀內氏為具冒險心、利害關
係很強的人，對下屬好惡十分明顯、對臺灣人存在相當敵意。當
其他留用者選擇返國時，堀內認為自己在戰爭期間負責生產火藥，
回到日本國內，可能會因作為戰爭協力者而被美軍逮捕，故繼續
留在臺灣。[110]

另外，在留用期間曾有本島人詢問橫田氏製造手榴彈的方法，
橫田僅回答只要有鐵的話，再填充火藥即可。橫田氏認為，堀內
或許因接受臺灣人的請求、提供各項援助，而且獲得的情報與臺
灣人相連結，故在二二八事件與臺灣人採取一致的行動；堀內或
與臺灣人過從甚密，才會在二二八事件後被逮捕。[111]

與堀內金城大學同屆的臺北帝國大學農學部「農藝化學第一
講座」教授德岡松雄，戰後為臺灣大學的留用教授，二二八事件
發生時仍在臺灣。依據德岡氏的說法，二二八事件時因有臺灣人
向堀內詢問火藥放置的場所而使其受到密告，在 1947 年 3 月 3 至

4 日間被憲兵逮捕。堀內因為牽涉到卡立特（Carlit）炸藥原料的關係，被視為重大犯罪，逮捕後並未見到任何人，而且在獄中健康情況惡化。在此過程中，亦曾有人欲集資、透過關係將其營救出來。至 1947 年 8 月左右，同為留用者的醫學部大瀨教授[112]向臺灣警備總部總司令之人員確認得知，堀內在被逮捕後不久後即遭殺害。[113]

2. 從江上正夫的回憶文章看堀內金城

依據江上正夫回憶，戰後堀內金城與他住在同一間宿舍，堀內在房間內的時間較多，日常用品也多送至房內，他的雙手經常握拳。在江上氏的印象中，堀內曾向他提及：日本失去海外領土等於沒有資源，國內被爆擊剩餘的工業設施，將作為賠償物資，加上日本要付出賠償金，在工業上見不到希望。戰勝國為了避免日本再次發動戰爭，要將日本國內既有的政治、經濟、產業解體。若依據這樣的方式，日本將成為農業國。堀內又指出，自己擔任軍方監督官，負責生產兵器，而且擔任日本窒素株式會社的理事，返國將被追究責任，但會受到怎樣的處分並不清楚。透過談話內容顯見，他本身極度的悲觀。[114]

在江上的回憶中提出，曾經可能在戰後出現的技術移轉。稍詳言之，當時堀內因畢業於東京帝國大學，故有臺灣企業欲求助於他提供技術，在臺北市泉町 1-4（今中正與大同區交界）設立大豐化工公司。[115]但搜尋戰後初期的企業名錄資料，查詢不到該公司的存在，在臺北市泉町附近也查不到有相似名稱的行號。之所以無法尋得或因該公司成立時間過短，或未向政府登記即告解散等。

從上述回憶文章來看，或能顯現出戰後堀內的性格剛毅，並對敗戰後的日本國內經濟抱持悲觀態度，而且且擔憂歸國後有成為戰犯的疑慮。然在其滯留臺灣期間，臺灣人曾期待堀內提供技術指導，協助本地人創業。從此點來看，似乎顯現出其與臺灣人存在一定程度的聯繫，加上二二八事變提供火藥給臺灣人，使其

成為其遭逮捕的要因。關於此部分的細節，透過檔案資料，是否能理解更進一步的資訊？

　　首先，日本臺灣協會所藏出版的留用資料中顯示，1947 年 1月時，堀內金城的身分為臺灣工礦器材公司第一廠工程師，居住在宮前町一六三。[116] 就此點來看，與當時陳儀呈報給蔣中正的背景不相符合，由此或可顯示當時在肅清異己的前提下，提出調查過程的草率。其次，1947 年 4 月 20 日，留臺世話役（負責人）速水國彥向臺灣總督府殘務整理事務所長須田一二三提出的報告書指出，二二八事變後遭到軍憲當局逮捕居留的留用者在臺北市有三名、高雄兩名，除了堀內金城外均被釋放。[117]

　　復次，保密局臺灣站二二八史料中記載，1947 年 3 月 27 日沈堅強向林頂立提出的情資中，曾提及堀內在二二八的活動：

　　林先生鈞鑒：「茲據臺南〔北〕市南勢角化學工廠領班工人蘇天才及工礦器材公司協理吳長炎報談稱，該廠原係日人堀內金城獨資經營，因日本投降之後歸我國政府接收，該日人仍留用在臺，其心不願，屢想報復。適此次事變，乃於三月五日竟通同臺北市大同機械鋼鐵廠經理林挺生，利用流氓數十人，並用大同廠自用卡車親帶流氓駛往該廠，擬予搶劫，以該廠警戒嚴密，不遂而去。現該日人堀內金城已被警總部扣禁，該林挺生恐事露及身，四出為日人奔走，擬向長官公署企圖保釋等語。查該日人殊屬可惡，而林挺生竟敢助紂為虐，乘火打劫且為日人利用，類同漢奸，罪更加無赦，現尚逍遙法外，為此報備請扣辦，以重國體，以儆效尤」。[118]

　　若上述資料屬實，顯見作為留用者的堀內金城或與本地資本家有密切聯繫。本地資本家要求其提供創業技術的經緯，也不難理解戰後初期在經濟管制相繼解除後的新時代，在地人士欲借重堀內化工方面的長處生產相關商品。從臺灣窒素留用的日本人回憶文字，究竟能帶給我們對戰後經濟發展怎樣的認識？第一，該

工廠因存在民需、軍需的雙重變換特性，而且生產原料作為肥料生產的中間財，戰後初期在肥料物資欠缺的背景下，工廠成為盜匪的覬覦對象。第二，該工廠配合戰爭末期生產的火藥存貨，使其在二二八事件中成為臺灣人民取得兵器的來源，並造成留用者堀內最終被逮捕的原因之一。第三，堀內作為臺灣窒素株式會社的最高技術人員，戰後臺灣的實業家對其擁有的知識能力抱有期待，希望借重其專業，開創新商品的生產；甚至連當時臺灣較具規模的事業家林挺生都與其有交情。最後，堀內因二二八事件失蹤，使得臺灣企業家對其存在的諸多期待未能實現，也無法如多數日本人一樣平安返回日本。

（三）戰後的民需生產與技術導入之構想

戰後工礦器材分公司下屬有第一工廠籌備處與氧氣工廠，其中第一工廠籌備處即為接收臺灣窒素株式會社成立，[119] 之後更名為南勢角工廠。如表 11 所示，戰後該工廠主要產品為：雷管、導火線、炸藥等。值得注意的是，南勢角工廠可說獨占性地供應臺灣公民營工礦業使用的炸藥產品；每個月由臺灣省政府建設廳核定各單位的配給量，工礦公司再按配給證出售，可視為管制物資下的特許行業。[120] 至 1953 年年中，主要產品有普通雷管、電氣雷管、礦山炸藥、坑外炸藥、水底炸藥、導火線等六大類。[121]

表 11　南勢角工廠主要產品與銷售量（1949-1952）

年份	雷管（發）	導火線（公尺）	炸藥（公斤）
1949	2,112,065	543,672	216,155
1950	2,052,246	820,321	141,064
1951	2,027,990	561,226	164,321
1952	2,225,976	969,032	213,033

資料來源：臺灣工礦公司，《工礦公司最近四年概況》，頁 19。

依據記載，從戰後至 1952 年 10 月以前，工廠所需的火藥原料全從日軍遺留廢彈拆解運用，不僅製造過程危險，品質也欠理想。由於南勢角工廠可供拆解的廢棄彈藥即將告磬，希望日本的化藥株式會社能夠供應。其中，硝化甘油炸藥為工礦業經常使用，以往受限於設備和技術困難，均仰賴國外進口。[122]

南勢角工廠以臺灣民用火藥的自給自足為前提，計劃與日本化藥株式會社合作，籌設一最小經濟規模的製造設備或半成品加工設備。大致上，日本的化藥株式會社生產之民用火藥占全日本60% 的市場占有率，生產經驗豐富。工礦公司聽聞，該化藥株式會社希望在臺灣尋找代理銷售業務者，認為既然公司已受建設廳請託，經營臺灣民用火藥製品業務，應進一步爭取代理權。[123]

在工礦公司為獲得原料供應、籌設生產硝甘炸藥設備、獲得臺灣代理權等三個前提下，1952 年 9 月 20 日留用日本人松崎呈次回國之便，嘗試洽商並獲得初步結果。為此，工礦公司計劃派遣機械部副理主任、曾留學日本的王汝霖前往日本洽商，並考察日本煤礦政策。[124]

當時，作為臺灣經濟決策單位的臺灣區生產事業管理委員會在召開 176 次常會時，原則上同意雙方的技術合作，但工礦公司提出將擔任日本化藥株式會社的臺灣代理，則與公司業務性質不符不得辦理。[125]

1952 年 12 月 20 日，在臺灣區生產事業管理委員會第 180 次常務會議中，針對工礦公司提出之與日本化藥株式會社技術合作的契約書草約進行審核討論。該次會議中，原則上同意雙方技術合作、生產甘油炸藥，但因火藥製品和半成品屬於管制範圍，能否同意從日本廠商供應，並非工礦公司可以單獨決定。[126]

南勢角工廠向日本尋求提供技術支援時，1953 年 4 月 6 日因特種工兵總隊拆解廢彈不慎爆炸，導致廠區受損。[127] 當時正逢四大公司民營化政策的實施，生管會認為，該廠復工前所需費用甚高，不符經濟價值，故原則上同意將該廠讓售民營。此外，政府為解決民需導火線雷管供應不足的問題，計劃由兵工署運用剩餘

設備製造,再交由工礦公司代銷。[128] 臺灣省政府建設廳則認為,與其重新投入大量資金復舊,不如趁機作價、讓售給煤礦公會經營,並由建設廳監督。在執行上,短期內還是由工礦公司設法復工。[129] 爾後,南勢角工廠導火線於同年5月6日開始生產,雷管於5月20日開始試製後恢復生產,炸藥也在6月10日開始生產。[130]

綜觀戰後,工礦公司南勢角工廠生產民用炸藥在民間市場銷售具備獨占性優勢,廠房並未在「耕者有其田」的分廠出售中售予民間。但1955年該廠房意外由黨營的齊魯公司接手經營後,成為黨營事業的一環。[131]

五、結論

戰後政府接收鋼鐵機械、電工、紡織、硫酸錏等多屬中小規模或未建廠完成的事業,而且在戰爭末期受到破壞。政府於監理和接收階段時,即透過廠房整併的策略,讓生產的機器設備得以集中,寄望發揮專業化生產與規模經濟的優勢。戰後因軍事需求消失,欠缺周轉資金與設備投資,影響到上述事業的戰後復員,成為營運上的限制條件。

鋼鐵機械與電工事業,除了電池、燈泡、鐵絲和洋釘等為專業化生產外,其餘如前章介紹的臺機公司,多為業務承攬,不易達到規模經濟的效果。此外,1949年政府在國共內戰敗北之際,原料供應出現困難,所屬諸多廠房採行整併、停業和出售的方式來因應。

戰爭末期為求自給自足,臺灣運用了日本閒置的棉紡織設備,戰後則依附在中國經濟圈中,其中存在以上海為首的棉紡織品競爭,對本地工業自主性發展產生不利影響。以亞麻為中心的原料栽培與紡織資本,因種子仍仰賴從北海道國內提供以及廠房損毀,加上缺乏根基的奠定,因而未能蓬勃發展。苧麻事業的部分,因戰前的苧麻絲主要銷售至日本與朝鮮,戰後初期因原料供給有限和臺灣欠缺苧麻布織造工廠,發展亦受侷限。也就是說,亞麻和

苧麻因欠缺本地產業下游市場的連結，喪失持續成長的動力。

在此前提下，戰後初期臺灣的紡織業回復到日治前期，以黃麻紡織為基礎的生產型態。雖然兩所製麻工廠均無餘力全數修復與更新設備，但政府以充分供應裝載稻米和砂糖的麻袋為前提，提出各項政策，鼓勵在地的原料增產。黃麻紡織得以受政府青睞、提供支援，本質上仍與戰前基礎較穩定的米糖經濟密切相關。

從生產性質來看，臺灣窒素轉而生產火藥的業務延續到戰後。戰後初期，臺灣在軍事市場消失後，臺灣窒素的廠房轉而提供民間礦業部門開採時所需的火藥。戰後臺灣所需的軍需火藥，則由政府撤退來臺的兵工廠系統生產，故戰後該工廠僅限於供應民需部門。

從戰後經濟史的角度來看 1930 年代的戰時工業化，到了戰後初期因軍事需求喪失，促使臺灣回歸到以民間需求為主的經濟型態，部分因戰爭創造需求的事業，在臺灣省政府接收後無法持續成長，也沒有達成原本的規劃。

註釋

1　臺灣工礦公司，《臺灣工礦股份有限公司創立實錄》（臺北：臺灣工礦公司，1947），頁 2。

2　臺灣工礦公司，《臺灣工礦股份有限公司創立實錄》，頁 2。

3　臺灣工礦公司，《工礦公司最近四年概況》（臺北：臺灣工礦公司，1953），頁 2。

4　臺灣工礦公司，《工礦公司最近四年概況》，頁 2。

5　洪紹洋，《商人、企業與外資：戰後臺灣經濟史考察（1945-1960）》（臺北：左岸文化，2021），頁 83-108。

6　經濟研究室編擬，〈臺灣工礦事業考察報告〉，陳鳴鍾、陳興唐，《臺灣光復和光復後五年省情（下）》（南京：南京出版社，1989），頁 24-25。

7　經濟研究室編擬，〈臺灣工礦事業考察報告〉，陳鳴鍾、陳興唐，《臺灣光復和光復後五年省情（下）》，頁 24-26。

8　臺灣省行政長官公署工礦處，《臺灣一年來之工業》（臺北：臺灣省行政長官公署宣傳委員會，1946），頁 3-4；高禩瑾編，《中國機械工程學會臺灣分會特刊：臺灣機械工業》（臺北：中國機械工程學會臺灣分會，1948），頁 3-4。

9　〈臺灣工礦股份有限公司鋼鐵機械分公司概況〉（1950 年 3 月），《鋼鐵公司業務檢討》，臺灣區生產事業管理委員會檔案，檔號：49-01-02-002-015，中央研究院近代史研究所檔案館。

10　臺灣省行政長官公署宣傳委員會，《臺灣省行政工作概覽》，頁 69-70。

11　〈經濟統制諸法令廢止ニ關スル件〉，《臺灣總督府公文類纂》，冊號 10510，文號 14，國史館臺灣文獻館。

12　臺灣省政府，《臺灣省政府施政報告（1947 年 6 月）》（臺北：臺灣省政府，1947 年 6 月），頁 99-100；臺灣工礦公司編，《臺灣工礦股份有限公司創立實錄》，頁 151、152、196。

13　高禩瑾編，〈臺灣工礦公司鋼鐵機械分公司概況概況〉，《中國機械工程學會臺灣分會特刊：臺灣機械工業》，頁 27-29。

14　〈臺灣工礦股份有限公司鋼鐵機械分公司概況〉（1950 年 3 月），《鋼鐵公司業務檢討》，臺灣區生產事業管理委員會檔案，檔號：49-01-02-002-015，中央研究院近代史研究所檔案館；臺灣工礦公司，《工礦公司最近四年概況》，頁 58。

15　蔣靜一，〈臺灣之鋼鐵工業〉，收入臺灣銀行經濟研究室編，《臺灣之工業論集（卷二）》（臺北：臺灣銀行經濟研究室，1958），頁 1；臺灣工礦公司編，《工礦公司最近四年概況》，頁 50-51。

16　〈臺灣工礦股份有限公司鋼鐵機械分公司概況〉（1950 年 3 月），《鋼鐵公司業務檢討》，臺灣區生產事業管理委員會檔案，檔號：49-01-02-002-015，中央研究院近代史研究所檔案館；王穎琳，《中國紡織機械製造業の基盤形成—技術移轉と西川秋次—》（東京：學術出版会，2009），頁 167。

17　〈臺灣工礦股份有限公司鋼鐵機械分公司概況〉（1950 年 3 月），《鋼鐵公司業務檢討》，檔號：49-01-02-002-015。

18　〈省府檢討工礦公司鋼鐵機械分公司會議記錄〉（1950 年 3 月 30 日），〈臺灣工礦股份有限公司鋼鐵機械分公司概況〉（1950 年 3 月），《鋼鐵公司業務檢討》，臺灣區生產事業管理委員會檔案，檔號：29-01-02-002-015，中央研究院近代史研究所檔案館；林長城口述、邱建文採訪整理，《走過東元：林長城回憶錄》（臺北：遠流，1999），頁 70-73。

19　〈省府檢討工礦公司鋼鐵機械分公司會議記錄〉（1950 年 3 月 30 日），《鋼鐵公司業務檢討》，檔號：49-01-02-002-015，中央研究院近代史研究所檔案館。

20 臺灣工礦公司，《工礦公司最近四年概況》，頁 29。

21 楊繼曾（1898-1993），安徽懷寧人，畢業於同濟醫工專門學校、德國柏林工科大學，曾任軍政部瀋陽兵工廠工程師、漢陽兵工廠副廠長、上海兵工廠副廠長、大渡口鋼鐵遷建委員會主任委員、兵工署製造司司長等。來臺後曾任經濟部政務次長、國防部政務次長、臺灣糖業公司董事長和總經理、經濟部部長等。李國鼎口述、劉素芬紀錄，《李國鼎：我的臺灣經驗》（臺北：遠流，2005），頁 690-691。

22 林挺生（1919-2006），臺北人，畢業於臺北帝國大學理學部化學科，曾任大同鋼鐵機械公司總經理和董事長，大同初級工業職業學校、大同高級工業職業學校、大同工商職業學校、大同高級中學校長，以及立法委員、臺灣省工業會理事長、臺灣區機器同業公會理事長等。李國鼎口述、劉素芬紀錄，《李國鼎：我的臺灣經驗》，頁 616-617。

23 〈省府檢討工礦公司鋼鐵機械分公司會議記錄〉（1950 年 3 月 30 日），《鋼鐵公司業務檢討》檔號：49-01-02-002-015，中央研究院近代史研究所檔案館。

24 臺灣工礦股份有限公司，《臺灣工礦股份有限公司創立實錄》，頁 211-212。

25 〈臺灣工礦股份有限公司三十八年度工作檢討報告〉（1949 年 11 月），《各事業 38 年度工作檢討報告》，臺灣區生產事業管理委員會檔案，檔號：49-01-02-002-026，中央研究院近代史研究所檔案館。

26 〈臺灣工礦股份有限公司鋼鐵機械分公司概況〉（1950 年 3 月），《鋼鐵公司業務檢討》，臺灣區生產事業管理委員會檔案，檔號：49-01-02-002-015，中央研究院近代史研究所檔案館；〈臺灣工礦股份有限公司三十八年度工作檢討報告〉（1949 年 11 月），《各事業 38 年度工作檢討報告》，臺灣區生產事業管理委員會檔案，檔號：49-01-02-002-026，中央研究院近代史研究所檔案館。

27 關於此一部分的討論，可參見洪紹洋，《商人、企業與外資─戰後臺灣經濟史考察（1945-1960）》的第四章。

28 加島潤，〈中華民國經濟における上海・台湾間貿易〉，收入加島潤、木越義則、洪紹洋、湊照宏，《中華民國經濟と台湾：1945–1949》（東京：東京大学社会科学研究所，2012），頁 43-62。

29 〈臺灣省行政長官公署施政報告：紡織業部分〉，陳鳴鐘、陳興唐編，《臺灣光復和光復後五年省情（下）》，頁 222-223。

30 〈臺灣省行政長官公署施政報告：紡織業部分〉，陳鳴鐘、陳興唐編，《臺灣光復和光復後五年省情（下）》，頁 223。

31 關於中國紡織建設公司的成立與營運，可參見金志煥的論著。金志煥，《中國紡織建設公司研究》（上海：復旦大學出版社，2006）。

32 臺灣工礦公司，《工礦公司最近四年概況》，頁 2。

33 黃東之，〈臺灣之棉紗工業〉，臺灣銀行經濟研究室編，《臺灣之紡織工業》（臺北：臺灣銀行經濟研究室，1956），頁 19。

34 黃東之，〈臺灣之紡織工業〉，臺灣銀行經濟研究室編，《臺灣之紡織工業》，頁 14。

35 山田酉藏（1891- ？），日本新潟人，因家境貧困僅有小學校畢業，1909 年進入帝國製麻琴似製線所擔任工員，1914 年轉任社員後歷經係長、課長、部長，1943 年升任帝國製麻取締役與兼任臺灣事業部部長，故抵達臺灣。1947 年返回日本後擔任常務取締役和專務取締役，1950 年升任取締役社長，1969 年擔任帝國纖維取締役會長，1950 年擔任。山田酉藏，《亜麻百年》，頁 297-298。

36 黃朝清（1895-1950），1919 年畢業於日本東京慈惠醫學專門學校畢業，返臺後在臺中開設回春醫院，1936 年取得醫學博士。曾擔任臺中商工協會長、臺中市醫師會顧問、大東信託株式會社取締役、臺灣地方自治聯盟理事、《臺灣新民報》取締役等。戰後參加臺灣光復致敬團，二二八事件時曾參「臺中地區時局處理委員會」，1948 年擔任南華化學有

限公司常務董事。〈黃旺成先生日記〉（1921 年 11 月 9 日），臺灣日記知識庫。

37 《豐原廠四十年之回顧（臺灣製麻株式會社を語る）》（臺中：出版單位不詳，1946），頁 36-37。

38 《豐原廠四十年之回顧（臺灣製麻株式會社を語る）》，頁 37。

39 林雲龍（1907-1959），林獻堂三子，八歲前往日本就讀東京青柳尋常小學校，經東京府聖學院中學，於 1930 年畢業於法政大學政治科。1932 年進入新民報社為政治部記者，後因妻楊雪霞肺病需調養而請假赴日，遂於 1936 年 1 月辭職，同月被任命為霧峰庄長，1940 年 1 月任滿。這期間他在 1937 年當選台灣新民報社監事，1939 年 1 月任該報取締役，故卸任庄長後乃返回台灣新民報社擔任營業局長。當《台灣新民報》改為《興南新聞》，而《興南新聞》與其他報被合併為《台灣新報》後，林雲龍乃辭職。戰後林雲龍曾任省議員，也擔任南華化學工業股份有限公司董事長、臺灣煉鐵公司董事長，因而當選臺灣工業總會理事長。1958 年 2 月起擔任彰化銀行常務董事。〈灌園先生日記〉（1927 年 1 月 1日），臺灣日記知識庫。

40 坂本信道（1887- ？），高知縣人，1909 年畢業於早稻田大學政治經濟部，翌年渡臺到臺銀任職，以後被選為臺灣商工銀行取締役，昭和初年轉職彰化銀行，歷任高雄州、臺南州、臺北州協議會員。〈灌園先生日記〉（1930 年 7 月 12 日），臺灣日記知識庫。

41 江淵清滿（1885- ？），1905 年畢業於立教中學，1923 年進入帝國製麻株式會社，歷任工廠長、庶務、會計課長，1938 年擔任臺灣製麻株式會社會社常務。〈灌園先生日記〉（1945 年 3 月 3 日），臺灣日記知識庫。

42 林進川（1903- ？），臺中人，1920 年畢業於臺北工業學校，1933 年擔任臺灣製麻株式會社技手，1935 年當選豐原街協議會員。〈灌園先生日記〉（1945 年 11 月 17 日）。

43 森島良之助，帝國製麻株式會社社員工，擔任帝國纖維會社管營委員會委員、總務部長。〈灌園先生日記〉（1945 年 3 月 3 日），臺灣日記知識庫。

44 王金海（1895-1966），彰化人，1917 年畢業於臺灣總督府國語學校，1924 年進入早稻田大學、大學院專攻信託業，畢業後服務於安田銀行，並在 1935 年 8 月辭職。1939 年進入大東信託擔任支配人（經理）。戰後任彰化銀行常務董事兼總經理。撰有《金錢信託》、《有價證券信託論》、《信託業法論》等書。〈灌園先生日記〉（1941 年 1 月 4 日），臺灣日記知識庫。

45 〈新十一月十七日 舊十月十三日 土曜日〉，林獻堂著、許雪姬編註，《灌園先生日記（十七）一九四五年》（臺北：中央研究院臺灣史研究所，2010），頁 384。

46 〈新十二月一日 舊十月二十七日 土曜日〉，林獻堂著、許雪姬編註，《灌園先生日記（十七）一九四五年》，頁 405。

47 〈新十二月三日 舊十月二十九日 月曜日〉，林獻堂著、許雪姬編註，《灌園先生日記（十七）一九四五年》，頁 407。

48 顏春安，臺南人，18 歲前往美國，在伊利諾大學取得化學碩士學位，畢業後於芝加哥化工廠服務一年。1927 年應廈門大學之聘任教，歷任蘇州東吳、上海交通大學教授共 15 年，曾任職上海生利製革廠工程師、大中製革廠廠長。戰後於 1946 年返台協助接收，擔任臺灣工礦股份有限公司油脂分公司總經理，之後轉任中國化學製藥股份有限公司總經理。〈灌園先生日記〉（1945 年 9 月 12 日），臺灣日記知識庫。

49 顏春和（1908- ？），臺南人，1928 年畢業於日本明治大學法學部法律科。1931 年日本高等文官考試司法科及格，1933 年 6 月返臺，於臺南市擔任辯護士。在臺北市從事律師業務，曾擔任臺北交通包車股份有限公司董事長、林本源興殖有限公司董事、林本源維記股份有限公司、大有股份有限公司監察人、新南企業有限公司法律顧問等職務。〈灌園先生日記〉（1947 年 1 月 6 日），臺灣日記知識庫。

50 林龍標，1948 年當選第二屆霧峰鄉民代表，爾後並連任第三、四、五、六屆，並為臺中青果合作社監事，1970 年當選霧峰鄉農會理事。〈灌園先生日記〉（1945 年 12 月 10 日），

臺灣日記知識庫。

51 林垂芳（1914-2009），臺中霧峰人，林烈堂三子。畢業於日本早稻田大學法律及政治經濟科，曾與人合股創辦出租汽車公司。〈楊水心女士日記〉（1950 年 5 月 15 日），臺灣日記知識庫。

52 包可永（1908- ？），江蘇吳縣人，1927 年畢業於柏林工業大學，服務於德國西門子電機廠，1934 年轉任上海電報局局長，1942 年前往重慶任中航公司副總經理，不久後擔任資源委員會工業處長兼戰時生產局製造處長。戰後來臺負責接收，擔任臺灣省行政長官公署工礦處處長兼經濟部臺灣區特派員。1948 年任交通部參事，爾後升任至技監。1959 年參加紐約職會油輪公司，籌劃在基隆首次建造超級油輪，及推動美國奇異公司對臺事務，如創建原子電廠等。〈灌園先生日記〉（1946 年 5 月 9 日），臺灣日記知識庫。

53 〈新十二月十日 舊十一月初六日 月曜日〉，林獻堂著、許雪姬編註，《灌園先生日記（十七）一九四五年》，頁 417。

54 〈新十二月十三日 舊十一月初九日 金曜日〉，林獻堂著、許雪姬編註，《灌園先生日記（十七）一九四五年》，頁 420。

55 臺灣工礦公司編，《臺灣工礦股份有限公司創立實錄》，頁 230。

56 〈新六月十日 舊五月十一日 月曜日〉，林獻堂著、許雪姬編註，《灌園先生日記（十八）一九四六年》（臺北：中央研究院臺灣史研究所，2010），頁 208。

57 陳任寰，福建人，畢業於北平國立大學工學院紡織系，曾任鄭州豫豐紗廠紡織工程師、北平第一市立工廠廠長。1935 年奉交通部令籌辦中央電瓷廠長沙廠。1939 年奉派籌辦四川宜賓廠，完成後續籌辦衡陽廠，1944 年完成貴陽廠籌辦。1945 年奉經濟部令調派為臺灣接收委員，之後擔任臺灣紡織有限公司豐原廠廠長，兼臺南製麻廠及新豐廠廠長。〈灌園先生日記〉（1946 年 5 月 18 日），臺灣日記知識庫。

58 《豐原廠四十年之回顧（臺灣製麻株式會社を語る）》，頁 40。

59 〈新五月十八日 舊四月十七日 土曜日〉，林獻堂著、許雪姬編註，《灌園先生日記（十八）一九四六年》，頁 183。

60 《豐原廠四十年之回顧（臺灣製麻株式會社を語る）》，頁 42。

61 江理如，安徽人，戰爭末期擔任廣漢酒精廠工程師，戰後最初規劃來臺負責接收糖業，曾任臺灣糖業公司虎尾糖廠廠長，後來服務於臺灣灣糖業公司。《各單位派員協助接收工作》，資源委員會檔案，檔號：24-02-072-02，中央研究院近代史研究所檔案館。中國工程師學會編，《中國工程師學會五十年紀念專集》（臺北：中國工程師協會，1961），頁 31；臺灣省政府建設廳編，《臺灣公營廠礦名冊》（臺北：臺灣省政府建設廳，1948），頁 5。

62 沈熊慶（1900-?），上海人，美國威斯康辛大學化學學士、碩士和博士，曾在上海滬江大學、上海醫學院和復旦大學擔任教授，1939 年轉入資源委員會後，戰爭末期擔任四川酒精廠廠長。戰後來臺擔任經濟部接收特派員兼臺灣省行政長官公署臺南辦事處主任。1951 年擔任臺灣大學化學工程學系教授，1961 年擔任交通大學教務長。《各單位派員協助接收工作》，資源委員會檔案，檔號：24-02-072-02，中央研究院近代史研究所檔案館；中國工程師學會編，《中國工程師學會五十年紀念專集》，頁 46。

63 〈臺灣紡織有限公司臺南廠概況〉。

64 〈臺灣紡織有限公司臺南廠概況〉。

65 河原功監修、編輯，《台湾 引揚・留用記録 第九卷》（東京：ゆまに書房，1998），頁 225。

66 河原功監修、編輯，《台湾 引揚・留用記録 第九卷》，頁 209-210。

67 河原功監修、編輯，《台湾 引揚・留用記録 第九卷》，頁 211-213。

68 河原功監修、編輯，《台湾 引揚・留用記録 第九卷》，頁 212-214。

69 王朝清（1908- ？），臺南州新化郡人，1929 年畢業於臺南州立第二中學校，1932 年畢業於日本山梨高等工業學校機械工學科後，進入糖業試驗所任職，從練習生、雇員開始，爾後服務於庶務課兼耕種科、農藝化學科、製糖化學科等，至 1939 年時擔任技手職務。〈王朝清（任糖業試驗所技手）〉，臺灣總督府公文類纂，典藏號：00010260105X002，國史館臺灣文獻館。

70 河原功監修、編輯，《台湾　引揚・留用記錄 第九卷》，頁 217-218。〈王朝清（任糖業試驗所技手）〉，臺灣總督府公文類纂，典藏號：00010260105X002，國史館臺灣文獻館。原資料記載王朝清畢業於福島高等工業學校，但透過臺灣總督府公文類纂查證，瞭解應為山梨高等工業學校畢業。

71 河原功監修、編輯，《台湾引揚・留用記錄 第九卷》，頁 220。

72 河原功監修、編輯，《台湾引揚・留用記錄 第九卷》，頁 221-222。

73 河原功監修、編輯，《台湾引揚・留用記錄 第九卷》，頁 222-223。

74 楊振凱，〈臺灣之黃麻〉，臺灣銀行經濟研究室編，《臺灣之紡織工業》，頁 115。

75 楊振凱，〈臺灣之黃麻〉，頁 125。

76 臺灣工礦股份有限公司，《臺灣工礦股份有限公司創立實錄》，頁 197。

77 楊振凱，〈臺灣之黃麻〉，頁 125。

78 《臺灣省物資局業務經營概況（民國 41 年至民國 50 年）》，頁 46。

79 《臺灣省物資局業務經營概況（民國 41 年至民國 50 年）》，頁 46。

80 臺灣工礦公司，《工礦公司最近四年概況》，頁 27。

81 河原功監修、編輯，《台湾引揚・留用記錄 第九卷》，頁 229。

82 河原功監修、編輯，《台湾引揚・留用記錄 第九卷》，頁 229、231。

83 河原功監修、編輯，《台湾引揚・留用記錄 第九卷》，頁 231。

84 河原功監修、編輯，《台湾引揚・留用記錄 第九卷》，頁 232。

85 河原功監修、編輯，《台湾引揚・留用記錄 第九卷》，頁 233。

86 加島潤，〈戰後上海の棉布生產　流通と臺灣〉，加島潤、木越義則、湊照宏、洪紹洋，《中華民國經濟と臺灣：1945-1949》，頁 63-82。

87 黃東之，〈臺灣之紡織工業〉，頁 14-15。

88 梁偉成，〈臺灣工礦公司紡織部各廠簡介（續完）〉，《紡織界月刊》第 38 期（1953），頁 35。

89 鄭耀西，〈臺灣亞麻事業之最近情況〉，《紡織界月刊》第 64 期（1955），頁 6；李潤海，〈值得提倡的亞麻紡織業〉，《紡織界週刊》第 14 期（1952），頁 16。

90 李潤海，〈值得提倡的亞麻紡織業〉，《紡織界週刊》第 14 期（1952），頁 17。

91 資源委員會經濟研究室，〈臺灣工礦事業考察報告〉（1946 年 2 月 1 日），陳鳴鍾、陳興唐，《臺灣光復和光復後五年省情（下）》（南京：南京出版社，1989），頁 33。

92 潘履潔，〈臺灣酸鹼肥料工業視察報告〉，陳鳴鍾、陳興唐，《臺灣光復和光復後五年省情（下）》，頁 56-58。

93 湯元吉（1904-1994），江蘇金山人，肄業於同濟大學，於德國明興大學取得博士，曾任中央研究院化學研究所研究員、資源委員會昆明化工廠副廠長、資源委員會內江等多所酒精廠廠長。戰後擔任經濟部臺灣區特派員辦公處肥料接管委員會主任委員、臺灣肥料公司總經理和董事長、臺灣糖業公司董事長。李國鼎口述、劉素芬紀錄，《李國鼎：我的臺灣經驗》，頁 684。

94 資源委員會經濟研究室，〈臺灣工礦事業考察報告〉（1946 年 2 月 1 日），陳鳴鍾、陳興唐，《臺灣光復和光復後五年省情（下）》，頁 32-33。

95 資源委員會經濟研究室，〈臺灣工礦事業考察報告〉（1946年2月1日），陳鳴鍾、陳興唐，《臺灣光復和光復後五年省情（下）》，頁34。

96 程玉鳳、程玉凰編，《資源委員會檔案史料初編（上冊）》（臺北：國史館，1984），頁314。

97 〈資源委員會中央錏肥有限公司工程計畫書〉（1946年6月），中國第二歷史檔案館、海峽兩岸出版交流中心編，《館藏民國臺灣檔案彙編：第110冊》（北京：九州，2006），頁19-21。

98 〈資源委員會中央錏肥有限公司工程計畫書〉（1946年6月），中國第二歷史檔案館、海峽兩岸出版交流中心編，《館藏民國臺灣檔案彙編：第110冊》，頁21-22。

99 程玉鳳、程玉凰編，《資源委員會檔案史料初編（上冊）》，頁315、356。

100 資源委員會，《資源委員會公報》第15卷第4期（1948），頁75。

101 洪紹洋，〈臺灣工礦公司之民營化：以分廠出售為主的討論〉，《臺灣社會研究季刊》第104期（2016），頁118-120。

102 〈臺灣工礦股份有限公司會計工作視導報告〉（1953年6月），頁67。

103 〈臺灣區生產事業管理委員會第202次常務委員會議紀錄〉（1953年5月2日），《第202常委會議程》，臺灣區生產事業管理委員會檔案，檔號：49-01-01-009-233，中央研究院近代史研究所檔案館。

104 薛毅，《國民政府資源委員會研究》，頁375-377。

105 中央研究院近代史研究所編，《二二八事件資料選輯（一）》（臺北：中央研究院近代史研究所，1992），頁166-177。

106 許雪姬，〈「保密局臺灣站二二八史料」的解讀與研究〉，《臺灣史研究》第21卷第4期（2014年12月），頁187-217。

107 橫田繁，〈台湾窒素の思い出〉，株式會社東京シンクサービス內「日本窒素史への証言」編輯委員会，《日本窒素史への証言 第二集》，頁27、39。

108 橫田繁，〈台湾窒素の思い出〉，株式會社東京シンクサービス內「日本窒素史への証言」編輯委員会，《日本窒素史への証言 第二集》，頁36。

109 橫田繁，〈台湾窒素の思い出〉，株式會社東京シンクサービス內「日本窒素史への証言」編輯委員会，《日本窒素史への証言 第二集》，頁36-37。

110 橫田繁，〈台湾窒素の思い出〉，株式會社東京シンクサービス內「日本窒素史への証言」編輯委員会，《日本窒素史への証言 第二集》，頁38。

111 橫田繁，〈台湾窒素の思い出〉，株式會社東京シンクサービス內「日本窒素史への証言」編輯委員会，《日本窒素史への証言 第二集》，頁38。

112 在橫田繁的回憶錄中，記述為大瀨教授。但經查證臺灣大學的留用者未有大瀨姓者，故其回憶可能誤記其姓氏。參見歐素瑛，《傳承與創新：戰後初期臺灣大學的再出發》（臺北：臺灣古籍，2006），頁45-46。

113 橫田繁，〈台湾窒素の思い出〉，株式會社東京シンクサービス內「日本窒素史への証言」編輯委員会，《日本窒素史への証言 第二集》，頁39。

114 江上正夫，〈終戰後の臺灣窒素〉，株式會社東京シンクサービス內「日本窒素史への証言」編輯委員会，《日本窒素史への証言 第二集》，頁45-46-47。

115 江上正夫，〈終戰後の臺灣窒素〉，株式會社東京シンクサービス內「日本窒素史への証言」編輯委員会，《日本窒素史への証言 第二集》，頁47。

116 河原功監修、編集，《臺灣協會所藏 臺灣引揚・留用資料 第八卷》，頁42。

117 河原功監修、編集，《臺灣協會所藏 臺灣引揚・留用資料 第四卷》（東京：株式會社ゆまに書房，1997），頁256、257。

118 許雪姬主編，《保密局臺灣站二二八史料彙編（二）》（臺北：中央研究院臺灣史研究所，2016），頁 121-122。

119 臺灣工礦公司，《臺灣工礦股份有限公司創立實錄》，頁 151。

120 臺灣工礦公司，《工礦公司最近四年概況》，頁 18。

121 〈臺灣工礦股份有限公司會計工作視導報告〉（1953 年 6 月），頁 67。

122 〈便簽 省政府〉（1952 年 10 月 22 日），管秘議字第 10606 號，《工礦公司與日化藥會社技術合作》，臺灣區生產事業管理委員會檔案，檔號：49-04-07-001-005，藏於中央研究院近代史研究所檔案館。

123 〈便簽 省政府〉（1952 年 10 月 22 日），管秘議字第 10606 號，《工礦公司與日化藥會社技術合作》，臺灣區生產事業管理委員會檔案，檔號：49-04-07-001-005，中央研究院近代史研究所檔案館。

124 〈便簽 省政府〉（1952 年 10 月 22 日），管秘議字第 10606 號，《工礦公司與日化藥會社技術合作》，臺灣區生產事業管理委員會檔案，檔號：49-04-07-001-005，中央研究院近代史研究所檔案館。

125 〈便簽 省政府〉（1952 年 10 月 22 日），管秘議字第 10606 號，《工礦公司與日化藥會社技術合作》，臺灣區生產事業管理委員會檔案，檔號：49-04-07-001-005，中央研究院近代史研究所檔案館。

126 〈臺灣區生產事業管理委員會第 180 次常務委員會議〉（1952 年 12 月 20 日），《工礦公司與日化藥會社技術合作》，臺灣區生產事業管理委員會檔案，檔號：49-04-07-001-005，藏於中央研究院近代史研究所檔案館。

127 〈工礦公司南勢角工廠復工計劃〉，《南勢角爆炸處理》，臺灣區生產事業管理委員會檔案，檔號：49-04-07-002-015，中央研究院近代史研究所檔案館。

128 《第 203 次常委會議程》，臺灣區生產事業管理委員會檔案，檔號：49-01-01-009-234，中央研究院近代史研究所檔案館。

129 《第 205 次常委會議程》，臺灣區生產事業管理委員會檔案，檔號：49-01-01-009-236，中央研究院近代史研究所檔案館。

130 《第 205 次常委會議程》，臺灣區生產事業管理委員會檔案，檔號：49-01-01-009-240，中央研究院近代史研究所檔案館。

131 王惟聖，〈特權取得獨佔事業之分析：以黨營事業南勢角工廠為例〉，《黨產研究》第 8 期（2022 年 6 月），頁 94-98。

第九章 邁向獨立經濟體的摸索：連續與移植

一、戰時生產體制的再現

（一）戰時生產動員體制的仿效

　　如前章所述，戰後初期政府接收臺灣後，因軍需景氣消失，故從戰時參與軍需用品的中小機械業與電工事業，戰後轉而生產民需產品。臺灣在戰爭時期的背景下，開始動員民間生產單位、製造軍需製品，並設計出一套由臺灣鐵工業統制會負責調度原料與生產分工的機制。這套戰前締建工業部門的生產體系，於 1950 年代初期，因市場與軍事要素的考量而短暫被沿用。

　　綜觀戰後套機制沿用的背景，為政府撤退來臺初期，美國未恢復中華民國的軍事與經濟援助前，中共隨時可能進犯臺灣的時刻。因而，該如何提供軍方充分的用品，為當時政府所要面對的難題之一。經軍事部門向民間生產事業採購，不僅能為民間生產部門創造部分市場，還能供應軍事部門所需資材。

　　前章提及的臺灣鐵工業統制會，戰後於 1945 年改組為臺灣鐵工業公會，1946 年更名為臺灣鐵工業同業公會，1947 年又有臺灣區機器同業公會聯合會，1949 年依據《工業會法》改組為臺灣區機器同業公會，並由林挺生擔任會長。[1] 臺灣區機器同業公會延續戰前動員的角色，以臺灣省政府建設廳為中心，邀集所屬生產單位，仿效戰前展開軍需用品的生產。

　　稍詳言之，1950 年臺灣省政府建設廳為挽救廠商業務清閒的困境，提出可仿效戰前日本在臺灣建立軍需工業的基礎，由各生

產單位協助軍方生產裝備與消耗品。如此一來不僅能減少外匯耗損，還能促使工廠產品獲得銷售機會。行政院為配合此項政策，於同年布達軍需用品應儘量由國內機關採購，萬不得已才向國外採購之命令。[2]

時任臺灣省政府建設廳廳長的陳尚文[3]，即撰文就戰後動員如何參照戰前經驗提供說明。綜觀戰前臺灣的戰時經濟統制計畫，分為：物資、勞力、物價、金融、交通等五大範疇；其中，物資、勞力、物價等三項由臺灣省建設廳前身——臺灣總督府工礦局負責執行與管理各工場所需的原料器材配給、勞工的補充調度、產品價格的管制。在行政機構與軍方的分工上，臺灣總督府礦工局控制前述三項要素，軍方則依據各工場的產能訂立生產計畫，直接與生產機構或間接聯繫各類統制會，訂立購買軍需品的契約。在戰前的生產品目方面，除了供應部分軍用被服外，還包含戰車、交通車輛、電信器材、步機槍飛機等零件。[4]

就戰後的執行面觀之，臺灣省政府為促進民間廠商生產軍需用品，1950 年 5 月先設立「民營工業配合軍需小組」，後來又擴大改稱「省內工業配合軍需小組」，邀請各軍需機關及工業生產機構共同商討軍需問題。同時，該小組還以 45 天的時間，透過 100 多名調查員對臺灣 7,400 家工廠進行普查，以瞭解各公民營工廠對軍需的供應能力。此一調查資料的目的是寄望各軍事機關能儘量將所需用品交由臺灣的工場承辦。由於能獲得的資料相當有限，僅能知悉歷經半年實施，部分輕兵器及其配件、被服等已由臺灣在地工廠生產，多數軍用品仍需仰賴國外進口。[5]

如表 1 所示，1950 年 5 月經由臺灣區機器同業公會的調查，能知悉部分工廠具備生產兵器零件的能力，如臺灣造船公司、臺灣機械公司、臺灣工礦公司所屬工廠和高砂鐵工廠等曾具備戰時的增產經驗，但部分工廠則是戰後新設立的企業，亦參與戰後的動員體制。值得注意的是，以生產縫紉機為主的臺灣裁縫機製造公司因具有工作母機，而能生產部分飛機零件。就這些工廠具備的生產品目來看，多數具備生產手榴彈殼、地雷殼和迫擊砲彈殼

的能力，但如高砂鐵工廠和臺中鎔接印鐵廠，則能生產輕兵器與火焰噴射器等。臺灣機械公司、臺灣鋼鐵機械公司與新和鐵工廠則負責製造船舶發動機；臺灣造船業規模最大的臺灣造船公司，則參與軍用船舶的修理。

臺灣的公民營工廠除了生產兵器等相關零件並提供船舶修繕等業務，透過表2，還能瞭解1951年6月底的時點，紡織、橡膠和鋁業等諸多事業單位提供膠鞋、布料、水壺等物資供軍方使用。大致上，戰後臺灣的生產單位除了軍方營運的兵工廠外，公民營工廠也參與供應軍方所需物件。1950年政府寄望透過民需部門的生產動員供應軍方所需，除了戰前曾參與軍需生產的廠商外，還包含處於起步階段的棉紡織工廠。以棉紡織事業配合軍需生產，也能確保發展初期的市場銷售。

表1 臺灣區機器工業同業公會製造軍需品情形調查表（1950年5月6日）

工廠名稱	廠品名稱	規範	單位	戰前每月產量	1950年每月產量
臺灣工礦股份有限公司鋼鐵機械分公司第三機械廠	鍍鋅剩鐵線		噸		40
建兵機器公司	手榴彈殼	中小型	個	15,000	24,000
鋼鐵機械公司第三機械廠	手榴彈殼		個		20,000
永大鐵工廠	手榴彈殼		個		5,000
臺灣裁縫機製作工廠	手榴彈殼		個	500	10,000
光榮機器廠	手榴彈殼		個	40,000	30,000
光泰鐵工廠	手榴彈殼		個	500	
東勢製機	手榴彈殼		個		120,000
錦源機器工廠	手榴彈殼		個	1,000	3,000
高砂鐵工廠	高射砲彈殼	中型	公斤	25,000	
久善企業公司	軍用水壺	沖壓	只		60,000
大成鐵工廠	飛機零件				
東勢製機	軍用鍋	32" x 11" 其他各種	只		7,500

建兵機器公司	地雷殼	30k、50k 型	個	300	600
茂村鋼業公司	地雷殼	500 公分	個	3,000	3,000
東勢製機	迫擊砲彈	2.4 公斤	個		1,000
鋼鐵機械分公司第四機械廠	迫擊砲彈	8.2 公斤	個		10,000
共榮機器廠	砲彈推進機		個	5,000	
鋼鐵機械分公司第六機械廠	軍用腰帶機		個		45,000
臺灣裁縫機製造工廠	飛機零件		本	2,000	20,000
臺中鎔接印鐵廠	入燃料槽	500、1,000	基	12	10
茂村鋼業公司	兩口螺鉗	9*12	支	5,000	7,000
茂村鋼業公司	兩口螺鉗	14*17	支	5,000	7,000
茂村鋼業公司	兩口螺鉗	19*11	支	5,000	6,000
茂村鋼業公司	野外用發動機工具	84 號	支	10,000	10,000
茂村鋼業公司	特殊箱螺鉗	8-45	支	5,000	7,000
茂村鋼業公司	卸彈機	特 28 號	只	5,000	5,000
茂村鋼業公司	並從動桿板工具	8-45	組	5,000	5,000
茂村鋼業公司	吸排氣并支具	8-45	組	5,000	5,000
茂村鋼業公司	發動機吊上裝置組工具	8-84 號	只	2,000	2,000
茂村鋼業公司	片口鐵鉗	9 公斤	支	5,000	5,000
基隆漁船修造廠	各種船舶船殼機關及機關修理	200 噸以下	噸	80	20
	各種船舶甲板及機關修理	200 噸以下	噸	20	10
高砂鐵工廠	船用柴油發動機	50、40、30HP	HP		200
臺灣造船公司	船舶修理	船殼部分引擎部分	噸	30,000	40,000
臺中鎔接印鐵廠	雷滾（地雷）	2*140*280 四部藥品入	個		1,000
臺中鎔接印鐵廠	火焰噴射器	3*150*300	組	500	2,000

			公斤		40,000
高砂鐵工廠	陸戰用輕兵器		公斤		40,000
新和鐵工廠	船舶用柴油機		馬力	4,800	1,200
臺灣機械公司	船舶用柴油機			9,600	2,400
臺灣鋼鐵機械公司	船舶用柴油機			4,800	1,200

資料來源：《本省現在可以製造供應產品卷》，臺灣區生產事業管理委員會檔案，檔號：49-08-010，中央研究院近代史研究所檔案館。

表 2 臺灣工業配合軍需辦理成果統計表（1951 年 6 月 30 日）

品名	單位	數量	交辦單位	承辦工廠	
40 年夏服布	匹	135,000	軍需署	臺紡公會所屬七工廠、臺紡公司暨紡織廠及第二被服廠	臺紡七工廠：萬寶、臺灣染織、嘉義、義永、中南、嘉豐、大秦
軍用水壺	只	100,000	軍需署	各民營鋁器工廠	由金屬品冶製公會與物調會訂立契約轉交各廠承造
膠鞋	雙	221,000	聯勤總部	各民營橡膠工廠及化工公司	民營橡膠工廠承辦121,000 雙，化工公司承辦 100,000 雙
膠鞋	雙	100,000	海軍總部	化工公司	
雨膠鞋	雙	7,000	空軍總部	各民營橡膠工廠	由橡膠公會負責訂立契約轉交各廠承製
半高統雨膠鞋	匹	3,717	空軍補給總庫	臺北順泰橡膠廠	
細布	走	25,000	聯勤總部	各民營紡織工廠	由機器棉紡織公會與中央信託局訂立契約轉交各廠承製
蚊帳	頂	28,000	聯勤總部	臺紡及民營工廠	由臺紡公會負責訂立契約轉交各廠承製
40 年冬服布	匹	180,000	軍需署	九善鋁器廠	
軍用水壺	只	25,000	軍需署		

資料來源：〈工業配合軍需小組會議日程（第一次會議）〉（1951 年 6 月 30 日，），《工業配合軍需》，臺灣區生產事業管理委員會檔案，檔號：49-08-094，中央研究院近代史研究所檔案館。

1951 年 6 月時，臺灣省政府建設廳對這段時間實施的工業配合軍需政策進行檢討，認為成效不佳。究其實在於，軍方未能適時進行全盤統籌，常臨時提出所需產品，並要求廠商在短時間內交貨。就廠商面來看，常顧慮到本身產能有限而無力承接，加上多數民營工廠設備陳舊，認為產品品質無法滿足軍方較高規格的要求。此外，軍方在預算限制下，常認為廠商價格偏高，但這些民營工廠因規模較小而達不到規模經濟生產進而降低成本，雙方不易達到價格上的共識。[6] 也就是說，當時臺灣多數廠商受限於規模與設備，尚無法生產物美價廉的製品；作為需求者的軍方受限於預算，亦無法依照廠商生產能力提出的價格收購。在此情況下，政府提出之由軍方向公、民營部門提出訂單以解決業務清淡的構想，存在實現上的困難。

　　1951 年 6 月 30 日臺灣省政府建設廳統籌召開的第一次臺灣省工業配合軍需問題會議，各部門針對其認知與困難提出看法。建設廳的蕭理昌科長提出，戰前臺灣實施的工業配合軍需，軍需品由軍部透過工業統制會、纖維工業統制組合等各類統制機構交由各廠承辦，價格按成本加上合理利潤計算，故廠方有高度參與意願。雖言臺灣省政府建設廳成立了工業配合軍需小組，但實施上，是由軍方向各廠商訂購被服，常遇到規格、價格和交貨期限等問題；蕭氏認為，軍方可提出欲購買的清單與預算範圍，再交由建設廳辦理，以克服上述難點。[7]

　　在國防部擔任組長的張峻指出，因軍方未徹底瞭解臺灣廠家的實際情形，導致買賣雙方無法契合。倘若已詳細調查過各廠產能，未來軍需品規格將能參照實情訂購。廠商若能允諾提升產品品質，軍方價格將會以扶植臺灣省內工業為原則。[8]

　　臺灣省工業會鍾壬壽[9]指出，軍方用品規格雖高，但軍方有意願指導廠商提昇軍用水壺與軍服用布的製造品質，然多數民營工廠能達到「維持工資」即已滿足，認為要讓廠商降低成本有所難度。鍾氏還指出，軍方採用物品時多按照「標準辦法」，不時有「特殊階級」或「中間商人」投標後，再轉包給其他生產單位；為此，

軍需品採購可以工業會或同業公會組織為中介，並採用議價方法、組織議價會來進行。[10]

鍾氏又言，因臺灣九成的工廠屬於小型工廠，產量有限。軍方需求數量大、交貨期間短，工廠多不敢接受軍方訂單。如果軍方能及早告知需求量與規格，給予工廠充分時間準備，並組織收購民營工業產品委員會，或能改變此一困境。[11]

橡膠公會代表陳皆得指出，日治時期臺灣橡膠工業只有 7 至 8 家廠商，戰後則成長至 60 餘家，產製能力已超過軍方需求。戰前軍方訂購的用品為原價加上 20% 的利潤，故各廠商願意竭力供應軍方所需。[12] 可見戰後臺灣在橡膠事業的發展上，相較於戰前的生產實態，呈現成長的態勢。

透過上述討論可知悉，1950 年政府欲仿效戰前實施的生產動員制度。但在實施單位與採購機制的設計上，作為購買者的軍方未必充分瞭解廠商的情形，未能提出一套能提供廠商願意配合生產的機制。究其背後原因，或與當時軍方本身預算有限，並受限於政府的採購制度有關；且資料顯示，軍方的採購制度存在未臻完備處或人為影響，提供中間商人得以轉包獲利的空間。為解決此一困境，當時提出由省政府或公會等組織聯繫廠商，即透過中介組織代行、向廠商訂購，解決軍方直接購買的弊端。但透過所能掌握資料的耙梳，這些計劃後來似乎未繼續實施，可能的原因與美援抵達後提供軍事援助，促使軍方在短期間內，讓這些品項透過外來援助取得；還有一個可能的原因是，受限於當時政府的採購制度，無法提出更為彈性的採購機制。

雖然如此政策構想並未順利實施，但爾後，臺灣朝向進口替代工業化邁進後，軍方開始籌劃運用兵工廠的設備，協助民間部門生產資本財。

（二）軍方生產──民間部門資材生產的構想

1950 年代臺灣於發展進口替代的階段初始，民間部門所需的資本材與零組件多從國外進口。由於軍方的兵工廠用來生產軍用機件的設備，亦具備製造民間部門所需資材的能力。政府考量到臺灣民間工廠所需的資本財多仰賴國外進口，若能充分運用島內設備生產，將能節約臺灣外匯。在此前提下，行政院經濟安定委員會下屬工業委員會邀集經濟部與美援會等單位，共同策動運用兵工生產剩餘能力，製造公、民營事業急需的各項精密機具、器材和零配件等。1954 年 6 月初國防部同意此一提案，並於同年 9 月，由各相關單位成立軍公民工業聯繫小組，負責推動業務。1955 年間，各兵工廠共承接民間急需的精密機具與零配件訂貨高達 100 餘項之多。[13]

但從制度面來看，軍事部門以政府財政體制下的預、決算制度運作，有別於一般生產事業，為收入和支出相抵後的利潤導向。軍方參與民間市場經營後，美軍顧問團（Military Assistance Advisory Group，MAAG）即向美援會和國防部提出反對意見，認為兵工廠應專司生產軍用品，其參與民間用品製造不但會增加工廠作業與管理的份量，而且會出現帳務面的紊亂。工業委員會為了持續以軍方部門供應民間需求，仍透過美援會居中斡旋，但國防部與美軍顧問團間無法獲得協議，1956 年 1 月各兵工廠停止生產公民營部門所需的工業用品。[14]

爾後，國防部和生產署與工業委員會分別與美軍顧問團協商與說明，獲得美軍顧問團長鮑文（Frank S. Bowen）將軍的理解後，最終同意在兵工廠生產公民營工業需機件。在實施上，由美國駐華安全分署、美軍顧問團、懷特公司、國防部、生產署代表組成聯合小組，並由工業委員會李國鼎擔任主席，審查公民營事業向兵工廠的訂貨。[15]

在此共識下，第 60 兵工廠先提出十項試行訂貨，經聯合小組審查通過後，美軍顧問團亦同意執行；之後第二批訂貨也通過並

進入生產階段。但1958年4月，美軍顧問團在聯合小組會議中又提出，預計生產的汽車零件無法按照原本規劃的進度生產，並認為各兵工廠應集中資源、製造汽車零件，反對再由各兵工廠繼續製造公、民營事業用品。但聯合小組的我方代表認為，汽車零件生產進度延遲，是經費與材料不繼所導致，與公、民營機件的製造並不衝突。但此一說詞不被美軍顧問團接受，兵工廠的代造工作再次停止。[16]

1958年由王雲五主導成立的「總統府臨時行政改革委員會」，就政府就多個部門的組織、制度與施政提出建議。其中，委員會亦提出「加強軍公民工業之配合聯繫以繁榮經濟增強戰力案」，寄望將公、民營與兵工部門的生產資材與能力進行有效整合。擔任總統的蔣介石並指示，交由行政院命令國防和經濟部密切配合實施。[17]

在此之下，1959年5月20日召開的「研討實施行政改革報告第三十二案會議」，與會的國防部後勤次長室董寶森中校提出，美國共同安全法案下的軍事與經濟援助兩者性質不同，軍事援助提供的機構與生產設備顧問團並不支持用於民需品之生產，但運用非軍事援助器材則比較容易獲得同意。聯勤總部軍協組張承德中校提出，如果美國不同意這項政策，技術方面無法執行，需請外交部和高層向美軍顧問團交涉。[18]

1960年2月15日召開「實施行政改革第卅二案第一次會議」中，即揭示運用兵工事業爭取海外、民間、軍事援助訂單，但這三項均因美國顧問反對而停辦，雖經國防部經濟部交涉，但均未成功。不過仍希望透過行政院另外請外交部依循外交途徑向美國政府交涉，請其同意。[19]

大致上，1950年代臺灣的民間部門開始啟動進口替代工業化後，政府以節約外匯與發揮軍方剩餘產能為前提，寄望透過軍方設備協助民間部門生產所需設備與零件。但這項政策因臺灣接受美援、受到美軍顧問團意見制約而無法順暢進行。

政府撤退來臺初期，原寄望以兵器和紡織品等各項軍事訂單帶動公、民營生產事業的業務，但因機制設計與推動方式，可能又加上美援的軍事援助抵達後，兵器物資較充沛，仿照戰前生產動員的計劃未能得到大規模進展。爾後，政府籌劃由軍方設備生產民間工廠所需資財的構想，在美國無法接受的前提下，1950年代未有顯著成果。

不論是民間供應軍方物資或軍方生產民需物資的情形，或反應出當時政府物資欠缺的背景，與往後臺灣經濟以出口貿易為導向的成長型態，似無太大連結。上述現象代表的是政府於撤臺初期，在有限的人力與資源下力求物資生產的特異現象。

二、兩岸分治與軍需轉換：高雄硫酸錏公司

（一）地域移轉的民需生產

第四章曾討論戰前成立的臺灣窒素株式會社，原本規劃生產硫酸錏，後來因局勢轉變，改而生產軍需火藥，顯見運用民需資材轉而生產軍需用品的現象。臺灣硫酸錏的正式生產，要至政府撤臺前後創設的臺灣硫酸錏公司才開始。值得注意的是，高雄硫酸錏公司的創辦人員與設備，則將來自中國大陸的軍需資材轉為供應增產糧食的肥料。

高雄硫酸錏公司的緣起可追溯自中國大陸在戰時、戰後初期欲設置的火藥工廠計畫。1932年董顯光[20]和吳欽烈[21]赴美國調查化學戰備，然因建廠所需經費甚高，短期內無力籌措而作罷。中日戰爭爆發後，各兵工廠遷至西南地區，因原料運輸困難，取得進口火藥可說日漸困難；體認到此一困境後，政府決定建造小型合成氨設備來生產硝酸。珍珠港事變發生後，兵工署長俞大維[22]開始向美國訂購設備，但設備不論輕重大小，均需以空運輸入，重要機件至1945年才能安全運達印度，在設法從印度空運到雲南、轉進四川之際，日本即告敗戰。[23]

二戰結束後，中國與印度間的陸空運輸即告停頓，滯留印度的設備改由海路運抵上海，兵工署決定將工廠從原本規劃的西南地區改為漢陽，番號為第廿六兵工廠。1948 年工廠建造已就緒，僅差試車階段時，又奉命將設備拆遷來臺。從生產設備而論，中日戰爭時籌建該廠的最初目的是以製造硝酸為主，轉移剩餘能量生產硫酸錏為輔。因此，硫酸錏產量每天僅生產 20 公噸硫酸錏，全年以 300 工作日為準，共能生產 6,000 公噸。[24]

1949 年政府撤臺前夕成立的臺灣區生產事業管理委員會，欲將過去以中國大陸為主的經濟體，逐步調整成以臺灣為主的經濟體系。當時在政府資源欠缺之際，生產事業管理委員會採取統制經濟的精神，欲運用各方支援，生產或取得臺灣所需之物資。[25] 同年，聯勤第廿六兵工廠遷臺後，臺灣省政府對肥料的生產迫切，兵工署署長楊繼曾[26] 建議，將廿六兵工廠所有製造合成氨、硝酸、硫酸和硫酸錏等的設備，撥讓給臺灣省政府生產硫酸錏。[27] 基於上述理由，聯勤總部兵工署與臺灣省政府達成協議，將第廿六兵工廠所屬的原料廠設備，以 250 萬美元、新臺幣 100 萬元的價格讓給臺灣省政府。1950 年 1 月 1 日，高雄硫酸錏廠正式成立，直屬於臺灣省政府。爾後，高雄硫酸錏工廠欲申請美援時，要求申請的事業單位需具備法人身分，才正式成立公司組織。1954 年 5 月，高雄硫酸錏股份有限公司召開創立大會，資本額訂為新臺幣 5,000 萬元。1957 年 1 月，高雄硫酸錏公司完成第一次擴建後，繼續第二次擴建，並在 1958 年將資本額增加至新臺幣 4 億元。[28]

從軍事番號的兵工廠為骨幹，建立起帶有企業化的硫酸錏工廠，草創初期在薪資和組織上存在諸多問題。薪資方面，高雄硫酸錏的員工因隸屬於兵工署，最初待遇依循武官職務標準，故廠內員工的最高與最低薪資差距達 7 倍之高，然公營事業最高與最低者僅為 2.6 倍。高雄硫酸錏工廠廠長黃朝輝[29] 認為，工廠多數員工由聯勤第廿六兵工廠人員兼辦，但實際上從事肥料生產，應調整員工待遇，希望與省營生產機關待遇一致，改以文官階級支付薪資。此案最終至 1952 年 2 月，經臺灣區生產事業管理委員會常

務會議通過後，員工薪資才得以改善。[30]

　　高雄硫酸錏工廠成立初期，未向經濟部登記成立公司，在營運自主上有與其他公營事業不同之處。高雄硫酸錏工廠廠長黃朝輝認為，高雄硫酸錏公司名稱雖為「廠」，實際上類似其他公營事業之總公司分公司和工廠的組織；然而，在設備的設計與製造、採購與財務等業務方面，權限又比其他公營事業所屬的「工廠」還大，可直接由廠長和廠內部門決定。[31]

表 3　高雄硫酸錏工廠高級技術人員資料（1950 年 7 月）

職稱	姓名	籍貫	學歷	經歷
廠長	黃朝輝	廣東	美國華盛頓大學化學學士 美國哥倫比亞大學化學碩士、博士	美國紐約華昌公司化學工程師 第廿三兵工廠廠長 兵工署副司長 第廿六兵工廠廠長
副廠長	馬紹援	浙江	浙江公立工業專門學校畢業 美國伊利諾大學化學碩士 美國密西根大學化學研究員	第廿三兵工廠主任、研究員 兵工署新廠建設委員 第廿六兵工廠副廠長
工務處處長	錢高信	浙江	國立浙江大學電機系畢業	上海永安紡織公司工程師 第廿三兵工廠股長、主任 第廿六兵工廠工務處處長
總工程師	張全元	江蘇	國立浙江大學化工系畢業 美國麻省理工大學化工博士	美國孟山頭化學廠、奧查兵工廠化學工程師 加拿大鎔礦公司工程師 紐約世界公司工程師 第廿六兵工廠顧問
主任工程師	黃安源	廣東	美國華盛頓大學碩士	上海泰山磚瓦公司、香港南華磚廠工程師 新疆省營陶瓷工場總工程師 第廿六兵工廠顧問、主任工程師
主任工程師	項益松	浙江	浙江公立工業專門學校電機科畢業	杭州電廠、廣州電廠工程師 中咸鄉校建設院講師 臺灣工礦接收委員 臺碱公司處長 第廿六兵工廠所長

職稱	姓名	籍貫	學歷	經歷
主任工程師	黃鴻猷	廣東	直隸省立高等工業學校畢業	第廿三兵工廠技術員、主任、所長 第廿六兵工廠所長
工務處 作業課課長	王貞宏	福建	廈門大學理學院畢業	中學教員 第廿三兵工廠課長工程師 第廿六兵工廠課長
工務處 物料庫庫長	陳維垣	河北	北平匯文高級中學畢業	第廿三兵工廠課員 第二十六兵工廠庫長、課長
工務處 製造所所長	馮宗蔚	江蘇	國立浙江大學電機系畢業	上海浦東電汽公司副工程師 第廿三兵工廠股長、主任 第廿六兵工廠所長
工務處 製造所所長	何戊德	河北	兵工學校大學部二期應化科畢業	第廿三兵工廠技術員 第廿六兵工廠技術員、所長 第九十兵工廠工程師 第廿六兵工廠所長
工務處 製造所所長	錢家昌	浙江	國立浙江大學化工系畢業	資源委員會中國糖廠技師 第廿三兵工廠技術員、主任、所長
工務處 製造所所長	鄭希傑	福建	福建協和大學理學士 美國奧海奧州立大學化工碩士、博士	美國 Ohio 州哥倫布市煉油廠工程師 美國紐約世界公司兵工組化學工程師 福建協和大學教授 第廿六兵工廠顧問、所長
工務處 製造所所長	韓維邦	浙江	國立清華大學畢業 美國麻省理工大學化工博士	美國 MERCK 工程師 美國紐約世界公司兵工組工程師 第廿六兵工廠顧問、所長
工務處 製造所所長	梁國贊	廣東	國立中山大學化工系畢業	軍政部陸軍醫學校助教 第廿三工廠技術員、主任 第廿六兵工廠課長、所長
工務處製造所工程師	何任之	浙江	南京工業專門學校第三期畢業	交通部技察工務員 敘昆碁江等鐵路局副工程司、工程司 第廿六兵工廠工程師
工務處製造所工程師	鮑慶恩	廣東	日本東京工業大學機械系畢業	鞏縣兵工廠技術員 第十一兵工廠課員、主任 第廿六兵工廠所長

資料來源：〈高雄硫酸錏廠高級人員簡歷表〉（1950 年 7 月），檔案管理局高雄硫酸錏公司檔案，檔號：0039/191.4/1。

1950 年後臺灣在人員和設備有限下，欲運用軍方資材轉換為民需硫酸錏生產的高雄硫酸錏工廠，初期在技術人員的配置上也全由軍方人員轉任。如表 3 所示，高雄硫酸錏工廠在創廠初期的主要技術職員均為軍方人員，可說是將建制從中國大陸原封不動地移植至臺灣。以往對戰後初期臺灣生產事業的事例討論，常關注跨越 1945 年歷經的連續與斷裂性；但高雄硫酸錏工廠的案例則顯現出在 1949 年政府撤退來臺的脈絡下，民需物資欠缺之際，運用軍事人員與設備投入生產的現象。高雄硫酸錏工廠初期的運作，幾乎全以來自中國大陸的軍方人員調派，有別於其他接收日產成立的公營事業，由臺灣人與外省人職員並存之樣貌。

（二）肥料業的三強鼎立：肥料事業整合提案的中挫

戰後，臺灣肥料事業最初為接收日產成立的臺灣肥料公司，政府撤臺初期，又動用軍方設備與人員創辦高雄硫酸錏工廠。1952 年經濟部在花蓮設立生產氮和硝酸錏鈣的花蓮氮肥公司，亦由第廿六兵工廠派員協助運轉。在此情況下，臺灣出現三家由國家經營的肥料公司，而且有兩家係以第廿六兵工廠為主體；[32]此一現象或為政府撤臺初期，因人員、物資欠缺，僅能借重軍方之力協助民需物資的生產。但從經營管理的角度來看，似出現組織重疊與人力資源無法集中的缺陷，故 1950 年代後期，經濟部始提出整併三家公司的方案。

1953 年起，政府實施的經建計畫將肥料視為重點項目，故1958 年 7 月，經濟部提出將臺灣的肥料相關事業整併為一間公司的計畫。經濟部除了擴充與增建臺灣肥料公司既有的工廠外，還新增建生產尿素的臺灣肥料公司第六廠。經濟部認為，肥料工業各廠的產品雖有不同，但具備技術與設備的共通性；三家公營肥料公司的中間財生產常形成製程中的連鎖關係，分別經營則有零件配備重複、技術人員難以集中運用等缺點。基於上述理由，計畫合併：臺灣肥料公司、花蓮氮肥公司、高雄硫酸錏公司以及和

製造產品有密切關連的國防部第廿六兵工廠，組織臺灣氮氣工業股份有限公司。[33]

　　經濟部將高雄硫酸錏公司與第廿六兵工廠併入新公司組織的提案，與臺灣省政府、國防部初步磋商後，均認為原則上可行。行政院秘書處認為，以政府精簡機構的政策來看，似乎可行。然依據《國營事業管理法》第十條規定：「國營事業之組織，應由主管機關呈請行政院核轉立法院審定之。」若未來改組設立新公司，仍須送交立法院審定。最終，此案於 1958 年 8 月 14 日行政院第 579 次會議中同意經濟部的提案，要求合併工作應與國防部和臺灣省政府依法定程序辦理，三方並指派人員、辦理籌備事項，討論資產估價、股權分配並按照資本比例產生董監事等。[34]

　　作為中央單位的經濟部，基於生產製程與企業經營的理念，欲將臺灣省政府和軍方事業納入旗下經營。首先，化學工業在製造過程上，因原料和半成品互通使用處甚多、製造操作諸多雷同，因此工業國常將若干化學工廠置於同一機構，以達人員與原料能夠調度的效果。欲合併的四個機構，即存在性質相似與操作相近的共通點，透過合併，將能解決因分屬不同公司導致原料供應的紛爭以及管理上的困難，並使人力、生產流程等均能合理化配置，進一步提高效率、降低成本。再者，第廿六兵工廠的設備實際僅有半數運轉，合併後將能達到充分運用。[35]

　　經濟部指出，世界各國的工業發展中，常將小單位合併為大企業。第廿六兵工廠人員兼辦高雄硫酸錏公司，固然兩廠關係密切，但在隸屬不同而出現軍事與工業兩套管理制度，出現經辦上的困難。從設備運轉來看，軍方僅需少數火藥的情形，導致大批設備閒置而未充分利用，造成國家與軍方的負擔。從工業連鎖關係來看，第廿六兵工廠興建的雙基火藥廠，美國方面要求要與礦業用的炸藥合作辦理才能出現綜效，故有合併的必要。從國防觀點來看，經濟部認為，高雄硫酸錏廠將生產之甲醛、臺灣肥料公司第六廠之尿素，在戰爭時期均可轉為製造炸藥，是極重要之軍需用品；在化學工業中又與花蓮氮肥公司同屬氮氣工業，因而具

備合併的合理性。[36]

　　上述經濟部的論點係基於經營層面的考量，原本認為可行的臺灣省政府和國防部，在進入協商與執行階段後開始提出反對意見。1959 年 11 月，國防部向行政院提出，為保全兵工生產體系完整，請免將第廿六兵工廠併入肥料公司中。國防部認為，經濟部將肥料廠合併管理，固然符合經濟考量的管理模式，但經濟部將重點著重在合併第廿六兵工廠而非高雄硫酸錏工廠，有違背原先統一管理原料廠的初衷。第廿六兵工廠本身為生產子彈使用的發射火藥，為軍方生產兵器流程中不可或缺的一環，若被肥料廠合併後，往後兵工廠製造子彈，將先向臺灣氮氣工業公司訂貨，可能將增加取得物資的成本與時間。[37]

　　臺灣省政府認為，若依各公司資產淨值計算，將第廿六兵工廠納入後會使臺灣省政府持有的股份多於中央政府。當新成立的臺灣氮氣工業公司的省方持股多於中央持股時，管理權應歸臺灣省政府。但將原本位階較高的國營事業降為較低的省營事業，可能較難獲得立法院同意。基於上述理由，臺灣省政府建議，經濟部若要將第廿六兵工廠納入，兵工廠要以不計股權的委託方式辦理。再者，臺灣省政府還提出，國防部基於武器等製品涉及生產機密，反對新公司納入省方經營。[38]

　　經濟部原本擬訂的合併辦法，執行上因為國防部和臺灣省政府的意見，最終窒礙難行。1960 年 3 月 31 日召開的行政院第659 會議中，決議先合併經濟部經營的花蓮氮肥公司與臺灣肥料公司，[39] 1960 年 6 月 1 日花蓮氮肥公司併入臺灣肥料公司，但高雄硫酸錏公司並未併入該公司的體系中。[40]綜言之，1960 年起臺灣的肥料生產體系經由調整，確認由國家主導、國省合營的臺灣肥料公司，還有由臺灣省政府經營的高雄硫酸錏公司，以國家與臺灣省兩方分別生產。官方主導的體制，直到 1999 年臺灣肥料公司民營化，2002 年高雄硫酸錏公司解散為止。

　　1950 年代臺灣出現三間肥料公司疊床架屋的現象，或可視為1949 年年底政府撤退來臺，在人力、物力有限的背景下創建的體

制。由於中央政府、臺灣省政府和軍方均參與肥料事業生產，衍生出臺灣肥料生產體系的經營與物資流用問題，最後仍因中央政府與軍事單位的本位主義，致使此項整合計畫無疾而終。

以往對戰後臺灣經濟的生產部門認識，常以經營者的角色出發，分成公營和民營兩部分；軍方的生產單位常被視為獨立體系，並在統計與營運資料時常被視為機密而不易取得，因而較少進行討論。高雄硫酸錏工廠的創辦顯現出，當時臺灣整體資源的欠缺，在以生產優先的前提下，運用中國大陸撤退來臺的既有的設備進行移植。在此脈絡下，也將以往常被排除在一般經濟生產之外的軍事生產部門中之勞動與資本要素，移轉至非軍事物資的投入。從所能尋獲的資料來看，高雄硫酸錏公司的設置最初並未經過縝密規劃與評估，而是運用既有的設備來移植，爾後才透過設備投資來擴充廠房。

三、華南地區的鋼鐵廠設置構想

（一）臺灣鋼廠的設置經緯

第八章曾提及，戰後初期資源委員會並未接收戰前臺灣的鋼鐵業，但在中國大陸，則接收日產創辦鞍山鋼鐵有限公司、華北鋼鐵有限公司、華中鋼鐵有限公司，而且前兩家公司因當地具備鐵礦與煤礦資源，故生產頗具規模。爾後，資源委員會為有效管理各鋼鐵廠，1947 年設置會鋼鐵事業管理委員會。[41]

該委員會或許考量到中國華南沒有大型鋼鐵事業，故選定於廣東與臺灣兩地，分設廣州鋼廠與臺灣鋼廠，提供臺灣與廣州兩地所需的鋼鐵資材。[42]1948 年 12 月 16 日，鋼鐵事業管理委員會提出設立鋼鐵廠之議案並經行政院核准後，即派員分赴臺灣與廣州兩地籌措設廠事宜。[43]

在臺灣鋼廠的廠區設置上，原本資源委員會將新竹與高雄兩處作為可能的廠址。於新竹建廠的優點在於能運用當地所產的煤

礦，因而可節省部分原料的運輸成本。但新竹一帶缺乏較具規模的港口，除了所需設備的輸送較困難外，距離供應礦砂的海南島相隔亦遠。再者，新竹並非工業中心，不僅無其他工業配合，水電的取得及工人招募也相形困難。最終，臺灣鋼廠的廠址選擇瀕臨海港與縱貫鐵路貫通的高雄，廠區用地則運用資源委員會所屬的金銅礦務局接收日產位於戲獅甲的 360 餘畝土地。[44]

確定廠址後，1948 年 12 月 28 日資源委員會頒布臺灣鋼廠的組織規程，並於 1949 年 1 月 17 日啟用關防。[45] 就公司體制而言，臺灣鋼廠與中國石油公司、臺灣金銅礦業籌備處、臺灣鋁業公司如出一轍，為戰後初期臺灣公營事業中資本密集度較高之業種，由資源委員會獨資經營。[46] 在資金方面，資源委員會撥付臺灣鋼廠創業資金 80 萬美元，部分委託中央銀行核准結匯、開具信用狀，作為向國外採購熱軋機及電氣控制設備所需的資金；其餘乃由資源委員會轉交行政院出售鐵礦砂價款的專戶，存放至中央銀行，作為建設鋼鐵事業專款中，供臺灣鋼廠向國外採購器材及補充機器設備的所需資金。[47]

（二）建廠規劃與人員配置

如表 4 所示，最初臺灣鋼廠提出的建廠計畫分為三期。第一期主要裝設年產 1 萬噸的薄鋼板、黑鐵皮、白鐵皮、鍍鋅鐵皮等各項產品，作為發展罐頭、兵工及一般工業使用。就生產流程而言，白鐵皮和鍍鋅鐵皮由黑鐵皮鍍上鋅和錫加工而成。另外，臺灣鋼廠也規劃運用電爐，生產軋鋼所需之鋼錠。在第二期的計畫中，希望能添設兩座 30 噸平爐、鋼軌及型鋼機、鋼板機等設備，以提供鐵路、橋樑、造船用鋼材和各式軋鋼品。第三期則計劃設立煉鐵及煉焦設備。臺灣鋼廠的籌設計畫，最終以發展成一貫性鋼鐵廠為目標。

表 4 臺灣鋼廠分期興建計畫（1949 年）

	生產設備	產品及年產量	備註
第一期	鋼皮機一套	薄鋼板及黑鐵皮共 10,000 噸	7,000 噸供製白鐵皮及馬口鐵，3,000 噸黑鐵皮及薄鐵板，供兵工工業品及鐵器等需要
	6 噸電爐一座 10 噸電爐兩座	鋼錠 33,000 噸	製造軋鋼品
	鋼條軋機一座	鋼條小型鋼坯及小型型鋼 16,000 噸	供應一般工業之需
	鋼皮鍍鋅及鍍錫設備	白鐵皮及鍍錫鐵皮共 7,000 噸鋼錠 67,000 噸	供應罐頭工業製罐器材及建築等之需
第二期	30 噸平爐兩座（改裝後可增至 40 噸）	鋼軌、型鋼、大型鋼坯共 39,000 噸	製造軋鋼品
	鋼軌及型鋼軋機一座	鋼板 15,000 噸	鐵路、橋樑、造船所需之器材，鋼胚複製其他鋼品
	鋼板軋機一座	鋼板 15,000 噸	造船及一般工業所需之器材
第三期	250 噸煉鐵爐（可擴充至 500 噸）	生鐵 80,000 噸	7 萬噸作為煉鋼材料，1 萬噸供應翻砂生鐵所需使用
	副產煉焦爐一座	焦炭 10 萬噸	8 萬噸供煉鐵使用，另外兩萬噸供翻砂等工業所需使用
		副產品	
		粗苯油 45 萬加侖	燃料及化學工業原料
		硫酸錏 1,800 噸	肥料
		瀝青 50 萬加侖	化學工業原料

資料來源：《臺灣鋼廠業務檢討》，臺灣區生產事業管理委員會檔案，檔號：49-01-02-002-0009，中央研究院近代史研究所檔案館。

　　在生產品目上，初期臺灣鋼廠除了規劃生產黑鐵皮，也進一步加工成白鐵皮和馬口鐵。當時，臺灣每年約需進口 3,000 餘噸馬口鐵皮與白鐵皮市場，提供罐頭包裝及彈藥箱的襯裡。[48] 就收入來看，臺灣鋼廠預期每年可獲得盈餘約新臺幣 85 萬 4,000 元。藉由自製鋼錠的途徑，每年能省下美金 60 餘萬元的外匯。[49]

　　值得注意的是，臺灣鋼廠建廠時恰逢國共內戰末期，資源委員會原先計劃提供給中國大陸各鋼鐵公司的設備，在政府敗退之

際轉運來臺,轉而供應臺灣鋼廠使用。稍詳言之,資源委員會自美國購買,運抵上海的軋鋼皮機一套,轉運至臺灣鋼廠;其餘尚未裝船的部分設備,直接由美國運至高雄。[50] 位於東北的鞍山鋼鐵公司淪陷後,該公司存放於上海浦東的鋼品及生鐵等共 3,000 餘公噸,資源委員會亦交付給臺灣鋼廠,充作建廠經費的一部分。華中鋼鐵公司於美國購買的二手跳動式軋片機,也因戰事敗退而改運來臺。至於戰後,日本賠償拆遷委員會於日本拆解、預計提供華中鋼鐵公司使用的舊電弧爐與廠房結構物料設備,也改運至臺灣鋼廠。[51] 最後於 1949 年 8 月,國共內戰蔓延至廣東,資源委員會又將廣州鋼廠能遷移的設備撤退來臺,併入臺灣鋼廠。[52]

另一方面,臺灣鋼廠添購生產白鐵皮和馬口鐵皮的鍍鋅鍍錫設備,所需資金約 18 萬美元,加上建築廠房所需 10 萬美元,兩者共計 28 萬美元的資金需求,資源委員會籌措 5 萬美元,臺灣鋼廠向臺灣銀行借入 5 萬美元,美援會提撥 8 萬美元,作為購置設備之款項;建築廠房所需的 10 萬美元則由資源委員會存置於美國的外匯支付。[53]

臺灣鋼廠設廠初期,因未安置鋼鐵煉製設備,軋製鐵皮所需的鋼錠多由國外進口。1950 年 6 月韓戰爆發後,美國恢復對中華民國政府的援助,美國經濟合作總署聘請懷特公司工程師柏遜(George K. Parsons)前往臺灣鋼廠參訪時提出,應盡快安裝日本賠償物資之煉鋼用的電爐,才能生產所需的鋼錠。[54]

綜觀臺灣鋼廠由日本賠償物資取得的鋼鐵煉製設備,共有 6 噸電爐一座、10 噸電爐兩座、30 噸平爐一座。若以平爐(Open Hearth Process)煉製鋼錠,每個月約可生產 2,000 噸,耗費電量也低,適合 1950 年初期電力供不應求的臺灣。但平爐的修復及裝配成本較高,裝設期長達 18 個月,無法於短時間內提供鋼錠。此外,平爐不僅需要大量原料,也需籌措高額的周轉金來購置原料;就草創初期的臺灣鋼廠而言,負擔較重。反倒裝設電爐所需成本較低、安裝時間較短,不但控制容易,生產數量也較具彈性。但電爐煉製鋼錠的生產成本較平爐高,產量也受電力供應影響。經過

各方面評估後，臺灣鋼廠決議先設立兩座電爐，未來俟第二階段，再裝設平爐。[55]

最後，臺灣鋼廠計劃先安裝 10 噸與 6 噸電爐各一座，預計每年可生產 9,000 噸鋼錠和 500 噸大型鑄件，每年運轉時產生的 900 噸廢料亦可回爐後再生產。生產的鋼錠除了供作臺灣鋼廠軋製鐵皮及島內小型軋鋼廠的原料，亦可支援臺灣糖業公司、臺灣電力公司、臺灣水泥公司等公營企業所需的 10 噸以上大型鑄件。[56]

然而，1950 年代初期臺灣電力處於供不應求的狀態，各工廠運轉前要先向臺灣區生產事業管理委員會提出用電申請。臺灣鋼廠在運轉前，評估 10 噸電爐所需電力為 3,500KVA，6 噸為 2,500KVA，但兩電爐並非同時開爐，故僅向生管會申請 3,500KVA。然臺灣區生產事業管理委員會以工業用電不足為由，僅核准臺灣鋼廠裝設 6 噸電爐。[57]

在人才網羅方面，臺灣鋼廠有別於戰後接收資源委員會接收臺灣日產成立的企業，職員幾乎以外省籍為主，而且多數曾服務於資渝鋼鐵廠、鞍山鋼鐵公司、鋼鐵事業管理委員會和廣州鋼廠等單位。[58]1949 年 8 月，資源委員會又將臺灣鋼廠建廠初期廣州鋼廠支援的人員，全數納入臺灣鋼廠管理。臺灣鋼廠竣工運轉後，有鑒於技術人員欠缺，陸續自臺中空軍總部航空工業局第三製造廠、臺灣造船公司、臺灣糖業公司、臺灣肥料公司、臺灣鋁廠等單位調任技術人員至臺灣鋼廠服務。[59]

（三）兩岸分治下的原料調度與生產

在原料供應方面，最初臺灣鋼廠規劃自海南島引進鐵礦，再配合新竹所產的煤礦進行煉製。但隨著政府撤退來臺，臺灣鋼廠在開工初期，即面對原料不足的窘境。[60]

1951 年 6 月，臺灣鋼廠鋼胚存量僅剩 300 噸，故向美國提出 3,400 噸的援助請求。但美國國內因韓戰爆發，國內鋼鐵需求增加，僅願意提供 750 噸。臺灣鋼廠在美援提供的鋼胚未到達前，可能

因為缺乏原料而停工，轉而向日本 Hitacco 公司提出，以 4 噸廢鋼換取 1 噸鋼胚的交易比率；但臺灣省政府建設廳認為臺灣廢鋼存量已經不足，應暫停出口，建議臺灣鋼廠改採申請外匯的方式直接進口鋼胚。[61]

臺灣區生產事業管理委員會認為，1.2 噸至 1.5 噸廢鋼鐵能製造 1 噸鋼胚，臺灣鋼廠若採自備廢鋼鐵的方式委託日本加工較划算，但尋求願意合作的日本廠商並不容易。最終，1951 年 6 月 30 日臺灣區生產事業管理委員會召開第 108 次常務委員會議決議，為不使臺灣鋼廠停工，同意依照日方提出的 4 噸廢鐵換取 1 噸鋼胚的比例，並以臺、日間實施的易貨貿易來交易。[62] 同年 7 月，美援會再向日本購得 680 噸鋼胚後，臺灣鋼廠才解決原料不足的問題。[63]

在實際的執行面上，臺灣鋼廠於建廠初期擁有熱軋機的設備一套，包含：三重粗軋機一座和二重細軋機兩座，除了可生產二分以下的薄鋼板，也生產符合美國標準號規（United State Standard Gauge）的 16 號至 32 號黑鐵皮。[64] 臺灣鋼廠生產的黑鐵皮，主要作為下列五大項目使用：

（1）供應兵工廠製造彈殼與炸彈尾部及各種武器零件。
（2）供應液體燃料及其他工業製造盛器。
（3）供應車輛工業及修配車輛使用。
（4）供應一般機器工業製造所需黑鋼皮。
（5）供應家具與塘瓷工業製造家具及器皿所需黑鋼皮。[65]

其中，臺灣自戰前包裝所需的馬口鐵皮、營建業所需的白鐵皮和瓦楞鐵皮，因無法自行生產而全仰賴日本國內或其他地區供應。在進口量方面，又以罐頭製造所用的馬口鐵皮最高，每年達 4,000 噸以上。臺灣鋼廠希望藉由自製上述三項產品以節省外匯，作為發展進口替代工業的一環。就生產的流程而言，白鐵皮、瓦楞鐵皮、馬口鐵皮等三項產品皆為黑鐵皮鍍鋅錫加工而成，故 1950

年臺灣鋼廠於廠房建設初期，即規劃擴充鍍鋅和鍍錫等製造白鐵皮與馬口鐵皮的設備，並於 1951 年秋天安裝完成後開始生產。[66]

表 5 臺灣鋼廠各項產品生產 （單位：公噸）

年份	黑鐵皮	白鐵皮	馬口鐵
1950	586	0	0
1951	1,216	121	4
1952	2,189	1,051	160
1953	3,470	1,440	806
1954	4,493	2,440	2,098
1955	3,200	1,819	997
1956	2,478	1,340	1,666
1957	3,576	1,146	1,862

資料來源：
1. 〈資源委員會過去與現況〉，《經濟參考資料》第 21 期（1952），頁 8。
2. 〈經濟部所屬各生產事業機構平均員工所佔營業收入數〉（1951 年至 1955 年），《經濟參考資料》第 121 期（1956），頁 17。
3. 〈在臺國營生產事業主要產品產量（一）〉（1956 年 12 月），《經濟參考資料》第 131 期（1957），頁 30。
4. 〈在臺國營生產事業機構主要產品產量（一）〉，《經濟參考資料》第 145 期（1958），頁 17。

如表 5 所示，1950 年至 1957 年臺灣鋼廠主要的最終商品有黑鐵皮、白鐵皮及馬口鐵皮，產量與最初規劃的年產能 1 萬公噸差距頗大。究其主要原因為，當時缺乏鋼錠且小規模生產，無法降低黑鐵皮的製造成本，進而使得後續加工的白鐵皮與馬口鐵皮成本居高不下，無法與舶來品競爭。[67]臺灣鋼廠為降低成本，一度透過美援進口黑鐵皮來加工，以增加市場上的價格競爭力。[68]

從市場面來看，臺灣鋼廠最具銷售潛力的產品應為用作鳳梨罐頭包裝的馬口鐵，而且這項產品在臺灣具備生產之獨占性。但當時食品加工廠對於外銷的罐頭，選擇品質較高的進口馬口鐵皮，臺灣鋼廠的製品在未能受到信任之際，僅用於國內市場，銷路也受到侷限。[69]臺灣鋼廠生產的馬口鐵歷經 3 年 4 個月的各種試驗後，至 1957 年 4 月品質才獲得鳳梨公司認可。[70]

在馬口鐵業務難以開展之際，臺灣鋼廠僅能將黑鐵皮和白鐵皮向公營事業銷售。就 1952 年黑鐵皮的銷售狀況觀之，最大的客戶為臺灣糖業公司，其次為臺灣機械公司，第三為臺灣肥料公司。此外，也將客戶著眼於政府事業與軍事工程委員會的業務，並從事鋼架房屋搭建的工程。如表 6 所示，在 1953 年和 1954 年上半，臺灣鋼廠承接的鋼屋營業額，約占全體營業額的 71% 之高。換言之，臺灣鋼廠的銷售對象以公營和軍事機關為大多數。臺灣鋼廠在歷經數年的慘澹經營後，1958 年 6 月在配合政府推動的精簡機構政策下，併入臺灣機械公司，改編為臺灣機械公司鋼品廠。[71]

表 6 臺灣鋼廠營業額與鋼架房屋營業統計（單位：新臺幣萬元）

年份	營業額	鋼屋營業額	鋼屋營業額佔全體營業額比例
1952	15,397	5,767	37.45%
1953	33,484	23,825	71.15%
1954 年 1-6 月	34,570	24,672	71.35%

資料來源：〈臺灣鋼廠組織與業務調查報告〉（1954 年），《臺鋼業務卷（二）》，檔號：35-25-12 24，經濟部國營事業司檔案，中央研究院近代史研究所檔案館。

政府撤臺前，以供應華南市場為規劃創立的臺灣鋼廠，因政府國共內戰敗退，資源委員會將原本要供應中國大陸各廠的設備與原料移轉給其使用。1950 年代，政府於撤臺初期因欠缺大規模投資的資金，臺灣鋼廠不僅無法按原先規劃擴廠，具有向民間部門推銷機會的馬口鐵，也受限於品質問題而無法拓展，最終，業務可說集中於公營事業與政府部門。綜觀這段時期臺灣鋼鐵業的結構，在接收日產有一貫性鋼鐵設備的工礦公司汐止煉鐵廠後來標售給民間後，成立臺灣煉鐵公司，其餘如規模最大的唐榮鐵工廠，則以廢鋼軋製鋼筋為主。[72] 如此情況也體現出，1950 年代臺灣鋼鐵業呈現民營企業比公營企業活絡之「官弱民強」的現象。

四、小結

　　以往對於 1949 年政府撤退來臺，經濟層面的認識集中在經濟
官僚的討論，或撤退來臺的棉紡織資本。透過本章的討論可知悉，
臺灣成為獨立經濟個體的前後，政府寄望讓民間和軍方的生產要
素互相流通，生產彼此所需的物資。1950 年政府仿效戰前體系，
邀集公民營事業生產軍需品，是希望同時解決民需生產部門的業
務和軍需品的供應問題，但對統制經濟的管控不如戰前統制會來
的嚴密，僅提供購買者軍方與製造者公、民營企業的對接，最終
成效並不顯著。爾後，政府推動工業化的過程中，又籌劃運用軍
方設備生產公、民營工廠所需的設備，但在接受美援的背景下，
因美國反對而無法順利執行；此舉顯現出臺灣在「美國和平（Pax
Americana）」的背景下，政府內部的部分決策受到美國制約的情
況。

　　從高雄硫酸錏工廠的創立得以窺見，政府撤臺前後因缺乏生
產要素，故動用軍方的勞動與生產要素，以兵工廠為主體，創辦
供應民間的硫酸錏肥料，作為糧食增產政策的一環。透過此例的
討論能看到，主政者在資源欠缺下，存在資源調配的靈活性。臺
灣鋼廠創辦時，從其設備調度可見，在國共內戰節節敗退之際，
原本供應中國大陸鋼鐵廠的資材轉運來臺；此外，還有在戰後國
際局勢下，由戰勝國拆解二戰敗戰國日本的工業資材，轉供臺灣
鋼廠使用。在人員調度上，則是在政府撤臺的紊亂局勢下，除了
有從中國大陸撤退來臺的員工，尚有從數所臺灣公營事業的職員
轉任者。臺灣鋼廠不論建廠設備與人員建制，均呈現出拼裝的現
象。

　　1949 年年底中華民國政府從中國大陸撤退來臺，逐步在臺灣
調整與建立出自成一格的島嶼經濟體系。在推動經濟的過程中欠
缺的生產要素，在軍方、公營和民營部門間呈現靈活的調度現象。
也就是說，就臺灣經濟走向自立時期的起點，政府在推動棉紡織
的進口替代政策、以民間需求為主體的工業化時，尚存運用軍方

生產要素，生產民需物資的路徑，還有公營事業撤退來臺的部分
生產財與物資。也就是說，在了解二十世紀後半臺灣經濟發展的
起始基礎時，除了需探討本地事業與體制存在的連續與適用性外，
還要注意到來自中國大陸民間與官方設備移植來臺的過程，因而
可說存在多樣性的背景。

註釋

1 本會資料，〈本會十年（一）〉，《臺灣區機器同業公會會訊》第二期（1956），第二版。

2 〈臺灣工業配合軍需問題會議議程〉（1951年6月30日），《工業配合軍需》，臺灣區生產事業管理委員會檔案，檔號：49-08-094，中央研究院近代史研究所檔案館。

3 陳尚文（1897-1969），臺灣臺南人，1923年畢業於東京工業大學電氣化學科後，曾任職臺灣總督府中央研究所。1932年前往山西省西北實業公司，擔任電化廠廠長和總工程師，1940年轉任四川省工業試驗所所長，1943年聘為中央工業試驗所顧問工程師。1944年升任為中央工業試驗所鹽鹼實驗工廠總工程師，後派往昆明大利實業公司，設計建立鹼廠。戰後返臺，先奉命監理臺灣的玻璃工廠，並擔任玻璃公司總經理，兼任臺灣省工業研究所簡任技正。1950年轉任臺灣省政府委員兼建設廳廳長。1954年，陳尚文聯合華僑集資在竹東創辦新竹玻璃工廠股份有限公司。聞懷德，《臺灣名人傳》（臺北：商業新聞社，1956），頁102-103。

4 陳尚文，〈本省工業生產與軍需配合問題〉，《臺灣建設月報》第1期（1950），頁3。

5 陳尚文，〈本省工業生產與軍需配合問題〉，《臺灣建設月報》第1期（1950），頁4。

6 〈臺灣工業配合軍需問題會議議程〉（1951年6月30日），《工業配合軍需》，臺灣區生產事業管理委員會檔案，檔號：49-08-094，中央研究院近代史研究所檔案館。

7 〈臺灣工業配合軍需問題會議記錄〉（1951年6月30日），《工業配合軍需》，臺灣區生產事業管理委員會檔案，檔號：49-08-094，中央研究院近代史研究所檔案館。

8 〈臺灣工業配合軍需問題會議記錄〉（1951年6月30日），《工業配合軍需》，臺灣區生產事業管理委員會檔案，檔號：49-08-094，中央研究院近代史研究所檔案館。

9 鍾王壽（1902-1979），號衛道，臺灣阿猴廳，1920年畢業於臺北國語學校，短期任教潮州公學校後，1925轉任萬巒庄役所，爾後又參與香蕉事業銷售。中日戰爭爆發後，進入汪精衛政府任職，升任至蕪湖督察專員兼保安司令。戰後返臺先進入大同公司，爾後擔任臺灣省工業會總幹事。1965年創辦《實業世界月刊》。陳麗華，〈跨域流動與客家認同：南京親日政權下的臺灣人鍾王壽（1938~1945）〉，《新史學》第33卷第1期（2022），頁121-182。

10 〈臺灣工業配合軍需問題會議記錄〉（1951年6月30日），《工業配合軍需》，臺灣區生產事業管理委員會檔案，檔號：49-08-094，中央研究院近代史研究所檔案館。

11 〈臺灣工業配合軍需問題會議記錄〉（1951年6月30日），《工業配合軍需》，臺灣區生產事業管理委員會檔案，檔號：49-08-094，中央研究院近代史研究所檔案館。

12 〈臺灣工業配合軍需問題會議記錄〉（1951年6月30日），《工業配合軍需》，臺灣區生產事業管理委員會檔案，檔號：49-08-094，中央研究院近代史研究所檔案館。

13 〈利用軍營工業爭取海外軍援及民間訂貨辦理經過情形報告書〉，《加強軍民工業聯繫以繁榮經濟增加戰力》，外交部檔案，影像號：11-NAA-06356，中央研究院近代史研究所檔案館。

14 〈利用軍營工業爭取海外軍援及民間訂貨辦理經過情形報告書〉，《加強軍民工業聯繫以繁榮經濟增加戰力》，外交部檔案，影像號：11-NAA-06356，中央研究院近代史研究所檔案館。

15 〈利用軍營工業爭取海外軍援及民間訂貨辦理經過情形報告書〉，《加強軍民工業聯繫以繁榮經濟增加戰力》，外交部檔案，影像號：11-NAA-06356，中央研究院近代史研究所檔案館。

16 〈利用軍營工業爭取海外軍援及民間訂貨辦理經過情形報告書〉，《加強軍民工業聯繫以繁榮經濟增加戰力》，外交部檔案，影像號：11-NAA-06356，中央研究院近代史研究所檔案館。

17 〈研討實施行政改革報告第三十二案會議記錄〉（1959 年 5 月 20 日），《加強軍民工業聯繫以繁榮經濟增加戰力》，外交部檔案，影像號：11-NAA-06356，中央研究院近代史研究所檔案館。

18 〈研討實施行政改革報告第三十二案會議記錄〉（1959 年 5 月 20 日），《加強軍民工業聯繫以繁榮經濟增加戰力》，外交部檔案，影像號：11-NAA-06356，中央研究院近代史研究所檔案館。

19 〈研討實施行政改革報告第卅二案會議記錄〉（1960 年 2 月 15 日），《加強軍民工業聯繫以繁榮經濟增加戰力》，外交部檔案，影像號：11-NAA-06356，中央研究院近代史研究所檔案館。

20 董顯光（1887-1971），浙江省鄞縣人，就讀於上海中西書院及清心書院，接受有系統的西式教育。中學畢業後前往浙江奉化龍津中學教授英語，學生中包括蔣介石。1907 年進入商務印書館服務，1909 年前往美國，先後就讀於巴克學院、密蘇里大學新聞學院和紐約哥倫比亞大學普利茲新聞學院。1913 年返國後出任上海英文《民國共和報》副總編輯，之後轉任英文《北京日報》主筆。1916 年任全國煤油礦總署秘書並兼《密勒氏評論報》副編輯，後轉入順直水利委員會工作。1926 年在天津創辦《庸報》，1928 年前往上海擔任英文《大陸報》總經理兼總編輯。1934 年經蔣介石介紹加入中國國民黨，1935 年任國民政府軍事委員會上海辦事處檢查外國新聞電訊檢查員。1937 年任軍事委員會第五部副部長，主管國際宣傳工作，其後業務併入中國國民黨中央宣傳部，成立國際宣傳處，其擔任處長。戰後於 1947 年擔任新聞局局長，1949 年來臺任中國廣播公司總經理兼中央日報社股份有限公司董事長。1952 年中日和約簽訂後，為首任中華民國駐日大使，1956 年至 1958 年擔任駐美國大使，之後返臺任總統府資政。1970 年移民美國，於紐約過世。〈灌園先生日記（1955 年 1 月 1 日）〉，臺灣日記知識庫。

21 吳欽烈（1896-1966），浙江省諸暨縣人，在美國麻省立工大學學院化學工程科取得學士、芝加哥大學取得化學碩士。1920 年返國後，先任職於浙江公立工業專門學校化學工程科教授兼系主任。1929 年擔任軍政部兵工署少將研究委員，並創辦理化研究所。1934 年理化研究所改組為技術司，改任司長；在此同時，還兼任鞏縣化學廠籌備處處長，並於成立後擔任廠長。中日戰爭爆發後，擔任第二十三兵工廠廠長外，也兼任軍政部應用化學研究所所長。戰後先擔任國防部第六廳副廳長，來臺先擔任兵工署，後調為臺灣區生產事業管理委員會與行政院美援運用委員會參事。1959 年在聯勤總部生產署中將署長身分退休。劉紹唐編，《民國人物小傳：第七冊》（臺北：傳記文學雜誌社，1985），頁 166-170。

22 俞大維（1897-1993），浙江省紹興人，畢業於上海聖約翰大學，1918 年前往美國哈佛大學哲學系留學，1921 年取得碩士和博士學位，之後又前往德國柏林大學進行研究。1928 年擔任駐德國大使館商務調查部主任，1929 年返回中國後擔任軍政部參事，1930 年再次前往德國擔任使館商務專員負責軍備採購。1932 年回國擔任中央訓練兵器總教官後隔年升任至兵工署長，而且晉升中將。1944 年調任軍政部常務次長與兼任中美聯合參謀部代表，爭取美國軍事援助。戰後於 1946 年初任交通部長，1954 年在俞鴻鈞內閣下的國防部部長，1965 年請辭轉任總統府資政。〈灌園先生日記（1954 年 5 月 27 日）〉，臺灣日記知識庫。

23 吳欽烈，〈高雄硫酸錏建廠十五週年紀念〉高雄硫酸錏股份有限公司編，《高雄硫酸錏股份有限公司建廠十五週年紀念專刊》（高雄：高雄硫酸錏股份有限公司，1964），頁 7。

24 吳欽烈，〈高雄硫酸錏建廠十五週年紀念〉高雄硫酸錏股份有限公司編，《高雄硫酸錏股份有限公司建廠十五週年紀念專刊》，頁 7。

25 陳思宇，《臺灣區生產事業管理委員會與經濟發展策略（1949-1953）：以公營事業為中心的探討》，頁 258-260。

26 楊繼曾（1898-1993），安徽省懷寧人，生於江蘇杭州，畢業於同濟醫工專門學校，前往德國就讀柏林工科大學，1926 年返國後先後任職於軍政部瀋陽兵工廠工程師，1929 年軍政部兵工研究委員會專任委員，1930 年擔任軍政部漢洋兵工廠副廠長，1931 年轉任上海兵工廠副廠長。此外，還擔任軍事委員會國房舍繼委員會國防軍備委員會委員。中日戰爭時期，擔任大渡口鋼鐵廠遷建委員會主任委員，爾後又相繼擔任軍政部兵工署製造司司

長、兵工署副署長等。戰後於 1947 年擔任駐美軍事採購團團長，來臺後擔任經濟部政務次長、國防部常務次長、臺灣糖業公司董事長和總經理、經濟部部長和國策顧問等職務。李國鼎口述、劉素芬紀錄，《我的台灣經驗：李國鼎談台灣財經決策的制定與思考》，頁 590-591。

27 詹德湖、朱力行編，《高雄硫酸錏公司發展史》（高雄：高雄硫酸錏股份有限公司，1985），頁 49。

28 〈高雄硫酸錏股份有限公司業務概況報告書〉（1960 年 9 月 22 日）。

29 黃朝輝（1899-1964），出生於加拿大，1932 年在美國哥倫比亞大學取得化學工程博士，之後於 1934 年來到中國參與兵工建設，戰爭時期與吳欽烈等人籌備化學兵工廠，1947 年在湖北漢陽籌設第廿六兵工廠，爾後該工廠撤退來臺灣，部分設備成立高雄硫酸錏工廠，1950 年擔任廠長。1953 年工廠改制為公司後兼任總經理，1961 年以少將軍階退伍，專任硫酸錏公司總經理。黃俊夫，《硫金歲月－臺灣產業經濟檔案數位典藏專題選輯：高雄硫酸錏股份有限公司　印記三》，頁 138。

30 高雄硫酸錏（呈文），輝（39）錏高發（002），〈為呈送本廠員工自卅八年八至十二月待遇結算辦法祈　核備由〉（1950 年 2 月 22 日），〈臺灣區生產事業管理委員會第 160 次常務會議〉，《高雄硫酸錏員工待遇》，臺灣區生產事業管理委員會檔案，檔號：49-04-007-002-004，中央研究院近代史研究所檔案館。

31 高雄硫酸錏廠（代電），輝（40）錏高發，〈申復財政廳對本廠人事及財務情形提供意見案電請　鑒核賜轉由〉（1951 年 11 月），《高雄硫酸錏廠組織調整》，臺灣區生產事業管理委員會檔案，檔號：49-01-01-002-024，中央研究院近代史研究所檔案館。

32 王玉雲、任魯編，《臺肥四十年》（臺北：臺灣肥料公司，1986），頁 93。

33 〈行政院第 579 次會議記錄〉（1958 年 8 月 14 日），《行政院會議議事錄》，檔號：105-1 136，國史館。

34 〈行政院第 579 次會議記錄〉（1958 年 8 月 14 日），《行政院會議議事錄》，檔號：105-1 136，國史館。

35 〈行政院第 645 次會議記錄〉（1959 年 12 月 10 日），《行政院會議議事錄》，檔號：105-1 153，國史館。

36 〈行政院第 645 次會議記錄〉（1959 年 12 月 10 日），《行政院會議議事錄》，檔號：105-1 153，國史館。

37 〈行政院第 645 次會議記錄〉（1959 年 12 月 10 日），《行政院會議議事錄》，檔號：105-1 153，國史館。

38 〈行政院第 659 次會議〉（1960 年 3 月 31 日），《行政院會議議事錄》，檔號：105-1 183，國史館。

39 〈行政院第 659 次會議〉（1960 年 3 月 31 日），《行政院會議議事錄》，檔號：105-1 183，國史館。

40 王玉雲、任魯編，《臺肥四十年》，頁 3。

41 程玉鳳、程玉凰編，《資源委員會檔案史料初編（下冊）》（臺北：國史館，1984），頁 541-553。

42 〈臺灣鋼廠成立經過〉，《臺灣鋼鐵廠：組織規程》，檔號：24-13-041，中央研究院近代史研究所檔案館。〈為關於飭報本廠成立時創業一案復請　鑒核轉呈由〉（1949 年 9 月 10 日），《臺灣鋼鐵廠：組織規程》，資源委員會檔案，檔號：24-13-041，中央研究院近代史研究所檔案館。

43 〈臺灣鋼廠成立經過〉，《臺灣鋼鐵廠：組織規程》，資源委員會檔案，檔號：24-13-041，中央研究院近代史研究所檔案館。

44 〈興建臺灣鋼鐵工業計畫〉，《臺灣鋼鐵廠：組織規程》，資源委員會檔案，檔號：24-

13-041，中央研究院近代史研究所檔案館。〈臺灣鋼廠成立經過〉，《臺灣鋼鐵廠：組織規程》，檔號：24-13-041，中央研究院近代史研究所檔案館。

45 〈臺灣鋼廠成立經過〉，《臺灣鋼鐵廠：組織規程》，資源委員會檔案，檔號：24-13-041，中央研究院近代史研究所檔案館。

46 吳若予，《戰後臺灣公營事業之政經分析》，頁29-30。經濟部資源委員會編，《經濟部資源委員會在臺事業單位整理紀要》（臺北：經濟部資源委員會，1950），頁1。

47 〈臺灣鋼廠成立經過〉，《臺灣鋼鐵廠：組織規程》，資源委員會檔案，檔號：24-13-041，中央研究院近代史研究所檔案館。

48 經濟部資源委員會編，《經濟部資源委員會在臺事業單位整理紀要》，頁27。

49 〈資源委員會臺灣鋼廠煉鋼營業計畫〉，《臺灣鋼廠：總務》，資源委員會檔案，檔號：24-13-042，資源委員會檔案，中央研究院近代史研究所檔案館。〈為核奉裝置平爐與電爐之比較表電請視察照並請和配電力3500KVA〉（1949年11月1日），《臺灣鋼廠業務檢討》，檔號：49-01-02-002-009，臺灣區生產事業管理委員會檔案，中央研究院近代史研究所檔案館。

50 〈臺灣鋼廠成立經過〉，《臺灣鋼鐵廠：組織規程》，資源委員會檔案，檔號：24-13-041，中央研究院近代史研究所檔案館。

51 傅次韓，《征塵回首來時路：傅次韓回憶錄》（臺北：正中書局，1998），頁96-08。

52 〈為廣州製鋼廠遷併臺灣鋼廠指示歸併辦法並仰造具交接清冊核由〉，資源委員會（代電）。《鋼鐵業組織規程（一）》，資源委員會檔案，檔號：003-010101-0875，國史館。

53 經濟部資源委員會編，《經濟部資源委員會在臺事業單位整理紀要》，頁27。

54 〈臺灣區生產事業管理委員會常務委員會議決議案〉（1950年9月16日），《第六十七次常委會議程》，檔號：49-01-01-009-098，臺灣區生產事業管理委員會檔案，中央研究院近代史研究所檔案館。

55 〈STELL MAKING PROJECT Of TAIWAN STELL WORKS〉，《臺灣鋼廠籌設煉鐵設備》，臺灣區生產事業管理委員會檔案，檔號：49-05-01-001-022，中央研究院近代史研究所檔案館。

56 〈資源委員會臺灣鋼廠煉鋼營業計畫〉，《臺灣鋼廠：總務》，檔號：24-13-042，資源委員會檔案，中央研究院近代史研究所檔案館。〈為核奉裝置平爐與電爐之比較表電請視察照並請和配電力3500KVA〉（1949年11月1日），《臺灣鋼廠業務檢討》，檔號：49-01-02-002-009，臺灣區生產事業管理委員會檔案，中央研究院近代史研究所檔案館。

57 《臺灣鋼廠籌設煉鋼設備》，臺灣區生產事業管理委員會檔案，檔號：49-05-01-001-022，中央研究院近代史研究所檔案館。〈為呈報本廠安裝電爐與生管會及懷特公司接洽經過由〉，《臺灣鋼廠：總務》，資源委員會檔案，檔號：24-13-04 2，中央研究院近代史研究所檔案館。〈為核奉裝置平爐與電爐之比較表電請視察照並請和配電力3500KVA〉（1949年11月1日），《臺灣鋼廠業務檢討》，檔號：49-01-02-002-009，臺灣區生產事業管理委員會檔案，中央研究院近代史研究所檔案館。陳思宇，《臺灣區生產事業管理委員會與經濟發展策略（1949-1953）：以公營事業為中心的探討》，頁258-262。

58 〈資源委員會臺灣鋼廠職員姓名冊〉（1950年1月），《臺灣辦事處及各單位轉送臺灣省政府人事處職員錄》，資源委員會檔案，檔號：003-010102-2800，國史館。

59 《臺灣鋼廠：人事》，檔號：24-13 -04 4，資源委員會檔案，中央研究院近代史研究所檔案館。〈為廣州製鋼廠遷併臺灣鋼廠指示歸併辦法並仰造具交接清冊核由〉，資源委員會（代電）。《鋼鐵業組織規程（一）》，資源委員會檔案，檔號：003-010101-0875，國史館。

60 〈為關於飭報本廠成立時創業一案復請 鑒核轉呈由〉（1949年9月10日），《臺灣鋼鐵廠：組織規程》，資源委員會檔案，檔號：24-13-041，中央研究院近代史研究所檔案館。

61 〈臺灣區生產事業管理委員會第 108 次常務委員會議〉（1951 年 6 月 30 日），《第 108 次常委會議程》，臺灣區生產事業管理委員會檔案，檔號：49-01-01-009-139，中央研究院近代史研究所檔案館。

62 〈臺灣區生產事業管理委員會第 108 次常務委員會議〉（1951 年 6 月 30 日），《第 108 次常委會議程》，臺灣區生產事業管理委員會檔案，檔號：49-01-01-009-139，中央研究院近代史研究所檔案館。

63 〈臺灣區生產事業管理委員會第 112 次常務委員會議〉（1951 年 7 月 28 日），《第 112 次常委會議程》，臺灣區生產事業管理委員會檔案，檔號：49-01-01-009-143，中央研究院近代史研究所檔案館。

64 卜昂華，〈臺灣鋼廠建廠經過與擴充計畫〉，《臺灣建設月報》第 4 期（1951），頁 187。

65 卜昂華，〈臺灣鋼廠建廠經過與擴充計畫〉，頁 187。

66 《臺灣鋼廠近況簡報》（1952 年 10 月 16 日），《臺鋼業務卷（一）》，經濟部國營事業司檔案，檔號：35-25-1223，中央研究院近代史研究所檔案館。

67 〈臺灣鋼廠業務上遭受之困難及謀求解決辦法〉，〈為將監察委員趙光宸等五人來廠考察本廠檢送之簡報等三種資料報請備案由〉（1952 年 3 月 29 日），（41）臺鋼秘 2432 號。《臺鋼業務卷（一）》，經濟部國營事業司檔案，檔號：35-25-1223，中央研究院近代史研究所檔案館。

68 〈為關於本廠所請美援購買原料一案承詢甲乙兩項問題列表說明請誓核辦理并示復由〉（1952 年 1 月 24 日），臺鋼業字第 0113 號。《臺灣鋼廠：總務》，資源委員會檔案，檔號：24-13-042，中央研究院近代史研究所檔案館。

69 〈馬口鐵需要及供應問題會議記錄〉（1954 年 11 月 13 日），《馬口鐵需要及供應問題會議記錄》，行政院經濟安定委員會檔案，檔號：30-03-03-008-354，中央研究院近代史研究所檔案館。〈馬口鐵供應會議記錄〉（1954 年 3 月 8 日），《臺鋼馬口鐵皮試驗報告》，經濟部國營事業司檔案，檔號：35-25-1230，中央研究院近代史研究所檔案館。

70 〈臺美日馬口鐵皮樣品三年來品質比較試驗結果座談會會議記錄〉（1957 年 4 月 16 日），《臺鋼馬口鐵皮試驗報告》，經濟部國營事業司檔案，檔號：35-25-1230，中央研究院近代史研究所檔案館。

71 〈臺灣機械股份有限公司第三屆第五次董監聯席會議記錄〉（1958 年 6 月 20 日），《機械公司四十六、四十七年董監聯席會議記錄》，經濟部國營事業司檔案，檔號：35-25-244，中央研究院近代史研究所檔案館。

72 洪紹洋，《商人、企業與外資－戰後臺灣經濟史考察（1945-1960）》，頁 68-70、頁 91-92；許雪姬，〈戰後臺灣民營鋼鐵業的發展與限制（1945-1960）〉，陳永發編，《兩岸分途：冷戰初期的政經發展》（臺北：中央研究院近代史研究所，2006），頁 293-337。

第十章 | 結論

一、殖民地經濟近代化的摸索

（一）一戰景氣與企業興設

在紡織業近代化方面，臺灣並未如同日本國內以棉紡織為主，而是因應米糖經濟的興盛，孕育出從事黃麻紡織的臺灣製麻會社，生產裝載米糖所需的麻袋。以殖民地米糖經濟為基礎衍生的黃麻紡織工廠，所需的黃麻原料因為受到競爭作物壓迫而無法充分供應，轉而從印度補充；就此點而論，有別於以往殖民地工業化，多以本地原料來生產的歷史認識。

透過臺灣紡織株式會社的創辦，能看到第一次世界大戰時企業因資金充沛而出現的樂觀投資，甚至提出在欠缺棉花原料的臺灣發展棉紡織事業的構想；但爾後，又出現將資本併入事業體位於中國大陸的日華紡織株式會社，生產事業亦侷限於苧麻紡織的情況。從該工廠的原料仰賴中國大陸提供，銷售市場亦與日本和朝鮮市場緊密結合這點來看，顯見企業網絡的靈活性。以往對於日本人創辦殖民地事業的討論常分為：「在臺資本家」和「不在臺資本家」，從本案例則顯現出，這些不在臺灣的資本家除了從事「日本—臺灣」之間的投資活動外，尚與中國大陸的日本企業進行資本上的連結。

臺灣的機械製糖業因一次大戰的景氣熱潮，不易得到日本和海外機械業的支援，糖業資本考慮到本身經營的糖廠具備機械的市場規模，進而成立以製糖機械為主體出發的臺灣鐵工所。這樣

的發展型態有別於十九世紀後期，日本國內在發展初期即考慮到
共有零件的生產層面，臺灣在初期生產著重於與糖業機械市場的
連結，顯現出殖民地工業的特質。雖然無法從史料中明確找到臺
灣鐵工生產機械相關零件的供應來源，但初步判斷，臺灣在金屬
和鋼鐵業發展程度低落之際，大多仍仰賴日本或國外供應，並在
工廠內進行最終的組裝。從臺灣鐵工所將糖業機械和農具向泰國、
印度和滿洲國銷售的情形來看，可見該公司透過商社網絡，得以
將商品銷售至日本地域圈以外的現象。

　　大致上，以往對戰前臺灣經濟史的討論，未曾關注到第一次
世界大戰景氣熱潮對臺灣經濟帶來的影響。

　　本書關注的機械和紡織業，在這段時期內均出現新興事業的
設置。關於對殖民地企業活動的討論，以往常強調殖民地與殖民
母國之間的資金與市場聯繫，較少留意到殖民地企業與日本帝國
圈以外的原料調度與商品交易活動。經由本書的討論可知悉，戰
前臺灣企業除了與日本帝國圈內交易外，尚與中國大陸、印度、
南洋等地有所聯繫。

（二）戰時經濟的新認識

　　涂照彥曾提及，臺灣在戰時經濟階段出現金屬與化學等新興
工業，而且工業產值大幅提昇，促使殖民地臺灣除了米糖經濟外，
也進入多種生產型態的階段。既有討論多關注企業創設的正面討
論，較少談到後來因資源、設備等生產要素欠缺而面臨的困境與
調整。從本書針對特定企業和產業進行的實證研究來看，戰時工
業化的成效似有待商榷；也就是說，統計上工業產值的成長，或
新事業的出現，未必代表當時新設立的產業部門基礎穩固。

　　1930 年代臺灣機械業規模最大的鐵工所朝向多樣化商品的生
產，但因在本地欠缺基礎產業，僅能仰賴從日本國內增購貯藏品
等存貨來因應，使得生產得以順利運作。另一方面，這段期間設
立的汽車與電氣等組裝性產業因欠缺本地的工業基礎，僅能高度

仰賴從日本國內供應資材，戰爭末期航運中斷，使得事業無法擴大營運。此外，造船業受限於資材不足的情況，又需生產裝載貨物的交通工具，最終出現以小型造船廠配合政府木造船政策來製造船舶；戰爭末期，以木材作為造船材料，替代既有的鋼鐵船，從而得以窺見戰爭末期資源取得的困境。在戰時經濟階段，臺灣因基礎工業薄弱和資材不足，生產實績不如預期；在企業組織方面，汽車業出現合併經營，造船業則採小規模生產。

就事業體之間的聯繫關係而論，臺灣鐵工業統制會提出，欲在產業內建立完整的生產分工與連鎖關係，以邀集大型和中型工廠，共同生產鐵道車輛與內燃機。統制會透過工廠調查與控制各種生產要素，促使廠商降低成本與制訂合理價格。從統制會統籌海軍第六海軍燃料廠等廠房工程的興建顯見，戰時大型工程的動員能力。但最終因局勢惡化，臺灣無法順利取得日本國內資材，統制會僅能在節約資材的同時，嘗試生產代用原料和物資。

戰爭末期推動的鋼鐵和硫酸錏工廠建廠，多運用舊有資材創辦，而且因物資不足，採行較簡易的施工，有別於日治初期近代化事業採用全新的設備進行。從硫酸錏工廠的設備轉用能明確看到，戰爭末期民需工廠轉為軍需的脈絡。

至於紡織業方面，1930 年代的日本為解決國內稻米市場問題，在臺灣出現將稻米耕地轉植黃麻和苧麻等經濟作物的方案，並且新成立臺南製麻株式會社。這段時期，日本政府固然寄望從帝國內生產原料，減少外匯消耗，但受到戰時經濟影響，政府將糧食增產作為優先事業，導致麻作物的原料供應不足；在外來原料的補充上，因中日戰爭與英美等國對日本禁運，苧麻和黃麻原料的供應終告斷絕，連帶影響到麻紡織事業的生產。另一方面，戰時苧麻和黃麻紡織品被納入軍事需求的一環，並在軍方對布料存在需求之際，將原本寒帶作物的亞麻轉植到臺灣。伴隨日本帝國圈船舶運輸困難，戰爭末期運用日本國內的閒置資材創辦棉紡紗工廠，反倒促成了屬於民需事業之棉紡織工業的萌芽。

大致上，戰前殖民地日本人資本在臺灣的投資，可分成一次

大戰經濟榮景下的自發性投資，以及政府透過制度、機制誘導的投資。不論哪種投資，企業著眼的問題之一為確保市場，戰爭時期的麻紡織與機械等新興工業透過軍方訂單，或成為企業投資的動機之一。但受限於臺灣與日本帝國圈以外原料交易斷絕，還有船舶運輸的影響，導致日本國內原料供應驟減，上述均為企業經營的不利因素。也就是說，政府透過制度的設計促成企業創辦，但無法確保原料能充沛供應，是為影響這些以軍事需求為中心之事業的負面因素。

（三）產業南進的市場與投資脈絡

以往對南進的討論，常關注臺灣在地人物和拓殖會社前往活動的過程，較少以企業和產業活動為軸進行討論。對於產業南進的脈絡，除了關心從臺灣前往當地的企業外，還應留意當時，企業將日本的占領地作為銷售市場的構想。從鋼鐵和硫酸錏事業的設置可見，當時臺灣在地企業的設置考慮到臺灣市場狹小且事業均講求規模經濟的效益，即將華南與南洋規劃成產品銷售的市場。就汽車事業的活動案例來看，從臺灣國產自動車株式會社前往上海和廣東得以窺見，該會社在臺灣以外的蹤跡與軍方占領活動二者間存在密切的關係。

日本占領南洋的時間過短，諸多前往當地的投資事業難以看到結果。從臺灣鐵工所前往菲律賓馬尼拉設立分公司的廠房設置活動，在竣工前便告結束。臺南製麻株式會社對越南的設廠規劃，因為要有農業部門配合，才能促成工廠部門的運作，最終僅停留在臺灣拓殖株式會社前往當地栽培黃麻，似未進入蓬勃的工廠運轉階段。

透過本書對戰前的研究篇章，亦能對堀和生提出的東亞資本主義論進行修正。基本上，堀氏強調，殖民地工業如何運用帝國圈內的資源，達成自立的發展。堀氏舉出，臺灣的機械製糖是運用臺灣本地的原料，並以日本為重要市場，顯見殖民地與殖民母

國間強烈的依附性格，藉此說明日本將臺灣從清朝以來，以中國和世界為主的對外經濟關係，調整至以日本國內為中心的連動性關係。但就臺灣麻紡織近代化的原料與生產面觀之則呈現出，外來原料是作為島內工業擴大再生產的要素。臺灣在地栽培的苧麻，因未能符合機械化生產，轉而出口至中國南方沿海，作為織造土布的原料，呈現出臺灣與中國華南之間的地域性原料供需關係。

經由麻紡織業的研究結果可見，戰前臺灣經濟除了需關注堀和生強調的帝國圈資源之重要性外，或需進一步考慮到臺灣與亞洲各地的貿易與市場連結要素。對殖民地工業化的討論，除了以往研究常提及的技術與生產要素，還需關注臺灣與亞洲經濟圈形成的原料供需體系，如何影響到本地生產者的原料採用決策，或運用臺灣資源，作為周邊地區生產所需原料的現象。

二、走向戰後

（一）戰後接收與戰時工業化的告終

戰後，臺灣機械業規模最大的臺灣鐵工所被資源委員會接收後，成立臺機公司，堪稱大企業的延續。以往常強調，戰後公營事業多具獨占性經營的特質，但臺機公司生產的品目因未具獨占性，而且常需配合政府政策生產各項機具，加上不像民營企業，存在經營策略的靈活性，因而達不到大量生產的規模經濟優勢。在此情況下，戰後的民營機電業除了能掌握生產技術外，尚憑藉靈活的行銷手法，以家電與電器等各項大眾市場為軸，逐步擴展經營規模。

另一方面，戰前的紡織業、機械、電工、鋼鐵和硫酸錏等諸多事業單位，於戰後多併入工礦公司。雖言，公司透過廠房整併和組織調整的策略，集中於這些規模不大的鋼鐵機械和電工事業，寄望發揮規模經濟的綜效。若比較戰前與戰後初期這些生產單位面對的生產品目與市場銷售對象，可清晰看出這些事業從戰時以

軍需為優先，到了戰後轉而以供應民需市場為主。戰前原計劃生產硫酸錏，受到時局影響，轉而變成生產火藥的工廠，戰後則供應民間礦業部門所需的火藥，成為公司具獨占性經營的商品。

處於發展初期的棉紡織，受到以上海為首、發展成熟的紡織業銷售至臺灣的影響，在兩岸經濟交流的比較利益下，抑止了自戰爭末期，以供應本地市場為前提而出現的設廠動力。亞麻事業因戰爭末期，廠房在竣工前因戰事而毀損，來自日本國內的種子供應不繼，以及軍事市場消失而無法持續成長。麻紡織因麻布袋製品與米糖事業的發展緊密相連，故政府願意動員農會等單位投入資源支持。

從戰前、戰後的分界點來看，除了日產的接收與改編外，從宏觀的角度更能看到 1930 年代，臺灣因應軍事需求而創設的企業，多數至戰爭結束前仍處於萌芽階段。但當時臺灣湧現的企業創設熱潮，仍充分展現出戰時經濟的活絡。其中，1940 年代臺灣總督府不顧日本內地官商反對，決意採取傾斜經濟的策略，朝向鋼鐵廠、硫酸錏工廠等重化工業的生產，顯現出臺灣總督府追求經濟轉型的企圖。

戰後初期，部分事業未能接續戰時工業化的投資基礎，因而當經濟體系調整至民需為主的結構後，鋼鐵與部分中小規模的生產事業未能持續成長。這樣的原因可能與資金欠缺與惡性通貨膨脹的背景有關，遏止了這些事業體提昇營運的機會。另一方面，國民政府接收臺灣經濟，除了參酌臺灣本地的資源為基礎，也考量到全中國經濟的布局策略。改朝換換代之際，統治者的政策思維差異使得臺灣自戰時朝向重工業發展的政策未能持續成長。在此情況下，臺灣經濟的構造與多數後進國家具備相似的特質，成為 1949 年年底，政府撤退來臺前的生產基盤。

（二）戰後接收的多民族交錯：留用者、接收者與在地者

戰後初期，臺灣的生產事業呈現日本人、臺灣人、中國人等

多民族交錯的狀態，這段時期的分工，很難透過檔案史料詳細瞭解，僅能透過有限的口述訪談與文書資料來分析。本書透過所能收集到的技術人員資訊，能超越以往大眾熟悉之接收者主導的歷史認識，提出需進一步關注，兩岸產業發展的差異導致培育出的人員專長不同，還有戰事結束後，技術人員在廠房重建時面臨外來資材不足的因應之道。

　　從擅長生產糖業機械的臺機公司事例來看，來自中國的外省籍技術人員未能熟悉糖業機械的製造，因而初期生產，主要仰賴臺灣籍技術人員與日本人遺留的圖面來執行製造工作。生產火藥的工礦公司南勢角工廠，戰後初期亦有臺灣在地人士希望借重留用者堀內金城的智識創辦公司，藉此還能窺見其被捲入二二八事件與戰後臺灣社會相連結的情形。從工礦公司紡織分公司觀之，可瞭解戰後初期，事業體延續戰爭末期欠缺進口零件之際，留用技術者嘗試運用本地的生產單位，製造紡織機械的代用品零件，顯見物資不足的變通方式。上述種種顯現出，戰後轉換時期臺灣在結束日本殖民統治、國民政府接收初期，除了來自中國大陸的事業接收單位外，還要關注過渡時期，留用日籍技術人員的活動，並且可從社會經濟、技術調整的層面觀察戰後初期，臺灣在政權轉換之際的經濟活動，短期內，日籍技術人員在生產現場與社會經濟層面，仍有一定程度的影響力。

（三）中國經濟圈的原料調度與市場接軌

　　臺灣從戰爭末期大東亞共榮圈的自給自足，至戰後納入中國經濟圈運行的過程，有些企業將中國大陸作為原料供應與市場銷售的主要地域。從發展鋼鐵業所需的鐵礦原料來看，戰爭末期和戰後初期都由海南島提供，可見臺灣與華南間資源的供應關係，呈現連續的現象。臺機公司以戰前生產窄軌車輛與零件的經驗，進一步生產寬軌系統的車輛與零件，並將產品銷售至中國大陸，可視為戰後新技術與新市場的挑戰。工礦公司鋼鐵機械分公司，

亦將製品銷售至以生產紡織機械為主的中國紡織建設公司，除了呈現出開始參與中國大陸市場的現象，也可能因為戰後中國鋼鐵業最大生產基地的東北常處於動亂狀態，因而提供了臺灣小規模的鋼鐵機械事業能在廣大中國市場取得市場銷售的契機。

　　從戰前日本對外擴張的角度來看，臺灣對中國大陸的經濟關係，於戰前便與華南存在連結。既有研究提出，戰前臺灣商人伴隨著日本向中國擴張，前往日本占領區經營商業，並於戰後從事臺灣與中國大陸之間的商貿活動。[1] 本書的考察能梳理出，戰後伴隨日本帝國圈瓦解，臺灣失去大東亞共榮圈的原料與市場支援，接收成立的企業，轉而嘗試與中國大陸進行較緊密的聯繫。臺灣經濟從戰前邁向戰後，除了以往常談論之中國大陸的接收者建立的制度，還有中國大陸金圓券改革失敗，造成臺灣通貨膨脹趨於惡化的討論，因而應進一步關注當時臺灣各事業體對中國大陸原料供應和市場銷售的期待。

　　然而，戰後臺灣與中國大陸的接軌，如同戰前臺灣對南洋的產業南進，僅存在短暫的數年光景。隨著中華民國政府在國共內戰敗北，臺灣朝向獨立經濟體轉換，對外的經貿關係則朝向冷戰局勢下，對美國、日本的體制改變。

（四）資源欠缺下，重化工業與生產要素的分派

　　1949 年年底中華民國政府撤退來臺灣後，如何釐清戰後臺灣經濟承接戰前的基礎，走向獨立經濟體的初始過程？

　　戰前，日本將國內關閉的工廠設備移往殖民地和占領地，運用舊有設備在當地創辦鋼鐵工業，寄望帶動各地資源的自給性生產；就臺灣的案例來看，這些設備對戰後經濟發揮的影響力可能相對有限。此外，加上資源委員會接收日產成立的造船與石油業，成為臺灣經濟繼承戰前重化工業的基礎。還有，高雄硫酸錏工廠與臺灣鋼廠為政府在國共內戰後期，將物資設備移轉來臺灣之倉促建廠的事業，這樣的事實得以超越以往對於政府撤臺的看法

——認為資本集中在棉紡織事業上。

1950 年代臺灣的重化工業在上述兩方資材與生產單位的匯流下，呈現出小規模的生產型態。這樣的重化工業規模，直到 1970 年代「十大建設」相繼竣工，才逐步出現大規模發展的型態。從戰後東亞經濟史的發展經驗來看，這種小規模的重化工業同樣發生在 1960 年代，中國與蘇聯決裂後，為降低遭到攻擊的風險，而於各地分散化，建立小規模的「五小工業」。[2]

另一方面，1950 年代政府將公、民營和軍方生產單位的勞動與資本生產要素加以調配運用，顯現出臺灣島嶼經濟的資源欠缺。但執行上，公、民營事業製造軍需品，因採取的激勵制度和廠商本身的技術能力等因素而無法達成；以軍方設備生產民間工廠資材的政策，在臺灣因為接受美援的背景，無法獲得美軍支持，因而無法順利推進。

三、二十世紀臺灣經濟論：前期經驗與經濟自立

本書整理與解讀各方第一手資料，從企業與產業部門出發，對臺灣經濟近代化的建立與摸索過程進行研究。但受限於戰爭末期與戰後初期資料散佚，關於產業與企業的事例討論無法達到一致性的詳盡考察，僅能進行初步釐清。

從既有理論來看，殖民地近代化的實證研究，侷限在殖民地時期的臺灣，考察範圍未涵蓋去殖民地化後的質變與演進，無法滿足臺灣經濟的長期研究。其次，馬克思經濟學具備社會整體構造與變化的分析框架，探討二十世紀前期的臺灣經濟，亦無法充分說明歷史存在的複雜過程。以市場均衡為出發的新古典經濟學分析，似乎無法充分說明，早期臺灣以統制經濟掛帥的情形。本書透過耙梳與分析檔案史料，除了以實證研究提供臺灣經濟史嶄新的認識外，也能瞭解個體單位在不同階段的運作。

曹永和的臺灣島史概念在經濟史研究給予的啟發，可提出二十世紀前的戰前和戰後初期，臺灣經濟運行於日本和中國大陸

經濟圈，各部門在發展時受到程度不一的制約。二十世紀後半起，臺灣成為獨立經濟個體，可說在具備自立性特質的情況下，始具有國民經濟體的特徵；透過考察臺灣經濟體系中的內部結構和對外關係，顯見臺灣經濟與二十世紀前半相比後的蛻變。

從長期歷史來看，常被認定為消費財的紡織業，最初在臺灣的經驗以麻紡織為發端，有別於工業革命中的先進國家英國和法國，或後進國德國和日本。戰爭末期創建的棉紡織工業，於戰後初期的臺灣，在以上海為首的棉製品競爭下呈現停滯狀態。1949年前後大規模紡紗機械搬遷來臺，一舉擴大棉紡織工業的產能，棉紡織事業才得以奠定基礎。戰後初期，黃麻紡織雖然伴隨著政府米糖生產而仍被關注，但以化學纖維為原料產製的布袋因成本較低而普遍被使用，最終黃麻布袋的需求被取代因而日漸萎縮。

作為必要資本財的機械與鋼鐵部門，戰前臺灣的機械業多從日本和海外進口資材，進行組裝。戰爭時期成立的組裝性產業與戰爭末期萌芽的鋼鐵業，伴隨著 1950 年省營工礦公司出售鋼鐵廠，還有耕者有其田的分廠出售，這些生產單位成為民間部門資本積累的一環。至於從中國大陸撤退來臺的鋼鐵事業，受限於資金與資源條件，未以最初一貫性鋼鐵廠的構想推進，僅作為各種鐵皮的生產。另一方面，1950 年代民間部門的鋼鐵業比公營部門活絡，縱使產量提昇，但多以廢鋼為原料製作，因而顯得程度貧弱。攸關資本財發展基礎的鋼鐵業，則要至 1977 年代中國鋼鐵公司投入生產後，臺灣才具備製造高階鋼鐵製品的能力。

至於組裝性事業的發展，不論從 1930 年代的殖民地時期或 1950 年代的自立階段來看，均在本地金屬與鑄造能力薄弱，以及欠缺鋼鐵事業的情況下出現。臺灣先有組裝工廠、才有基礎工業的現象，有別於先進國家是在具備鋼鐵和機械等基礎事業後，才發展造船和汽車產業，顯見臺灣本地深具後進性的產業特徵。

臺灣的經濟體系除了存在生產要素與技術水準的限制，還應關注戰後出現的威權體制，對經濟部門可能的影響。舉例來說，戰後臺灣因為政府控制工會活動，致使勞資關係較為安定；究竟

此點對邁向經濟高度成長階段的企業營運與促成外資來臺,是否為有利條件,仍有待進一步討論。

　　從資本積累的角度來看,二十世紀後半臺灣經濟在發展初期的企業經營與資本積累方面,政府將部分未具獨占性且規模不大的工礦公司,作為土地改革的政策工具。民間資本透過分廠出售取得的企業資產,提供資本家參與新事業的契機。以往對資本積累的討論常強調,透過產業政策來參與新興工業,抑或未透過政府協助而創業,土地改革的分廠出售政策,可說提供了資本家經營事業時,多角化經營的另一條途徑。

　　從對外關係來看,二十世紀後半葉,臺灣接受美國援助與對日經濟重開,形成與美、日間密切的經貿關係。爾後至 1960 年代,臺灣運用在地勞動成本低廉等優勢,呈現出「三角貿易」的型態,走向以出口擴張為主的經濟構造。然戰前,臺灣在日本對外擴張以及和南洋建立經濟連結的構想,到了 1950 年代後期,東南亞作為戰後臺灣工業品初期出口的市場銷售地後,冷戰時局的政府在拉攏反共友邦的前提下,臺灣仍處於後進國經濟體初期,即採行技術輸出的方式,於越南規劃設立紡織廠,並規劃將舊有糖廠設備出口至當地。

　　本書以企業、產業和體制為例,說明戰前臺灣的近代化過程,最終得以釐清,1950 年臺灣成為獨立經濟體的起點,與邁向經濟高度成長的稟賦條件。單單以斷代史的研究射程,無法展現出經濟體系的調整過程。關注企業活動和產業發展的考察,則將呈現出不同以往的殖民地史面向;同時,後進國家臺灣的經濟開發多將重點放在國家層面與成功事業,藉此也能進一步瞭解,在戰爭時期和戰後初期推動事業體與經濟發展之複雜的摸索過程。

註釋

1 洪紹洋，《商人、企業與外資 - 戰後臺灣經濟史考察（1945-1960）》，頁 36-38。

2 田島俊雄，〈五小工業〉，岡本隆司編，《中国経済史》（名古屋：名古屋大学出版会，2013），頁 286-287。

後記

　　1998 年本人就讀大學三年級時，首次閱讀劉進慶教授撰寫的《戰後臺灣經濟分析》，對作者分析戰後臺灣經濟的框架感到震撼。2000 年進入碩士班時期，研讀涂照彥教授的《日本帝國主義下的臺灣》，進而瞭解到戰前臺灣經濟的樣貌與構造。爾後，在博士班課程中跟隨黃紹恆教授撰寫博士論文，以及畢業後前往日本進行兩年研修期間，都持續閱讀了以馬克思經濟學為主軸的日本經濟史研究論著。這樣的訓練過程對於研究臺灣經濟史提供許多啟發與思考。

　　不容否認的是，馬克思經濟學因無法解釋戰後出現在各國的經濟高度成長，加上 1990 年代蘇聯解體與東歐放棄社會主義，影響力逐漸衰微；但學習這套分析方法的過程，得以從各個層面剖析不同階段的臺灣經濟。而本人從大學至博士班期間，在經濟學系接受典型西方經濟學的訓練過程中，從學習產業經濟學和總體經濟學的歷程，逐漸掌握對企業、產業和經濟體系的敏銳度。

　　在閱讀劉進慶和涂照彥兩位教授的著作後，本人認為僅偏重戰前和戰後的研究，無法回答 1940 年代因為戰爭、政權更迭和政府撤臺等因素對臺灣經濟的劇烈變化。稍詳言之，要瞭解近現代臺灣經濟整體的樣貌，本人體認到應對 1930 年代至 1950 年代臺灣經濟進行重新檢討，應瞭解如何從戰爭時期過渡到戰後接收歷經的轉換，還有 1949 年年底中華民國政府撤臺，促使臺灣成為獨立經濟個體的調整過程。在研究題目的設定上，本人最初打算研究戰後臺灣經濟，但後來認為，要瞭解戰後臺灣邁向現代經濟體系的基礎，不僅要回頭研究戰前的臺灣經濟史，還要花時間學習

近代中國經濟史。

對於上述提問，本人 2008 年於國立政治大學經濟學系提出的博士論文，即以造船業作為初步考察對象；博士班階段的研究成果，於 2011 年由遠流文化事業出版為《近代臺灣造船技術的轉移與學習》一書。在取得博士學位的 30 歲左右時，本人認為應以更多的企業和產業研究討論為基礎，以對經濟史研究提出更為宏觀有力的論述。

取得博士學位後，本人先後在國立成功大學的船舶及系統工程學系和人社中心擔任博士後研究員，這段期間受到陳政宏教授的提點和啟發，開展對機械業的研究。2009 年 10 月，前往東京大學社會科學研究所擔任外國人特別研究員時期，除了持續進行機械業的研究，也著手整理戰前臺灣麻紡織的相關資料。在日本的兩年間，曾將研究成果在田島俊雄教授主持的東亞經濟史研究會報告，得到參與成員許多寶貴意見。參加田島俊雄教授的中國經濟課程期間，不僅學習到近代中國經濟史和當代中國經濟的知識，也開啟對「五小工業」的討論，進而讓本人開始思考，從日治末期乃至 1970 年代以前出現在臺灣的小規模重工業建設，在臺灣經濟史中的代表意義。

2012 年擔任教職後，陸續將日本時期整理的資料與半成品的寫作以單篇論文和研討會論文的形式發表。2020 年因疫情而無法像過去一樣頻繁出國，進而思考應努力完成 30 歲左右取得博士時期的構想。在此契機下，開始將過去曾發表在期刊論文，還有在研討會報告的文稿進行改寫，並在第一章對臺灣從戰前跨越到1950 年成為獨立經濟個體的過程，提出各階段的經濟構造特徵。

第二章〈日治時期臺灣機械業的建立與發展：以臺灣鐵工所為例〉，李玉瑾編，《臺灣學研究國際學術研討會：殖民與近代化論文集》（臺北：國立中央圖書館臺灣分館，2009），頁 271-296。

第三章〈戰時體制下臺灣機械工業的發展與限制〉，國史館

臺灣文獻館編，《第六屆臺灣總督府檔案學術研討會論文集》（南投：國史館臺灣文獻館，2011），頁 31-56。

第四章〈臺灣麻紡織事業的興起與限制（1895-1936）〉，《國史館館刊》第 60 期（2019），頁 43-87。

第五章〈軍需與民需的生產轉換：終戰前後臺灣兩次硫酸錏工廠的創辦〉，《臺灣史研究》第 25 卷第 3 期（2018），頁 141-179。

第六章〈帝國擴張與產業南進：試論二戰期間臺灣的角色〉，「日本帝國與殖民地：人流與跨境」國際學術研討會，中央研究院臺灣史研究所，2014 年 10 月 2-3 日。〈戰時經濟下的纖維增產與產業發展 - 以棉、麻兩部門為中心〉，戰爭與臺灣社會學術研討會，中央研究院臺灣史研究所、國立臺灣歷史博物館主辦，2015 年 8 月 15、16 日。

第七章〈戰後臺灣機械公司的接收與早期發展（1945-1953）〉，《臺灣史研究》第 17 卷第 3 期（2010），頁 151-182。加島潤、木越義則、洪紹洋、湊照宏，《現代中国研究拠点研究シリーズ No.8　中華民国経済と台湾：1945-1949》（東京：東京大学社会科学研究所，2012），〈台湾機械公司の接収と発展〉，頁 103-121。

第九章〈軍需與民需的生產轉換：終戰前後臺灣兩次硫酸錏工廠的創辦〉，《臺灣史研究》第 25 卷第 3 期（2018），頁 141-179。〈1950 年代臺灣公營鋼鐵業的發展——以資源委員會臺灣鋼廠為例〉，第四屆臺灣史青年學者研討會，國立政治大學臺灣史研究所主辦，2011 年 3 月 25 至 27 日。

2021 年底出版的《商人、企業與外資：戰後臺灣經濟史考察（1945-1960）》，主要著重於臺灣人資本的積累，還有外資抵達臺灣的過程。本書關注的範疇，則是戰前以日本資本為主的大企業如何形成以及產業興起的過程，並延續到戰後接收與改組為公營企業，還有 1950 年代初期的營運過程；另外，也探討 1949 年

從中國大陸撤退來臺的資本財成立的生產單位，說明兩岸分治前後臺灣經濟的摸索與調整。透過企業與產業研究的基礎，本人也進一步透過這段期間的一系列實證討論，盼能重新理解從戰前到戰後臺灣經濟的複雜性與各種試探的過程，而非如以往的中學教科書，受限於篇幅，僅就戰前到戰後政府撤臺的成功與正面過程進行線性的討論。

本書內容在資料收集、研究寫作過程，在日本和臺灣兩方都得到研究計劃的支持。在日本期間，日本學術振興會的「台湾の経済発展における技術の継承と移転—機械産業の事例研究」（代表者：田島俊雄，計劃編號：09F09211）特別研究員獎勵費，提供前往南韓和中國各地蒐集資料與實地調查的機會，增廣本身的閱歷。就職後，得到科技部「臺灣經濟構造的轉換（1931-1949）」（102-2410-H-602-001）、「1950年代的臺灣經濟：工業化、在臺美資與企業金融」（105-2410-H-010 -002 -）的支持，又陸續蒐集各項文書資料。

面對日治末期和戰後初期政權更迭的研究，最困難的部分是資料尋找與解讀。透過《臺灣銀行所藏日治時期文書》的數位化公開得以瞭解，日治末期的政策制定到工廠設置的評估。此外，透過整理回憶錄和個人文書資料，亦能瞭解過渡時期生產單位的運作，其中部分日文手稿獲得郭婷玉博士協助確認，在此表達感謝之意。文稿潤飾與校對得到國立臺灣大學臺灣文學研究所博士班施靜沂同學，還有碩士班阮芳郁和黃則瑀同學協助，部分圖表的重製由東吳大學歷史學系大學部三年級邱冠茹同學繪製，陽明交通大學科技與社會研究所陳迦勒同學亦協助閱讀部分章節並提出意見，還有陳慧宜小姐協助排版與整理參考文獻。透過多方協助，讓整本書的可讀性大為提升。

這本學術書籍的部分內容，曾作為大學通識課程的講授教材，因而也感謝選課同學於課堂中的互動與討論，得到許多回饋。也感謝這幾年曾擔任課堂助教的翁詩涵、賴品好、廖苡珊、溫志強和陳迦勒同學，於課堂中協助繁瑣的各項事務。

　　目前任職的國立陽明交通大學（原國立陽明大學）人文與社會學院的歷任主管，一貫鼓勵年輕老師投入研究，在此表達衷心感謝。伴隨著國立陽明大學與國立交通大學合併展開的組織調整，2022 年 2 月本人轉調至同學院的科技與社會研究所，有機會透過學習新領域持續進步。在出版方面，也感謝讀書共和國社長郭重興先生允諾出版，出版過程也得到編輯龍傑娣女士的協助。

　　最後，也感謝內人施姵妏與家母呂容如女士支持本人進行學術研究。本人在兩位小孩出生後，也學習到如何運用有限的時間，整理資料與撰寫論文。

參考文獻

一、報紙、檔案、口述訪問、資料庫

《民報》

《臺灣日日新報》

《臺灣時報》

《臺灣鐵工業統制會會報》

《臺灣鑛業會報》

《臺灣金融経済月報》

〈學內通報第 231 號（昭和 14 年 11 月 15 日）〉，臺北帝國大學。

〈（密不敘由）復核敘臺籍職員薪級事〉（1948 年 4 月 20 日），（卅七）機總臺發字第 25 號，《資源委員會在臺各單位職員核薪及調薪等案》，資源委員會檔案，檔號：003-010102-2333，國史館。

〈〔技師〕大島金太郎任府技師兼北海道帝國大學教授〉，《臺灣總督府公文類纂》，永久保存（進退），第 3090 冊，文號 a14，門號 1。

〈STELL MAKING PROJECT Of TAIWAN STELL WORKS〉，《臺灣鋼廠籌設煉鐵設備》，臺灣區生產事業管理委員會檔案，檔號：49-05-01-001-022。中央研究院近代史研究所檔案館。

〈工礦公司南勢角工廠復工計劃〉，《南勢角爆炸處理》，臺灣區生產事業管理委員會檔案，檔號：49-04-07-002-015，中央研究院近代史研究所檔案館。

《中央兵器株式會社臺北出張所清算狀況報告書》，財政部國有財產局檔案，檔號：045-010202-0043，國史館。

〈王朝清（任糖業試驗所技手）〉，臺灣總督府公文類纂，典藏號：00010260105X002，國史館臺灣文獻館。

〈本公司任用胡道彥君為正工程師電請 鑒核備案由〉（1951 年 7 月 10 日），(40) 機董臺字第 4 號，《臺灣機械公司：人事案》，資源委員會檔案，檔號：24-15-03 2，中央研究院近代史研究所檔案館。

〈本島ニ於ケル硫安工場設置關係資料〉，臺灣銀行所藏日治時期文書，識別號：T0868_01_06045_0014，藏於中央研究院臺灣史研究所檔案館。

〈在臺灣權益調查要綱─臺灣纖維工業株式會社〉（1945 年 11 月 24 日），《本邦會
　　社關係雜件─台灣ニ於ケル會社現狀概要》，資料編號：B08061271900，アジア
　　歷史資料センター。

《各單位派員協助接收工作》，資源委員會檔案，檔號：24-02-072-02，中央研究院近
　　代史研究所檔案館。

〈行政院第 579 次會議記錄〉（1958 年 8 月 14 日），《行政院會議議事錄》，檔號：
　　105-1 136，國史館。

〈行政院第 645 次會議記錄〉（1959 年 12 月 10 日），《行政院會議議事錄》，檔號：
　　105-1 153，國史館。

〈行政院第 659 次會議〉（1960 年 3 月 31 日），《行政院會議議事錄》，檔號：
　　105-1 183，國史館。

〈利用軍營工業爭取海外軍援及民間訂貨辦理經過情形報告書〉，《加強軍民工業聯
　　繫以繁榮經濟增加戰力》，外交部檔案，影像號：11-NAA-06356，中央研究院近
　　代史研究所檔案館。

〈便簽 省政府〉（1952 年 10 月 22 日），管秘議字第 10606 號，《工礦公司與日化
　　藥會社技術合作》，臺灣區生產事業管理委員會檔案，檔號：49-04-07-001-005，
　　中央研究院近代史研究所檔案館。

〈為呈報本廠安裝電爐與生管會及懷特公司接洽經過由〉，《臺灣鋼廠：總務》，資
　　源委員會檔案，檔號：24-13-04 2，中央研究院近代史研究所檔案館。

〈為技術需要經洽妥延聘法人格來士君暫在高雄機器廠工作二月請賜准備案由〉（1948
　　年 7 月 24 日），（卅七）機總臺發字第 458 號。資源委員會檔案，《臺灣機械公司：
　　人事案》，資源委員會檔案，檔號：24-15-03 2，中央研究院近代史研究所檔案館。

〈為核奉裝置平爐與電爐之比較表電請視察照並請和配電力 3500KVA〉（1949 年 11
　　月 1 日），《臺灣鋼廠業務檢討》，臺灣區生產事業管理委員會檔案，檔號：49-
　　01-02-002-009，中央研究院近代史研究所檔案館。

〈為廣州製鋼廠遷併臺灣鋼廠指示歸併辦法並仰造具交接清冊核由〉，資源委員會（代
　　電）。《鋼鐵業組織規程（一）》，資源委員會檔案，檔號：003-010101-0875，
　　國史館。

〈為關於本廠所請美援購買原料一案承詢甲乙兩項問題列表說明請誓核辦理并示復
　　由〉（1952 年 1 月 24 日），臺鋼業字第 0113 號。《臺灣鋼廠：總務》，資源委
　　員會檔案，檔號：24-13-042，中央研究院近代史研究所檔案館。

〈為關於飭報本廠成立時創業一案復請　鑒核轉呈由〉（1949 年 9 月 10 日），《臺灣
　　鋼鐵廠：組織規程》，資源委員會檔案，檔號：24-13-041，中央研究院近代史研
　　究所檔案館。

〈省府檢討工礦公司鋼鐵機械分公司會議記錄〉（1950 年 3 月 30 日），〈臺灣工礦
　　股份有限公司鋼鐵機械分公司概況〉（1950 年 3 月），《鋼鐵公司業務檢討》，

臺灣區生產事業管理委員會檔案，檔號：29-01-02-002-015，中央研究院近代史研究所檔案館。

〈省府檢討工礦公司鋼鐵機械分公司會議記錄〉（1950 年 3 月 30 日），《鋼鐵公司業務檢討》，臺灣區生產事業管理委員會檔案，檔號：49-01-02-002-015，中央研究院近代史研究所檔案館。

〈研討實施行政改革報告第三十二案會議記錄〉（1959 年 5 月 20 日），《加強軍民工業聯繫以繁榮經濟增加戰力》，外交部檔案，影像號：11-NAA-06356，中央研究院近代史研究所檔案館。

〈研討實施行政改革報告第卅二案會議記錄〉（1960 年 2 月 15 日），《加強軍民工業聯繫以繁榮經濟增加戰力》，外交部檔案，影像號：11-NAA-06356，中央研究院近代史研究所檔案館。

〈株式會社臺灣鐵工所有價證券清冊〉，資源委員會檔案，檔號：32-3 342 297 435，國史館。

〈株式會社臺灣鐵工所股東名冊〉，《臺灣機械造船公司臺灣鐵工所接收清冊》，資源委員會檔案，檔號：32-3 342 297 435，國史館。

〈株式會社臺灣鐵工所設計圖樣〉，《臺灣機械造船公司臺灣鐵工所接收清冊》，資源委員會檔案，檔號：297 435-1，國史館。

〈株式會社臺灣鐵工所經歷書（昭和 14 年上）〉。

〈株式會社臺灣鐵工所董事及監察人名冊〉，《臺灣機械有限公司臺灣鐵工所清算案清算狀況報告書（1946 年 5 月）》，財政部國有財產局檔案，檔號，275 0293，國史館。

〈株式會社臺灣鐵工所營業報告書〉（各回）。

〈株式會社臺灣鐵工所職員名冊〉，《臺灣機械造船公司臺灣鐵工所接收清冊》，資源委員會檔案，檔號：297 435-1，國史館。

〈馬口鐵供應會議記錄〉（1954 年 3 月 8 日），《臺鋼馬口鐵皮試驗報告》，經濟部國營事業司檔案，檔號：35-25-1230，中央研究院近代史研究所檔案館。

〈馬口鐵需要及供應問題會議記錄〉（1954 年 11 月 13 日），《馬口鐵需要及供應問題會議記錄》，行政院經濟安定委員會檔案，檔號：30-03-03-008-354，中央研究院近代史研究所檔案館。

〈高雄硫酸錏股份有限公司業務概況報告書〉（1960 年 9 月 22 日），總經理黃朝輝。

〈將來ニ於ケル臺灣ノ工業〉，臺灣銀行所藏日治時期文書，識別號：T0868_01_06120_1166，中央研究院臺灣史研究所檔案館。

〈經濟統制諸法令廢止ニ關スル件〉，《臺灣總督府公文類纂》，冊號 10510，文號 14，國史館臺灣文獻館。

〈資源委員會附屬單位職員職薪表〉，《資源委員會公報》第 12 卷第 1 期（1947 年），頁 45。

〈資源委員會臺灣省政府臺灣機械公司概況（1948 年）〉；〈資源委員會臺灣各事業工作簡報〉（1946 年），頁 20-27。《資源委員會臺灣各事業工作簡報（二）》，資源委員會檔案，檔號：003-010301-0987，國史館。

〈資源委員會臺灣省政府臺灣機械有限公司（1948 年）〉，頁 2。

〈資源委員會臺灣省政府臺灣機械有限公司卅七年度工作總報告〉（1949 年 3 月），《臺灣機械公司三十七年度工作總報告》，資源委員會檔案，檔號：003-010301-1000，國史館。

〈資源委員會臺灣省政府臺灣機械有限公司概況〉（1948 年 9 月），《臺灣機械公司概況》，資源委員會檔案，檔號：003-00024-817A，國史館。

〈資源委員會臺灣省政府臺灣機械有限公司職員錄〉（1948 年 12 月），〈資源委員會臺灣省政府臺灣機械有限公司職員錄〉（1949 年 12 月），《資委會臺灣機械公司卅七至四十一年職員錄》，資源委員會檔案，檔號：294-674，國史館。

〈資源委員會臺灣省政府臺灣機械造船有限公司第一次董監聯席會議紀錄〉（1947 年 12 月 26 日），《臺灣機械造船公司第一次董監聯紀錄與工作報告等案》，資源委員會檔案，檔號：003-010101-08-49，國史館。

〈資源委員會臺灣機械有限公司現有人員名冊〉（1949 年 12 月底），〈資源委員會臺灣機械有限公司現有人員名冊〉（1950 年 12 月底），《資委會臺灣機械公司卅七至四十一年職員錄》，資源委員會檔案，檔號：294-674，國史館。

〈資源委員會臺灣鋼廠煉鋼營業計畫〉，《臺灣鋼廠：總務》，資源委員會檔案，檔號：24-13-042，中央研究院近代史研究所檔案館。

〈資源委員會臺灣鋼廠職員姓名冊〉（1950 年 1 月），《臺灣辦事處及各單位轉送臺灣省政府人事處職員錄》，資源委員會檔案，檔號：003-010102-2800，國史館。

〈臺南製麻株式會社設立目論見書事業豫算書並ニ定款〉，頁 1-3、頁 13-14。

〈臺美日馬口鐵皮樣品三年來品質比較試驗結果座談會會議記錄〉（1957 年 4 月 16 日），《臺鋼馬口鐵皮試驗報告》，經濟部國營事業司檔案，檔號：35-25-1230，中央研究院近代史研究所檔案館。

〈臺經亞庶第 39 號 兵器類発注相成度照会〉，資料編號：C11110413000，アジア歴史資料センター。

〈臺湾鉄工所進出ニ関スル件〉，資料編號：C01000760700，アジア歴史資料センター。

〈臺灣に於ける纖維工業の現狀〉，《臺灣金融經濟月報》第 152 期（1942 年 6 月），頁 19。

《臺灣紡織株式會社清算狀況報告書》，財政部國有財產局檔案，檔號：045-010202-

0531，國史館。

〈臺灣工業配合軍需問題會議議程〉（1951 年 6 月 30 日），《工業配合軍需》，臺灣區生產事業管理委員會檔案，檔號：49-08-094，中央研究院近代史研究所檔案館。

〈臺灣工礦股份有限公司三十八年度工作檢討報告〉（1949 年 11 月），《各事業 38 年度工作檢討報告》，臺灣區生產事業管理委員會檔案，檔號：49-01-02-002-026，中央研究院近代史研究所檔案館。

〈臺灣工礦股份有限公司會計工作視導報告〉（1953 年 6 月），頁 67。

〈臺灣工礦股份有限公司鋼鐵機械分公司概況〉（1950 年 3 月），《鋼鐵公司業務檢討》，臺灣區生產事業管理委員會檔案，檔號：49-01-02-002-015，中央研究院近代史研究所檔案館。

〈臺灣紡織有限公司臺南廠概況〉。

〈臺灣區生產事業管理委員會常務委員會議決議案〉（1950 年 9 月 16 日），《第六十七次常委會議程》，臺灣區生產事業管理委員會檔案，檔號：49-01-01-009-098，中央研究院近代史研究所檔案館。

〈臺灣區生產事業管理委員會第 108 次常務委員會議〉（1951 年 6 月 30 日），《第 108 次常委會議程》，臺灣區生產事業管理委員會檔案，檔號：49-01-01-009-139，中央研究院近代史研究所檔案館。

〈臺灣區生產事業管理委員會第 112 次常務委員會議〉（1951 年 7 月 28 日），《第 112 次常委會議程》，臺灣區生產事業管理委員會檔案，檔號：49-01-01-009-143，中央研究院近代史研究所檔案館。

〈臺灣區生產事業管理委員會第 180 次常務委員會議〉（1952 年 12 月 20 日），《工礦公司與日化藥會社技術合作》，臺灣區生產事業管理委員會檔案，檔號：49-04-07-001-005，中央研究院近代史研究所檔案館。

〈臺灣區生產事業管理委員會第 202 次常務委員會議紀錄〉（1953 年 5 月 2 日），《第 202 常委會議程》，臺灣區生產事業管理委員會檔案，檔號：49-01-01-009-233，中央研究院近代史研究所檔案館。

〈臺灣機械公司卅九年度工作檢討報告（1951 年元月 19 日）〉，《各事業 39 年度工作報告》，臺灣區生產事業管理委員會檔案，檔號：49-01-02-002-027，中央研究院近代史研究所檔案館。

〈臺灣機械公司經營實況報告〉（1950 年 12 月 25 日），《臺灣機械公司經營實況及章程組織規則》，資源委員會檔案，檔號：003-010304-0490，國史館。

〈資源委員會臺灣省政府臺灣機械有限公司卅七年度工作總報告〉（1949 年 3 月），《臺灣機械公司三十七年度工作總報告》，資源委員會檔案，檔號：003-010301-1000，國史館。

〈臺南製麻株式會社第壹回營業報告書（自昭和拾年參月貳拾參日至昭和拾年伍月參
　　拾壹日）〉，頁 1-2。

〈臺南製麻株式會社第陸回事業報告書（自昭和拾貳年陸月壹日至昭和拾貳年拾壹月
　　參拾日）〉，頁 3。

〈臺南製麻株式會社第柒回事業報告書（自昭和拾貳年拾貳月壹日至昭和拾參年伍月
　　參拾壹日）〉，頁 2。

〈臺南製麻株式會社第拾肆回事業報告書（自昭和拾陸年陸月壹日至昭和拾陸年拾壹
　　月參拾壹日）〉，頁 3。

〈臺南製麻株式會社第拾柒回事業報告書（自昭和拾柒年拾貳月壹日至昭和拾捌年伍
　　月參拾壹日）〉，頁 2。

〈臺灣機械公司經營實況報告〉（1950 年 12 月 25 日），資源委員會檔案，檔號：
　　003-010304-0490，國史館。

〈臺灣機械有限公司卅九年度工作總報告〉（1951 年 1 月），《臺灣機械公司：業務
　　案（一）》，資源委員會檔案，檔號：24-15-03 4，中央研究院近代史研究所檔案館。

〈臺灣機械有限公司經營實況報告（39 年 12 月 25 日）〉，《臺灣機械公司經營實況
　　及章程組織規程》，資源委員會檔案，檔號：003-010304-0490，國史館）。

〈臺灣機械股份有限公司四十一年度股東大會記錄〉（1952 年 6 月 16 日），《臺灣
　　機械公司：業務案（二）》，頁 5-8，資源委員會檔案，檔號：24-15-03 5，中央
　　研究院近代史研究所檔案館。

〈臺灣機械股份有限公司四十二年度股東大會記錄〉，《臺機公司四十二‐四十七年度
　　股東大會》，頁 12，經濟部國營事業司檔案，檔號：35-25 233，中央研究院近代
　　史研究所檔案館。

〈臺灣機械股份有限公司四十八年股東大會記錄〉（1959 年 5 月），《臺機公司
　　四十八至五十三年度股東大會》，經濟部國營事業司檔案，檔號：35-25 234，中
　　央研究院近代史研究所檔案館。

〈臺灣機械股份有限公司第一屆第一次董監聯席會議記錄〉（1951 年 6 月 30 日），《臺
　　灣機械公司：業務案（二）》，資源委員會檔案，檔號：24-15-03，中央研究院近
　　代史研究所檔案館。

〈臺灣機械股份有限公司第一屆第十二次董監聯席會議記錄（1953 年 10 月 31 日）〉、
　　〈臺灣機械股份有限公司第一屆第十次董監聯席會議記錄〉（1953 年 5 月 9 日）、
　　〈臺灣機械股份有限公司第一屆第十三次董監聯席會議記錄〉（1954 年 2 月 27
　　日），《機械公司第一屆董監聯席會議記錄》，經濟部國營事業司檔案，檔號：
　　35-25-24 1，中央研究院近代史研究所檔案館。

〈臺灣機械股份有限公司第一屆第三次董監聯席會議記錄〉（1951 年 11 月 14 日），
　　《臺灣機械公司：業務案（二）》，資源委員會檔案，檔號：24-15-03，中央研究
　　院近代史研究所檔案館。

〈臺灣機械股份有限公司第二屆第一次董監聯席會議記錄〉（1954年8月6日），〈臺灣機械股份有限公司第二屆第三次董監聯席會議記錄〉（1954年10月31日），〈臺灣機械股份有限公司第二屆第四次董監聯席會議記錄〉（1954年12月24日），〈臺灣機械股份有限公司第二屆第五次董監聯席會議記錄〉（1955年1月29日），〈臺灣機械股份有限公司第二屆第十一次董監聯席會議記錄〉（1955年8月2日），《機械公司第二屆董監聯席會議記錄（一）》，經濟部國營事業司檔案，檔號：35-25-242，中央研究院近代史研究所檔案館。

〈臺灣機械股份有限公司第二屆第廿按次董監聯席會議記錄〉（1956年7月2日），《機械公司第二屆董監聯席會議記錄（二）》，經濟部國營事業司檔案，檔號：35-25-243，中央研究院近代史研究所檔案館。

〈臺灣機械股份有限公司第三屆第五次董監聯席會議記錄〉（1958年6月20日），《機械公司四十六、四十七年董監聯席會議記錄》，經濟部國營事業司檔案，檔號：35-25-244，中央研究院近代史研究所檔案館。

〈臺灣機械造船公司工作報告〉（1946年），《臺灣機械造船公司業務概況》，資源委員會檔案，檔號：003-010700-0073，國史館。

〈臺灣機械造船公司工作報告〉（1947年11月30日），《臺灣機械造船公司第一次董監聯會紀錄與工作報告等案》，資源委員會檔案，檔號：003-010101-08-49，國史館。

〈臺灣機械造船公司修復情形及臺胞待遇等之有關資料〉，《臺灣各式業單位修復情形》，資源委員會檔案，檔號：003-010306-0317，國史館。

〈臺灣機械造船有限公司由會任用人員名單〉，《臺灣機械造船公司第一次董監聯會紀錄與工作報告等案》，資源委員會檔案，檔號：003-010101-08-49，國史館。

〈臺灣機械造船有限公司高雄機器廠臺籍職員學歷及薪級報告表〉，《資源委員會在臺各單位職員核薪及調薪等案》，資源委員會檔案，檔號：003-010102-2333，國史館。

〈臺灣鋼廠成立經過〉，《臺灣鋼鐵廠：組織規程》，檔號：24-13-041，中央研究院近代史研究所檔案館。

〈臺灣鋼廠業務上遭受之困難及謀求解決辦法〉，〈為將監察委員趙光宸等五人來廠考察本廠檢送之簡報等三種資料報請備案由〉（1952年3月29日），（41）臺鋼秘2432號。《臺鋼業務卷（一）》，檔號：35-25-1223，經濟部國營事業司檔案，中央研究院近代史研究所檔案館。

〈興建臺灣鋼鐵工業計畫〉，〈臺灣鋼廠成立經過〉，《臺灣鋼鐵廠：組織規程》，檔號：24-13-041，中央研究院近代史研究所檔案館。

〈蘇澳造船股份有限公司董事名簿〉（1945年4月1日），《航務管理局接收之蘇澳造船會社處理》，財政部國有財產局檔案，檔號：045-090301-0045，國史館。

《日華紡織株式會社第一回報告書》（1918年7月至1918年11月），頁2-3、頁

16-17。

《日華紡織株式會社第七回報告書》（1921年6月至1921年11月），頁2-3、頁
10。

《日華紡織株式會社第八回報告書》（1921年12月至1922年5月），頁3、頁8-10。

《日華紡織株式會社第二十六回報告書》（1930年12月至1931年5月），頁6。

《本邦会社関係雑件—台湾ニ於ケル会社現状概要》，資料編號：B08061272000，ア
ジア歷史資料センター。

《本會贈送各項資料》，臺灣區生產事業管理委員會檔案，檔號：49-01-01-006-009，
中央研究院近代史研究所檔案館。

《東亞造船株式會社清算狀況報告書》，財政部國有財產局檔案，檔號：045-010202-
0194，國史館。

《東亞造船會社（一）》，財政部國有財產局檔案，檔號：045-070400-0100，國史館。

《東京芝浦電氣株式會社臺北工場清算狀況報告書》，財政部國有財產局檔案，檔號：
045-010202-0199，國史館。

《昭和八年府令第九十七號（臺灣總督府ノ所管ニ係ル船舶ノ登記囑託官吏指定）中
改正ノ件》，臺灣總督府公文類纂，冊號：11200，文號：30。

《接收臺南製麻株式會社》，財政部國有財產局檔案，檔號：045-090200-0067，國史
館。

《第203次常委會議程》，臺灣區生產事業管理委員會檔案，檔號：49-01-01-009-
234，中央研究院近代史研究所檔案館。

《第205次常委會議程》，臺灣區生產事業管理委員會檔案，檔號：49-01-01-009-
236，中央研究院近代史研究所檔案館。

《第205次常委會議程》，臺灣區生產事業管理委員會檔案，檔號：49-01-01-009-
240，中央研究院近代史研究所檔案館。

《資委會臺灣機械公司卅七至四十一年職員錄》，資源委員會檔案，檔號：294-674，
國史館。

《臺東造船株式會社清算報告書》，財政部國有財產局檔案，檔號：045-012202-
0436，國史館。

《臺南製麻株式會社清算報告書》，財政部國有財產局檔案，檔號：045-010202-
0446，國史館。

《臺灣ニ於ケル鐵工業強化案》，臺灣銀行所藏日治時期文書，識別號：
T0868_01_06172_0205，中央研究院臺灣史研究所檔案館。

《臺灣省日方船隻接收》，臺灣省行政長官公署檔案，檔號：00308500029013，國史

館臺灣文獻館。

《臺灣紡織株式會社第一期營業報告書》（1918年12月11日至1919年5月31日），頁4-5、7。

《臺灣紡織株式會社第二期營業報告書》（1919年6月1日至1919年11月30日），頁4。

《臺灣紡織株式會社第三期營業報告書》（1919年12月1日至1920年5月31日），頁3。

《臺灣造船組合登記取扱手續制定ノ件》，臺灣總督府公文類纂，冊號：11200，文號：28。

《臺灣総督府臨時船舶建造部ニ関スル件（訓令第九十二號）》，臺灣總督府公文類纂，冊號：10503，文號：3。

《臺灣製麻株式會社事業報告書》（各回）。

《臺灣機械公司：人事案》，資源委員會檔案，檔號：24-15-032，中央研究院近代史研究所檔案館。

《臺灣機械股份有限公司：業務（機器設備、生產、市場等）及其他（技術合作合約、技術援助協定書等）》，經濟部國營事業司檔案，檔號：35-25-01a 107 001 02，中央研究院近代史研究所檔案館。

《臺灣機械股份有限公司資料總目錄》，經濟部國營事業司檔案，檔號：35-25-01a 103 001 01，中央研究院近代史研究所檔案館。

《臺灣鋼廠：人事》，資源委員會檔案，檔號：24-13-044，中央研究院近代史研究所檔案館。

《臺灣鋼廠近況簡報》（1952年10月16日），《臺鋼業務卷（一）》，經濟部國營事業司檔案，檔號：35-25-1223，中央研究院近代史研究所檔案館。

《臺灣鋼廠籌設煉鋼設備》，臺灣區生產事業管理委員會檔案，檔號：49-05-01-001-022，中央研究院近代史研究所檔案館。

《廠務報告表：高雄（四）》，資源委員會檔案，檔號：003-010304-0054，國史館。

《糖業公司與廣東省洽辦糖廠》，臺灣區生產事業管理委員會檔案，檔號：49-04-08-002-008，中央研究院近代史研究所檔案館。

高雄硫酸錏（呈文），輝（39）錏高發（002），〈為呈送本廠員工自卅八年八至十二月待遇結算辦法祈 核備由〉（1950年2月22日），〈臺灣區生產事業管理委員會第160次常務會議〉，《高雄硫酸錏員工待遇》，臺灣區生產事業管理委員會檔案，檔號：49-04-007-002-004，中央研究院近代史研究所檔案館。

高雄硫酸錏廠（代電），輝（40）錏高發，〈申復財政廳對本廠人事及財務情形提供意見案電請 鑒核賜轉由〉（1951年11月），《高雄硫酸錏廠組織調整》，臺灣

區生產事業管理委員會檔案，檔號：49-01-01-002-024，中央研究院近代史研究所
檔案館。

經濟部稿，送達機關：包可永，〈據呈送臺灣省劃撥公營日資企業單位開列名冊請核
備一案即准予備查由〉（1946 年 11 月 19 日），（35）京接字第 16857 號，〈臺
灣區接收日資企業單位名單清冊〉，資源委員會檔案，檔號：18-36f2-(1)，中央
研究院近代史研究所檔案館。

《臺灣機械公司：人事案》，資源委員會檔案，檔號：24-15-03 2，中央研究院近代史
研究所檔案館。

〈臺灣機械股份有限公司四十一年度股東大會記錄〉（1952 年 6 月 16 日），頁 6、9，
《臺灣機械公司：業務案（二）》，資源委員會檔案，檔號：24-15-03，中央研究
院近代史研究所檔案館。

〈林順安先生訪談記錄（第二次）〉（2009 年 12 月 29 日）。

〈許文棘先生口述訪談〉（2008 年 8 月 22 日）。

〈許文棘先生訪問記錄〉（2009 年 8 月 22 日）。

〈馮崑崙先生訪問記錄〉（2009 年 12 月 29 日）。

〈蔡水成先生訪問記錄〉（2008 年 9 月 25 日）。

〈田健治郎日記〉，臺灣日記知識庫。

〈黃旺成先生日記〉，臺灣日記知識庫。

〈楊水心女士日記〉，臺灣日記知識庫。

〈灌園先生日記〉，臺灣日記知識庫。

二、期刊論文

卜昂華
　　1951 〈臺灣鋼廠建廠經過與擴充計畫〉，《臺灣建設月報》4：187。

不著撰人
　　〈臺灣鐵工業統制會の設立まで〉，《臺灣鐵工業統制會會報》1(1)：8。

日本紡績同業會編
　　1947 〈戰中戰後日本紡績事情（四）〉，《日本紡績月報》8。

片倉佳史
　　2015 〈城內散策─中山堂と旧「栄町」周辺〉，《交流》887。

平井健介
　　2010 〈1910-30 年代台湾における肥料市場の展開と取引メカニズム〉，《社会

経済史学》76(3)：443-461。

宇坪善太郎

1943 〈臺灣鐵工業の將來〉，《臺灣経済往来》12(7)：14-15。

吳文星

2005 〈戰後初年在臺日本人留用政策初探〉，《臺灣師大歷史學報》33：269-
285。

吳奇浩

2008 〈清代臺灣漢人服飾之消費與生產〉，《臺灣文獻》59(3)：221-258。

吳欽烈

1964 〈高雄硫酸錏建廠十五週年紀念〉，《高雄硫酸錏股份有限公司建廠十五週
年紀念專刊》：7。

李為楨

2015 〈日治初期臺灣地方金融組織法制化之前奏（1900-1912）：以信用組合為
中心〉，《臺灣史學雜誌》18：3-38。

李潤海

1952 〈值得提倡的亞麻紡織業〉，《紡織界週刊》14：16-17。

林文凱

2017 〈晚近日治時期臺灣工業史研究的進展：從帝國主義論到殖民近代化論的轉
變〉，《臺灣文獻》68(4)：117-146。

林蘭芳

2013 〈戰後初期資源委員會對臺電之接收（1945-1952）：以技術與人才為中心〉，
《中央研究院近代史研究所集刊》79：87-135。

洪紹洋

2008 〈戰後臺灣造船公司的技術學習與養成〉《海洋文化學刊》4：153-194。

2016 〈臺灣工礦公司之民營化：以分廠出售為主的討論〉，《臺灣社會研究季刊》
104：118-120。

2019 〈戰後電力人員的引揚與留用〉，《臺灣學通訊》113：28-29。

2020 〈產業政策與企業經營：1950-1970 年代臺灣汽車工業的發展〉，《臺灣史
研究》27(4)：144-145。

原知章

2013 〈ハワイにおける砂糖革命と多民族化 1850-1920〉，《人文論集》63(2)：
59-81。

高淑媛

2005 〈臺灣戰時生產擴充政策之實施成效：以工業為中心之分析〉，《國立成功
大學歷史學報》29：165-213。

高禩瑾編

〈臺灣工礦公司鋼鐵機械分公司概況概況〉，《中國機械工程學會臺灣分會特刊：臺灣機械工業》：27-29。

張怡敏
2016 〈臺灣貯蓄銀行之設立及其發展（1899-1912 年）：兼論臺灣史上首宗銀行合併案〉，《臺灣史研究》23(1): 35-74。
2022 〈戰爭與金融：株式會社臺灣商工銀行之經營（1937-1945）〉，《臺灣史研究》29(1)，89-158。

梁偉成
1953 〈臺灣工礦公司紡織部各廠簡介（續完）〉，《紡織界月刊》38：35。

許雪姬
2010 〈台灣史研究三部曲：由鮮學經顯學到險學〉，《思想》16：71-100。
2014 〈「保密局臺灣站二二八史料」的解讀與研究〉，《臺灣史研究》21(4): 187-217。

陳尚文
1950 〈本省工業生產與軍需配合問題〉，《臺灣建設月報》(1)：3-4。

陳慈玉
2009 〈斷裂與連續：戰時到戰後初期臺灣重要軍需工業的變遷〉，《兩岸發展史研究》7：155-199。

陳麗華
2022 〈跨域流動與客家認同 -- 南京親日政權下的臺灣人鍾壬壽（1938~1945）〉，《新史學》33（1）121-182。

湯山英子
2018 〈台湾の「南方協力」と仏領インドシナー黃麻栽培を中心に〉，《太平洋討究》31：157-158、162-163、166、169-170。

黃紹恆
1996 〈從對糖業之投資論日俄戰爭前後台灣人資本的動向〉，《台灣社會研究季刊》23：83-146。
1998 〈日治初期在台日資的生成及積累〉，《台灣社會研究季刊》32：165-214。

資源委員會
1947 〈公牘：人事類〉，《資源委員會公報》12(6)：485-486。
1948 〈事業消息〉，《資源委員會公報》14(4)：72。
1948 〈事業消息〉，《資源委員會公報》14(6)：76。
1948 《資源委員會公報》15(4)：75。

臺灣公論社
1938 〈戰時體制下の波に乘る飛越！！超越〉，《臺灣公論》3(5)：60。

臺灣區機器同業公會

　　1956 〈本會十年（一）〉，《臺灣區機器同業公會會訊》2：第二版。

臺灣總督府官房調查課編纂

　　1937 〈資源要錄－臺灣國產自動車株式會社〉，《臺灣資源》1(4)：74。

臺灣機械造船股份有限公司

　　1948 〈資源委員會臺灣省政府臺灣機械造船股份有限公司概況〉《臺灣銀行季刊》
　　　　1(3)：156-159。

臺灣總督府

　　1940 〈青少年雇入制限令の施行に就て〉。

臺灣總督府官房調查課編

　　1937 《臺灣資源》1(3)：45。

歐素瑛

　　2003 〈戰後初期在臺日人之遣返〉，《國史館學術集刊》3：201-227。

鄭耀西

　　1955 〈臺灣亞麻事業之最近情況〉，《紡織界月刊》64：6。

謝國興

　　2012 〈1940 年代的興南客運：日治後期到戰後初期的轉折〉，《臺南文獻》創刊
　　　　號：55-80。

鍾淑敏

　　2004 〈政商與日治時期東臺灣的開發：以賀田金三郎為中心的考察〉，《臺灣史
　　　　研究》11(1)：79-116。

三、論文著作集

やまだあつし著、薛芸如譯

　　2012 〈殖民地時代末期臺灣工業的結構〉，收於薛化元編，《發展與帝國邊陲：
　　　　日治臺灣經濟史研究文集》，頁 355-384。臺北：國立臺灣大學出版中心。

大内力

　　1974 〈戦後改革と国家独占資本主義〉，收於東京大学社会科学研究所戦後改革
　　　　研究会編，《戦後改革─1 課題と視角》，頁 19-22。東京：東京大学社会科学研
　　　　究所。

大石嘉一郎

　　1974 〈戦後改革と日本資本主義の構造変化─その連続説と断絶説〉，收於東京
　　　　大学社会科学研究所戦後改革研究会編，《戦後改革─1 課題と視角》，頁 76-
　　　　79。東京：東京大学社会科学研究所。

中村隆英
　　1989 〈概說 1937-1954 年〉，收於中村隆英編，《日本経済史 7「計画化」と「民主化」》，頁 8。東京：岩波書店。

田島俊雄
　　2013 〈五小工業〉，岡本隆司編，《中国経済史》，頁 286-287。名古屋：名古屋大学出版会。

加島潤
　　2012 〈戰後上海の棉布生產・流通と臺灣〉，收於加島潤、木越義則、湊照宏、洪紹洋編，《中華民國經濟と臺灣— 1945-1949》，頁 63-82。東京：東京大学社会科学研究所。

加藤幸三郎
　　2007 〈産業革命研究会から日本帝国主義史研究会へ〉，收於大石先生追悼文集刊行会，《日本近代史研究の軌跡 — 大石嘉一郎の人と学問》，頁 131-132。東京：日本経済評論社。

田中偹
　　1942 〈臺灣工業化と勞働力問題〉，收於臺灣總督府情報課編，《臺灣工業化の諸問題》，頁 27-53。臺北：臺灣總督府情報課。

江上正夫
　　1977 〈終戰後の臺灣窒素〉，收於株式會社東京シンクサービス內「日本窒素史への証言」編輯委員会編，《日本窒素史への証言— 第二集》，頁 45-47。東京：株式会社東京シンクサービス内「日本窒素史への証言」編輯委員会。

武田晴人
　　2002 〈景氣循環と經濟政策〉，收於石井寬治、原朗、武田晴人編，《日本経済史 3 — 両大戰期間》，頁 4-6、頁 9-12。東京：東京大学出版会。
　　2018 〈日本経済史研究の現代的課題〉，收於武田晴人、石井晋、池元有一編，《日本経済の構造と変遷》，頁 31-46。東京：日本経済評論社。

金子文夫
　　1985 〈資本輸出と植民地〉，收於大石嘉一郎編，《日本帝国主義史 1 — 第一次大戰期》，頁 351-390。東京：東京大学出版会。
　　1988 〈資本輸出と植民地〉，收於大石嘉一郎編，《日本帝国主義史 2 — 世界大恐慌期》，頁 331-366。東京：東京大学出版会。
　　1994 〈植民地・占領地支配〉，收於大石嘉一郎編，《日本帝国主義史 3 — 第二次大戰期》，頁 399-440。東京：東京大学出版会。
　　2007 〈日帝史研と大石先生〉，收於大石先生追悼文集刊行会，《日本近代史研究の軌跡 — 大石嘉一郎の人と学問》，頁 146。東京：日本経済評論社。
　　2007 〈植民地・占領地支配〉，收於石井寬治、原朗、武田晴人編，《日本経済史 4 — 戰時・戰後期》，頁 191-260。東京：東京大学出版会。

洪紹洋

2008 〈日治時期臺灣造船業的發展及侷限〉，收於國史館臺灣文獻館整理組編，《第五屆臺灣總督府檔案學術研討會論文集》，頁317-344。南投：國史館臺灣文獻館。

原朗

1985 〈経済総動員〉，收於大石嘉一郎編，《日本帝国主義史3 — 第二次大戦期》，頁75-81。東京：東京大学出版会。

秦慰祖

2008 〈程孝剛 — 與詹天佑齊名的機械工程專家和教育家〉，收於王宗光主編，《老交大名師》，頁128-134。上海：上海交通大學出版社。

高橋節雄

1946 〈第一章 亞麻〉，收於帝國製麻株式會社臺灣事業部，《臺灣之麻と當社の事業概況》，亞麻頁1-3、59、60、63、96。臺北：帝國纖維株式會社臺灣事業部。

堀和生

1990 〈戦時体制期の化学工業〉，收於下谷政弘編，《戦時経済と日本企業》，頁77-78。東京：昭和堂。

湊照宏、加島潤

2012 〈中華民国経済における上海・台湾間貿易〉，收於加島潤、木越義則、洪紹洋、湊照宏編，《中華民国経済と台湾 — 1945-1949》，頁43-62。東京：東京大学社会科学研究所。

張怡敏

2004 〈耕地白糖〉，收於許雪姬編，《臺灣歷史辭典》，頁673。臺北：行政院文化建設委員會。

張靜宜

2009 〈臺灣總督府農業試驗所之試驗事業：以麻系作物為例〉，收於李玉瑾，《臺灣學研究國際學術研討會：殖民與近代化論文集》，頁185-214。臺北：國立中央圖書館臺灣分館。

曹永和

2000 〈臺灣史研究的另一個途徑 — 「臺灣島史」概念〉，收於曹永和，《臺灣早期歷史研究續集》，頁445-449。臺北：聯經。

許雪姬

2006 〈戰後臺灣民營鋼鐵業的發展與限制（1945-1960）〉，收於陳永發編，《兩岸分途：冷戰初期的政經發展》，頁293-337。臺北：中央研究院近代史研究所。

陳慈玉

2010 〈「計劃經濟」體制下的台灣鋁業〉，收於謝國興編，《改革與改造：冷戰初期兩岸的糧食、土地與工商業變革》，頁233-273。臺北：中央研究院近代史研究所。

富澤芳亜

2011 〈在華紡技術の中国への移転〉，收於富澤芳亜，久保亨，萩原充編，《近代中国を生きた日系企業》，頁 65-92。大阪：大阪大学出版会。

曾立維

2011 〈殖民地臺灣電報、電話通訊網及使用數量分析〉，收於川島真、松永正義、陳翠蓮編，《跨域青年學者臺灣史研究第四集》，頁 155-210。臺北：稻鄉。

黃東之

1956 〈臺灣之棉紗工業〉，收於臺灣銀行經濟研究室編，《臺灣之紡織工業》，頁 14-15、頁 19。臺北：臺灣銀行經濟研究室。

楊振凱

1956 〈臺灣之黃麻〉，收於臺灣銀行經濟研究室編，《臺灣之紡織工業》，頁 115、頁 125。臺北：臺灣銀行經濟研究室。

資源委員會經濟研究室編

1989 〈臺灣工礦事業考察報告〉（1946 年 2 月 1 日），收於陳鳴鍾、陳興唐編，《臺灣光復和光復後五年省情（下）》，頁 8、頁 24-34、頁 53。南京：南京出版社。

歐素瑛

2009 〈從鬼稻到蓬萊米：磯永吉與臺灣稻作學的發展〉，收於李玉瑾編，《臺灣學研究國際學術研討會：殖民與近代化論文集》，頁 239-270。臺北：國立中央圖書館臺灣分館。

潘履潔

1989 〈臺灣酸鹼肥料工業視察報告〉，收於陳鳴鍾、陳興唐編，《臺灣光復和光復後五年省情（下）》，頁 56-58。南京：南京出版社。

蔣靜一

1958 〈臺灣之鋼鐵工業〉，收於臺灣銀行經濟研究室編，《臺灣之工業論集（卷二）》，頁 1。臺北：臺灣銀行經濟研究室。

橫田繁

1977 〈台湾窒素の思い出〉，收於株式會社東京シンクサービス內「日本窒素史への証言」編輯委員會編，《日本窒素史への証言 ― 第二集》，頁 27-30、32-39。東京：株式會社東京シンクサービス內「日本窒素史への証言」編輯委員會。

四、專著

「回想の日満商事」刊行会編

1978 《回想の日満商事》。東京：日満会。

いすゞ自動車株式会社いすゞ自動車史編纂委員会

1957 《いすゞ自動車史》。東京：いすゞ自動車株式会社。

トヨタ自動車工業株式会社社史編纂委員会
　　1958 《トヨタ自動車 20 年史》。東京：トヨタ自動車工業株式会社。

テッサ・モートスー鈴木，藤井隆至譯
　　2010 《日本の経済思想 ― 江戸期から現代まで》。東京：岩波書店。

三十五年史編纂委員会
　　1953 《松下電器産業株式会社創業三十五年略史》。大阪：松下電器産業株式会社。

三和良一
　　1993 《概説日本経済史近現代（第 2 版）》。東京：東京大学出版会。

上村健堂編
　　1919 《臺灣事業界と中心人物》。臺北：新高堂書局。

久保文克
　　1997 《植民地企業経営史論 ―「準国策会社」の実証的研究》。東京：日本経済評論社。
　　2009 《近代製糖業の発展と糖業連合会 ― 競争を基調とした協調の模索》。東京：日本経済評論社。

千草默仙
　　1940 《會社銀行商工業者名鑑》。臺北：圖南協會。
　　1941 《會社銀行商工業者名鑑》。臺北：圖南協會。

大石嘉一郎
　　1975 《日本産業革命の研究（上）― 確立期日本資本主義の再生産構造》。東京，東京大学出版会。
　　1975 《日本産業革命の研究（下）― 確立期日本資本主義の再生産構造》。東京，東京大学出版会。
　　1985 《日本帝国主義史 1 ― 第一次大戦期》。東京：東京大学出版会。
　　1988 《日本帝国主義史 2 ― 世界大恐慌期》。東京：東京大学出版会。
　　1994 《日本帝国主義史 3 ― 第二次大戦期》。東京：東京大学出版会。

大岡破挫魔
　　1933 《喜多又蔵君傳》。大阪：日本棉花株式会社。

大場四千男
　　2002 《太平洋戦争期日本自動車産業史研究》。東京：株式会社北樹出版。

大蔵省昭和財政史編輯室編
　　1960 《昭和財政史第十五巻 ― 旧外地財政（上）》。東京：東洋経済新報社。

小林英夫監修
　　2001 《日本人の海外活動に関する歴史的調査第八巻 ― 台湾篇 3-1》。東京：ゆまに書房。

小野塚一郎
　　1962《戦時造船史―太平洋戦争と計画造船》。東京：大日本海事振興会。

山口一夫
　　1940《総動員関係講座―第一輯》。臺北：臺灣時報發行所。

山田西藏
　　1967《亜麻百年》。東京：金剛出版株式会社。

山崎志郎
　　2009《戦時金融金庫の研究―総動員體制下のリスク管理》。東京：日本経済評論社。

中央研究院近代史研究所編
　　1992《二二八事件資料選輯（一）》。臺北：中央研究院近代史研究所。

中國工程師學會編
　　1961《中國工程師學會五十年紀念專集》。臺北：中國工程師協會。

中國第二歷史檔案館、海峽兩岸出版交流中心編
　　2007《館藏民國臺灣檔案彙編：第 95 冊》。北京：九州出版社。
　　2007《館藏民國臺灣檔案彙編：第 103 冊》。北京：九州出版社。
　　2007《館藏民國臺灣檔案彙編：第 110 冊》。北京：九州出版社。
　　2007《館藏民國臺灣檔案彙編：第 130 冊》。北京：九州出版社。
　　2007《館藏民國臺灣檔案彙編：第 138 冊》。北京：九州出版社。
　　2007《館藏民國臺灣檔案彙編：第 159 冊》。北京：九州出版社。
　　2007《館藏民國臺灣檔案彙編：第 167 冊》。北京：九州出版社。
　　2007《館藏民國臺灣檔案彙編：第 172 冊》。北京：九州出版社。
　　2007《館藏民國臺灣檔案彙編：第 189 冊》。北京：九州出版社。

中國機械工程學會臺灣分會編
　　1948《中國機械工程學會臺灣分會特刊：臺灣機械工業》。臺北：中國機械工程學會臺灣分會。

中華民國工商協進會編
　　1963《中華民國工商人物誌》。臺北：中華民國工商協進會。

五十周年紀念誌編集委員会
　　1993《台北帝国大学工學部の五十年》。東京：台北帝大工學部の会。

內藤素生編
　　1922《南國之人士》。臺北：臺灣人物社。

孔令仁、李德征主編
　　1998《中國老字號 貳：工業卷（上）》。北京：高等教育出版社。

日本自動車工業会
　　1969《日本自動車工業史稿（3）》。東京：日本自動車工業会。

日本放送協会編
　　1977 《放送五十年史》。東京：日本放送出版協会。

日本乾電池工業会編
　　1960 《日本乾電池工業史》。東京：日本乾電池工業会。

日本硫安工業協会日本硫安工業史編纂委員会
　　1968 《日本硫安工業史》。東京：日本硫安工協会。

日本郵船株式会社編
　　1956 《七十年史》。東京：日本郵船株式会社。

日本興業銀行調査部
　　1942 《我國硫安工業の現況》。東京：日本興業銀行調査部。

王玉雲、任魯編
　　1986 《臺肥四十年》。臺北：臺灣肥料公司。

王穎琳
　　2009 《中國紡織機械製造業の基盤形成─技術移轉と西川秋次─》。東京：學術
　　　　出版会。

北波道子
　　2003 《後発工業国の経済発展と電力事業》。京都：晃洋書房。

平井健介
　　2017 《砂糖の帝国─日本植民地とアジア市場》。東京：東京大学出版会。

田中重雄
　　1933 《臺灣の植物纖維利用を強調す─時局に即した国際貸借の改善に直面し─
　　　　附：臺灣に於ける纖維工業の現狀と將來》。臺北：加藤豐吉。

石井寬治
　　1972 《日本蚕糸業史分析─日本産業革命研究序論》。東京，東京大学出版会。
　　1991 《日本経済史（第二版）》。東京：東京大学出版会。
　　1999 《近代日本金融史序説》。東京：東京大学出版会。
　　2015 《資本主義日本の歴史構造》。東京：東京大学出版会。

石井寬治、原朗、武田晴人編
　　2000 《日本経済史1─幕末維新期》。東京：東京大学出版会。
　　2000 《日本経済史2─産業革命期》。東京：東京大学出版会。
　　2002 《日本経済史3─両大戦間期》。東京：東京大学出版会。
　　2007 《日本経済史4─戦時・戦後期》。東京：東京大学出版会。
　　2010 《日本経済史5─高度成長期》。東京：東京大学出版会。
　　2010 《日本経済史6─日本経済史研究入門》。東京：東京大学出版会。

寺崎隆治編
　　1972 《長谷川清傳》。東京：長谷川清發行会。

老川慶喜
　　2020 《満州国の自動車産業—同和自動車工業の経営史》。東京：日本経済評論社。

行政院主計處編
　　1954 《臺灣公營事業近況統計》。臺北：行政院主計處。

行政院美援運用委員會編
　　1961 《十年來接受美援單位的成長》。臺北：行政院美援運用委員會。

佐藤升
　　1978 《増補新版—日本鉄鋼販売史》。大阪：株式会社共同工業新聞社。

吳政憲
　　2011 《通訊與社會：日治時期臺灣「警察專用電話」系統的建立（1895-1945）》。臺北：稻鄉。

吳若予
　　1992 《戰後臺灣公營事業之政經分析》。臺北：業強出版社。
　　2007 《二二八事件與公營企業：二二八事件檔案專題選輯》。臺北：檔案管理局。

杉原佐一
　　1980 《思い出の記—激動の七十年間を生きぬいた記録》（私家版）。

杉原薫
　　1996 《アジア間貿易の形成と構造》。京都：ミネルヴァ書房。

李力庸
　　2004 《日治時期臺中地區的農會與米作（1902-1945）》。臺北：稻鄉。
　　2009 《米穀流通與臺灣社會（1895-1945）》。臺北：稻鄉。

李國鼎口述，劉素芬編
　　2005 《李國鼎：我的台灣經驗：李國鼎談台灣財經決策的制定與思考》。臺北：遠流。

谷ヶ城秀吉
　　2012 《帝国日本の流通ネットワーク—流通機構の変容と市場の形成》。東京：日本経済評論社。

国債電気通信株式会社社史編纂委員会
　　1949 《国際電気通信株式会社史》。東京：国際電気通信株式会社。

国際電話株式会社
　　1938 《国際電話株式会社事業史》。東京：国際電話株式会社。

岡田俊雄編
　　1966 《大阪商船株式会社 80 年史》。大阪：大阪商船三井船舶株式会社。

岡崎哲二
　　1993《日本の工業化と鉄鋼産業》。東京：東京大学出版会。

武田晴人
　　2019《日本経済史》。東京：有斐閣。

東亞経済懇談会臺灣委員会
　　1943《東亞経済懇談会第一回報告書》。臺北：東亞経済懇談会臺灣委員会。

東京芝浦電気株式会社総合企画部社史編纂部
　　1963《東京芝浦電気株式会社八十五年史》。東京：東京芝浦電気株式会社。

松本俊郎
　　2000《「満洲国」から新中国へ──鞍山鉄鋼業からみた中国東北の再編過程》。
　　名古屋：名古屋大学出版会。

林玉茹
　　2011《國策會社與殖民地邊區的改造：臺灣拓殖株式會社在東臺灣的經營（1937-
　　1945）》。臺北：中央研究院臺灣史研究所。

林長城口述、邱建文採訪整理
　　1999《走過東元：林長城回憶錄》。臺北：遠流。

林富士編
　　2009《興大實錄：國立中興大學九十年校史、圖文集》。臺中：國立中興大學。

林進發編
　　1933《臺灣官紳年鑑》。臺北：民眾公論社。

林滿紅
　　1997《茶、糖、樟腦業與臺灣之社會經濟變遷》。臺北：聯經。

林獻堂著、許雪姬編註
　　2010《灌園先生日記（十七）一九四五年》。臺北：中央研究院臺灣史研究所。
　　2010《灌園先生日記（十八）一九四六年》。臺北：中央研究院臺灣史研究所。

林繼文
　　1996《日本據台末期（1930-1945）戰爭動員體係之研究》。臺北：稻鄉。

林蘭芳
　　2011《工業化的推手：日治時期臺灣的電力事業》。臺北：國立政治大學歷史學系。

武田晴人
　　2007《日本経済の戦後復興──未完の構造転換》。東京：有斐閣。
　　2008《戦後復興期の企業行動──立ちはだかった障害とその克服》。東京：有斐
　　閣。
　　2011《高度成長期の日本経済──高成長実現の条件は何か》。東京：有斐閣。
　　2019《日本経済史》。東京：有斐閣。

河原功監修、編集
　　1997《台湾協会所蔵—台湾引揚‧留用記録第四卷》。東京：ゆまに書房。
　　1998《台湾協会所蔵—台湾引揚‧留用記録 第九卷》。東京：ゆまに書房。
　　1998《台湾協会所蔵—台湾引揚‧留用記録 第九卷》。東京：ゆまに書房。
　　1998《台湾協会所蔵—台湾引揚‧留用記録 第十卷》。東京：ゆまに書房。
　　1998《台湾協会所蔵—台湾引揚‧留用記録 第八卷》。東京：ゆまに書房。

河野信治
　　1930《日本糖業發達史（生產篇）》。東京：糖業發達史編纂事務所。

社團法人同盟通信社編
　　1943《同盟纖維年鑑 昭和十八年版》。東京：社團法人同盟通信社。

芝忠一
　　1920《新興の高雄》。高雄：臺南新報社高雄印刷所。

花村仁八郎編
　　1944《統制会会員会社及工場名簿》。東京：重要産業協議会。

近藤康男
　　1950《硫安》。東京：株式会社日本評論社。

金志煥
　　2006《中國紡織建設公司研究》。上海：復旦大學出版社。

涂照彦
　　2009《環日本海研究》。東京：福村出版株式會社。

涂照彥著、李明峻譯
　　1999《日本帝國主義下的臺灣》。臺北：人間。

帝国製麻株式会社
　　1959《帝国製麻株式会社五十年史》。東京：帝國製麻株式会社。

帝国纖維株式会社
　　1946《臺灣之麻と當社の事業概況（黃麻部門を除く）》。

帝国纖維株式会社臺灣事業部
　　1946《豐原廠四十年之回顧（臺灣製麻株式會社を語る）》。臺中：帝國纖維株
　　式會社臺灣事業部。

柯志明
　　2003《米糖相剋：日本殖民主義下臺灣的發展與從屬》。臺北：群學。

洪紹洋
　　2011《近代臺灣造船業的技術轉移與學習》。臺北：遠流。
　　2021《商人、企業與外資：戰後臺灣經濟史考察（1945-1960）》。臺北：左岸文化。

原朗

1995　《日本の戦時経済—計画と市場》。東京：東京大学出版会。
2002　《復興期の日本経済》。東京：東京大学出版会。
2006　《戦時日本経済の再編成》。東京：日本経済評論社。
2010　《高度成長始動期の日本経済》。東京：日本経済評論社。
2012　《高度成長展開期の日本経済》。東京：日本経済評論社。

原朗、山崎志郎編
1996　《生産力拡充計画資料第 5 巻—昭和十六年生産拡充実施計画》。東京：株式会社現代史料出版。

原靜
1943　《実験麻類栽培精義》。東京：株式会社養賢堂。

宮川次郎
1928　《糖業禮讚》。臺北：臺灣糖業研究會。

峰毅
2009　《中國に継承された「満洲國」の産業》。東京：御茶の水書房。

株式会社日立製作所史料編纂委員会
1954　《株式会社日立製作所年譜（附概観）—自昭和 14 年 3 月至昭和 24 年 2 月》。東京：日立評論社。

株式会社日立製作所臨時五十週年事業部社史編纂部編
1960　《日立製作所史 1》。東京：株式会社日立製作所。

納富喜雄
　　　《麻》。

袁穎生
1998　《光復前後的臺灣經濟》。臺北：聯經。

財團法人拓南工業協會
1943　《財團法人拓南工業協會演講集：第四輯》。臺北：財團法人拓南工業協會。

高淑媛
2003　〈臺灣近代產業的建立：日治時期臺灣工業與政策分析〉，臺南：國立成功大學歷史學系博士論文。
2012　《臺灣化工史第一篇：臺灣近代化工業史（1860-1950）：技術與經驗的社會累積》。臺北：臺灣化學工程學會。
2016　《臺灣工業史》。臺北：五南。

高禩瑾編
1948　《中國機械工程學會臺灣分會特刊：臺灣機械工業》。臺北：中國機械工程學會臺灣分會。

國史館臺灣文獻館編
2008　《臺灣拓殖株式會社檔案論文集》。南投：國史館臺灣文獻館。

堀內義隆
　　2021《綠の工業化—台湾経済の歴史的起源》。京都：京都大学学術出版会。

堀切善雄
　　1987《日本鉄鋼史研究》。東京：早稲田大学出版部。

堀和生
　　2009《東アジア資本主義史論（1）形成・構造・展開》。京都：ミネルヴァ書房。

張靜宜
　　2007《戰時體制下臺灣特用作物增產政策之研究（1934-1944）》。高雄：復文
　　書局。

清水美里
　　2015《帝国日本の「開発」と植民地台湾—台湾の嘉南大圳と日月潭発電所》。
　　東京：有志舍。

第六海軍燃料廠史編輯委員会編
　　1986《第六海軍燃料廠史》。東京：高橋武弘。

許雪姬
　　2002《日治時期在「滿洲」的臺灣人》。臺北：中央研究院近代史研究所。
　　2016《保密局臺灣站二二八史料彙編（二）》。臺北：中央研究院臺灣史研究所。

郭立媛
　　2002〈由臺人土地資本到日本財閥資本：日治時期臺灣製麻株式會社之經營〉。
　　臺北：國立臺灣師範大學臺灣史研究所碩士論文。

郭婷玉
　　2021〈日本時代臺灣地方信用組合的運作與發展：以高雄中洲、興業信用組合為
　　例〉。臺北：國立臺灣大學歷史學系博士論文。

陳玉堂
　　2005《中國近現代人物名號大辭典（全編增印本）》。杭州：浙江古籍。

陳兆偉
　　2003《國家經營下的臺灣糖業（1945-1953）》。臺北：稻鄉。

陳金滿
　　2000《臺灣肥料政府管理與配銷（1945-1953）：國家與社會關係之一探討》。臺北：
　　稻鄉。

陳思宇
　　2002《臺灣區生產事業管理委員會與經濟發展策略（1949-1953）：以公營事業
　　為中心的探討》。臺北：國立政治大學歷史學系。

陳政宏
　　2007《鏗鏘已遠：臺機公司獨特的一百年》。臺北：行政院文化建設基金會。
　　2011《傳動世紀：臺灣機械股份有限公司：臺灣產業經濟檔案數位典藏專題選輯

印記七》。臺北：檔案管理局。

陳家豪
2018 《近代台灣人資本與企業經營：以交通業為探討中心（1895-1954）》。臺北：政大出版社。

陳慈玉
2014 《近代台湾における貿易と産業─連続と断絶》。東京：御茶の水書房。

陳歆文
2006 《中國近代化學工業史（1860-1949）》。北京：化學工業出版社。

陳鳴鍾、陳興唐主編
1989 《臺灣光復和光復後五年省情（下）》。南京：南京出版社。

陳鴻圖
2005 《活水利生：臺灣水利與區域環境的互動》。臺北：文英堂。

傅次韓
1998 《征塵回首來時路：傅次韓回憶錄》。臺北：正中書局。

奧野正寬、岡崎哲二
1993 《現代日本経済システムの源流》。東京：日本経済新聞社。

湊照宏
2010 《近代台湾の電力産業─植民地工業化と資本市場》。東京：御茶の水書房。

湊照宏、齊藤直、谷ヶ城秀吉
2021 《国策会社の経営史─台湾拓殖から見る日本の植民地経営》。東京：岩波書店。

程玉鳳、程玉凰編
1984 《資源委員會檔案史料初編（上冊）》。臺北：國史館。

飯島幡司
1949 《日本紡績史》。東京：創元社。

黃仁姿
2020 《戰爭、糧食與土地改革：戰時戰後的臺灣農政（1930s-1950s）》。臺北：稻鄉。

黃有興編
2004 《日治時期馬公要港部：臺籍從業人員口述歷史專輯》。澎湖：澎湖縣文化局。

黃俊夫
2009 《硫金歲月：臺灣產業經濟檔案數位藏專題選輯 - 高雄硫酸錏股份有限公司印記三》。臺北：檔案管理局。

黃紹恆
2019 《砂糖之島：日治初期的臺灣糖業史 1895-1911》。新竹：交通大學出版社。

楠井隆三
　　1944《戰時臺灣経済論》。臺北：南方人文研究所。

經濟部人事處編
　　1974《經濟部所屬機構單位主管以上人員通訊錄》。臺北：經濟部人事處。

經濟部資源委員會編
　　1950《經濟部資源委員會在臺事業單位整理紀要》。臺北：經濟部資源委員會。

詹德湖、朱力行編
　　1985《高雄硫酸錏公司發展史》。高雄：高雄硫酸錏股份有限公司。

鈴木淳
　　1996《明治の機械工業―その生成と展開》。東京：ミネルヴァ書房。

廖鴻綺
　　2005《貿易與政治：臺日間的貿易外交（1950-1961）》。臺北：稻鄉。

福川秀樹編
　　2000《日本海軍將官辭典》。東京：芙蓉書房。

臺南高等工業學校
　　1932《臺南高等工業學校一覽（昭和7年）》。臺南：臺南高等工業學校。

臺南高等工業學校同窓會編
　　1992《鳳木會名簿》。橫濱：臺南高等工業學校同窓會。
　　1996《鳳木會名簿―臺南高等工業學校同窓會》。千葉：臺南高等工業學校同窓會。

臺南新報社
　　1907《南部臺灣紳士錄》。臺南：臺南新報社。

臺南製麻株式會社
　　1942《南方共榮圈に於ける黃麻產業並に當社計畫》。臺南：臺南製麻株式會社。

臺灣大觀社編
　　1923《最近の南部臺灣》。臺南：臺灣大觀社。

臺灣工礦公司
　　1953《工礦公司最近四年概況》。臺北：臺灣工礦公司。

臺灣工礦股份有限公司
　　1947《臺灣工礦股份有限公司創立實錄》。臺北：臺灣工礦股份有限公司。

臺灣省行政長官公署工礦處
　　1946《臺灣一年來之工業》。臺北：臺灣省行政長官公署宣傳委員會。

臺灣省行政長官公署宣傳委員會
　　1946《臺灣省行政工作概覽》。臺北：臺灣省行政長官公署宣傳委員會。

臺灣省行政長官公署統計室編

　　1946《臺灣省統計要覽第一期—接收一年來施政情形專號》。臺北：臺灣省行政長官公署。

臺灣省建設廳編

　　1947《臺灣公營工礦企業概況》。臺北：臺灣省建設廳編。

　　1948《臺灣公營廠礦名冊》。臺北：臺灣省政府建設廳。

臺灣省政府

　　1947《臺灣省政府施政報告（1947 年 6 月）》。臺北：臺灣省政府。

臺灣省政府交通處編

　　1948《臺灣省政府交通處主管事項概況》。臺北：臺灣省政府交通處。

臺灣省政府建設廳

　　1947《臺灣建設行政概況》。臺北：臺灣省政府建設廳。

　　1953《臺灣省民營工廠名冊（上）》。臺北：臺灣省政府建設廳。

臺灣省政府統計處編

　　1946《臺灣省行政紀要（國民政府年鑑臺灣省行政部分）》。臺北：臺灣省政府統計處。

臺灣省政府新聞處編

　　1963《臺灣的建設》。南投：臺灣省政府新聞處。

臺灣省接收委員會日產處理委員會編

　　1947《臺灣省接收委員會日產處理委員會結束總報告》。臺北：臺灣省接收委員會日產處理委員會。

臺灣省建設廳編

　　1947《臺灣公營工礦企業概況》。臺北：臺灣省建設廳編。

臺灣省物資局編

　　1961《臺灣省物資局業務經營概況（民國 41 年至民國 50 年）》。出版地不詳：臺灣省物資局。

臺灣経済年報刊行会

　　1941《臺灣経済年報（昭和 16 年版）》。東京：五十嵐隆。

　　1942《臺灣経済年報（昭和 17 年版）》。東京：国際日本協会。

　　1945《臺灣経済年報（昭和 19 年版）》。臺北：臺灣出版文化株式会社。

臺灣區生產事業管理委員會秘書處編

　　1951《處理公營各公司重估資產調查股權問題經過概略》。臺北：臺灣區生產事業管理委員會秘書處。

臺灣船渠株式会社

　　1943《臺灣船渠株式会社—第拾壹期営業報告書》（自昭和 17 年 7 月 1 日至 12 月 31 日）。

臺灣製糖株式會社
　　1939《臺灣製糖株式会社史》。東京：臺灣製糖株式会社。

臺灣銀行史編纂室
　　1964《臺灣銀行史》。東京：臺灣銀行史編纂室。

臺灣銀行臺北調查部
　　1943《臺灣ニ於ケル主要工業会社調（昭和十七年末現在）》。臺北：臺灣銀行。

臺灣銀行調查課
　　1920《臺灣ニ於ケル新設事業会社》。臺北：臺灣銀行。

臺灣機械公司編
　　出版年不詳《臺灣機械公司十年》。出版地不詳：台灣機械公司。

臺灣總督府
　　1945《臺灣統治概要》。臺北：臺灣總督府。

臺灣總督府企画部編
　　1942《東亞共榮圈の要衝としての臺灣工業化計畫私案》。臺北：臺灣總督府。

臺灣總督府情報部
　　1941《新臺灣（御大典奉祝號）》。臺北：臺灣總督府情報部。

臺灣總督府殖產局編
　　1926《臺灣工場通覽（大正十四年現在）》。臺北：臺灣總督府殖產局。
　　1937《臺湾の工業》。臺北：臺灣總督府殖產局。
　　1938《工場名簿》。臺北：臺灣總督府殖產局。
　　1939《臺灣經济法令集》。臺北：臺灣總督府殖產局。
　　1939《臺灣經济法令實施要綱》。臺北：臺灣總督府殖產局。
　　1940《臺湾の產業》。臺北：臺灣總督府殖產局。

臺灣總督府殖產局商工課
　　1937《臺灣の工業》。臺北：臺灣總督府殖產局商工課。
　　1937《臺灣工業資料》。臺北：臺灣總督府殖產局商工課。
　　歷年《臺灣商工統計（歷年）》。臺北：臺灣總督府殖產局商工課。
　　出版年不詳《熱帶產業調查書上（1）工業ニ関スル事項》。臺北：臺灣總督府殖產局商工課。

臺灣總督府臺南高等工業學校編
　　1940《臺灣總督府臺南高等工業學校一覽（昭和 15 年）》。臺南：臺南高等工業學校。

臺灣總督府編
　　1945《臺灣統治概要》。臺北：臺灣總督府。

臺灣雜誌社編
　　1912《臺灣實業家名鑑》。臺北：臺灣雜誌社。

臺灣鐵工業統制会編

　　1942 《統制会問答》。臺北：臺灣鐵工業統制会。

　　1943 《各種委員會委員幹事及參與名簿》（1943 年 8 月）。臺北：臺灣鐵工業統
　　制会。

　　1944 《第三回通常總會（昭和十九年度）》。臺北：臺灣鐵工業統制会。出版年
　　不詳《統制規程書類樣式記載注意》。臺北：臺灣鐵工業統制会。

　　1944 《會員名簿》（1944 年 4 月 1 日）。臺北：臺灣鐵工業統制会。

聞懷德

　　1956 《臺灣名人傳》。臺北：商業新聞社。

製糖研究會

　　1936 《製糖研究會創立二十週年紀念出版（B）：臺灣各社製糖工場機械要覽》。
　　屏東：製糖研究會。

劉紹唐編

　　1985 《民國人物小傳：第七冊》。臺北：傳記文學。

劉進慶著，王宏仁、林繼文、李明竣譯

　　1995 《臺灣戰後經濟分析》。臺北：人間。

增田外十郎編

　　1950 《河路寅三君遺文錄》。東京：增田外十郎。

歐素瑛

　　2006 《傳承與創新：戰後初期臺灣大學的再出發（1945-1950）》。臺北：臺灣古籍。

　　2020 《臺北帝國大學與近代臺灣學術的奠定》。臺北：臺灣師範大學。

稻岡暹

　　1936 《新興臺灣の工場を視る－高雄篇》。高雄：株式會社高雄新報社。

蔡龍保

　　2010 《推動時代的巨輪：日治中期的臺灣國有鐵路》。臺北：臺灣書房。

鄭友揆、程麟蓀、張傳洪

　　1991 《舊中國的資源委員會（1932-1949）》。上海：上海社會科學院。

鄭會欣編註

　　2004 《董浩雲日記（上）》。香港：香港中文大學出版社。

橋本寿朗

　　1996 《日本企業システムの戦後史》。東京：東京大学出版会。

沢井実

　　1998 《日本鉄道車輌工業史》。東京：日本経済評論社。

燃料懇談会編

　　1972 《日本海軍燃料史（下）》。東京：株式会社原書房。

薛月順編

1996 《臺灣省政府檔案史料彙編：臺灣省行政長官公署時期（一）》。臺北：國
史館。

薛毅

2005 《國民政府資源委員會研究》。北京：社會科學文獻。

謝國興

1999 《臺南幫：一個臺灣本土企業集團的興起》。臺北：遠流。

鍾淑敏

2020 《日治時期在南洋的臺灣人》。臺北：中央研究院。

瞿宛文

2017 《台灣戰後經濟發展的源起：後進發展的為何與如何》。臺北：中央研究院、
聯經。

國家圖書館出版品預行編目(CIP)資料

企業、產業與戰爭動員：現代臺灣經濟體系的建立(1910-1950)/洪紹洋作.--初版.--新北市：左
岸文化出版：遠足文化事業股份有限公司發行, 2022.12
　　面；　公分
ISBN 978-626-7209-11-0(平裝)

1.CST: 臺灣經濟 2.CST: 經濟史

552.339　　　　　　　　　　　　　　　　　　　　　　　　　　　　　　111020570

 左岸文化　　　　 讀者回函

企業、產業與戰爭動員：現代臺灣經濟體系的建立（1910-1950）

作者・洪紹洋｜責任編輯・龍傑娣｜校對・施靜沂｜美術設計・林宜賢｜出版・左岸文化
第二編輯部｜社長・郭重興｜總編輯・龍傑娣｜發行人・曾大福｜發行・遠足文化事業股
份有限公司｜電話・02-22181417｜傳真・02-22188057｜客服專線・0800-221-029｜E-Mail・
service@bookrep.com.tw｜官方網站・http://www.bookrep.com.tw｜法律顧問・華洋國際專利商
標事務所・蘇文生律師｜印刷・中原印刷股份有限公司｜初版・2022年12月｜定價・380元
｜ISBN・978-626-7209-11-0｜版權所有・翻印必究｜本書如有缺頁、破損、裝訂錯誤，請寄回
更換